개정판

노인복지의 이해

최순옥 · 김혜숙 · 박준기 · 신미경 · 김기창

Welfare Services for the Elderly

태영출판사

머리말

우리나라의 고령화 속도는 타의 추종을 불허할 정도이다. 최근 통계청 발표에 의하면 우리나라 전체 인구 가운데 65세 이상 고령 인구 비중은 지난해 13%에서 2030년에는 24%로 증가할 것으로 나타났다. 저출산, 고령화 현상이 가속화되면서 국민 4분의 1이 65세 이상 노인이 되고 10년이 더 지나면 국민 3분의 1이 노인이 되는 초고령화 사회가 될 전망이다.

이러한 사회구조의 변화는 노인인구수의 증가와 함께 사회, 문화, 경제 분야에서 노인의 비중은 점차로 높아지고 있으며 앞으로 더욱 심화될 것으로 전망하며 노인이 주도해 나가야 할 부문도 많아질 것이라 예측된다.

이를 반영이라도 하듯 정부에서는 노인사회활동(노인일자리) 지원사업을 위한 정책 개발이 핫 이슈로 떠오르고 있으며, 노인인권 및 학대 등 노인 인식개선을 위한 프로그램도 적극 장려하고 있다. 하지만 아직은 우리나라의 노인복지는 시혜적 복지 차원에서 머무르고 있는 것이 사실이다. 그러나 이제는 노인들의 인적 자본을 인식하고 노인이 갖고 있는 잠재력을 활용하려는 고민을 할 때가 도래되고 있다는 것이다. 이는 노인에 대한 사회적 책임의 강화를 의미하며 노인에 대한 '평생교육 체계 지원',

'근로능력 향상 및 창업지원' 프로그램 등을 통해 노인이 갖고 있는 경험적 잠재력을 사회적으로 소멸시키지 말고 사회적 자본화하여 사회에 기여하고 노인 스스로가 자립 · 자활할 수 있도록 하는 체제의 전환이 요구되어지고 있는 것이다. 즉, 국가와 사회 전체의 노인복지의 패러다임(paradigm)에 대한 전환이 요구되어지고 있다.

따라서 노인복지론의 교과목은 노인복지 현장에서 직면하게 되는 노인의 부정적 측면을 해결하는 차원에서의 지식과 기술뿐만이 아니라 노인의 긍정적 측면을 더욱 강화하고 개발할 수 있는 지식과 기술을 학습하고 강화하는 교육이어야 한다.

이 책이 그러한 모든 측면을 충분히 다루기에는 부족한 측면이 많이 있지만 앞으로 사회복지 현장에서 활동할 예비 사회복지사들에게 노인복지의 학문적 연구와 실천기술에 관한 기본적 지침을 개괄적으로 소개하는데 목적을 두고 있다.

이 책은 총 4부로 나뉘어져 있으며 1부에서는 고령화사회와 노인문제라는 주제로 노인의 변화와 사회적 영향, 노인복지의 개관, 노인문제 등을 살펴보았으며, 2부에서는 노인복지정책이라는 주제로 노인관련법과 정책 등을 다루고, 3부에서는 노인복지 서비스라는 주제로 노인케어와 재가노인복지, 노인사회활동(노인일자리) 지원사업 등을 다루었으며, 마지막 4부에서는 최근 노인문제에 관한 주요 이슈 등을 살펴보았다. 또한 각 장마다 스스로 생각해 볼 수 있는 질문을 넣었으며 이슈에 관련된 내용에는 점검리스트를 제시하여 이론적 정보습득이 아닌 실제 노인의 삶을 이해할 수 있도록 하는 과정을 중시하였다.

이 책을 통하여 노인에 대한 편견이 없어지고 노인의 삶의 질이 조금이라도 향상되어 행복한 삶을 살아갈 수 있는 사회가 되었으면 하는 바램이다.

마지막으로 이 책이 나오기까지 적극적인 지원을 해 주신 태영출판사 김현태 사장님과 편집을 위해 애쓰신 오세복 편집장님 이하 편집부 여러분에게 감사의 마음을 전한다.

2016년 7월에

저자일동

차 례

제1부 고령화 사회와 노인문제

제2부 노인복지정책

제3부 : 노인복지 서비스

제4부 노인문제에 관한 주요 이슈

제 1 부

고령화 사회와 노인문제

제1장

노인과 노인복지

1. 인구의 고령화
2. 노인인구의 변화와 사회적 영향
3. 노인의 개념과 특성에 대한 이해
4. 노인복지의 개관

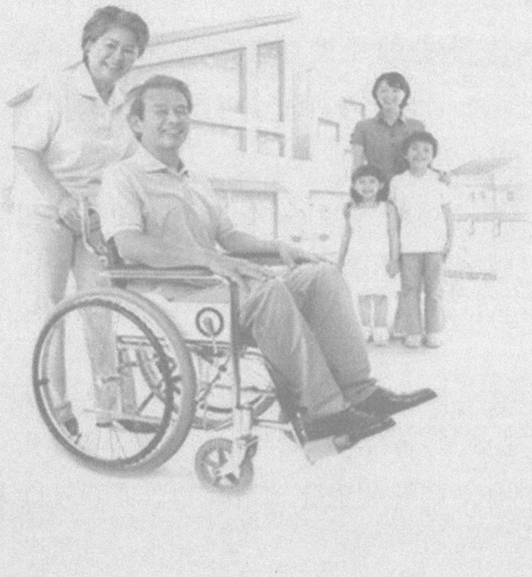

20세기 중반 이후 65세 이상 노인인구 비율이 두드러지게 높아짐은 세계적인 추세이다. 이는 2차 세계 대전 이후 출산율의 감소, 보건의료기술의 발달로 질병퇴치와 영양상태 증진으로 인한 사망률 감소, 건강의료관련 서비스 발달, 교육 및 소득수준의 증가로 인한 생활수준의 향상 등이 기인하고 있다. 고령화는 인간의 오랜 숙원인 장수의 관점에서는 분명 신의 축복이지만, 또 다른 하나의 면에서는 잘못 준비되고 대처하지 못한다면 인류의 짐이 될 수 있다.

1. 인구의 고령화

UN(UNITED NATIONS)에서는 '제1회 세계고령화회의'를 오스트리아 비엔나에서 개최하여 '국제행동계획'을 채택하고 1982년을 '세계 노인의 해'로 지정하였다. 1991년부터는 10월 1일을 세계 노인의 날로 지정하였으며(1997년부터 10월 2일을 노인의 날로 지정(한국)), 1991년 UN 총회에서 '노인을 위한 유엔원칙'을 채택하여 노인에게 우선적 관심을 갖는 것을 목표로 하며, 구체적으로 노인의 지위와 관련하여 독립, 참여, 보호, 자아실현, 존엄의 5개 영역 아래 18개 원칙을 구성하였다. 또한 1999년에는 「모든 연령층을 위한 사회를 향해」란 주제 아래 '세계 노인의 해'로 선포하고, 노인인구가 평균 7%를 넘어서는 고령화 사회로 접어들면서 당면하게 되는 위기 상황에 대한 경각심을 불러일으켰다.

2002년 마드리드에서는 세계 158개국이 참여한 '제2차 세계고령화회의'를 개최하고, 비엔나 강령을 일부 수정하여 건강과 영양, 소비자 보호, 주택과 환경, 가족, 사회복지, 소득보장과 고용, 교육 분야 등의 98개 권고조항으로 구성한 '마드리드 고령화 국제행동계획'을 채택하였다.

21세기의 고령화를 선진국, 개발도상국 등 전 세계적인 문제로 인식하고 있으며, 각 국가들은 노인의 삶의 질 유지와 개선을 위한 다양한 정책적 방안과 OECD,

ILO, EU 등의 국제기구를 통해 고령화에 따른 사회적 파장에 대한 우려와 예방 차원의 대책 논의가 진행되고 있으며, 한국노인복지관련 정책방향 설정에도 중요한 영향을 끼쳤다.[1)]

그리고 UN에서는 65세 이상 노인인구 비율[2)]이 7% 이상을 차지하는 사회를 고령화 사회(Aging Society), 노인인구 비율이 14% 이상이면 고령사회(Aged Society), 20% 이상이면 초고령 사회(Super-Aged Society)로 구분하고 있다.

한국은 2000년 7월 1일을 기준으로 65세 이상의 인구가 전체 인구의 7.1%를 차지해 고령화 사회에 진입하였으며, 2017년경이면 노인인구의 비율이 14%를 넘어서서 본격적인 고령사회로 접어들 것으로 전망하고 있다. 따라서 이러한 저출산 고령화 사회로의 진입은 선진국과 같이 노인부양 및 보호문제, 생산연령 인구의 감소에 의한 사회와 경제, 의료, 주택, 금융, 복지제도 등 사회전반의 다양한 영향을 미칠 것으로 전망하고 있다. 특히, 사회보장과 같은 국가정책을 수립하는데 있어 노인인구의 변화를 살피는 것은 매우 중요한 과제로 제기될 것이라고 전망할 수 있다.

1) 세계노인인구 동향

2011년 10월 31일은 유엔인구기금(UNFPA)이 정한 70억 인구 돌파의 날이다. 세계 인구가 50억명이 된 지 24년, 60억명에 도달한 지 12년 만이다. 출산율은 감소하고 있지만 경제발전과 삶의 질 향상으로 평균수명이 늘어나고, 영아 사망률이 크게 떨어진 결과다.

전문가들은 세계 인구가 2060년에 99.6억명으로[3)] 늘고 2100년에 100억명으로 최고점을 찍은 뒤에 급속히 감소할 것으로 예상하고 있다. 하지만 폭발적인 인구 증가를 우려하는 목소리도 나오고 있다.[4)]

세계 인구 중 유소년인구(0-14세) 비율은 급속도로 감소하고, 반면에 노인인구(65

1) 사보영(2011), 노인복지론.
2) 통계청(2007), 2007 고령자통계.
3) 세계와 한국의 인구현황 및 전망, 통계청, 2015. 07. 08.
4) 벤쿠버 라이프, 세계 인구 70억, 축복만큼 암울한 그림자, 2011. 11. 01 일부 발췌.

세 이상)는 급속도로 증가하여 부양인구는 서서히 증가해 2030년을 넘어서면 점차적으로 감소하게 될 것으로 전망하고 있다. 즉 노인인구의 절대적 수와 그 구성비가 상대적으로 커지고 있는데, 세계인구에서 65세 이상 노인인구가 차지하고 있는 비중이 8.2%에서 2060년에는 17.6%로 증가할 것으로 전망하고 있다[5].

[그림 1-1] 2050년 세계 주요지역 60세 이상 인구 비율[6]

자료 : 고령화 시대의 경제학/조지 매그너스/부키

그리고 중국과 개발도상국들에서의 고령화 속도는 급속도로 진행되고 있으며 2050년이 되면 [그림 1-1]과 같이 60세 이상 인구의 80%가 개발도상국에 거주하게 될 것으로 추산된다. 유엔인구기금은 이들 국가의 고령화가 현저하게 빠른 속도로 이뤄짐에 따라 의료제도와 사회보장제도를 확충하기 위한 투자가 필요하다고 지적하고 있다.

유엔인구기금과 공동으로 보고서를 작성한 헬프에이지 인터내셔널도 성명에서 "청년층 인구가 다수를 차지하고 있는 신흥국들은 청년층이 고령 인구에 편입되는 2050년이 되기 전에 고령자들에 대한 지원정책을 충분히 갖출 필요가 있다"고

5) 세계와 한국의 인구현황 및 전망, pp. 2-12, 통계청, 2015. 07. 08.
6) 고령화 시대의 경제학/조지 매그너스/부키, 2010. 12. 31 재인용.

지적했다.7)

특히, 주목되는 것은 고령 인구의 대부분이 아시아에 거주하고 있다는 점이며(1998년 53%), 앞으로 더욱 증가할 것으로 본다(2050년 61%). 이 중 동북아 3국에 거주하는 노인이 2010년 현재 전 세계 노인 인구의 약 28%를 차지하고 있으며, 2035년에는 세계 노인 인구 10명 중 3명이 동북아 3국(한국 · 중국 · 일본)에 거주하게 될 것으로 전망돼 동북아 3개국의 고령화 현상은 세계적인 관심을 받고 있다.

이처럼 인구의 세계적인 고령화 동향 속에서 고령화 속도는 개발도상국의 경우 훨씬 빠르게 진행되어 7%에서 14%가 되는데 25년 내지 28년이 소요될 것으로 예측하고 있다.

그리고 우리를 더욱 긴장시키는 것은 '고령화의 속도'와 '성비의 불균형'이라고 할 수 있다. 또한 고령화 속도가 의미하는 것은 급격한 연령 구조의 변화에 따른 적응이 어렵기 때문에 더 큰 정책적 과제 수행과 연금제도, 의료서비스와 같은 국가적 지원체계가 요구된다.

표 1-1 고령화 속도 국제 비교

구분	도달연도			증가소요 연수	
	7% (고령화)	14% (고령)	20% (초고령)	7%→14%	14%→20%
일 본	1970	1994	2005	24	11
프랑스	1864	1979	2018	115	39
영 국	1929	1975	2028	46	53
미 국	1942	2014	2032	72	18
스웨덴	1887	1972	2012	85	40
한 국	2000	2017	2026	17	9

자료 : 일본 국립사회보장인구문제연구소, 「인구통계자료집」, 2010.

2) 우리나라 노인인구 동향

현재 우리나라는 세계적으로 유례없는 급격한 저출산 · 고령사회로의 전환을 경

7) 김기범 기자(2012. 10. 02), "2050년 세계 인구 5명 중 1명은 노인", 경향신문 기사 일부 발췌.

험하고 있다. 1983년 합계출산율[8]이 인구대체 수준인 2.1명[9]에 도달 후, 지속적으로 하락하여 2010년 1.22명으로 세계 최저 수준[10]을 나타내고 있다. 또한 우리나라 고령자통계(통계청, 2015)를 통해 살펴보면 우리나라의 경우 고령화가 빠르게 진행되어 2012년 65세 이상 고령자가 차지하는 비중은 11.8%로 1970년 3.1%에서 지속적으로 증가하여 2017년이면 14%로 고령사회에 도달하여 2030년 24.3%, 2050년 우리나라 노인인구 비율은 37.4%로 세계 최고수준에 이를 전망인 것으로 나타났다. 특히, 85세 이상 초고령인구 비중은 2012년 0.9%에서 2030년 2.5%, 2050년 7.7%로 크게 증가할 것으로 전망하고 있다. 현행 추세가 지속될 경우 향후 10년 안에 생산가능 인구는 감소하고 고령사회 진입(2017년) 및 총인구 감소(2030년 이후) 등 본격적으로 인구변화가 가시화될 전망이다.

그리고 평균수명은 20세기 초까지만 해도 30세에 못 미쳤고, 평균수명 50세를 넘은 것도 1960년대 가까이 되어서였다. 그 이후 1960년대 산업화 과정을 거치면서 평균수명은 지속적으로 상승하여 〈표 1-2〉에서 보듯이 1960년에 남녀 평균 52.4세였던 것이 2000년에는 남녀 평균 76.0세에 달하고, 2020년에는 남녀 평균 82.6세에 이를 것으로 추정되어 인생 80세의 시대가 도래되었다.

표 1-2

평균수명 증가추이

(단위: %)

구분 \ 연도	1960	1970	1980	1990	2000	2005	2010	2013	2020	2030	2040	2050
평균	52.4	61.9	65.7	71.3	76.0	78.6	80.8	81.3	82.6	84.3	86.0	87.4
남(A)	51.1	58.7	61.8	67.3	72.3	75.1	77.2	77.8	79.3	81.4	83.4	85.1
여(B)	53.7	65.6	70.0	75.5	79.6	81.9	84.1	84.7	85.7	87.1	88.2	89.3
차이 (B-A)	2.6	6.9	8.3	8.2	7.3	6.8	6.9	6.8	6.4	5.4	4.8	4.2

자료 : 통계청(2012). 장래인구추계.

8) 합계출산율(Total Fertility Rate : TFR)은 한 여자가 가임기간(15~49세) 동안 평균 몇 명의 자녀를 낳는가를 나타내며, 출산력 수준비교를 위해 대표적으로 활용되는 지표로서 연령별 출산율의 총합이며, 한 사회의 출산수준을 다른 사회와 비교할 때 유용한 단일 지표이다.

9) 새로마지플랜 2011-2015 제2차 저출산·고령화사회 기본계획, 대한민국정부, 인용.

10) 2008년 프랑스 2.0, 스웨덴 1.91, 영국 1.96, 독일 1.38, 미국 2.09, OECD 평균 1.71.

표 1-3 세계와 한국의 합계출산율11)(연평균)

(단위: 명, %)

구분	1970-1975년(A)	2010-2015년[1](B)	증감(C=B-A)	감소율(C/A*100)
세계	4.44	2.50	-1.9	-43.7
아프리카	6.66	4.68	-2.0	-29.8
아 시 아	4.99	2.19	-2.8	-56.2
유럽	2.17	1.58	-0.6	-27.2
라틴아메리카	5.02	2.18	-2.8	-56.6
북아메리카	2.01	1.94	-0.1	-3.5
오세아니아	3.23	2.40	-0.8	-25.8
한국[2]	4.21	1.23	-3.0	-70.7
북한	4.00	2.00	-2.0	-50.1

주 1) 2010-2015년 자료는 유엔 추계치임.

주 2) 출생통계(kosis.kr), 한국의 합계출산율은 각각 1970-1974년과 2010-2014년 합계출산율의 평균임.

한 여자가 가임기간(15-49세) 동안 낳을 것으로 예상되는 평균 출생아수를 의미함.

반면 출산율은 지속적으로 감소세를 보여, 세계 합계출산율은 2010-2015년 2.50명으로 1970-1975년 4.44명에 비해 1.9명(-43.7%) 감소하였으며, 한국의 합계출산율은 2010-2014년 1.23명으로 1970-1974년 4.21명에 비해 3.0명(-70.7%) 감소하여, 세계출산율에 비해 평균 1.1명 더 낮은 수준으로 나타나났다.

특히, 우리나라 여성의 합계출산율은 2005년 1.08명을 저점으로 이후 증가추이를 보이다 2008년 이후 다시 감소추세로 돌아섰다. 그 후 2010년부터 다시 증가추이를 나타냈으나 인구의 대체수준(replacement level)인 2.1명에는 미치지 못하고 있다. 또한, 출산율이 낮아진 이유는 사회·경제적 환경 및 가치관 변화에 따라 결혼기피 및 연기로 결혼연령 상승과 출산 기피현상 때문인 것으로 판단되어지고 있다12). 이 같은 특성으로 전체 인구에서 차지하는 노인인구 구성비는 지속적으로 증가하고 있는 것으로 나타났다.

11) 세계와 한국의 인구현황 및 전망, 통계청(2015).
12) 2012 보건복지통계연보, 보건복지부.

이러한 동향을 〈표 1-4〉에서 살펴보면, 1960년만 하더라도 국민 전체에서 65세 이상의 노인인구가 차지하는 비율은 2.9%로 매우 낮았으나, 2000년에 UN이 정한 노인인구 비율 7%를 넘어선 7.2%에 도달하여 고령화 사회에 진입하였다. 그 후 15년이 지난 2015년 전체 국민 대비 노인인구 비율은 13.1%[13])를 기록하여 고령사회를 앞두고 있다. 통계청에서 실시하는 장래 인구추계에 따르면 2017년경이면 노인인구의 비율이 14%를 넘어서서 본격적인 고령사회로 접어들 것으로 전망했다.

표 1-4

고령인구 추이

(단위: 천명, %)

구분	추계인구	0~49세	구성비	50~64세	구성비	65세 이상	구성비
1990	42,869	35,906	83.8	4,768	11.1	2,195	5.1
2000	47,008	37,424	79.6	6,189	13.2	3,395	7.2
2010	49,410	35,080	71.0	8,878	18.0	5,452	11.0
2015	50,617	33,139	65.5	10,854	21.4	6,624	13.1
2020	51,435	31,117	60.5	12,234	23.8	8,084	15.7
2030	52,160	27,313	52.4	12,156	23.3	12,691	24.3
2060	43,959	18,372	41.8	7,966	18.1	17,622	40.1

자료 : 통계청(2015), 2015 고령자통계, p. 17.

이처럼 인구의 고령화에 따른 노인인구 급증이 문제로 제기되고 있지만 이에 못지않게 중요한 문제가 인구고령화 속도와 노령인구의 성비이다. 이를 〈표 1-5〉를 통해 살펴보면, 점차적으로 전체노인에서 차지하는 비율 중 여성의 분포가 높아지는 추이를 관찰할 수 있다. 이러한 특징은 상대적으로 경제 · 문화적 저열성을 갖고 있는 여성노인의 경우 노후 보장에 대한 사회적 부담이 더욱 심각해질 것으로 전망되며 이와 관련된 정책적 대안 마련이 시급함을 나타내고 있는 것이다.

13) 2015 고령자통계, 통계청(2015).

그리고 〈표 1-1〉을 통해 각국 인구고령화 속도를 살펴보았듯이, 고령화 사회에서 고령사회로 도달하는데 프랑스 115년, 미국 71년, 영국 46년으로 점차 단축되는 추세로 나타났다. 특히, 이 기간이 일본에서는 급속하게 줄어들어 세계 최단기간인 24년을 기록하고 이어 우리나라가 이를 5년 더 단축시켜 그 기록을 갱신할 전망이다. 또한 고령사회에서 초고령사회로 도달하는 기간 역시 일본 11년보다 짧은 9년으로 현저히 빠른 속도로 세계 최단기간을 기록할 것으로 전망하고 있다.

이러한 고령화 속도에 대해 우리나라가 다른 서구 유럽에 비해 더욱 심각한 노인문제를 안고 있는 이유는, 현재 고령사회인 구미 각국의 인구고령화는 장시간에 걸쳐 서서히 진행되어 왔기 때문에 사회보장 등 정책적 대비를 할 시간적 여유가 있었으나, 우리나라는 인류 역사상 유례가 없는 급속한 고령화의 진전으로 이를 대비할 수 있는 시간적 여유가 부족하기 때문에 문제는 더욱 심각하다고 할 수 있는 것이다.

표 1-5 성별 고령 인구

(단위: 천명, %, 여자 100명당 명)

구분	65세 이상	남자	비중[1]	구성비[2]	여자	비중[1]	구성비[2]	성비[3]
1990	2,195	822	37.4	3.8	1,373	62.6	6.4	59.8
2000	3,395	1,300	38.3	5.5	2,095	61.7	9.0	62.0
2010	5,452	2,227	40.8	9.0	3,225	59.2	13.1	69.1
2015	6,624	2,767	41.8	10.9	3,857	58.2	15.2	71.7
2020	8,084	3,451	42.7	13.5	4,633	57.3	18.0	74.5
2030	12,691	5,682	44.8	21.9	7,010	55.2	26.7	81.1
2060	17,622	8,197	46.5	37.7	9,425	53.5	42.5	87.0

자료 : 통계청, 「장래인구추계」 2011. 12.

주 : 1) 비중 = (65세 이상 남자(여자) 인구 / 65세 이상 인구) × 100

2) 구성비 = (65세 이상 남자(여자) 인구/총 남자(여자) 인구) × 100

3) 성비 = (65세 이상 남자인구/65세 이상 여자인구) × 100

2. 노인의 변화와 사회적 영향

많은 인류학자나 노년학자들은 역사를 통해서 볼 때 노인들에게 있어서 가장 안전한 안식처는 가족이라고 하였다. 노동력과 생산성, 노련한 기술, 고도의 지식과 능력을 중요시하는 사회로서 자연적으로 노인들은 존경의 대상보다는 소외시되는 위치에 놓이게 되었다(Simmons, 1945; Hendrick, 1977 재인용). 또한 은퇴라는 순간을 통해 젊은 사람에서 늙은 사람으로 전락하고 능력자에서 무능력자로 변하며, 생산자에서 연금 생활자로 바뀌고 일생을 통해 쌓은 직업적 지위와 생산적 경험들은 물거품이 되어 버린다(고수현 외, 2003)[14].

이처럼 노인의 사회적인 특성에는 매우 다양한 요소들이 포함될 수 있겠지만 여기에서는 주로 노인의 사회화 과정을 통해서 얻게 되는 지위와 역할의 변화, 사회적 관련 상황의 변화를 중심으로 살펴보고자 한다.

1) 지위와 역할의 변화

지위(status)와 역할(role)은 사회적 상호작용을 분석하는 데 사용되는 기본 개념으로, 사회체제 내에서의 특정 위치를 사회학의 개념으로 사회적 지위(social status)라고(고수현 외, 2003)한다. 그리고 개인이 속해 있는 사회 혹은 사람들로부터 그에 적합한 특정한 행동이 요구되는데 사회 혹은 사람들이 개인의 사회적 지위에 따라 요구하는 행위 유형을 역할이라 한다(오갑환, 1981 재인용)[15].

또한 사회가 규정하고 기대하는 역할과 실제 특정 개인이 수행하는 역할을 구분해야 하는데 전자를 규범적 역할(prescribed role) 또는 이상적 역할(ideal role)이라고

14) 고수현 · 김상태 · 윤선오 · 이종일(2003), 노인복지론, 양서원.
15) 오갑환(1981), 사회의 구조와 변동, 박영사.

하고 후자를 실제적 역할(actual role) 또는 역할 수행(role performance)이라 한다. 그리고 사람들은 경우에 따라서 사회가 기대하는 역할을 수행하지 못할 경우가 있는데, 그 사회가 기대하는 것과 전혀 동떨어진 실제적 역할은 엄격한 의미에서 사회적 역할이라고 할 수 없다. 즉 역할이란 "사회체제의 특정 위치에 관련하여 사회가 기대하는 행위 유형"을 의미한다(고수현 외, 2003).

따라서 사회적 역할이란 "어떤 지위에 있는 사람에게 기대되는 행동이나 어떤 주어진 지위에 있는 대부분의 사람들이 하는 일 혹은 어떤 주어진 지위에 있는 특수한 개인이 하는 일" 중 하나에 해당하는 것이다(Atechly, 1980 재인용). 이는 권리와 의무의 집합체로 규정할 수 있는 지위의 동적인 측면이라 할 수 있다.

Rosow(1976)는 사회적 역할의 고전적 의미를 수용하는 입장에서 역할과 지위를 하나로 종합하여 역할이라고 보고 그러한 역할 내에 일반적 의미의 역할이 내재하는가, 내재하지 않은가 혹은 일반적 의미의 지위가 내재하는가, 그렇지 않은가에 따라 역할의 종류를 제도적 역할, 희박한 역할, 비공식적 역할, 그리고 무역할 등으로 분류하였다. 여기에서 희박한 역할을 유명무실한 역할(명예적 역할, 명목적 역할 등)과 무정형적 역할(이혼한 어머니, 퇴직 가장 등)로 세분하기도 하였다(장인협 · 최성재, 1997 재인용)16).

우리나라의 경우 성인기와 노년 초기까지 자녀양육, 교육과 결혼, 때로는 자식의 사업 자금 지원에 이르기까지 과다한 자산을 투입함으로써 노년기에 이르러 경제적 의존도를 높게 한다. 퇴직금의 고갈, 낮은 연금 등의 경제적 능력 손실은 사회적 위세 및 역할 감소의 주된 요인으로 볼 수 있다. 나아가 역할기대의 감소는 노년기의 소외, 고독 및 우울증 등을 제공하는 주요 요인이다. 남녀 간의 역할 감소 중 퇴직과 노화로 인한 역할의 감소는 여자보다는 남자가 더 심각함을 보여 준다(고수현 외, 2003).

2) 퇴직 및 은퇴

우리나라의 일반 기업 및 사회단체는 일반적으로 퇴직 연령이 최저 55세부터

16) 장인협 · 최성재(1998), 노인복지학, 서울대학교 출판부.

형성되어 있어 정년퇴직 후 사실상 고령기는 더욱 길어지고 있지만 여가 시간을 의미 있고 가치 있게 보낼 수 있는 노인은 그리 많지 않다.

게다가 급속한 현대화 과정에서 전통적인 가치관과 현대적인 가치관이 혼재하고 있어 현대사회의 노인에게 적합한 역할을 뒷받침할 만한 뚜렷한 가치관이 형성되지 못하였고 이에 따라 사회의 일반인들과 노인 자신들이 기대하는 바의 적합한 역할 모델이 정립되지 못하고 있다. 그렇기 때문에 우리 사회의 노인들은 '역할 없는 역할'만 수행하고 있을 뿐이다. 즉 대부분의 노인들은, 친구나 친척 방문, 텔레비전 시청이나 라디오 청취, 집안일, 장기, 바둑이나 화투놀이, 단순한 잡담 등으로 여가 시간을 보내고 있을 뿐이어서 연장된 생명은 의미 있고 가치 있는 시간이 되지 못하고 있다(장인협 · 최성재, 1993 재인용).

그리고 평균연령의 증가와 노인인구의 증가로 퇴직 연령의 연장을 거론하고는 있으나 대부분의 사람들은 50대에서 60대를 거쳐 70대에 도달하면서 직업적 활동으로부터 물러나게 된다. 직업으로부터의 은퇴가 모든 사람에게 동일한 의미로 받아들여진다거나 동일한 현상을 제공하는 것은 아니지만 최소한의 직업에 의해 관련을 맺고 있던 사람들과의 유대관계가 약화된다거나, 직업에 의한 역할과 지위가 상실된다거나, 자신이 받아 왔던 봉급보다도 낮은 고정 수입을 갖게 되는 점에서 유사할 것이다. 은퇴라는 것은 사회적 역할의 급격한 변화 과정이며, 새로운 삶을 조정해 가는 과정이다.

Bischof(1976)는 은퇴의 과정을 5단계로 구분하여 분석하였다. 즉 첫째, 장래에 대한 설계 단계(퇴직금과 연금의 관리 계획, 적절한 주거지의 선정과 이사 준비, 은퇴 생활에 필요한 정보의 수집 등), 둘째, 은퇴기(은퇴 직후 발생하는 생활의 리듬을 경험하고 자신에게 적합한 삶의 유형을 추구), 셋째, 은퇴 직후기(건강이나 경제적 여유에 상응하여 다양한 활동성이 전개되는 단계), 넷째, 은퇴 생활 안정기(여러 방면에서 활동성이 감소하고 일정한 은퇴 생활의 스타일에 적응하며 남은 생을 현실로 받아들이는 단계), 다섯째, 최종 단계(신체적 · 정신적 기능이 극도로 쇠퇴하고 최종적 저하 현상이 일어나며 현실 적응이 어렵고 의존적으로 되는 시기) 등이다.

환경의 급격한 변화는 인간의 신체적 · 심리적 구조에 무리한 타격을 주게 된다. 인간이 자신의 환경을 조정하고 변화시키며 새로운 제도와 규범을 확립하는 것은 궁극적으로 인간을 위한 것이 되어야 한다. Backer와 Naegele(1993)은 현대 산업사회가 가지고 있는 퇴직제도의 모순성을 지적하고 점진적 은퇴에 대한 이론을 정립하였는데, 단순히 점진적 은퇴에 대한 과거의 많은 주장들에 머물지 않고 미래사회 산업구조의 특성상 현대적 방식의 인력 투입이 지속된다면 작업의 종류와 형태가 현저히 변화된 미래사회에는 생산가능 연령에 있는 사람들의 장기적이고 상습적인 대량 실직 상태를 피할 수 없게 될 것이라고 전망된다.

따라서 근로 기간의 단축과 생산 인력 간 노동의 재분배는 불가피한 것이며 점진적 은퇴 이론이란 50대 이후부터 근무시간을 점진적으로 줄여 가며 변화된 환경에 점진적으로 적응하게 함으로써 인생 과정상에서의 타격 효과를 줄이기 위한 제반 정책과 방법을 말한다.

은퇴 후의 삶을 긍정적으로 영위하기 위해서는 삶의 새로운 에너지를 재충전하고 변화된 환경을 합리적으로 조정하며, 삶과 죽음에 대한 개념을 확립함으로써 과거의 삶과 현재적 자신을 통합하고 미래에 대해 두려움이 없는 상태에서의 생활 정립이 필요하다(Yoon, 1997 재인용).

3) 소득의 감소와 경제적 의존

우리 사회의 노인에게서 가장 심각한 문제 중의 하나가 경제적인 것과 관련이 있다. 노년에 있어서 소득의 감소를 가져오는 가장 주된 원인은 퇴직이다. 2000년 현재 우리나라 노인들의 약 60% 정도는 농림어업에 종사하다가 퇴직한 사람이고 나머지 40% 정도는 행정직, 사무직, 판매직, 서비스직, 운수직·단순 노동직 등에 종사하다가 퇴직한 사람들이다.

현재, 우리나라 전체 노인인구의 45.0%만이 국민연금(노령연금) 수혜를 받고 있으며, 수혜 대상 중 남성이 49.2%, 여성이 41.3%이며 평균 49만원 정도의 연금을 수령하는 것으로 나타났다[17]. 이러한 연금수준은 노후 생활보장의 취약성을 나타내고 있으며, 퇴직금이 가장 큰 소득원이 되고 있다. 그러나 퇴직금제도의 적용도 현재까지는 엄격하게 지켜지지 않아 임금 노동을 하고 퇴직한 사람들 가운데 퇴직

---

17) 2015 고령자통계, 통계청(2015).

금의 혜택을 받지 못한 사람들도 상당히 많다(고수현 외, 2003). 또한 노후의 경제적 빈곤을 초래하는 다른 요인들은 사회보장제도의 미비, 자녀에 대한 과다한 지원, 퇴직 후의 재취업 곤란, 퇴직 전의 저임금 직종 종사, 직업의 불안정 등이 있다. 이처럼 대부분의 노인들은 퇴직으로 수입이 격감 또는 중단되어 자녀에게 의존할 수밖에 없다(최일섭 · 최성재, 1995).

그리고 많은 경우에 있어 자녀에 대한 경제적 의존은 노인이 고독감을 느끼는 원인으로 나타났는데, 이는 자립적인 노인보다 고독감을 더 많이 느끼는(김영화 외, 2001) 것으로 나타났다. 따라서 경제적 자립과 사회적 역할 분배를 위한 국가적 차원에서의 노인고용과 노인복지에 대한 적극적인 정책적 접근이 요구된다.

4) 세대 간 갈등

세대 간의 갈등 문제는 세대 간 계약에 의한 부과식 연금제도가 주축을 이루고 있는 유럽 국가에서 미래사회의 심각한 사회문제로 예측되어 왔다. 이 국가들에서 연금제도 및 의료체계가 성립 단계에 있었던 제2차 세계대전 직후부터 1950년대만 하더라도 사회의 고령화, 즉 인구의 고령화로 인한 공적 부담의 증가가 국민경제에 직접적인 영향을 미치리라는 생각과 그로 인해 연금 수혜자 세대와 생산자 세대 간의 사회적 갈등이 야기될 수 있을 것이라는 예측은 그다지 큰 의미를 갖지 않았다.

그러나 그에 대한 예측이 현실화될 수도 있다는 가능성은 일차적으로 1970년대 전 세계로 확산된 오일쇼크와 그에 따른 경제적 위기로 인해 대부분의 노인들은 연금 수혜자에게 소모되는 비용이 국가경제에 상대적 부담으로 작용하였으며, 이로 인해 고령화에 따른 비용 증가가 사회적 문제로 인식되기 시작하면서 대두되었다(O'Conner, 1977 재인용).

그에 대한 두 번째 인식은 1980년대 기본의 연금제도와 고령화에 따른 장기간병 요구의 증가로 노인부양을 위한 사회적 비용이 절대적으로 증가하면서 구체화되기 시작하였다(윤선오, 2000 재인용). 독일의 소수 젊은 층(16-29세의 21%)과 노인층(60세 이상의 30%)은 현재 경제활동에 참여하고 있는 40대까지의 연령 집단이 연금

수혜자가 되는 2020년대 이후에는 연금 수혜자들이 공적 자금의 기생자가 되리라는 인식을 가지고 있으며(Alber, 1995 재인용), 유럽 회원국의 많은 근로자들은 '세대 간 계약'에 의한 연금 보장의 미래가 불확실하다고 인식하고 있고 각 국가별, 세대별 의견 차이는 있지만 현 취업자 집단의 60%가 자신들이 연금수급 연령이 되었을 때 정당한 연금을 받을 수 있을지에 대한 불안감을 표명하였다(고수현 외, 2003 재인용).

또한, 초고령사회로의 진입과 함께 대량의 노인들에 대한 장기간 의료비와 간호의 필요와 요구가 증가함으로써 국가재정에 커다란 부담을 야기하게 될 경우, 정책입안자들을 통해 사회가 많은 부담을 하고 있는 노인 간병의 역할 및 책임을 가정, 특히 여성 친족에게로 이동시키고자 하는 압력과 요구를 강하게 하면 할수록 잠재된 세대 간, 성별 간의 갈등은 더욱 표면화될 것이다.

그리고 전통적 가족부양 기능에 의한 정책기조를 유지해 온 우리나라로써는 세대 간의 가족과 노인부양에 대한 가치관의 변화는 사회적 갈등 요인으로 대두되어지고 있어, 이를 완화할 수 있는 제도개선과 대안모색을 통해 노후 생활의 안전한 보장이 요구되어진다.

5) 노인요양비의 급증

OECD 주요국의 노년부양비는 전체적으로 증가하는 추세인데(표 1-6, 표 1-7 참조), 2009년 노년부양비는 일본(35.6%)과 독일(31.1%)이 상대적으로 높은 수준이고, 한국(14.7%), 미국(19.4%), 호주(19.6%)가 상대적으로 낮은 수준의 노년부양비를 보였다.

1998년도 한국보건사회연구원의 조사에 따르면 66세 이상 노인인구의 86.7%가 장기간 치료를 요하는 당뇨, 관절염, 고혈압 등과 같은 만성질환을 한 가지 이상 갖고 있으며, 전체 노인의 약 35%는 제삼자의 도움 없이는 일상생활을 유지하기 곤란한 상태에 있는 것으로 나타났다. 다른 연령층과는 달리 노인질환의 특성은 증상이 없거나 비전형적이고 개인차가 크며, 여러 가지 질병을 동시에 앓고 있고 의식 및 정신장애가 많아 사회 경제적 요인도 중요하게 작용한다는 점이다. 또한, 노인질환은 또한 만성적이기 때문에 장기 입원이나 재활 등의 치료가 필요하고 장기간의 입원은 노인의료비 상승의 원인이 되고 가정에서 장기 요양을 해야 할 경우 가족들의 돌봄 부담이 가중된다. 더욱이 농촌 노인의 경우 도시보다 그 돌봄에 있어서 훨씬 더 불리함을 갖는다.

그리고 인구의 고령화는 전 세계적인 추세이나 우리 사회의 경우는 그 어느 나라에서도 경험하지 못할 만큼 빠른 속도로 가속화되고 있어 가족의 노인부양[18]은 조만간 한계에 부딪힐 것으로 예상되므로 노인부양에 대한 국가책임은 당연시된다(표 1-6 참고).

하지만 노인부양 비용에 대한 지속적인 증가는 생산연령 인구의 노인인구에 대한 부양부담 수준을 높여 세대 간 갈등을 일으킬 개연성이 커지며, 국가가 한정된 재정으로 증가하는 노인복지 욕구를 충당하기에는 충분하지 않다. 노인복지 수요의 증가에 따른 과다한 재정적 지출은 장기적 안목에서 볼 때 시장경제와 갈등관계를 유발하게 될 것이다.

표 1-6

노년부양비 및 노령화지수

(단위: 해당인구 100명당, 명)

구분	노년부양비[1]	노령화지수[2]	고령자명당 생산가능인구[3]
1990	7.4	20.0	13.5
2000	10.1	34.3	9.9
2010	15.2	68.4	6.6
2015	17.9	94.1	5.6
2020	22.1	119.1	4.5
2030	38.6	193.0	2.6

18) 2012 고령자통계, 통계청, 사회통계국 사회통계기획과, 2012. 09. 27, http://kostat.go.kr

- 2012년 현재 노년부양비는 16.1로서 생산가능인구 6.2명이 노인 1명을 부양 - 현재의 저출산이 지속될 경우 2017년에는 생산가능인구 약 5명이 1명을, 2050년에는 약 1.4명이 1명을 부양해야 할 것으로 전망.
- 2012년 현재 노령화지수는 77.9로 유소년인구(0~14세) 100명당 65세 이상 고령자가 78명이며 2017년에 이르면 노령화지수가 104.1로 고령인구가 유소년인구를 초과할 것으로 전망.

2040	57.2	288.6	1.7
2050	71.0	376.1	1.4
2060	80.6	394.0	1.2

자료: 통계청, 「장래인구추계」 2011. 12.

주 : 1) 노년부양비 = (65세 이상 인구 / 15~64세 인구) × 100

2) 노령화지수 = (65세 이상 인구 / 0~14세 인구) × 100

3) 고령자 1명당 생산가능 인구= 15~64세 인구 / 65세 이상 인구

표 1-7 세계와 한국의 부양비

(단위 : 생산가능인구 1백명당, 명)

구분	1960년			2015년			2060년		
	총	유소년	노년	총	유소년	노년	총	유소년	노년
세 계	72.9	64.2	8.8	52.1	39.5	12.5	61.4	33.1	28.3
아프리카	85.1	79.5	5.6	78.9	72.7	6.2	58.2	47.0	11.3
아 시 아	77.2	70.6	6.7	46.9	35.9	11.0	60.3	27.3	33.0
유 럽	55.6	41.9	13.6	49.4	23.5	25.9	76.2	27.2	48.9
라틴아메리카	85.8	78.9	6.9	50.9	39.4	11.5	64.3	27.0	37.4
북아메리카	66.9	51.8	15.0	51.3	28.9	22.4	68.5	30.2	38.3
오세아니아	68.4	55.9	12.5	55.3	36.8	18.4	63.2	31.9	31.2
남 북 한	78.2	72.9	5.3	39.3	22.7	16.6	83.8	23.5	60.3
한 국	82.6	77.3	5.3	37.0	19.0	17.9	101.0	20.5	80.6
북 한	69.3	63.9	5.4	44.3	30.5	13.8	61.1	27.4	33.6

※ $총부양비 = \frac{유소년인구 + 고령인구}{생산가능인구} \times 100$, $유소년부양비 = \frac{유소년인구}{생산가능인구} \times 100$, $노년부양비 = \frac{고령인구}{생산가능인구} \times 100$

표 1-8 고령화와 노인의료비 전망 : 2000-2030

연도	노인인구 비중(%)	노인의료비 비중(%)
2000	7.2	20.3
2001	7.6	22.2
2010	10.7	30.1
2030	23.1	47.9

자료 : 한국사회보건연구원(2001)[19]

19) 보건사회연구원(이하 보사연)이 최근 발표한 '건강한 100세를 위한 부문별 대응정책개발' 보고서에

3. 노인의 개념과 특성에 대한 이해

1) 노인의 개념

인생을 흔히 '생로병사'(生老病死)로 일컫기도 하며, 인생의 주기를 봄(春), 여름(夏), 가을(秋), 겨울(冬)에 비유하기도 한다. 이처럼 노인이란 용어는 일상적으로 사용되는 말이지만 그 개념을 일률적으로 정의하는 것은 단순하지 않다. 왜냐하면 노인이란 용어에는 심신 기능의 쇠퇴인 늙어 가는 현상인 노화라는 의미와 시간의 흐름에 따라 물리적, 기계적으로 측정되는 달력상의 나이인 역연령이라는 두 가지 의미가 포함되어 있고, 동시에 노인이 처해 있는 역사적 · 사회적 · 문화적 영향도 작용하기 때문이다. 일반적으로 나이가 많으면 노화가 오고 노화가 온 사람은 나이가 많다고 할 수 있으나, 이를 모든 사람에게 적용할 수는 없으며, 개인의 유전적 요인과 건강관리 그리고 개인을 둘러싼 경제적 · 사회적 · 문화적 환경에 따라 개인차가 크다고 할 수 있다. 그러므로 노인을 정의하기 위해서는 폴락(Pollak, 1948: 10)이 강조하듯이, 심신의 기능변화에 따라 노화 현상이 일정 단계에 도달한 사람을 노인으로 간주하는 기능연령에 의한 방법과 시간의 흐름에 따른 역연령을 함께 적용할 수 있으면 합리적인 노인의 정의가 도출될 수 있을 것이다.[20]

노인(The Aged, the Elderly, Older Person)이란 "생리적 및 신체적 기능의 퇴화와 더불어 심리적인 변화가 일어나서 개인의 자기 유지기능과 사회적 역할기능이 약화되고 있는 사람"이다(장인협, 1998).

일반적으로 학자들은 노인을 역연령, 생물학적 연령, 심리적 연령, 사회적 연령, 기능적 연령, 자각적 연령으로 나누어 설명하고 있다.

따르면 평균수명 연장에 따른 인구구조 변화를 가정할 경우 노인장기요양보험 지출은 2015년 최대 5조1000억 원, 2030년 16조 원을 넘고 2050년에는 61조원에 이를 것으로 전망됐다.

20) 박차상 외(2006), 한국노인복지론, 학지사, p. 21. 일부 발췌.

(1) 역연령(Chronological Age)

우리가 흔히 말하는 나이가 바로 역연령이다. 역연령은 한 사람이 출생한 이후 경과한 시간의 양을 의미하며(Rybash, 1995) 시간이 역연령의 지표가 된다. 따라서 출생 이후 달력상의 나이가 곧 역연령이다.

역연령에 의한 노인 정의에서 한계선인 65세의 규정은 임의적인 것이다. 현재 대부분의 산업사회에서 65세 이상을 노인으로 규정하고 있는데, 이는 1889년 세계 최초로 제정된 독일의 노령연금법에서 노령연금 수혜자격 연령을 65세로 규정한 전통을 따르고 있는 것이다(Johnson, 1976; 장인협, 1998, 재인용). 브로디(Brody, 1977)는 60-64세를 연소노인(young-old), 65-74세를 중 고령노인(middle-old)으로, 75세 이상을 고령노인(old-old)으로 구분하고 있다(Specht & Craig, 1982; 장인협, 1998).

현재, 우리나라의 노인복지법에서는 65세 이상을 노인으로 규정하고 있다.

(2) 생물학적 연령(Biological Age)

생물학적 연령은 생물학적 건강상태를 지표로 삼는다. 따라서 이는 인생에 있어서 한 개인의 현재의 위치를 평가하기 위해 개인의 신체 주요 장기의 능력을 측정하여 나타내는 것으로 잠재적인 수명을 의미한다. 따라서 역연령이 동일한 사람들 간에도 생물학적인 연령은 다를 수 있기 때문에 생물학적 연령이 반드시 역연령과 상관관계를 지닌다고 할 수 없다.

예를 들어, 역연령은 60세임에도 불구하고 심폐기능이 40세로 측정된 경우, 이 사람은 심폐기능이 60세인 사람보다 더 건강하며 더 오래 살 것이라고 예상할 수 있다(김미혜 외, 2002).

(3) 사회적 연령(Social Age)

사회적 연령이란 사람들이 스스로 인지하는 사회적인 역할이나 기대뿐만 아니라 다른 사회구성원들로부터 요구되는 사회적인 역할이나 기대를 말한다.

예를 들어, 사람들은 어머니라고 하면 어머니의 역할과 어머니 역할을 수행하는데 요구되는 합당한 행동들은 기대하게 된다. 따라서 어머니는 몇 살짜리 아이가 있는지 또는 몇 명의 아이를 양육하는지가 더 중요하지 어머니의 출생연도나 형제관계는 일반적으로 무시된다(김미혜 외, 2002).

(4) 기능적 연령(Functional Age)

노인을 연령에 의해 일괄적으로 규정하는 것은 개인적인 차이이다. 특히 어떤 특수한 일을 수행할 수 있는 능력의 개인차를 무시하고 있다. 이에 반하여, 기능적 연령에 의한 노인은 개인의 특수한 신체적 및 심리적 영역에 있어서 기능의 정도에 의해서 노인을 규정하는 것이다.

이는 산업노년학(Industrial Gerontology)에서 관심을 갖고 발전시키고 있는 노인의 정의이다(Sheppard, 1976). 기능적 연령에 의한 노인은 노화로 인한 다른 능력의 감퇴에도 불구하고 어떤 특수한 신체적 · 심리적 및 사회적 영역에 있어서의 업무를 수행할 수 있다는 전제에서, 개인이 특수한 업무를 적절히 수행할 수 없는 경우에 노인으로 규정된다. 이러한 정의는 개인 및 개인 간의 노화의 특성이 다름을 감안한 장점이 있으나, 실제 이러한 기능을 판단할 수 있는 의학적 및 기타 행동적 판단기준이 복잡하고 이러한 판단에 시간이 많이 걸리므로 편의성이 약한 것이 큰 단점이다(장인협, 1998).

기능적 연령의 기준은 흔히 일상생활활동(ADL: Activities of Daily Living)과 도구적 일상생활활동(IADL: Instrumental Activities of Daily Living)에 의하여 평가 · 분류된다.

(5) 자각적 연령(Perceived Age)

자각적 연령은 각 개인이 자신이 얼마나 늙었다고 느끼는지를 연령의 기준으로 사용한다(Kimmel, 1990). 실제의 역연령이 60세일지라도 자신의 나이를 45세 정도로 젊게 인식하는 사람이 있는 반면, 70세로 표현하는 사람이 있는데 이러한 차이가 나타나는 것은 각 개인이 역연령, 사회적 연령, 심리적 연령, 기능적 연령 등 다양한 측면을 반영하여 자신의 연령을 평가하기 때문이다.

우리 사회에서는 60세를 노인의 연령으로 보는 경향이 있다. 이는 대체로 퇴직연령이 일반 55세-60세이므로 은퇴의 시기를 노년기의 시작으로 보기 때문이다. 또한 전통적으로 만 60세에 회갑을 맞기 때문에 이 때부터 노령기에 접어들었다고 개인적으로나 사회적으로 인식하기 때문이다. 하지만 평균수명의 지속적인 증가로 노인인구가 증가하면서 60세에 맞는 회갑의 의미가 퇴색하고 있고, 젊고 활기찬 60대가 증가하면서 사회 · 문화적으로 노인에 대한 의식이 바뀌고 있다(김미혜 외, 2002).

이와 같이 노인의 정의에 대한 어려움 때문에 우리나라 노인복지 관련 서적에서는 1951년 국제노년학회와 브린(L. Breen)의 정의를 주로 인용하고 있다(김태현, 1994: 41; 이혜원, 1996: 12-13). 먼저 1951년 제2회 국제노년학회에서는 노인이란 인간의 노화 과정에서 나타나는 생리적 · 심리적 · 환경적 변화 및 행동의 변화가 상호작용을 하는 복합 형태의 과정에 있는 사람이라고 규정하였다.

이를 더 구체화하면 노인을 ① 환경변화에 적절히 적응할 수 있는 자체 조직에 결핍이 있는 사람, ② 자신을 통합하는 능력이 감퇴되고 있는 사람, ③ 인체기관, 조직, 기능 등에 있어서 감퇴현상이 일어나는 시기에 있는 사람, ④ 환경에 대한 적응능력이 점진적으로 결손되고 있는 사람, ⑤ 인체의 조직 및 기능저장 능력의 소모로 적응능력이 감퇴되어 가는 시기에 있는 사람을 의미한다고 했다.

다음으로 브린(L. Breen)은 노인을 ① 생리적 · 생물학적 면에서 쇠퇴기에 있는 사람, ② 심리적인 면에서 정신기능과 성격이 변화되고 있는 사람, ③ 사회적인 면에서 지위와 역할이 상실되어 가는 사람이라고 정의하였다.

한편 우리나라의 장인협과 최성재(1987: 44) 연구에서는 노인을 생리적 및 신체적 기능의 감퇴와 더불어 심리적인 변화가 일어나 개인의 자기 유지기능과 사회적 역할기능이 약화되고 있는 사람이라고 정의하고 있다.

이상 선행연구에서의 노인에 대한 정의는 세월의 흐름에 따른 개개인의 다양한 기능적 측면을 고려하고 있지만, 노화는 개인차가 크기 때문에 역연령으로 노인을 정의하고 있지 않다는 사실을 알 수 있다(정복교, 2006).

그렇다면 예외적인 사례로 보통 사람보다 빨리 노화를 일으키는 질병, 즉 희귀병인 조로병에 걸려 생리적 · 생물학적으로 노인과 같은 현상을 보이고, 사회적인 측면에서 학교 등 사회 환경에 적응하지 못하는 소년[21]은 어떻게 보아야 할까? 그 같은 이유로 영국, 독일, 프랑스, 캐나다, 스위스 등의 서유럽 사회와 일본 등의 국가에서는 노동력 개념으로서의 노령선을 역연령으로 65세로 하고 있고, UN에서는 생산연령 인구를 15-64세로, 국제적으로 통계학 등의 학문 분야에서는 65세 이후를 노인인구로 규정하고 있다(정복교, 2006).

우리나라에서도 산업사회 이전에는 만 60세를 회갑이라고 하여 이 때부터 노인이라고 사회적으로 인식하였으나, UN 등의 생산연령 인구 개념에 영향을 받아 노인복지법은 상담 · 시설입소, 경로연금, 건강진단, 경로우대 등의 대상자를 만 65세 이상으로 정하고 있으며, 인구 등 각종 통계에서도 이를 기준으로 하고 있다(김복혜, 2008).

따라서 노인이란 시대와 사회에 따라 다르지만 일반적으로 신체적, 심리적, 사회적인 기능 정도와 역연령을 기준으로 결정된다고 볼 수 있다.

요약하여 정의하면, 노인은 나이가 들어감에 따라 신체적, 심리적, 사회적인 기능이 감퇴되어 정상적인 사회생활을 수행함에 있어 어려움을 경험하는 시기에 있는 사람이라고 할 수 있으며, 노동 능력과 관련해 역연령으로 65세 이상인 자를 노인이라고 규정[22]할 수 있다.

2) 노인의 특성

나가요시요노스케(永和良之助, 2004)는 연령에 어울리지 않는 무리한 행동을 하는 노인을 일컫는 '노인의 냉수'라는 속담을 소개하고 있다. 이는 '노인은 노인이다'라

---

21) 희귀병인 조로병에 걸린 사람은 전 세계에 23명이 있다고 한다. 조로병에 걸린 남아프리카 공화국 16세 소년은 이미 1세 때 머리가 빠지고 주름살이 생기기 시작했으며, 모습과 목소리는 노인과 같았다. 그는 학교에 다니는 것이 무리가 되어 자퇴를 하고 집에서 좋아하는 동물과 함께 지내고 있다. 소년의 나이에 걸맞은 공차기 등의 스포츠를 하지 못하고, 매일 위궤양 약을 먹으며 심장병, 류마티즘 등으로 고생하고 있다.(www.neonature.co.kr)

22) 박차상 외(2006), 한국노인복지론, p. 23 일부 발췌.

는 자기 인식의 부족을 지적한 것으로써, 노인이 아직은 젊다고 착각하여 냉수를 마시거나 이용함으로 인해 소화불량을 일으키거나 감기에 걸린다든지, 노인이 자기 자신의 상태나 사실을 모르는 것을 지적한 것이라 할 수 있다.

첫째, 노인은 자신이 어느 정도의 고령인지, 어떤 노화현상이 인정되는지, 실제로 늙는 것을 경험하게 될 것인가 등의 고령의 기준이 애매한 매일의 생활 속에서 어제 할 수 있었던 것을 오늘도 할 수 있다는 되풀이 속에서 어느 사이엔가 예전의 자기가 아닌 노인을 발견하게 된다.

둘째, 나이를 먹어 체력도, 기력도 젊은이에게는 비교할 수 없는 것을 십분 알고 있음에도 불구하고, '젊었으면…'하는 소망을 품고 있는 것을 비꼬는 속담이라고 할 수 있다. '언제까지나 젊었으면…'하고 바라는 마음을 볼 때 얼마나 젊음을 추구하고 있는지를 알 수 있다.

셋째, 노인이 자기 자신을 노인으로 받아들이기 어렵다는 것을 지적한 속담으로 볼 수도 있다.

이상과 같이 노인은 주로 신체적, 심리적, 사회적 측면에서 다음과 같은 특성을 가지고 있다.

(1) 신체적 특성

노인의 신체적 특성은 개인 간의 차이가 있을 수도 있으나 일반적으로 시력 · 청력의 저하, 배뇨장애, 노인성 색소침착, 성욕감퇴 등 여러 가지 신체적 변화와 함께 지능과 기억력의 저하를 지각하면서 자신이 늙고 있음을 자각하게 된다.

노화는 빠르게 혹은 늦게 나타나는 차이가 있을 뿐 인간에게는 누구나 다가오는 현상이다. 노화와 관련된 노인의 신체적 특성을 구체적으로 살펴보면 다음과 같다.

첫째, 근골격계의 변화로는 뼈광물질의 소실과 골격량의 감소로 인한 골다공증의 발생, 관절 부분 질환의 증가뿐만 아니라 골절의 위험성이 많다. 척추와 하지의 만독, 팔 · 다리 근육의 약화로 걸음걸이는 느리고, 보폭은 작고, 끌면서 걷는 것처럼 보이며, 움직임이 서툴러 보이고 민첩성이 현저히 떨어짐을 관찰할 수 있다.

둘째, 심혈관계의 변화로는 심장의 크기에는 대체로 큰 변화는 없으나 활동수준에 따라 불용성 위축이 와서 크기가 감소되기도 한다. 또한 질환으로는 협심증이나 심근경색증이 나타날 경우도 있으며 고혈압, 뇌혈관 질환, 동맥경화증이 생기기도 한다.

셋째, 호흡기계의 변화로는 폐활량도 감소가 되며 기도 청소율이 줄어 분비물이 증가하고, 면역 · 방어기전이 감소되어 호흡기계 질환이 더욱 많아진다. 그 밖에 폐렴이나 천식 등이 발병하기도 한다.

넷째, 소화기계의 변화는 치아상실로 인하여 대체로 영양상태가 불량하고, 침과 위액분비의 감소로 인한 소화 기능의 감퇴가 되기도 하며 이로 인한 변비나 설사를 유발하기도 한다.

다섯째, 신장의 네프론 수의 감소로 여과율이 저하되는데 신체기능 중 가장 급격한 기능의 저하를 보이는 것이 신장의 여과기능으로 성인의 50~60%가 감소된다. 또한 방광의 확장능력도 떨어져 실금을 하기도 하며, 전립선 비대로 인한 배뇨장애, 점액분비량의 감소로 인한 여성 생식기의 위축 및 소양감, 신경계의 변화로 숙면을 이루지 못하는 수면장애가 있다. 감각기계의 변화 중에는 백내장 등으로 인한 시력저하로 생활의 불편함과 청력 저하로 타인과의 관계형성의 어려움, 또한 찬맛을 상실하여 지속적으로 짜게 먹음으로써 생기는 여러 가지 질환, 냄새를 맡지 못하여 빨래나 음식물을 불 위에 두었다가 화재가 일어날 수 있는 각종 사고, 그 밖의 피부기계의 변화는 대표적으로 피부의 주름, 노인성 반점, 은발의 증가, 손 · 발톱이 두꺼워지는 것을 들 수 있다.

(2) 심리적 특성

노인기가 되면서 심리적으로는 의존성, 신뢰감, 지능상태의 저하, 공격성, 애정과 기분의 변화, 불만감 및 자아존중감 등이 변화한다. 노인은 이러한 심리적 영향이 커지면 노인을 노년기 생활의 적응이 어렵고 우울증, 신경증, 치매상태, 때로는 자살 기도를 하기도 한다.

노인들의 심리적인 특성을 자세히 살펴보면 다음과 같다.

① 내향성과 수동성 증가

노인은 사회활동이나 대인과의 접촉이 점차 줄어들어 외부의 자극과 반응 특히 사회의 변화보다는 자기 자신의 사고나 감정에 의해 사물을 판단하는 내향성이 증가한다. 또한 사회관계에서도 능동적인 조절보다는 수동적인 조절을 하며, 일의 성패를 우연에 내맡겨 버리는 경향이 증가하여 수동성을 초래한다. 노년기에는 대개 사회적 성취의 욕구가 사라지고 외향적인 심리상태가 쇠잔하여 내향성과 수동성이 증가하는 것이 일반적이다. 하물며 장애를 가진 노인들의 경우에는 더욱더 심화되어 간다.

② 조심성과 경직성

노년기에 이르면 신체적 기능 저하 및 노인성 질환으로 인하여 신체의 감각기능이나 각종 능력이 감퇴되어 과거의 실패, 고통 등의 경험에 의한 반사작용으로 인해 조심성과 경직성이 늘어난다. 이러한 조심성으로 인해 젊은 층보다는 보수적인 경향을 띠게 되고 사고의 경직성을 유발한다.

③ 우울증과 과거의 회상

노년기에 이르면 우울증을 보이는 경향이 점점 더 늘어난다. 우울증은 신체의 노령화에 따른 강박감, 배우자의 죽음, 경제사정의 악화, 자녀로부터의 소외 등으로 인해 일어나며 우울증은 불면증, 소화불량, 체중감소, 무감정, 막연한 증오심 등으로 표출될 수가 있다. 이러한 우울증이 진행되면서 심리적 보상방법으로 과거에 일어났던 일들을 회상하는 일이 점점 늘어나고 심지어 노인 개인 및 그 가족의 생활의 질도 떨어짐은 물론 자살까지도 이어질 수 있다.

④ 친근한 사물에 대한 애착심

과거 회상의 직접적인 결과로서 오랫동안 지니던 물건을 계속 소유하고 싶어하는 애착심이 늘어난다. 이는 기나긴 세월 동안 살아오면서 세상이 많이 변화되었지만, 자기 자신과 주변은 변화하지 않고 일정성을 유지하고 있다는 안도감을 느끼기 위한 것이다. 이와 같이 사물에 대한 애착심은 사회복지서비스 공급에 있어서 새로운 공급 시스템에 거부감을 나타낼 수도 있음을 의미한다.

(3) 사회적 특성

인간은 사회적 존재로서 다른 사람과의 사회적 관계를 떠나서 살 수 없다. 그러나 노년기에는 생애 주기 상 다른 연령에 비해 이용 가능한 사회적 자원이 축소되어 직업적 · 사회적 역할 및 지위의 상실, 사회참여의 기회를 상실하게 하고 또한 가족의 형태가 변화하면서 노인으로 하여금 역할을 획득하는데 상당히 불리한 사회적 지위에 처하게 한다. 이러한 역할 상실은 개인적으로 권위, 특권, 위신 등의 상실을 가져오며, 사회적으로도 노인의 역할에 대한 기대가 불분명해지므로 사회구성원의 일부로서 화합하기가 힘들어 소속감을 잃게 되고 자발적인 사회참여도 점차 줄어들게 된다(이병욱, 1997).

즉, 전통사회에서는 가족문제의 최종결정권자로서 전통문화 계승과 자손의 교육 및 지도의 역할을 감당하였으며, 지역사회에서는 도덕적 지도자 및 사회적 교육자로서 역할을 감당하였다. 그러나 현대기술의 등장과 교육제도의 확대 등 가족구조의 변화로 인한 급격한 사회 변화는 가족과 사회 속에서 노인의 역할과 지위 하락을 가져왔으며, 가족 내에서의 노인 역할의 변화는 가장에서 피부양인으로, 가정교육의 책임자에서 방관자로, 지혜의 보고에서 시대의 낙오자로, 가정경제의 중심에서 종속인으로의 변화를 가져왔다. 그리고 지역사회의 지도자에서 방관자로, 경제의 중심에서 주변인으로 변화를 갖고 있음을 알 수 있다.

(4) 경제적 특성

현대 산업사회에서는 노동력이 상품화되어 노인들의 경험, 지식, 기능의 가치는 새로운 지식과 기술혁신의 도입에 의하여 그 가치가 감소하게 되고, 고용의 기회가 적어지기 때문에 자신의 유일한 수입원인 근로소득을 상설하게 되어 심각한 경제적 어려움에 처할 수밖에 없다.

노인들이 경제적 어려움을 겪는 원인으로는 주로 생물학적 노화에 따른 노동능력의 상실, 정년제도와 같은 사회적이고 인위적인 제약, 노인 자신의 노후대책의 미흡, 노후를 위한 사회보장제도의 불충분을 들 수 있으며 이런 요인들은 독자적 또는 상호 복합적으로 작용하여 노인들의 경제적 욕구를 증가시키게 된다(박차상 외, 2006). 이로 인하여 생계의 유지는 물론 경제적인 측면과 밀접한 관련이 있는 신체적 건강의 유지, 여가활동이나 사회활동에 이르기까지 제약을 받게 될 가능성이 크다고 할 수 있다.

4. 노인복지의 개관

1) 노인복지의 개념과 목표

흔히 인간은 발달과정상 노화로 인하여 노인에 이른다고들 한다. 이때 노화(aging)는 시간의 흐름에 따라 인체조직의 세포가 서서히 소멸하면서 나타나는 신체 기능의 저하를 말하며, 노인(the aged)이란 일반적으로 노령화 과정에서 나타나는 신체적 · 정신적 · 심리적 · 환경적 및 행동에 있어 복합적인 원인으로 인하여 일상생활에서 원활하게 기능을 온전히 발휘할 수 없는 상태에 있는 사람을 칭한다.

그리고 노인은 생리적 · 생물학적 면에서 퇴화기에 있는 사람, 심리적인 면에서는 정신기능과 성격이 노인 특유의 보수 · 온건 · 의존 · 경직성향으로 변화되고 있는 사람, 사회적인 면에서는 지위와 역할이 상실된 사람으로 정의하고 있다(장인협 · 최성재, 2002).

한편, 현대사회는 과거와는 달리 산업화, 도시화, 핵가족화 등으로 노인 자신의 신체적 · 정신적 노화는 노인들을 사회적 약자로 변화시키고 있다. 따라서 노인들은 사회복지의 대상이 되면서 노인문제가 사회문제로 급부상하면서 노인복지가 사회복지의 영역에서도 주요한 영역이 되었다고 할 수 있다(박용순, 2005).

'노인복지(老人福祉)'는 노인이 인간다운 생활을 영위하면서 자기가 속한 가족과 사회에 적응하고 통합될 수 있도록 필요한 자원과 서비스를 제공하는데 관련된 공적 · 사적 차원에서의 조직적인 제반활동을 뜻한다(전재일, 2006).

또한, 인간다운생활이란 우리나라 헌법과 국민기초생활보장법이 정한 건강하고 문화적인 삶을 의미하며, 나아가서는 국가사회의 발전적 수준에 걸맞은 일상생활상의 욕구를 충족하고 가족과 사회로부터 소외됨이 없이 최저생활을 보장받아 즐거움을 가지고 조화로운 삶을 영위함을 뜻한다.

그리고 자원과 서비스를 제공한다함은 노인에게 필요한 인적 · 물적 자원을 개발하여 연결시켜 주거나 보충해 주며, 사회적 적응에 조력하며 개인의 발전을 위한 욕구충족에 필요한 서비스를 제공해 준다는 것이다. 또한, 공적 · 사적 활동이라 함은 노인복지는 공적 차원뿐만 아니라 사적 차원에서도 이루어져야 하며, 일시적이고 무계획적인 활동이 아니라 지속적이고 조직적인 활동이어야 한다는 뜻이다. 즉, 노인이 남은 여생 동안 복된 생활을 할 수 있도록 사회구성원들은 노인이 사회로부터 소외됨이 없이 그들의 다양한 욕구에 알맞게 포괄적인 서비스를 제공하여 삶의 질(quality of life)을 높여 주어야 한다.

우리나라 노인복지법 제1조(목적)는 노인복지를 "노인의 심신의 건강유지 및 생활안정을 위하여 필요한 조치를 강구"하기 위해 국가에서 추진하는 여러 가지 활동으로 명시하고 있으며, 제2조(기본이념)는 노인은 ① 후손양육과 국가 및 사회의 발전에 기여해 온 자로서 존경받으며 건전하고 안정된 생활을 보장받고, ② 일에 종사하고 사회적 활동에 참여할 기회를 보장받으며, ③ 심신의 건강을 유지해야 한다고 명시하고 있다.

그리고 우리나라 노인복지법이 명시한 사항을 요약하면, 노인복지(The Aged Welfare)란 첫째, 노인 삶의 질을 높이기 위해 사회 전반적으로 추구해야 하는 인륜적 과업이며, 둘째, 빈곤 · 불건강 · 고독 · 무위 등 노년기의 주요문제를 해결하는 국가 사회적 활동이며, 셋째, 노인으로 하여금 자신이 이 사회에서 꼭 필요한 존재임을 느끼면서 긍정적이고 우호적인 자세로 여생을 살아갈 수 있는 사회적 여건을 마련하는 일이며, 넷째, 노인의 심신의 건강유지 및 생활안정을 위하여 필요한 조치를 강구하기 위해 국가에서 추진하는 여러 가지 활동이며, 다섯째, 저소득노인에 대한 기초생활 보장, 건강관리 강화, 재가복지서비스 확충, 노인의 여가선용 및 사회참여 기회 확충, 그리고 경로효친사상의 지속적 양양 및 경로우대 영역에서 이루어지는 활동이라고 볼 수 있다(이인수, 2004). 노인복지는 많은 사회문제 중에 특히 노인에게 일어나는 문제를 해결하고 노인의 복지를 이룩하려는 사회적 노력이라고 할 수 있다.

따라서 노인복지는 독립된 인간으로서의 노인의 기본적 욕구 충족과 문화적 생활 유지를 국가나 사회가 보장하기 위한 서비스 및 정책을 뜻한다고 할 수 있겠다. 이러한 노인복지의 목표는 다음과 같다.

모든 노인이 기본적 권리로서 ① 적절한 수입과 주거, ② 가능한 신체적 · 정신적 건강, ③ 고용의 기회, ④ 자신의 인생을 계획하고 관리하기 위한 자유, ⑤ 독립, 자율성, ⑥ 효율적 지역사회 서비스 등을 실현하도록 지원하는 데 있다.

2) 노인복지의 기본원칙

노인복지법 제2조에서 노인복지의 기본이념을 명시하고 있는데, “노인은 후손의 양육과 국가 발전에 기여하여 온 자로서 존경받으며, 건전하고 안정된 생활을 보장받아야 하며, 또한 노인은 그 능력에 따라 적당한 일에 종사하고 사회적 활동에 참여할 기회를 보장받는다”고 되어 있다. 이와 같은 법 규정은 노인의 심신의 건강 유지 및 생활안정이 노인복지의 중요한 목표임을 명시하고 있다고 본다.

따라서 위와 같이 규정된 노인복지의 이념을 달성하기 위해서는 다음과 같은 원칙이 지켜져야 한다고 본다.

(1) 노인의 기본적 욕구

첫째, 사회적으로 유용한 존재가 되고 싶은 욕구
둘째, 어디에서, 어떻게 살 것인가를 선택하고 싶은 욕구
셋째, 병들거나 쇠약했을 때 보살핌을 받고 싶은 욕구
넷째, 노화나 죽음을 질병이 아닌 인간의 자연적 과정으로 받아들이고 싶은 욕구

(2) 존엄성의 원칙

노인은 어떠한 상황에서라도 차별받지 않는 인간적인 권리로서의 존엄성이 존중되어야 한다.

(3) 개별화의 원칙

노인 각자 개성이 존중될 수 있도록 개별적으로 접근되어야 하며, 노인에 대한 일반화나 고정관념이 배제되어야 한다.

(4) 자기결정의 원칙

노인 자신의 복리를 위한 결정도 가능하면 노인 스스로 선택하도록 한다.

(5) 권리와 책임의 원칙

모든 노인들에게는 권리와 책임이 동시에 수반되어져야 한다.

(6) 보편성과 선별성의 원칙

노인복지는 주어진 재정적, 사회적 여건 하에서 노인의 각자 욕구에 따라서 선별적, 보편적 원칙이 보장되어야 한다.

(7) 개발적 기능의 원칙

노인의 개별성과 주체성의 인정에서 비롯되는 원칙으로서 노인 각자에게 내재되어 있는 능력을 발휘할 수 있도록 한다.

(8) 전체성의 원칙

노인을 신체적, 지적, 정서적, 사회적, 심리적, 영적인 모든 측면에서 전체적인 기반 아래서 서비스가 제공되어야 한다.

(9) 전문성의 원칙

노인복지는 전문적 지식과 기술을 기반으로 전문가에 의해서 실시되어야 한다.

(10) 시대적 욕구반영의 원칙

노인들의 시대적 욕구를 잘 파악하여 이를 적절히 반영하여 제반 서비스를 제공하는 것이 효과적인 노인복지의 기본원칙인 것이다.

3) 노인복지의 서비스 유형

노인복지 서비스 및 정책이 필요한 이유를 정리하고 이와 관련된 서비스 유형을 연결하면 서비스 유형을 이해하는 데 도움이 될 것이다.

첫째, 인간에 대한 생존권 및 존엄성이 보장되어야 하므로 욕구 충족과 삶의 질 향상을 위한 보장을 받을 필요가 있다.

둘째, 개인과 가족 및 사회적 여건이 변화하여 기본적 생존권이나 생리적 욕구 충족 외에 자아실현의 욕구 충족 등 삶의 질 향상을 위한 욕구가 증대되었으며 가족원 수의 변화로부터 장남 부양 형태의 변화, 여성의 취업률 증가 등으로 보완되어야 할 사회적 여건은 국가, 사회의 개입을 요구하게 했다.

셋째, 평균수명의 연장에 따른 다양한 서비스군, 즉 영세노인, 질병과 장애노인, 심리적 부적응 노인, 중산층 노인, 초기 고령자, 후기 고령자 등 다양한 욕구에 대응하는 서비스가 필요하다.

넷째, 노인문제의 발생 이후 파생되는 경비를 절감하고 효율성을 높이기 위한 문제 예방적 프로그램 및 정책이 필요하다.

정리하면 노인복지제도 및 서비스는 소득보장, 의료보장(의료보험, 의료보호), 주택

보장, 교통수단 지원, in-home services, 개별 혹은 가족상담, 위기 개입, 집단 개입, 학대 보호 등을 포함한다. 우리나라의 경우 2003년도 보건복지부 지침에 따르면 고령사회에 효과적으로 대응할 수 있는 사회기반 조성을 위해 첫째, 건강한 보람 있는 노후 생활 패턴 정립, 둘째, 저소득 노인의 생활 안정 기반 조성, 셋째, 노인의 특성을 고려한 건강 보장 대책 마련, 넷째, 보건복지 서비스 기반 확충으로 나누어 사업을 전개하고 있다.

이 장에서는 소득보장, 의료보장, 기타 서비스로 나누어 살펴보기로 한다.

(1) 소득서비스

노인의 빈곤은 개인적 나태함과 도덕적 결함에 의한 것이라기보다 생물학적 노화와 사회적인 제약으로 빈곤에 빠지는 경우가 대부분이기에 노인에 대한 소득보장의 대책은 사회적인 차원에서 필요하다. 정부는 노인들의 소득보장의 기반을 위한 각종 조처를 취하여 경제 곤란을 겪고 있는 노인들의 경제적 기반을 위한 지원책을 다음과 같이 마련하고 있다.

우리나라의 경우 기초연금 지급, 국민기초생활보장 수급 지원을 하고 있다. 그 외에도 노인들의 일거리 마련을 위한 사업으로 노인사회활동 지원사업을 통해 일하기를 희망하는 노인에게 맞춤형 일자리를 공급하여 노인에게 소득창출 및 사회참여의 기회를 제공하고 있다.

일자리 사업내용으로는 사회공헌형과 시장진입형으로 나뉘는데, 사회공헌형은 다시 공익형, 교육형, 복지형으로 참여노인 인건비와 부대 경제를 정부에서 전액지원하며, 시장진입형은 인력파견형과 시장형으로 나뉘어 기업 등 노인활용 업체에서 인건비를 지급하고 노인일자리 예산에서 부대 경비를 지원하고 있다. 또한, 2004년도부터 한국노인인력개발원을 설치하여 일자리 연계 및 모델을 개발 · 보급 등 그 사업 영역을 확대하여 수익형 사업과 공익형 사업 아이템을 개발, 확대 실시하고 있다.

(2) 의료서비스

노인은 육체적 · 정신적 노화로 인하여 대부분 발병률이 높고 만성 노인성 질환을 지니고 있다. 특히 노인들은 일정한 소득이 없기 때문에 의료비가 매우 부담되고 있다. 현재 노인들의 의료서비스 지원체계로서 의료보험과 의료보호가 있다. 의료보험의 경우에는 본인 부담이 높고, 의료보호는 여전히 차별적인 처우가 이루어지고 있는 실정이다.

따라서 정부는 노인건강 보호사업으로서 노인질환을 조기에 발견하여 노인들의 건강을 도모하기 위해 국 · 공립 병원이나 보건소, 기타 의료기관에서 무료로 건강진단을 실시하고 있다. 예컨대, 1983년부터 65세 이상의 저소득 노인 대상으로 무료 노인건강진단을 실시하여 노인의 건강 지도 및 보건교육을 시행하고 있고, 1992년부터는 당뇨병, 백내장 등의 노인성 질환 검사 항목을 추가하여 실시하고 있다.

그 외에도 노인 안 검진 및 개안 수술을 2002년부터 지원하고 있다. 또한 치매상담센터 운영 및 요양병원을 운영하고 있다.

(3) 주택서비스

주택은 인간의 욕구와 밀접한 관련이 있으며 생활 안정의 필수적인 조건이 된다. 노인복지사업 중 주택서비스는 중요한 프로그램이다. 현재 우리나라 주택정책은 젊은 부부를 위한 아파트 가족 위주의 정책에 대부분 투자를 하고 있다. 지금까지 주택건설사업은 어느 정도 성장해 왔지만, 노인을 위한 임대아파트나 다세대주택 사업은 미흡한 상태이다. 따라서 자녀들이 노인을 모시고 함께 살 수 있도록 3세대 가족 중심의 특별한 아파트나 단독주택의 보급이 과감하게 이루어지는 노인복지의 방향이 요구된다.

(4) 시설보호서비스[23)]

노인복지사업은 아직까지 시설보호사업 중심으로 실시되고 있는 실정이다. 노인

23) 2012 노인보건복지사업안내, 보건복지부.

들은 자신의 집에서 생활할 능력이 없거나, 부양할 자녀가 없거나, 건강 상태가 좋지 않을 경우에 시설에서 보호를 받게 된다.

노인복지시설은 그 기능에 따라 노인주거복지시설, 노인의료복지시설, 노인여가복지시설, 재가노인복지시설, 노인학대 예방전문기관 등으로 구분할 수 있다.

첫째, 노인주거복지시설은 노인복지법 제32조에 의거하여, ① 양로시설 : 노인을 입소시켜 급식과 그 밖에 일상생활에 필요한 편의를 제공함을 목적으로 하는 시설, ② 노인공동생활가정 : 노인들에게 가정과 같은 주거여건과 급식, 그 밖에 일상생활에 필요한 편의를 제공함을 목적으로 하는 시설, ③ 노인복지주택 : 노인에게 주거시설을 분양 또는 임대하여 주거의 편의 · 생활지도 · 상담 및 안전관리 등 일상생활에 필요한 편의를 제공함을 목적으로 하는 시설로 구분되어진다.

둘째, 노인의료복지시설은 노인복지법 제34조에 의거하여, ① 노인요양시설 : 치매 · 중풍 등 노인성 질환 등으로 심신에 상당한 장애가 발생하여 도움을 필요로 하는 노인을 입소시켜 급식 · 요양과 그 밖에 일상생활에 필요한 편의를 제공함을 목적으로 하는 시설, ② 노인요양공동생활가정 : 치매 · 중풍 등 노인성 질환 등으로 심신에 상당한 장애가 발생하여 도움을 필요로 하는 노인에게 가정과 같은 주거여건과 급식 · 요양, 그 밖에 일상생활에 필요한 편의를 제공함을 목적으로 하는 시설, ③ 노인전문병원(2011. 12. 8 삭제) : 주로 노인을 대상으로 의료를 행하는 시설로 구분되어진다.

셋째, 노인여가복지시설은 노인복지법 제36조에 의거, ① 노인복지관 : 노인의 교양 · 취미생활 및 사회참여 활동 등에 대한 각종 정보와 서비스를 제공하고 건강증진 및 질병예방과 소득보장 · 재가복지, 그 밖에 노인의 복지증진에 필요한 서비스를 제공함을 목적으로 하는 시설, ② 경로당 : 지역 노인들이 자율적으로 친목도모 · 취미활동 · 공동작업장 운영 및 각종 정보 교환과 기타 여가활동을 할 수 있도록 하는 장소를 제공함을 목적으로 하는 시설, ③ 노인교실 : 노인들에 대하여 사회활동 참여욕구를 충족시키기 위하여 건전한 취미생활 · 노인건강 유지, 소득보장, 기타 일상생활과 관련한 학습프로그램 제공을 목적으로 하는 시설, ④ 노인휴양소(2011. 12. 8. 삭제) : 노인들에 대하여 심신의 휴양과 관련한 위생시설, 여가시설, 기타 편의 시설을 단기간 제공함을 목적으로 하는 시설로 구분되어진다.

넷째, 재가노인복지시설은 노인복지법 제38조에 의거하여, ① 방문요양서비스 : 가정에서 일상생활을 영위하고 있는 노인으로서 신체적 · 정신적 장애로 어려움을 겪고 있는 노인에게 필요한 각종 편의를 제공하여 지역사회 내에서 건전하고 안정된 노후를 영위하도록 하는 서비스, ② 주 · 야간보호시설 : 부득이한 사유로 가족의 보호를 받을 수 없는 심신이 허약한 노인과 장애노인을 주간 또는 야간 동안 보호시설에 입소시켜 필요한 각종 편의를 제공하여 이들의 생활안정과 심신기능의 유지 · 향상을 도모하고 그 가족의 신체적 · 정신적 부담을 덜어 주기 위한 시설, ③ 단기보호서비스 : 부득이한 사유로 가족의 보호를 받을 수 없어 일시적으로 보호가 필요한 심신이 허약한 노인과 장애노인을 시설에 단기간 입소시켜 보호함으로써 노인 및 노인가족의 복지 증진을 도모하기 위한 시설, ④ 방문목욕서비스 : 목욕장비를 갖추고 재가노인을 방문하여 목욕을 제공하는 서비스, ⑤ 그 밖의 서비스 : 그 밖에 재가노인에게 제공하는 서비스로서 보건복지부령이 정하는 서비스를 말한다.

다섯째, 노인보호전문기관은 노인복지법 제39조의 5에 의거하여 국가 및 지방자치단체는 노인학대 관련 업무를 담당하는 노인보호전문기관을 설치 · 운영한다.

4) 과제와 전망

노인문제는 개인이나 가족의 결함이라기보다는 사회변화 또는 사회구조와 제도의 결함에 그 원인이 있음에도 불구하고 노인문제의 해결은 여전히 노인 개인과 가족의 사적 영역으로 간주되고 있다. 사회 전체적으로 고령 인구의 급격한 증가와 노인부양 인력의 상대적인 감소로 인해 고령인구에 대한 젊은 세대의 경제적 부양부담은 점차 가중될 것이며, 가정 내에서도 출산율 저하와 핵가족화 여성의 사회활동 증가 등으로 인해 가정 내에서의 노인부양 능력이 감소할 것으로 전망된다.

즉 현대 산업사회에 가족이 노인부양과 보호를 완벽히 책임질 수 없는 구조로 전환되고 있기 때문에 국가와 사회의 적극적인 개입이 필요하다 하겠다. 우리 사회가 이제 고령화 사회에서 고령사회를 향하여 진입하고 있으므로 앞으로 노인복지정책에 많은 과제를 부여하고 있다고 하겠다.

또한, 생의 주기 변화에 따른 노인부부 및 독거노인으로 살아가는 기간이 길어짐에 따라 부양 및 장기요양보호 문제, 퇴직연령을 연장하고 노인의 노동 능력을 활용하는 문제, 사회보장제도를 완비하는 문제, 고령자 부양 부담의 세대 간 형평성을 확보하는 문제 등이 그 대표적 과제일 것이다. 즉 고령자 부담을 어떻게 확보해야 하는가 또 그 부담을 가족과 노인 당사자 부양 부담과 국가 · 사회의 부양 부담으로 어떻게 부담해야 하는가 그리고 그 부양 부담을 세대 간이 어떻게 형평성 있게 부담하느냐가 우리 노인복지정책의 핵심적인 축으로 삼아 해결되어야 할 정책 과제라 하겠다.

구체적으로, 노인복지는 생활 안정 기반 조성을 위해 지속적인 노후 소득보장대책 적용은 물론 고령자 고용 촉진에 역점을 두어 연구되어야 하며 노인의 건강한 노후를 위한 수요자 중심의 One-Stop(원 스톱) 의료 · 복지 시스템을 구축할 것과 특히 치매노인을 위한 신고센터, 상담소, 치매가족모임, 재가봉사센터, 민 · 관 네트워크 구축 등이 이뤄져야 하겠다.

또한 의료비 경감과 노인성 질환에 대한 대책으로 간병비 및 특수 치료비 지원 등 다양한 제도의 마련이 필요하다. 또한 활기찬 노년 문화의 형성과 보급을 위해 여가 활동의 다양한 개발과 프로그램 활용을 위한 제도적 보완(입장료 면제, 여객항공료 면제 등)이 함께 추진되어야 하며 공간 확보를 위한 노력이 필요하다.

노인 인력을 활용해 자원봉사활동을 활성화하거나 고급 인력의 사회활동 기회 제공도 함께 연구되어야 한다. 끝으로 노인문제의 예방을 위한 독거노인보호 시스템 개발, 가족의 부양 기능 제고를 위한 다양한 정책 및 행사 실시, 중산층 노인을 위한 유료양로원의 대중화, 유료노인복지시설의 안정된 개발 등이 함께 연구되어 실시할 필요가 있겠다.

노인문제는 앞으로 점증할 것으로 예상된다. 단순히 노인인구의 증가에 그 원인이 머무르지 않고 노동시장에서 노인뿐만 아니라 중년층이 청년들에게 밀려나는 현상이 나타나고 있고 파급적 영향이 클 것으로 보인다. 이는 정보화 시대에 보조를 맞추어 적응하지 못하는 중년층, 노년층에게 당연한 귀결일 것이며 이들의 경제적, 사회적인 어려움은 당분간 지속될 것으로 보인다. 따라서 노인의 퇴직 시 경제적인 대책이 우선적으로 필요할 것이며 또한 노인의 역할 상실로 인한 노인소외 문제

등은 갈수록 심화될 것으로 보여 이에 대한 심리정서적 사회복지 프로그램 마련이 절실하다. 특히 우리 사회의 문화가 젊은 층을 중심으로 이루어지고 있어서 노인문화는 존재하기 힘들다.

젊은이 중심의 문화와는 차별되는 노인 중심의 주제적 문화 형성이 요구된다. 또한 노인의 문제를 노년기에 준비하기보다는 생애 설계와 함께 어린 시절부터 준비함으로써 문제를 예방할 수 있도록 생애주기별 복지 계획과 교육이 국가 차원에서 우선되어야 함은 두말할 나위도 없겠다.

이제는 고령인구를 보호대상 계층으로 보는 관점에서 탈피하여 자주적 삶을 주도 할 수 있는 대상으로 간주하고 자신의 연령적 특성을 인정하되 적응을 위한 노력과 여생을 영위할 수 있는 주도적 능력을 강화시키는 정책이 시급히 강구되어야 하겠다.

생각해 볼 문제

1. 노화는 질병인가?

2. 성공적인 노년의 삶(successful aging life)이란 무엇을 말하는가?

3. 우리나라의 인구고령화로 인한 사회적 · 경제적 부담은?

4. 노인기 자원봉사의 의미와 필요성은?

5. 노인을 규정하는 기능연령에 의한 방법과 역연령에 의한 방법을 비교해 보시오.

제2장

노인문제

1. 노인문제의 이해
2. 노인문제의 유형
3. 노화의 과정과 결과
4. 성공적 노화

1. 노인문제의 이해

1) 노인문제의 원인

전 세계는 19세기와 20세기를 지나면서 농경사회에서 산업사회로 전환되었다. 농경사회는 농사에 관한 노인의 경험이 유용하게 사용될 수 있었다. 또한 씨족사회이며 다산을 크게 장려하였으므로 부양의 책임이 한 사람에게 과도하게 부과되지 않았으며, 평균수명이 짧아 부양기간도 길지 않았다. 특히 우리나라의 경우 유교적 전통으로 어른을 공경하는 정신이 관습으로 되어 있어 노인문제가 사회적으로 대두되지 않았다. 그러나 서구문명과 산업화, 인구의 도시집중 등 현대화에 따라 이러한 관습이 사라지게 되었다. 노인들은 더 이상 가족의 보호를 받으며 노후를 지내기가 어려워지면서 다양한 어려움을 겪게 되었다(나용선, 2010: 69).

현대화이론(Cogwell & Holms, 1972)에 의하면 한 사회의 현대화 정도가 높을수록 노인의 지위는 더 낮아지게 된다고 하였다. Cogwell(1974)은 현대화 현상의 핵심적 요소로서 건강기술의 발전, 생산기술의 발전, 도시화, 교육의 대중화를 들고 있다. 이러한 네 가지 요인들이 노인문제에 인과적으로 영향을 미친다고 설명하고 있다(최성재 · 장인협, 2005: 25).

건강기술의 발달은 수명의 연장을 가져오고 이로 인해 고령인구가 증가하며, 제한된 직업을 두고 젊은 세대와의 경쟁이 일어나며, 노인은 직업 활동에서 물러나 퇴직을 감수하게 되며 이러한 퇴직은 노인의 지위를 하락시키는 직접적인 요인이 되고 있다는 것이다.

경제적 생산기술의 발달로 도시지역에 새로운 직업이 생겨나고 젊은이들이 먼저 참여하게 됨에 따라 노인의 기술과 지식은 뒤떨어지게 되고, 낙후된 지식과 기술로 인해 젊은이들에게 의존하게 되면 불가피하게 퇴직하게 된다.

도시화에 따르면 젊은이들이 직업을 찾아 도시로 이동하면서 노인과의 지리적 분리현상이 생기며, 또한 사회적 이동의 기회를 제공하여 노인보다 자녀의 지위가 상승되는 지위의 전도현상이 발생하게 된다. 이에 따라 사회적 상호작용을 약화시켜 사회적 관계의 분리를 초래하며 결국 노인의 지위를 하락시키게 된다.

교육의 대중화로 자녀세대들과 부모세대들 간에 교육격차가 생긴다. 이에 따라 사회적 지위를 전도시켜 지적 및 도덕적 분리를 촉진시키며 결국 노인의 지위를 하락시키게 된다는 것이다.

이와 같이 노인의 지위가 약화된 것이 오늘날 노인문제의 전반적인 원인이라고 생각해 볼 수 있다.

2) 사회문제의 개념

노인문제를 흔히 사회문제(social problem)라고 한다. 그렇다면 어떠한 사회적 현상을 사회문제라고 하는지 사회문제의 개념을 정의해 볼 필요가 있다.

사회문제는 어떤 사회적 현상이 ① 사회적 가치에 비추어 바람직하지 못하고, ② 상당수의 사람들이 그 현상에 관련하여 고통, 손해 또는 부당한 처우를 받고 있으며, ③ 상당수의 사람 또는 일부의 영향력 있는 사람들이 그 현상을 문제라고 인식하고 판단하며, ④ 사회가 전반적으로 그 현상의 개선을 원하고 있으며, ⑤ 개선의 가능성이 있고, ⑥ 그 현상의 근본적 원인이 사회적 요인에 관련되어 있고, ⑦ 집단적 차원 또는 사회적 차원에서의 행동으로 개선이 가능할 때 그러한 현상은 사회문제로 정의될 수 있다. 그러나 이러한 7가지의 조건은 어떤 의미로는 사회문제의 일반적인 특성을 이야기하는 것으로 볼 수도 있다(최성재 · 장인협, 2005: 21).

3) 사회문제로서의 노인문제

앞서 언급한 사회문제의 조건적 기준에 비추어 보면 노인문제는 사회문제로 인식되어 사회적 차원에서의 계획적인 개입으로 해결되어야 한다는 것이다.

노인문제를 사회문제의 개념에서 생각해 볼 때 첫째, 노인의 빈곤이나 고독 등은 인도주의 · 평등주의 및 경로 가치관에 비추어 볼 때 이러한 가치를 위협하고 또한 가치기준에 위배되므로 바람직하지 못하다.

둘째, 노인인구의 급증에 따라 비슷한 문제들로 고통을 받고 있는 노인들이 많아지고 있다.

셋째, 노인문제는 1970년을 전후하여 우리 사회에서 사회적 문제로서 신문지상을 통하여 보도되기 시작했으며 그 이후 학문적 연구의 대상이 되었고 최근 노인문제는 더욱 빈번한 문제로 인식되고 있다.

넷째, 경로효친의 가치관과 사회복지에 대한 국가의 책임과 역할이 강조되며, 중년의 사람들이 노후준비에 관심을 보이므로 사회 전체가 노인문제 해결을 바라는 것이라 할 수 있다

다섯째, 경제발전으로 복지 부문의 투자 증가와 함께 지역사회의 참여와 관심을 촉구하고 있으므로 노인문제 개선이 가능해졌다.

여섯째, 노인문제는 사회제도나 가치관이 결부된 사회적 관계가 그 문제의 원인으로 알려져 있다.

일곱째, 이러한 문제는 개인 및 가족의 차원에서 해결이 힘들며 지역사회 또는 국가적 차원에서 해결될 수 있는 것이다. 따라서 노인문제는 지역사회 및 국가적 차원에서의 계획적인 개입과 지원이 있어야 해결될 수 있는 사회문제라고 할 수 있다.

2. 노인문제의 유형

일반적으로 우리 사회의 노인문제는 네 가지로 정리할 수 있다. 흔히 노인의 4고라고 알려진 빈곤(貧困), 질병(疾病), 무위(無爲), 고독(孤獨)으로 다시 말하면 경제적 문제, 건강보호 문제, 역할상실과 여가문제, 사회 심리적 고립과 소외를 말한다.

2011년 현재 우리나라의 고령자들이 겪고 있는 어려운 점은 경제적 문제(40.2%)와 건강문제(39.8%)가 가장 많은 것으로 나타났으며, 다음은 여가문제로 소일거리 없음(6.0%), 외로움과 소외감(4.1%)으로 보고된 것을 볼 때 앞에서 언급한 네 가지 측면에서의 문제를 확인할 수 있다. 한편 연령이 증가할수록 경제적인 어려움은 감소하는 반면 건강문제와 외로움은 증가하고 있는 것으로 나타났다(표 2-1).

표 2-1 노인이 경험하는 어려움 (65세 이상)

(단위: %)

	계	경제적 어려움	직업 없거나 고용 불안정	소일 거리 없음	건강 문제	외로움 소외감	기타
2011	100.0	40.2	2.4	6.0	39.8	4.1	7.5
65~69세	100.0	43.1	4.6	5.9	33.5	3.7	9.3
70~79세	100.0	39.7	1.6	7.0	41.2	3.3	7.3
80세 이상	100.0	36.3	0.9	3.7	47.2	7.1	4.9

자료 : 통계청, 2012 고령자통계.

1) 경제적 문제

노인이 되면 은퇴로 인하여 정기적인 소득원이 단절되고 연금, 퇴직금, 저축, 재산수익 등으로 수입이 대치되거나 자녀들에게 경제적으로 의존하게 되는 것이 일반적이다. 한편 건강의 악화에 따른 의료비의 지출로 인해 노인들은 경제적인 어려움과 함께 심리적이고 신체적인 고통을 겪게 된다.

우리나라 고령자들이 생각하는 주관적 소득수준에서 '여유가 있다'고 응답한 경우는 12.7%에 지나지 않는 것으로 나타났다(표 2-2).

표 2-2

주관적 소득수준

(단위: 만원, %)

	가구당 월평균 최소생활비	계	여유 있음			적정	모자람		
				매우	약간			약간	매우
2011	229.7	100.0	19.6	2.8	16.9	30.8	49.5	34.0	15.5
60세 이상	135.7	100.0	12.7	1.9	10.8	30.8	56.4	39.0	17.4

자료 : 통계청, 2012 고령자통계.

고령자의 생활비 마련 방법을 살펴보면 '본인 및 배우자 부담(51.6%)'이 가장 많고, '자녀 또는 친척지원(39.2%)', '정부 및 사회단체(9.1%)' 등의 순이었다. 생활비를 본인이나 배우자가 부담하는 경우, 그 방법은 '근로소득 및 사업소득(45.8%)', '연금, 퇴직금(30.4%)', '재산소득(14.4%)' 등의 순으로 나타났다(표 2-3). 한편 국민연금, 공무원연금 등의 공적연금을 받는 고령자는 고령자 인구 중 31.8%를 차지하고 있을 뿐으로 고령자의 소득보장에는 미흡하다고 할 수 있다(통계청, 2012). 자식들의 부양의 책임에 대한 의식이 점차 사라져 가는 상황에서 노인들은 스스로 준비하지 않으면 빈곤한 노후를 보낼 수밖에 없는 상황이다.

표 2-3

고령자의 생활비 마련 방법

(단위: %)

	계	본인 및 배우자 부담	소계	근로소득 사업소득	재산 소득	연금 퇴직금	예금	자녀 또는 친척지원	정부 및 사회단체	기타
전국	100.0	51.6	100.0	45.8	14.4	30.4	9.4	39.2	9.1	0.1
남자	100.0	66.7	100.0	49.3	13.7	29.7	7.4	26.6	6.4	0.2
여자	100.0	41.0	100.0	41.9	15.2	31.1	11.8	48.0	10.9	0.1

자료 : 통계청, 2012 고령자통계.

2) 건강 문제

생물학적 노화에 의한 건강의 악화로 노인은 다양한 만성질환에 시달리게 된다. 질병과 함께 살아가야 하므로 노인들은 의료비 지출로 빈곤이 심화될 수 있으며, 질병의 진행에 따라 스스로 자신의 일상생활을 돌볼 수 없어 다른 사람의 도움을 필요로 하게 되며, 이러한 의존적인 상태는 노인의 삶의 만족도를 저하시킨다. 한편 핵가족화, 소가족화, 여성의 취업 등으로 가족의 보호능력이 저하되는 상태에서 노인의 장기요양 보호욕구는 가족에게 커다란 부양부담으로 다가오고 있다.

노인의 건강상태 평가는 주관적으로 인식하는 건강상태와 만성질환의 수 및 일상생활 수행능력 등 기능적 측면에서 평가하는 경우가 많다.

주관적으로 인식하는 건강상태의 경우 우리나라 노인들은 49.4%가 부정적 인식을 가지고 있으며, '매우 나쁘다'고 응답한 노인도 10.7%에 달하고 있는 것으로 나타났다(표 2-4).

표 2-4

주관적 건강평가

(단위: %)

	전체	좋다	매우 좋다	좋은 편이다	보통이다	나쁘다	나쁜 편이다	매우 나쁘다
	100.0	20.4	2.6	17.8	30.1	49.4	38.8	10.7
남 자	100.0	28.7	4.0	24.7	32.4	38.9	30.7	8.2
여 자	100.0	14.7	1.7	13.0	28.6	56.7	44.4	12.3

자료 : 통계청, 2012년 고령자 통계.

2011년 현재 노인의 88.5%는 한 가지 이상의 만성질환을 가지고 있으며 평균

질환 수는 2.5개로 나타났다. 이러한 만성질환으로 인해 노인의 의료비 지출이 지속적으로 증가하여 노인의 빈곤화와 함께 사회적으로도 부담이 되고 있다. 86.5%의 노인이 월평균 7.4만 원의 보건의료비를 지출하고 있으며, 9만 원 이상 지출하는 경우도 21.8%에 달하는 것으로 나타났다(통계청, 2012). 건강보험에서 65세 이상 노인에게 지급되는 의료비는 2005년 6조 556억 원(24.4%)에서 2011년 14조 8384억 원(32.2%)으로 증가하고 있다(통계청, 2011).

노인의 건강을 기능적 측면에서 일상생활을 독립적으로 할 수 있는 능력으로 볼 때에도 완전자립은 92.8%이었으나 연령이 증가할수록 저하되어 65~69세의 경우 95.8%였던 것이 85세가 되면 75.9%로 감소하고 있으며, 도움이 필요한 일상생활 수행능력의 개수도 1.4개에서 8.8개로 증가하고 있다(표 2-5). 이에 따라 다른 사람으로부터의 도움을 받아야 하게 되어 노인을 보호하는 가족의 부담이 증가할 것을 예상할 수 있다.

이와 같이 노인들의 신체적 건강은 연령이 증가할수록 악화되고 있으며, 이는 노년기 삶의 질에 큰 영향을 미치게 된다. 나아가 가족의 부양부담을 증가시키게 된다.

표 2-5

성 · 연령별 일상생활 수행능력

(단위: %)

		완전 자립	1개 도움	2개 도움	3개 도움	4개 도움	5개 도움	6개 도움	7개 도움	계	명
소계		92.8	3.1	1.3	0.7	0.5	0.3	0.5	0.7	100	10,674
연령별	65~69세	95.8	1.4	0.4	0.5	0.5	0.2	0.6	0.6	100	3,179
	70~74세	95.1	2.8	0.8	0.2	0.2	0.1	0.2	0.6	100	3,240
	75~79세	92.6	3.2	1.1	1	0.8	0.3	0.5	0.5	100	2,413
	80~84세	87.9	5.3	3.1	0.8	0.7	0.6	0.8	0.8	100	1,182
	85세 이상	75.9	8.8	6.5	2.1	0.8	1.4	1.2	3.3	100	658

자료 : 통계청, 2011 노인실태조사.

3) 역할상실과 여가 문제

20세기에 들어서면서 인간의 수명은 크게 연장되었다. 그러나 많은 노인들은 고령의 축복 속에서 무엇을 하며 지내야 할 것인지에 대한 문제를 안고 고민하고 있다. 현대사회에서 노인들은 강제적 혹은 자발적으로 노동시장에서 배제되는 퇴직을 하게 된다(허준수, 2010). 퇴직으로 인해 노인들은 직장에서의 사회적 역할과 지위를 상실하게 된다. 한편 핵가족화와 함께 성인 자녀의 출가에 따라 가정에서의 생계유지자로서의 역할도 상실하게 되었다. 즉 노령기는 길어졌으나 퇴직 등으로 인해 상실된 역할을 대치할 만한 적절한 역할과 규범이 확립되지 못하고 있어 무엇을 해야 할지 모르는 가운데 방황하게 되었다. 따라서 새로운 역할을 찾아야 하는 문제에 접하게 된다.

의무적인 직업활동에서 벗어남에 따라 주어진 역할 없이 보내야 하는 모든 시간은 여가시간이라고 할 수 있다. 여가시간에 하는 활동을 여가활동이라고 할 때 대부분의 노인들은 노동시장에서 퇴직하였기 때문에 노동활동은 적은 편이고, 생활 필수 활동을 제외한 나머지의 활동을 여가활동으로 규정할 수 있다.

우리나라의 노인들은 앞으로 시간적, 경제적 여유가 생긴다면 여가시간에 가장 하고 싶은 것으로 34.7%가 '여행'을 원하였고, 다음은 'TV 및 DVD 시청(17.1%)', '사교 관련일(12.0%)', '휴식(10.0%)' 등으로 응답하고 있었다(2012, 통계청). 즉 스스로 새로운 역할을 개발하여 보람 있는 시간을 보낼 수 있는 자기개발(1.7%)은 매우 부족한 반면, 한시적으로 이루어지는 여행 등을 소망하고 있다는 점에서 새로운 역할을 찾을 수 있도록 돕는 노력이 필요하다는 것을 알 수 있다(표 2-6).

여가활동은 노인에게 고독감, 소외감, 무료함을 극복하는 역할뿐 아니라 노인의 생활만족감을 향상시킬 수 있으므로 여가시간을 어떻게 보내야 할 것인가는 노인복지의 큰 과제 중 하나이다(허준수, 2010).

표 2-6

앞으로 하고 싶은 여가활동

(단위: %)

	계	여행	TV 및 DVD 시청	문화 예술 관람	스포츠 활동	창작적 취미	자기 개발	종교 활동	휴식	사교 관련일	기타[1]
65세 이상	100.0	34.7	17.1	2.8	2.7	1.9	1.7	8.7	10.0	12.0	8.4
남 자	100.0	40.0	17.4	2.4	4.8	1.8	2.2	5.3	8.7	10.1	7.3
여 자	100.0	31.0	16.9	3.1	1.3	2.0	1.4	11.1	10.9	13.3	8.9

자료 : 통계청, 2011 고령자통계.

주 : 1) 기타에는 스포츠 관람, 컴퓨터게임, 봉사활동 등 포함.

4) 사회 심리적 고립과 소외 문제

노인들은 사회적으로 고립되기 쉽고 심리적으로도 소외감을 느끼는 경우가 많다. 그 원인으로 첫째, 산업사회의 발달과 교육의 대중화를 들 수 있다. 노인들은 더 이상 가정 내에서 교육자의 역할을 할 수 없게 되었을 뿐 아니라 오히려 자녀의 교육수준이 더 높아지면서 부모세대와 다른 세대 간에 사회화의 차이를 가져오게 되었으며 이는 세대 간의 갈등과 고립을 가져오게 되었다. 둘째, 가족형태의 핵가족화로 인해 부모와 자녀간의 공간적 고립과 심리적 고립을 유발하게 된다. 셋째, 외부와 단절되어 살아가는 주거문화의 발달로 인해 노인들은 새로운 이웃을 사귀는데 어려움을 겪게 되었다. 넷째, 노년기 여가문화의 부족은 집단 활동을 통해 또래친구를 만날 수 있는 기회를 더욱 부족하게 하는 요인이 되고 있다. 이에 따라 세대 간의 단절뿐 아니라 이웃이나 친구 등 비슷한 세대로부터도 단절되어 사회적, 심리적으로 고립됨으로써 소외감을 느끼게 될 수 있다.

노인들은 사회적 역할이 감소하면서 공식적 관계망과 함께 보내는 시간은 줄어들고 비공식적 관계망과 보내는 시간이 증가하게 된다.

비공식적 관계의 중심으로 가족과의 관계는 더욱 중요해지고 있지만, 핵가족화에 따라 노인만으로 구성된 가구가 증가하고 있다. 노인가구는 1998년 41.7%에서

2014년 67.5%로 증가하고 있으며, 상대적으로 자녀동거 가구는 1998년 53.2%에서 2014년 28.4%로 감소하고 있다(표 2-7 참조).

표 2-7
연도별 노인가구 형태의 변화 추이

구분 \ 연도		1998	2011	2014
자녀별거 가구	노인독거	20.1	19.6	23.0
	노인부부	21.6	48.5	44.5
	소 계	41.7	68.1	67.5
자녀동거 가구		53.2	27.3	28.4
기타		5.1	4.6	4.1
소 계		100	100	100

자료 : 보건사회연구원(1998, 2011, 2014), 전국노인생활실태조사.

연령이 증가할수록 친구도 감소하게 되므로, 주말이나 휴일에 여가활동을 함께 하는 사람이 없이 혼자서 지내는 경우는 50대에서는 18.9%였으나 60세 이상의 경우 27.6%에 달하고 있어 노인의 사회적 관계망이 축소되고 있음을 알 수 있다(표 2-8). 노년기 사회적 관계의 감소는 고립과 소외감을 가져올 수 있으며, 나아가 우울성향을 높이고 자살이나 고독사의 원인이 될 수 있다.

표 2-8
주말이나 휴일의 여가활동을 함께 하는 사람

(단위: %)

		계	가족	친구(연인)	동호회 (종교단체 등)	혼자서	기타
2011		100.0	56.9	20.6	5.4	16.8	0.2
연령별	50 ~ 59세	100.0	62.0	11.0	7.7	18.9	0.4
	60세 이상	100.0	55.7	9.6	7.0	27.6	0.2

자료 : 통계청, 2011. 주: 조사대상이 15세 이상 인구임.

3. 노화의 과정과 결과

1) 노화의 개념

인간의 삶의 과정은 역동적인 안정과 변화의 연속이며 성장, 성숙, 노화라는 세 가지 단계를 거쳐 발달하게 된다. 이중 노화(aging)는 상승적 발달을 의미하는 성장이나 성숙과는 대비되는 개념이다. 즉 노화는 시간이 지남에 따라 생존의 가능성을 감소시키고 외부 환경적 요구에 대한 생리적 능력이 저하되는 생물체 내에서 일어나는 변화를 뜻한다(김인혁 외, 2012). 일반적으로 노화는 개인에 따라 차이가 있고 생물학적 노화, 심리적 노화, 그리고 사회적 노화라고 하는 복합적인 발달영역을 포함하는 넓은 뜻으로 이해해야 한다(Birren, 1959; 최성재 · 장인협, 2005 재인용).

2) 생물학적 노화

(1) 생물학적 노화의 개념과 특성

생물학적 노화는 시간이 지남에 따라 또는 나이가 들어감에 따라 신체 구조 및 신체 내부의 세포, 조직, 장기 등 유기체 전반에 걸쳐 일어나는 퇴행적 발달현상을 의미한다(Atchley, 2000; 권중돈, 2012: 47).

생물학적 노화의 과정은 모든 사람들에게 보편적으로 일어나지만 노화의 정도나 속도는 개인적으로 차이가 있다. 보편적인 변화를 보면, 첫째, 회복력이 감소하는 것이다. 똑같은 감기에 걸려도 노인은 젊은이에 비해 폐렴으로 확대될 가능성이 크다. 둘째, 혈당, 체지방, 혈압 등이 올라가는 것과 면역기능이 감소하는 것 등이다. 이로 인해 노후에 중요한 질병에 걸릴 위험성은 더욱 증가하게 된다(최혜경 · 권유경 역, 2002: 80~81). 또한 신체적 이동능력이나 일상생활 능력의 약화 등과 같이 신체에 부정적인 영향을 미치게 되어 궁극적으로 생명 종식에 이르게 된다.

생물학적 노화는 생물학적 변화뿐 아니라 노년기의 심리적 기능과 사회적 기능에도 중요한 영향을 미치게 된다. 생물학적 노화를 자연스런 과정으로 수용하고 이에 적응해 나갈 경우 심리 사회적 기능을 유지 또는 발전시킬 수 있는 반면 지나치게 집착하거나 몰두하게 될 경우 심리 사회적 기능에 손상이 오며 전반적인 생활만족도 또한 낮아질 수 있다(권중돈, 2012: 48).

(2) 생물학적 노화의 양상

생물학적 노화는 외적으로 진행되어 직접 관찰이 가능한 신체 구조의 변화와 내적으로 진행되는 신체적 기능의 변화로 나누어 볼 수 있는데 이러한 생물학적 노화의 양상을 살펴보면 다음과 같다(최성재 · 장인협, 2005).

① 신체 구조의 변화

신체외형의 변화로 체중은 60세부터 감소하기 시작하며, 연골조직의 퇴화에 따라 허리가 굽어질 수 있으며 신장도 감소한다. 머리카락은 멜라닌 색소의 감소로 인하여 은빛(silver)으로 변하게 된다. 노인의 피부는 피부색이 동일하게 유지되지 않으며, 얇아지고, 주름이 생기며, 피부 탄력성이 저하된다. 얼굴은 창백해지고 얼룩반점(기미)이 생기고 건조화된다. 치아는 치주조직이 줄어들고 치조골이 위축되어 치아가 빠지게 된다.

인체성분의 변화로 지방이 증가하는 반면 고형분과 수분은 감소하며, 뼈에서 칼슘이 빠져 나와 골밀도가 감소하여 골다공증에 걸리기 쉬우며 골절의 위험이 커진다. 또한 연골조직이 얇아지거나 탄력이 약화되어 관절염을 일으키기도 하며, 팔다리, 골격 등에 붙어 있는 근육의 양이 감소하고 수축력이 약화되어 운동능력이 감소한다.

② 신체 기능의 변화

순환기계의 노화로 동맥벽이 두꺼워지고 탄력성이 감소하게 되어 고혈압, 동맥경화, 뇌졸중 등 순환기계 질환의 위험성이 높아지며, 심장이 비대해지고, 심박출량과 심박동 능력은 감소하고 심장판막의 석회화로 각종 심장질환에 이환될 가능성이 높아진다.

호흡기계에서는 폐조직의 탄성과 폐활량이 감소하게 된다. 기관지는 약간 확장되며, 기관지 점액선이 증가하게 된다. 이로 인해 폐 속에 잔기량이 증가하여 기관지 질환이나 호흡기 질환에 이환될 가능성이 높아진다.

소화기계에서는 치아결손, 소화효소 분비량의 감소, 위근육의 약화 등으로 인해 소화기능이 감소한다. 소장의 점막흡수 면적이 줄어들고, 대장의 운동성이 저하되어 변비나 각종 장질환에 이환될 가능성이 높아진다.

비뇨기계 노화로 신장(kidney)의 크기, 무게, 피질의 양이 감소된다. 신장기능도 감소하게 되며, 야간에 소변을 보는 횟수가 증가하게 된다. 또한 방광이나 요도기능의 저하로 요실금이 나타나기 쉽다.

체온 유지 능력이 감소되면서 추위를 많이 느끼고, 온도변화에 쉽게 적응하지 못하여 환절기에 호흡기 질환에 이환되기 쉽고, 심혈관계 질환이 있는 경우 새벽운동 등 갑작스런 온도변화로 인하여 쓰러지는 경우도 있다(최성재 · 장인협, 2006).

기초대사율은 감소하는 반면 탄수화물 대사율은 증가하여 혈액 속에 혈당이 증가하여 당뇨병에 이환될 가능성이 높아진다. 또한 뇌의 크기는 약간 감소하며, 뇌기능이 다소 저하되기도 한다. 신경전달 속도의 감소로 행동이나 사고가 느려질 수 있다.

성기능의 변화로 여성은 폐경이 오면서 생식능력이 상실된다. 남성의 경우에도 발기능력과 음경 크기 및 음경강직도 저하 및 발기각도 변화 등이 나타나 성교능력이 저하되기는 하지만 여성보다는 기능저하가 덜하여 80대에도 성관계를 유지할 수 있다고 한다(Matthias et al., 1997; 권중돈, 2012: 52).

3) 심리적 노화

(1) 심리적 노화의 개념과 특성

심리적 노화는 감각기능, 인지기능, 정서 및 정신기능, 성격 등의 심리내적 측면과 심리외적 측면의 상호작용에서의 퇴행, 유지 및 성숙을 동시에 내포하는 심리적 조절과정이다.

심리적 노화는 다른 노화의 영역과 상호연관성을 지니고 있는데 심리적 노화가 사회적 기능의 약화를 초래할 수 있지만 오히려 촉진하거나 반대의 경우도 있다. 반대로 사회적 노화가 심리적 노화에 영향을 미칠 수도 있다.

(2) 심리적 노화의 양상

① 감각기능의 저하

시각은 40대부터 약화되기 시작하며 청각의 감퇴로 55세부터 음의 고저에 대한 변별력이 감소한다. 미각은 50세부터 서서히 저하되며 80세 이후 미각구별 능력이 현저히 쇠퇴한다. 후각도 65세 이후부터 감소하기 시작하며, 촉각도 45세 이후 급격히 저하한다. 그러나 통각은 연령과 크게 상관이 없는 것으로 나타나고 있다.

노화가 진행되면 감각기관이 수집한 정보를 의식적 수준에서 처리하고 평가하는 지각기능의 반응속도가 저하된다. 또한 조심성과 심사숙고의 증가 및 운동반응, 반응시간, 문제해결, 기억력, 정보처리과정에서 반응속도가 둔화되어 안전사고의 가능성이 높아진다.

수면시간은 연령 증가에 따라 감소하게 되며, 취면장애, 조기각성, 주야전도, 숙면장애 등의 수면장애를 경험하는 경우가 많다.

② 인지 및 정신기능

지능은 개체가 유목적적으로 행동하고 사고하며 환경에 효율적으로 대처해 가는 종합적이고 총체적인 능력(Wechsler, 1958; 최성재 · 장인협, 2005: 77)으로 새로운 것을 학습할 수 있는 능력 또는 환경에 적응하는 능력을 의미한다. 지능은 영역별로 변화가 다르게 나타난다. 즉 감각, 정확성, 기억능력, 반응속도 등의 유동성 지능은 70세 이후 급속히 감소하지만 추론능력, 어휘력 등의 결정성 지능은 60세까지 꾸준히 증가하는 것으로 나타나고 있다. 창의성은 60~70대에도 20대와 동일한 수준으로 발휘할 수 있다(Simonton, 1990; 권중돈, 2012: 58).

기억은 외부에서 들어온 정보를 대뇌에 기록해서 저장했다고 어떠한 상황에 직면하여 의식으로 되살려 내는 정신기능을 의미한다. 기억은 ㉠ 5~10초 후에 회상해 내는 단기기억, ㉡ 1시간 ~며칠 후에 회상해 내는 최근기억, ㉢ 오래 전에 일어난 일로 자주 회상되었던 것을 회상해 내는 장기기억, ㉣ 오래 전에 일어난 일로 한 번도 기억해 본 적이 없는 것을 회상해 내는 최고기억으로 구분된다. 노년기에는 단기기억과 최근기억 능력이 약화되고 암기보다는 논리적인 기억능력이 더 많이 감퇴되는 것으로 알려져 있다. 또한 보는 것보다 듣는 것의 기억력이 뛰어나므로 청각을 이용한 교육방법이 효과적이다. 또한 연습이나 경험을 통하여 정보나 기술을 습득하는 학습능력은 연령이 증가함에 따라 저하되는 것으로 알려져 있다.

사고능력은 학습과 지각에 의해 받아들인 정보를 구별하고 분류하여 개념화하는 과정이며, 문제해결 능력은 사고과정에서 형성된 개념을 바탕으로 논리적 추리를 하여 어떤 결정을 내리는 것을 의미한다. 연령의 증가에 따라 저하되는 것이 일반적이지만 다양한 요인이 영향을 미치고 있다. 사고능력과 기억력의 심각한 장애 증상인 치매의 경우 심각한 사회문제로 제기되고 있다.

한편 노인은 지혜(wisdom)를 갖게 되어 반응속도나 인지기능 저하를 보완해 나갈 수 있다. 또한 노년기에는 영성이 더욱 깊어지는 경향이 있다.

③ 정서 및 성격변화

Erickson(1963)은 노년기의 심리 사회적 위기인 자아통합 대 절망(ego integration vs despair)은 중장년기의 생산성 대 침체의 위기를 어느 정도 성공적으로 극복하였는가에 따라 그 결과가 달라진다고 하였다. 자아통합은 자신의 과거 및 현재의 인생을 바라던 대로 살았다고 받아들이고 만족스럽고 의미 있게 생각하며 다가올 죽음을 인정하고 수용하는 태도를 갖는 것이다. 반면에 절망은 자기의 과거 및 현재의 인생을 후회스럽고 불만스럽게 생각하고 다시 한 번 기회가 주어진다면 다르게 살겠다는 생각이며 죽음 앞에 남은 시간이 너무 짧아 어떻게 할 수 없기 때문에 불안 · 초조해하는 것을 의미한다(권중돈, 2012: 60).

노년기의 성격 특히 방어기제의 변화와 관련하여 Jones와 Meredith(2000), Costa

와 McCrae(1989)는 나이가 들수록 투사, 공격성 등의 미성숙한 방어기제는 사용빈도가 줄어드는 반면 승화와 같은 성숙한 방어기제는 더욱 증가하는 경향이 있다고 하였다. 윤진(1996)은 노년기에 나타나는 특징적 성격변화를 10가지로 요약하여 제시하고 있다.

- 내향성 및 수동성의 증가—자신의 사고나 감정에 따라 사물을 판단하고 의존성이 증가한다.
- 조심성의 증가—결정에 대한 자신감의 결여로 확실한 것을 추구하는 경향이 강해진다.
- 경직성의 증가—자신에게 익숙한 습관적 태도와 방법을 고수하여 문제해결능력이 저하된다.
- 우울성향의 증가—질병, 빈곤, 고립, 일상생활 통제력 약화 등으로 우울성향이 증가하고, 불면, 무감각, 강박관념, 증오심, 체중감소가 오기도 한다.
- 생에 대한 회상의 경향—과거의 인생을 회상하여 새로운 인생의 의미를 찾으려 한다.
- 친근한 사물에 대한 애착 증가—사용해 오던 물건들에 대한 애착이 증가하며, 이를 통해 과거인생을 회상하고 마음의 평온을 추구한다.
- 성 역할 지각의 변화—남성은 친밀성, 의존성, 관계지향성이 증가하고 여성은 공격성, 자기주장, 자기중심성, 권위주의 성향이 높아진다.
- 의존성의 증가 — 경제적, 신체적, 정서적, 사회적 의존성이 증가한다.
- 시간 전망의 변화—과거에 대한 회상에 집중하거나 또는 과도하게 미래지향적이 된다.
- 유산을 남기려는 경향—자손, 기술, 지식, 재산 등 뭔가를 남기려는 경향이 강해진다(윤진, 1984; 권중돈, 2012: 61).

4) 사회적 노화

(1) 사회적 노화의 개념과 특성

사회적 노화는 노년기로의 전환과 함께 나타나는 노인 개인수준의 사회적 상황

변화, 즉 사회관계망과 상호작용, 사회규범과 사회화, 그리고 지위와 역할의 변화라고 정의할 수 있다(권중돈, 2012: 64).

(2) 사회적 노화의 양상

① 사회적 관계망과의 상호작용

노년기에는 퇴직, 배우자와 친구의 상실 등으로 사회적 관계망이 줄어드는 것이 일반적이다. 직장 등 2차 집단과의 관계는 줄어들고 가족, 친구, 이웃 등 1차 집단과의 관계가 핵심적이 된다(권중돈 · 김동배, 2004; 권중돈, 2012: 67).

배우자 및 성인자녀와의 관계를 잘 유지하며, 조부모로서의 역할을 수행하게 된다. 또한 친구관계는 노후 적응에 매우 중요하며 자아의 중요한 지지기반이 된다. 노년기 친구관계를 유지하려면 경제적 안정, 건강상태 양호, 동일한 지역에서 오래 거주하는 것이 바람직하다.

② 연령규범과 사회화

사회화란 사회적 상호작용을 통하여 사회의 규범, 가치, 역할, 기대 등을 학습하고 사회생활에 필요한 사회적 기술을 발전시키게 하는 사회적 학습과정이라고 할 수 있다(Atchley, 2000; 권중돈, 2012: 39). 노인들이 연령에 적합하지 못한 행동, 즉 '나이에 걸맞는 행동'을 하지 못하게 되면 사회구성원에게서 인정을 받지 못하고 비난이나 사회적 차별을 받을 가능성이 높아진다.

노년기 사회화에는 여러 가지 어려움이 있는데, 그 이유를 살펴보면 첫째, 중년기 이후에 새로운 지식과 기술을 배울 수 있는 기회나 여건이 부족하다.

둘째, 성인기 이후의 사회화는 자발적이고 자기주도적인 면이 강하다.

셋째, 노년기에 기대되는 역할이 확립되어 있지 않아 새로운 지위와 역할을 미리 준비하는 예기적 사회화가 어렵다(Rosow, 1974; 최성재 · 장인협, 2005: 105)는 것을 들 수 있다.

③ 지위와 역할의 변화

개인의 일상생활은 그가 지닌 사회적 지위나 역할에 의해 주로 결정된다. 이때 사회적 지위란 사회적 신분에 따라 개인이 차지하는 자리나 계급을 의미하며, 역할이란 지위의 동적인 표현으로서 특정한 사회적 지위에 상응하는 기대행동이라고 할 수 있다. 이러한 사회적 지위 역할은 한 개인이 행사할 수 있는 권력, 사회적 영향력, 그리고 삶의 질을 결정하는 매우 중요한 요소이다.

노년기에는 특정한 지위와 역할을 상실하는 대신 다른 지위와 역할을 획득하게 된다. 노년기에는 지위에서 물러나 퇴직인의 지위를 갖게 됨으로써 생계유지자 및 남편과 아내로서의 역할에서 피부양자, 독신, 조부모의 역할로 전환하게 된다. 그리고 2차 집단에서의 지위와 역할의 종류와 수는 줄어들지만 1차 집단 내에서의 지위와 역할에는 큰 변화가 없다.

노년기 직업적 지위와 역할 같은 중요한 지위와 역할을 상실하고 사회적 가치가 낮은 지위와 역할을 획득하게 됨으로써 노인 스스로 자신의 가치를 평가절하하게 되고 그로 인하여 자아존중감, 삶의 만족도 등이 낮아지게 된다. 그러나 노년기에의 역할 전환이 부정적인 결과만을 초래하는 것이다. 대다수의 노인은 이러한 역할 전환에 성공적으로 적응하고 있으며, 새롭게 획득한 지위와 역할에 만족하는 경우도 많다.

그러나 노년기의 지위와 역할에 적응하기 위한 예기적 사회화에는 어려움이 따른다.

첫째, 노년기에로의 역할전이는 통과의례가 분명하지 않다는 것이다. 따라서 언제부터 노년기의 역할을 해야 할지 혼란스럽다.

둘째, 사회적 손실로서 노년기에는 얻는 것보다 잃는 것이 많다. 따라서 사람들은 노인의 지위로 옮겨가는 것을 원하지 않는다.

셋째, 역할의 불연속성으로 노년기에로의 전이에는 확연한 역할의 단절이 생기게 된다. 이러한 세 가지 조건은 노령기에로의 예기적 사회화를 어렵게 만든다고 하였다(Rosow, 1974; 최성재 · 장인협, 2005: 107).

4. 성공적 노화

1) 성공적 노화의 개념과 구성요인

(1) 성공적 노화의 개념

1980년대 중반까지의 노년학 연구에서 노화의 부정적 측면에 집착하였다. 그러나 노인인구 증가와 함께 건강하고 경제적으로 여유가 있고, 지적 수준이 높고, 사회활동에 활발하게 참여하는 노인인구가 증가함에 따라 노화의 긍정적 측면, 즉 성공적 노화에 관심을 기울이게 되었다(정순둘, 2007a).

성공적 노화에 대한 개념은 1986년 미국 노년사회학회에서 처음 제시된 이후로 1990년대부터 생물학, 사회과학, 의학 등의 다양한 학문분야에서 성공적 노화에 대한 연구가 이루어졌다. Rowe와 Kahn(1987)은 성공적 노화를 질병률 및 질병에 의한 장애위험이 낮고, 정신적 기능과 신체적 기능이 높으며, 적극적인 인생참여를 포함하는 특성이나 행동들을 유지하는 능력이라고 정의하고 있다(Rowe & Kahn 1987; 최혜경 · 권유경 역, 2002).

어떤 일에서 성공한다는 것은 성공하기를 갈망하여 계획을 세우고 열심히 노력하는 것을 의미하므로 성공적 노화는 개인의 선택과 행동에 의해 좌우된다(최혜경, 2011). 이러한 행동의 결과는 Rowe와 Kahn(1987)의 노화수준 구분에서 최적의 노화에 해당하는 것으로서 생물학적 · 심리적 · 사회적 기능수준이 높고 삶의 만족과 환경에 대한 적응 수준이 높은 상태를 말한다. 성공적 노화는 세계보건기구(2002)에서 제시한 '활기찬 노화', Dychtwald가 제시한 '건강한 노화' 그리고 Burr(2002) 등이 제시한 '생산적 노화'와 유사한 개념으로 사용되고 있다(권중돈, 2012: 76).

(2) 성공적 노화의 구성요인

성공적 노화의 구성요인은 생물학적, 심리적, 사회적 노화로 구분할 수 있다.

생물학적 영역에서의 성공적 노화는 첫째, 질병과 장애를 피해 가고, 둘째, 일상생활을 자립적으로 할 수 있는 신체적 기능을 유지하며, 셋째, 신체의 활력을 보유하는 상태로 건강한 노화라고 말할 수 있다

심리적 영역에서의 성공적 노화는 삶의 목표의식이 뚜렷하고 건강한 인지기능을 유지하며, 자신을 수용하고 통제하며, 자신의 능력에 대해 신뢰하고 자신의 성장을 도모하면서 환경적 요구에 잘 대처하고 적응하면서 주관적으로 만족스러운 삶을 영위하는 상태로서 적응적 노화라고 부를 수 있다.

사회적 영역에서의 성공적 노화는 가족, 친구, 이웃 또는 이전의 동료와의 사회적 접촉을 통하여 사회관계망을 유지 · 강화해 나가고, 경제적으로 안정된 생활을 할 수 있도록 소득준비를 충분히 하고, 은퇴 이후에도 사회발전에 기여할 수 있는 생산적 활동에 활발하게 참여하는 상태를 의미한다. 사회적 영역에서는 활기찬 노화, 생산적 노화라고 할 수 있다. 이상의 노화영역별 성공적 노화의 구성요인에 기초해 성공적 노화를 정리하면 [그림 2-1]과 같다.

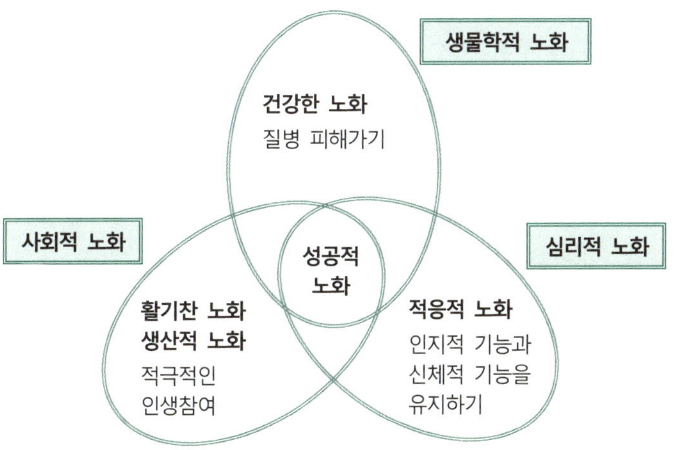

[그림 2-1] 노화영역별 성공적 노화
자료 : 최혜경 · 권유경, 2002, p. 60 참조

2) 성공적 노화의 촉진방안

첫째, 신체적으로 건강과 기능을 유지 · 증진할 수 있어야 한다.

건강하다는 것은 독립적으로 생활할 수 있다는 것을 의미하며(홍현방, 2005), 배우자와 오랫동안 함께 할 수 있는 요인이 되기도 한다. 건강의 유지와 증진을 위해서는 금연, 절주, 운동, 영양 등의 건강증진 생활습관을 실천할 수 있어야 한다. 따라서 건강증진 생활습관으로의 변화할 수 있도록 동기를 부여하기 위해 다양한 건강교육 프로그램이 제공되어야 한다. 또한 변화된 행동을 지속적으로 실천할 수 있도록 사회적 지지체계를 확대하고 생활습관 실천을 위한 사회환경적 개입 등이 이루어지는 것이 필요하다(김혜숙, 2009).

둘째, 심리적으로 만족스러운 삶을 영위할 수 있어야 한다.

노년기 자아통합감을 성취할 수 있도록 노인 자신의 전 생애를 돌아보고 해결되지 않은 생활사건이나 감정을 해결할 수 있는 인생회고나 자서전 쓰기 등의 프로그램을 실시하는 것이 유용할 것이다. 한편 자아존중감도 변화를 관리하여 노년기 재적응을 도와주는 역할을 하므로(이신영, 2010) 이를 증진시키기 위한 다양한 평생교육 프로그램을 통하여 노년기 생활스트레스나 환경적 요구에 효과적으로 적응할 수 있도록 원조하는 것이 필요하다.

셋째, 경제적 안정을 위한 지원을 해야 한다.

경제적 안정은 심리적 안정과 연결될 뿐 아니라 다양한 활동기회를 높여줄 수 있다. 따라서 노년기 소득보장을 위해 공적 · 사적 연금제도를 지원하고 나아가 노인의 취업을 활성화할 수 있어야 한다.

넷째, 경제활동이나 사회발전에 기여할 수 있는 활동에 참여할 수 있는 기회를 부여해야 한다.

사회활동의 참여는 사회적 역할의 상실을 보충해 줌으로써 가치와 만족감을 부여해 준다. 사회적 활동에는 취업을 통한 경제활동 뿐 아니라 다양한 자원봉사활동, 가족 및 타인에게 도움을 주는 활동, 가사활동, 시민참여 활동 등이 포함된다(Burr, Caro and Moorhead, 2002; 홍현방, 2005: 211). 사회적 활동은 사회적 관계를 유지하게 하고, 자아존중감이나 자기유용감 등의 긍정적 심리상태를 가져오며, 신체 및 정신 건강을 유지하는 효과를 거둘 수 있다.

다섯째, 사회적 관계의 유지를 지원해야 한다.

노년기의 가장 중요한 관계인 부부, 노부모와 자녀의 관계를 원만하게 유지할 수 있도록 지원한다. 또한 친구나 이웃들과 함께 할 수 있도록 집단 프로그램을 활성화하며, 자연스럽게 이웃과 만날 수 있는 사회적 환경을 조성하는 것이 필요하다.

생각해 볼 문제

1. 최근 노인문제가 특히 대두되고 있는 원인을 생각해 봅시다.

2. 노인이 되었을 때 겪을 수 있는 어려움을 생각해 봅시다.

3. 생물학적 노화와 심리사회적 노화의 관계를 생각해 봅시다.

4. 성공적 노화에 도달하기 위해 해야 할 일들에는 무엇이 있는지 생각해 봅시다.

제 2 부

노인복지정책

제3장

노인복지법과 노인소득보장정책

1. 노인복지관련법
2. 노인복지행정
3. 노인복지재정
4. 노인소득보장제도

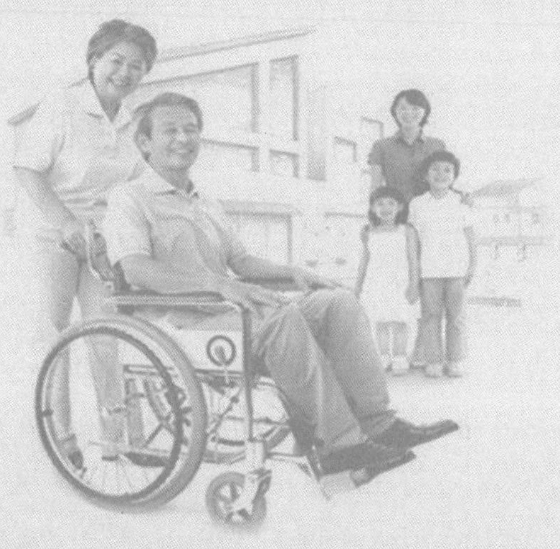

현재 우리나라는 고령사회(aged society)에 들어서고 있는 시점에서 인구의 고령화는 더욱 급격히 이루어질 것으로 예견되어지고 있다. 인구의 고령화는 우리 사회가 짧은 기간에 경험한 급격한 사회·문화·경제적 변화와 함께 더해져 복합적인 변화를 가져오고 있다.

우리보다 먼저 인구고령화를 경험한 OECD 국가들 역시 인구의 14%가 노인인 고령사회에 접어들면서 경제활동인구의 감소, 고령인구의 증대에 따른 거동 불편 노인에 대한 개인과 가족 및 국가의 재정적·심리적 부담이 커짐에 따라 고령화 사회에 적합한 적절한 정책방향을 설정하고 개혁을 실시하고 있다.

또한 일반적으로 노인은 빈곤, 질병, 소외의 문제를 겪는데 이러한 문제들은 대체적으로 노인기 소득상실로 인한 경제적 빈곤에서 기인한다. 현재 노인복지를 위한 우리나라의 법제로는 노인복지법, 고령자 고용촉진법, 사회복지사업법, 국민기초생활보장법, 연금법, 국민건강보험법, 의료급여법, 장애인·노인·임산부 등의 편의증진에 관한 법률, 재출산 고령사회기본법 등이 있는데 이 장에서는 노인복지법을 중심으로 행·재정 및 소득보장정책에 대해 살펴보도록 하겠다.

1. 노인복지관련법

1) 노인복지법의 내용[1)]

현대화와 산업화를 기반으로 발달된 현대사회는 노인에게 많은 희생을 요구하고 있다. 사회에서의 역할 상실과 경제적 빈곤, 만성질환, 고독은 현대 산업사회에서 노인에게 고단한 삶을 살아가게 하는 이유가 되고 있다. 또한 전반적인 사회의

1) 박차상 외(2006), 한국노인복지론, 학지사, pp. 171-180 및 노인복지법(2012. 02. 05 개정)을 주로 참조하여 재구성함.

급격한 구조 변화는 가족구조의 변화 뿐만 아니라 노인부양에 대한 가치관 변화를 가져와 노인문제에 대한 사회적 관심을 불러일으켰다.

이러한 관심은 노인복지를 위한 정부의 포괄적이고 통합적인 법·제도적 대책의 요청으로 나타나고 있다. 우리나라에서 노인복지제도가 마련되기 시작한 것은 1981년(제5공화국)의 노인복지법 제정 이후며 1989년의 노인복지법 개정, 1991년의 노인고용촉진법 제정 등 이후 수차례 개정 등을 거치면서 우리나라 노인문제에 대한 제도적 대응이 더욱 구체화되는 양상을 보여주고 있다(임왕택, 2008[2]).

현행 노인복지법은 제1조에서 노인의 질환을 사전 예방 또는 조기 발견하고, 질환상태에 따른 적절한 치료 및 요양으로 심신의 건강을 유지하고, 노후의 생활안정을 위하여 필요한 조치를 강구함으로써 노인의 보건복지 증진에 기여함을 목적으로 한다고 제시되어 있다(임왕택, 2008).

(1) 연혁

우리나라 노인복지법은 1981년 6월 5일 법률 제3453호로 확정 및 공포되었고, 동법 시행령은 1982년 2월 17일 대통령령 제10731호로, 동법 시행규칙은 동년 9월 20일에 보건사회부령 제714호로 공포되어 노인복지법이 완성되었다. 그 후 시대적 변화에 따른 상황에 대응하기 위해서 1989년, 1993년, 1997년, 1999년, 2000년, 2003년, 2004년, 2005년, 2007년, 2009년, 2010년, 2011년, 2012년 등 여러 차례에 걸쳐서 개정되어 왔다.

1989년의 제1차 개정에서는 노인복지법의 제2의 탄생이라고도 할 수 있을 정도로 전문 개정이 있었다. 또한 1993년의 개정은 유료 시설과 재가복지서비스의 구체적 실시를 위한 개정이었다고 할 수 있다. 1997년 개정에서는 생활보호대상 노인 및 저소득 노인을 위한 경로연금의 지급(경로연금은 국가가 70%, 지방정부가 30% 재정 부담함), 치매, 중풍 등 만성중증 노인질환을 위한 전문요양 재활사업의 확충, 노인복지시설의 종류와 운영체계 개편, 재가노인복지서비스의 활성화를 명문화하였다.

2) 임왕택(2008), 老人住居福祉施設의 開發選好度에 關한 硏究, 조선대학교 산업대학원.

그리고 노인의 건강진단, 상담, 입소, 조치 등에 필요한 비용은 대통령령에 의하여 국가와 지방자치단체가 부담하는 것으로 규정하고 있으나 구체적인 조달방법은 명시되어 있지 않다. 1999년 개정안에서는 유료 양로시설의 이용료 자율화, 노인복지주택 건설업자의 사업 전 승인, 공적 연금수급 생활보호대상 노인의 경로연금 중복수급 인정 등을 명문화하였다.

2004년 1월 개정되어 노인학대를 예방하고 학대받는 노인을 보호할 수 있도록 긴급전화 및 노인보호전문기관을 설치하도록 하고, 노인학대에 대한 신고의무와 조치사항을 규정하는 등 노인학대 예방과 학대받는 노인보호를 위한 제도적 장치를 마련하였다.

2005년 노인복지법 개정안에서는 노인의 능력과 적성에 맞는 일자리의 개발 · 보급과 교육훈련 등을 전담할 기관(이하 "노인일자리전담기관"이라 한다)에 관한 설치 · 운영에 대해 명문화하였으며, 2011년 4월 일부 개정되어 전담기관으로는 노인인력개발기관, 노인일자리지원기관, 노인일자리전담기관으로 나뉘었다.

2007년 개정안에서는 노인복지법 경로연금제를 삭제하고 공공부조로 기초노령연금법을 제정하여 노인의 생활안정 지원 강화 및 복지를 증진하고자 하였다. 또한 2007년 4월 노인장기요양법이 제정됨에 따라 요양보호사 자격에 관헌 조항이 추가되었으며, 노인공동생활가정, 양로시설, 노인복지주택 등에 관한 조항을 개정하였다.

2011년 개정안에서는 치매관리법이 제정되어 정부가 5년마다 치매관리종합계획을 수립하고 국가차원으로 치매가 관리될 수 있도록 하고, 가장 최근 개정안은 2012년 법률 [제11513호 일부개정 2012. 10. 22] 제39조의 6 (노인학대 신고의무와 절차 등) 관계 중앙행정기관의 장은 제2항[3] 각 호의 어느 하나에 해당하는 사람의 자격취득 교육과정이나 보수교육 과정에 노인학대 예방 및 신고의무와 관련된 교육내용을 포함하도록 하여 노인학대 관련 조항을 강화하였다.

(2) 노인복지법의 목적(제1조)

이 법은 노인의 질환을 사전예방 또는 조기 발견하고 질환상태에 따른 적절한

3) 제31조에 따른 노인복지시설의 장과 그 종사자 및 제7조에 따른 노인복지상담원.

치료 · 요양으로 심신의 건강을 유지하고, 노후의 생활안정을 위하여 필요한 조치를 강구함으로써 노인의 보건복지증진에 기여함을 목적으로 한다.

(3) 기본 이념(제2조)

① 노인은 후손의 양육과 국가 및 사회의 발전에 기여하여 온 자로서 존경받으며 건전하고 안정된 생활을 보장받는다.
② 노인은 그 능력에 따라 적당한 일에 종사하고 사회적 활동에 참여할 기회를 보장받는다.
③ 노인은 노령에 따르는 심신의 변화를 자각하여 항상 심신의 건강을 유지하고 그 지식과 경험을 활용하여 사회의 발전에 기여하도록 노력하여야 한다.

(4) 노인복지의 주체

"국가 및 지방자치단체는 노인의 보건 및 복지증진의 책임이 있으며, 이를 위한 시책을 강구하여 추진하여야 한다(제4조 제1항)라고 규정하여 국가의 책임을 명시하고 있으며, 또한 노인의 일상생활에 관련되는 사업을 경영하는 자는 그 사업을 경영함에 있어 노인의 보건복지가 증진되도록 노력하여야 한다(제4조 제3항)."라고 하여, 노인복지사업자에게 노인복지 증진을 위한 노력의무를 부과함으로써 노인복지 증진을 도모하고 있다.

(5) 보건복지 조치

노인의 사회참여 지원, 노인일자리전담기관의 설치 · 운영 등, 지역봉사지도원 위촉 및 업무, 생업지원, 경로우대, 상담 · 입소 등의 조치, 건강진단, 홀로 사는 노인에 대한 지원, 노인재활요양사업이 있다(삭제 제29조 치매관리법 2011. 08. 04 제11013호, 시행일 2012. 02. 05).

(6) 노인복지시설의 종류

- 노인주거시설(개정 2015. 01. 28) — 양로시설, 노인공동생활가정, 노인복지주택
- 노인의료복지시설(개정 2011. 06. 07) — 노인요양시설, 노인요양공동생활가정
- 노인여가복지시설(개정 2011. 06. 07) — 노인복지관, 경로당, 노인교실
- 재가노인복지시설(개정 2010. 01. 18) — 방문요양서비스, 주 · 야간보호서비스, 단기보호서비스, 방문목욕서비스 및 보건복지부령으로 정하는 서비스
- 노인보호전문기관(개정 2010. 12. 29) — 노인인권보호, 노인인권보호를 위한 연구 및 프로그램의 개발, 노인학대 예방 홍보, 노인학대 조사 및 학대행위자에 대한 교육 등을 담당

2) 고용상 연령차별금지 및 고령자고용촉진에 관한 법률

이 법은 2007년 5월 고령자고용촉진법으로 제정되어 고령자(高齡者)가 그 능력에 맞는 직업을 가질 수 있도록 지원하고 촉진함으로써, 고령자의 고용안정과 국민경제의 발전에 이바지하는 것을 목적으로 제정되어 2008년 법제명 변경으로 고용상 연령차별금지 및 고령자고용촉진에 관한 법률로 개정되어 합리적인 이유 없이 연령을 이유로 하는 고용차별 금지를 추가하였다.

노인이 그 능력에 적합한 직업에 취업하는 것을 지원 · 촉진함으로써 노인의 고용안정과 국민경제의 발전에 이바지함을 목적(제1조)으로 1991년 제정된 법률이다. 동법에서 고령자라 함은 인구 · 취업자의 구성 등을 고려하여 대통령령이 정하는 연령 이상인 자를 말하며, 현재 동법 시행령 제2조 1항에서 이를 55세 이상인 자로 규정하고 있다.

또한 동법 3조(정부의 책무)에서 정부는 고용에서 연령을 이유로 차별하는 관행을 해소하기 위하여 연령차별금지정책을 수립 · 시행하며, 고령자의 고용에 관하여 사업주와 국민 일반의 이해를 높이고, 고령자의 고용촉진과 직업안정을 꾀하기 위하여 고령자 고용촉진 대책의 수립 · 시행, 직업능력개발훈련 등 필요한 시책을

종합적이고 효과적으로 추진하도록 되어 있으며, 동법 제4조 사업주의 책무조항에서는 사업주는 연령을 이유로 하는 고용차별을 해소하고, 고령자의 직업능력계발 향상과 작업시설 · 업무 등의 개선을 통하여 고령자에게 그 능력에 맞는 고용 기회를 제공함과 아울러 정년연장 등의 방법으로 고령자의 고용이 확대되도록 노력하여 노인에 대한 차별금지 강화 및 고용촉진을 도모하고 있다.

3) 사회복지사업법

1970년 1월 1일 법률 제2191호로 제정되었고, 1997년 8월 22일 법률 제5358호로 전면 개정되어 오늘에 이르고 있다. 이 법은 5장 58조와 부칙 25조로 구성되어 있다. 특징적인 것은 사회 복지서비스와 관련된 13개 법에 관한 법인 설립과 시설에 관한 규정이다.

이 법은 사회복지서비스 분야의 일반법으로서 공공사회복지 전달체계와 사회복지 전담공무원에 대한 규정, 민간 사회복지사업의 주체인 사회복지법인과 시설에 대한 규정, 사회복지사제도 등을 규정하고 있고, 아동 · 노인 · 장애인 · 여성 등 사회적 약자를 보호하기 위한 각종 사회복지서비스 내용과 방향 등을 제시하고 있다(임왕택, 2008). 보호 · 선도(善導) 또는 복지에 관한 사업과 사회복지상담, 직업지원, 무료 숙박, 지역사회 복지, 의료복지, 재가복지(在家福祉), 사회복지관 운영, 정신질환자 및 한센병력자의 사회복귀에 관한 사업 등 각종 복지사업과 이와 관련된 자원봉사활동 및 복지시설의 운영 또는 지원을 목적으로 하는 사업을 말한다(사회복지사업법).

제31조에 따른 노인복지시설(사회복지사업법 제2조제4호) 제39조의 10(실종노인에 관한 신고의무 등) 개정, 2011. 8. 4 제10997호(사회복지사업법) 등 가장 최근 개정은 2012년 1월로 사회복지사업의 목적은 사회복지사업에 관한 기본적 사항을 규정하여 사회복지를 필요로 하는 사람에 대하여 인간의 존엄성과 인간다운 생활을 할 권리를 보장하고 사회복지의 전문성을 높이며, 사회복지사업의 공정 · 투명 · 적정을 도모하고, 지역사회 복지의 체계를 구축함으로써 사회복지의 증진에 이바지함을 목적으로 하고 있다(제1조) [개정 2012. 1. 26].

4) 국민기초생활보장법

이 법은 생활이 어려운 사람에게 필요한 급여를 실시하여 이들의 최저생활을 보장하고 자활을 돕는 것을 목적으로 한다[전문개정 2012. 02. 01]. ① 수급권자는 부양의무자가 없거나, 부양의무자가 있어도 부양능력이 없거나 부양을 받을 수 없는 사람으로서 소득 인정액이 최저생계비 이하인 사람으로 하고, ② 제1항에 따른 수급권자에 해당하지 아니하여도 생활이 어려운 사람으로서 일정 기간 동안 이 법에서 정하는 급여의 전부 또는 일부가 필요하다고 보건복지부장관이 정하는 사람은 수급권자로 본다. ③ 제1항의 부양의무자가 있어도 부양능력이 없거나 부양을 받을 수 없는 경우는 대통령령으로 정한다(수급권자의 범위 제5조). 급여의 종류로는 생계급여, 주거급여, 의료급여, 교육급여, 해산급여, 장제급여, 자활급여가 포함되어 있으며, 수급권자에 대한 급여는 제1항 제1호의 생계급여와 수급자의 필요에 따라 같은 항 제2호부터 제7호까지의 급여를 함께 실시하는 것으로 한다.

이 경우 급여의 수준은 제1항 제1호부터 제4호까지 및 제7호의 급여와 수급자의 소득인정액을 포함하여 최저생계비 이상이 되도록 하여야 한다. 국민기초생활보장법에 의해 비로소 공공부조가 저소득층 및 노인의 의식주 문제에 포괄적으로 대응할 수 있게 되었다.

5) 연금법

(1) 국민연금법

국민연금법은 국민의 노령, 장애 또는 사망에 대하여 연금급여를 실시함으로써 국민의 생활안정과 복지 증진에 기여하는 것을 목적으로 하는 제도다(국민연금법 제1조). 국민연금 가입대상으로는 국내에 거주하는 국민으로서 18세 이상 60세 미만인 자다. 다만, 「공무원연금법」, 「군인연금법」 및 「사립학교교직원 연금법」을 적용받는 공무원, 군인 및 사립학교 교직원, 그 밖에 대통령령으로 정하는 자는 제외한다(국회예산처, 2012[4]).

국민연금은 국가가 보험의 원리를 도입하여 만든 사회보험의 일종으로 가입자, 사용자(및 국가)로부터 일정한 보험료를 받고 이를 재원으로 소득 능력이 상실 또는 감퇴된 경우 가입자 본인이나 그 유족에게 일정액의 급부를 행하여 안정된 생활을 할 수 있도록 국가가 운영하는 장기적인 소득보장제도이기도 하다. 즉, 단일한 연금체계 안에 소득재분배를 통한 빈곤 완화 기능과 소득 비례적 요소를 통한 퇴직 전 생활수준유지 기능을 적절히 조화시켜 궁극적으로 사회적 위험에서 안정적인 노후소득보장체계(임왕택, 2008)를 구축하는 것을 기본목적으로 하고 있다.

1973년에 제정된 국민복지연금법이 1986년 국민연금법으로 개정되어 1988년 1월 1일부터 마침내 그 시행을 보게 되었다. 1998년 12월 전 국민연금화 및 장기적 재정안정화를 목적으로 국민연금법이 개정됨에 따라 전 국민 연금시대를 맞이하게 되었다. 국민연금의 종류로는 ① 노령연금, ② 장애연금, ③ 유족연금, ④ 반환일시금이 있다. 노령연금은 다시 ① 완전노령연금, ② 감액노령연금, ③ 재직자노령연금, ④ 조기노령연금, ⑤ 특례노령연금으로서 세분되어 있다(보건복지부장관 주관, 개정 2008. 02. 29 제8852호, 2010. 01. 18 제9932호, 시행일 2010. 03. 19).

(2) 특수직역 관련 연금법

한국의 특수직역 연금제도는 1960년 제정된 공무원연금법, 1963년 제정된 군인연금법, 1973년의 사립학교 교직원연금법의 세 종류로 구성되어 있다. 특수직역 연금법은 사회보험의 성격과 재해로 인한 물적 피해를 보호하는 재해보상의 성격을 띠고 있는데, 국민연금에 비해서 급여의 산정 기초가 수급자에게 유리하게 되어 있으며 급여 종류도 다양하다.

이러한 특수직역 연금의 특성이 만성적인 적자운영의 원인이 됨에 따라 1995년 법률을 개정하여 급여조건에 있어 연금수급연령제도가 도입되고 보험료율이 상향 조정되었다. 그러나 이러한 개정은 공무원연금법과 사립학교교직원연금법에서만 이루어지고 군인연금법은 예외에 속한다. 공무원연금법과 사립학교교직원연금법

4) 국회예산처(2012), 재정법령집.

은 급여조건 및 급여내용이 유사하다.

① 공무원연금법

공무원연금법은 공무원의 퇴직 또는 사망과 공무로 인한 부상, 질병에 대하여 적절한 급여를 실시함으로써 공무원 및 유족의 생활안정과 복지 향상에 기여함을 목적으로 한다[전문개정 2009. 12. 31], [시행일 2010. 1. 1]. 우리나라의 사회보장 제도로는 가장 먼저 출발하였으며, 공무원이라는 특수한 직역에 종사하는 자를 대상으로 하고 있다(문형식, 2011[5]). 또한 상병과 재해에 대한 단기보험과 퇴직, 사망에 대한 장기보험 형식을 취하고 있다(법률 제11488호, 일부개정 2012. 10. 22)[6].

② 사립학교교직원연금법

사립학교교직원연금법은 사립학교 교원 및 사무직원의 퇴직, 사망 및 직무로 인한 질병 · 부상 · 장애에 대하여 적절한 급여제도를 확립함으로써 교직원 및 그 유족의 경제적 생활안정과 복리 향상에 기여함을 목적으로 하는 법이다[전문개정 2009. 12. 31], [시행일 2010. 1. 1]. 법적 성격은 공무원연금법과 동일하나 다만 적용대상, 비용부담, 운영주체가 다르다.

③ 군인연금법

군인연금법의 목적은 군인이 상당한 연한 동안 성실히 복무하고 퇴직하거나 심신의 장애로 인하여 퇴직 또는 사망한 때, 공무상의 질병, 부상으로 요양하는 때에 본인이나 그 유족에게 적절한 급여를 지급함으로써 본인 및 그 유족의 생활 안정과 복리 향상에 기여함을 목적으로 하는 법이다. 현역이나 소집되어 실무에 복무하고 있는 군인에 한해서 적용되고 있는 군인연금법은 다른 연금과 비교하여 연령 제한이 없어 퇴직 후부터 종신까지 연금 수급기간이 길어서 국가보상적인 성격이 강하다.

5) 문형식(2011), 실버타운 活性化를 위한 需要者 選好度에 關한 硏究, 조선대학교 산업대학원.

6) 제1항 제3호에 따른 자녀와 손자녀는 다음 각 호의 어느 하나에 해당하는 자로 한정한다. 이 경우 손자녀는 그의 아버지가 없거나 아버지가 대통령령으로 정하는 정도의 장애 상태에 있는 경우로 한정한다[개정 2012. 10. 22], [시행일 2013. 4. 23].

1. 19세 미만인 자, 2. 19세 이상인 자로서 대통령령으로 정하는 정도의 장애 상태에 있는 자.

6) 국민건강보험법

국민건강보험법은 국민의 질병 · 부상에 대한 예방 · 진단 · 치료 · 재활과 출산 · 사망 및 건강증진에 대하여 보험급여를 실시함으로써 국민보건 향상과 사회보장 증진에 이바지함을 목적으로 한다(국민건강보험법 제1조). 2000년 7월부터 시행되었다. 보험급여서비스 측면에서 사전 진찰 등의 예방급여와 재활서비스, 건강증진프로그램 등을 포함하는 포괄적 보험혜택을 받을 수 있도록 의료서비스의 확대기반을 마련하였다

관리 운영 측면에서 1998년 10월 출범한 국민의료보험관리공단[7]과 139개 직장 의료보험조합이 하나의 보험자인 국민건강보험공단으로 통합, 일원화됨에 따라 관리 운영의 효율성을 기대할 수 있게 되었다. 국민건강보험에서는 전국 온라인 전산망구축 및 주민등록 전산망과의 연계가 가능하여 가입자의 신고가 없더라도 공단에서 직접 자격변동내역 및 보험료 부과자료를 확인, 처리함으로써 민원 불편사항을 개선하게 되었다.

7) 의료급여법

이 법은 생활이 어려운 자에게 의료급여를 실시함으로써 국민보건의 향상과 사회복지의 증진에 이바지함을 목적으로 하며, 시장 · 군수 · 구청장은 급여비용을 지급함에 있어 급여비용심사기관이 의료급여의 적정 여부를 평가하여 시장 · 군수 · 구청장에게 알린 경우에는 그 평가결과에 따라 급여비용을 가산 또는 감액 조정하여 지급한다.

시장 · 군수 · 구청장은 「산업재해보상보험법」 제10조에 따른 근로복지공단이 이 법에 따라 의료급여를 받을 수 있는 자에게 「산업재해보상보험법」 제40조에 따른 요양급여를 지급한 후 그 지급결정이 취소된 경우로서 그 요양급여의 비용을 청구

---

7) 1998년 227개 지역의료보험조합과 공 · 교의료보험관리공단을 통합 운영한 결과, 총재정 대비 관리운영비 비율이 1997년 9.1%에서 1999년에는 7.0%로 2.1%가 절감되었다.

하는 경우에는 그 요양급여가 이 법에 따라 실시할 수 있는 의료급여에 상당한 것으로 인정되면 그 의료급여에 해당하는 금액을 지급할 수 있다[신설 2007. 12. 14 제8694호(산업재해보상보험법)], [시행일 2008. 7. 1].

의료급여기관(제9조)으로는 의료법에 따라 개설된 의료기관, 보건소 · 보건의료원 및 보건지소, 보건진료소, 약국 및 한국희귀의약품센터 등이 있다. 이 법에 의한 의료보호 내용은 진찰 · 검사, 약제 · 치료재료의 지급, 처치 · 수술과 그 밖의 치료, 예방 · 재활, 입원, 간호, 이송과 그 밖의 의료목적의 달성을 위한 조치 등이다. 급여비용은 대통령령이 정하는 바에 따라 그 전부 또는 일부를 제25조의 규정에 의한 의료급여기금에서 부담하되, 의료급여기금에서 일부를 부담하는 경우 그 나머지의 비용은 본인이 부담한다[개정 2006. 12. 28], [시행일 2007. 3. 29].

8) 장애인 · 노인 · 임산부 등의 편의증진 보장에 관한 법률

이 법은 장애인 · 노인 · 임산부 등이 생활을 영위함에 있어 안전하고 편리하게 시설 및 설비를 이용하고 정보에 접근하도록 보장함으로써 이들의 사회활동참여와 복지증진에 이바지함을 목적으로 한다.

국가 및 지방자치단체는 장애인 등이 생활을 영위함에 있어 안전하고 편리하게 시설 및 설비를 이용하고 정보에 접근할 수 있도록 각종 시책을 마련하여야 한다.(제6조). 이에 따라 정부는 장애인 · 노인 · 임산부 등의 편의증진 보장에 관한 법률을 제정하였다. 장애인 · 노인 · 임산부 등의 편의증진 보장에 관한 법률은 1997년 4월 법률 제5332호로 공포되었다. 그 동안 보건복지부는 1995년부터 '장애인 편의시설 및 설비의 설치기준에 관한 규칙'을 마련하여 공공건물 및 공중이용시설 등에 편의시설을 설치하도록 하였으나 설치율이 저조하였다. 이 법률을 제정하여 장애인 · 노인 · 임산부 등 이동과 시설 이용에 불편을 느끼는 사람들이 안전하고 편리하게 시설을 이용하고 정보에 접근할 수 있도록 보장함으로써 이들의 사회활동 참여와 복지 증진에 이바지할 수 있게 되었다.

9) 저출산 · 고령사회기본법

이 법은 저출산 및 인구의 고령화에 따른 변화에 대응하는 저출산 · 고령사회정책의 기본방향과 그 수립 및 추진체계에 관한 사항을 규정함으로써 국가의 경쟁력을 높이고 국민의 삶의 질 향상과 국가의 지속적인 발전에 이바지함을 목적으로 하고, 국가의 지속적인 발전을 위한 인구 구성의 균형과 질적 향상을 실현하고, 국민이 건강하고 안정된 노후생활을 할 수 있도록 하는 것을 기본이념으로 한다(법률 제11444호, 일부개정 2012. 05. 23).

동법 4조 국가 및 지방자치단체의 책무와 관련된 사항으로 "국가는 종합적인 저출산 · 고령사회정책을 수립 · 시행하고, 지방자치단체는 국가의 저출산 · 고령사회정책에 맞추어 지역의 사회 · 경제적 실정에 부합하는 저출산 · 고령사회정책을 수립 · 시행하여야 하고, 국가 및 지방자치단체는 다른 법률의 규정에 의하여 중 · 장기계획 및 연도별 시행계획 등 주요정책을 수립하는 경우 제20조의 규정에 의한 저출산 · 고령사회기본계획을 고려하여야 한다"고 규정하고 있다. 동법 8조에서는 저출산 대책을 위한 자녀의 출산과 보육 등과 관련하여 "국가 및 지방자치단체는 모든 자녀가 차별받지 아니하고 안전하고 행복한 생활을 영위하며 교육과 인성함양에 도움을 주는 사회환경을 조성하기 위한 시책을 강구하여야 하고, 국가 및 지방자치단체는 자녀를 임신 · 출산 · 양육 및 교육하고자 하는 자가 직장생활과 가정생활을 병행할 수 있도록 사회환경을 조성 · 지원하여야 하고, 국가 및 지방자치단체는 자녀를 양육하려는 자에게 양질의 보육서비스를 제공하기 위한 시책을 강구하여야 한다"고 규정하고 있다.

또한, 동법에서 고령사회정책을 위한 고용과 소득보장(제11조)으로 "국가 및 지방자치단체는 일할 의욕과 능력이 있는 고령자가 최대한 일할 수 있는 환경을 조성하여야 하고, 국가 및 지방자치단체는 연금제도 등 노후소득보장체계를 구축하고 노인에게 적합한 일자리를 창출하는 등 국민이 경제적으로 안정된 노후생활을 할 수 있도록 필요한 조치를 강구하여야 한다."고 규정하고 있으며, 동법 제20조에서는 저출산 · 고령사회기본계획으로 "정부는 저출산 · 고령사회 중 · 장기 정책목표 및 방향을 설정하고, 이에 따른 저출산 · 고령사회기본계획(이하 "기본계획"이라 한다)을 수립 · 추진하여야 한다."고 규정하고 있다. 이는 국가의 지속적인 발전을 위한 인구 구성의 균형과 질적 향상을 실현하고, 국민이 건강하고 안정된 노후생활을 할 수 있도록 하는 것을 기본이념(제2조 기본이념)으로 하고 있다.

10) 기초연금법

이 법은 노인이 후손의 양육과 국가 및 사회의 발전에 이바지하여 온 점을 고려하여 생활이 어려운 노인에게 기초연금을 지급함으로써 노인의 생활안정을 지원하고 복지를 증진함을 목적으로 한다(제1조 목적).

연금 지급대상은 65세 이상인 자로서 소득인정액이 대통령령으로 정하는 금액 이하인 자에게 연금을 지급한다. 동법 제5조(연금액) ① 연금액은 「국민연금법」 제51조 제1항 제1호에 따른 금액의 100분의 5에 해당하는 액수로 한다. 다만, 소득인정액과 연금액을 합한 금액이 제3조에 따라 대통령령으로 정하는 금액 이상인 경우에는 대통령령으로 정하는 바에 따라 연금액의 일부를 감액하여 지급할 수 있다[개정 2007. 7. 27]. ② 제1항에도 불구하고 본인 및 그 배우자가 모두 연금을 지급받는 경우에는 각각의 연금액에 대하여 100분의 20을 감액한다[개정 2007. 7. 27]. 연금을 지급받고자 하는 자(이하 "연금수급희망자"라 한다) 또는 그 친족, 그 밖의 관계인은 보건복지부장관 또는 지방자치단체의 장에게 급여를 신청할 수 있다.

국가는 지방자치단체의 노인인구 비율 및 재정여건 등을 고려하여 100분의 40 이상 100분의 90 이하의 범위 안에서 대통령령으로 정하는 비율을 부담하고, 국가가 부담한 금액을 차감한 액수에 대하여는 특별시 · 광역시 · 도 또는 특별자치도(이하 "시 · 도"라 한다) 및 시 · 군 · 구(자치구를 말한다. 이하 같다)가 상호 분담하되, 그 부담비율은 노인인구 비율 및 재정여건 등을 고려하여 시 · 도의 조례로 정하고, 미리 보건복지부장관과 협의하여야 한다(제19조 비용의 부담) [개정 2008. 2. 29 제8852호(정부조직법), 2010. 1. 18 제9932호(정부조직법)].

11) 치매관리법

이 법은 치매의 예방, 치매환자의 진료 · 요양 및 치매퇴치를 위한 연구 등에 관한 정책을 종합적으로 수립 · 시행함으로써 치매로 인한 개인적 고통과 피해 및 사회적 부담을 줄이고 국민건강 증진에 이바지함을 목적으로 한다.

또한 국가와 지방자치단체는 치매관리에 관한 사업(이하 "치매관리사업"이라 한다)을 시행하고 지원함으로써 치매를 예방하고 치매환자에게 적절한 의료서비스가 제공될 수 있도록 적극 노력하여야 하고, 「의료법」에 따른 의료인, 의료기관의 장 및 의료업무 종사자는 국가와 지방자치단체가 실시하는 치매관리사업에 적극 협조하여야 한다(제3조 국가 등의 의무).

치매관리종합계획의 수립 등(6조)에서 보건복지부장관은 제7조에 따른 국가치매관리위원회의 심의를 거쳐 치매관리에 관한 종합계획(이하 "종합계획"이라 한다)을 5년마다 수립하여야 하며, 종합계획에는 다음 각 호의 사항이 포함되어야 한다.

첫째, 치매의 예방 · 관리를 위한 기본시책, 둘째, 치매검진사업의 추진계획 및 추진방법, 셋째, 치매환자의 치료 · 보호 및 관리, 넷째, 치매에 관한 홍보 · 교육, 다섯째, 치매에 관한 조사 · 연구 및 개발, 여섯째, 치매관리에 필요한 전문인력의 육성 등 그 밖에 치매관리에 필요한 사항이 포함되어야 한다.

2. 노인복지행정[8]

1) 사회복지행정

사회복지행정(Social welfare administration)에 대한 개념은 사회발전 내지 정치문

8) 박차상 외(2006), 한국노인복지론, pp. 180-198, 학지사를 주로 참조함.

화의 발전에 따라 사회복지의 내용이나 기능이 계속 변동되고 있으며, 학자와 연구의 관점 또는 접근성이 상이하기 때문에 그 규정이 매우 어려우며 다양하다. Friedlander(1968)[9]는 사회복지행정이란 사회입법의 규정의 규정에 따라 혹은 민영시설에서의 박애나 종교적 자선의 방침을 서비스의 역동성에 옮겨 인간의 복지를 높이는 것이라고 하였다. Titmuss(1974)는 사회복지행정이란 사회복지기관·시설의 행정과는 달리 사회적 서비스를 관리·운영하는 것으로, 사회복지서비스를 대상자에게 전달되도록 공급하는 인적 조직과 기구 및 서비스의 선택문제와 관련된다고 하였다. 또는 추상적인 복지정책을 구체적인 사회복지서비스로 전환하여 소비자에게 서비스를 전달하는 과정에 관한 활동이라고 할 수 있다(Skidmore, 1983: 5).

Tracker(1997)는 사회사업행정(Social welfare administration)이란 용어를 사용하면서, 사회사업행정은 그 지역사회가 필요로 하는 서비스와 사업을 제공하려는 의도로 이용가능한 모든 자원을 주민들이 사용할 수 있도록 그들의 에너지를 방출하고 관련시키면서 주민들과 같이 일하는 과정이라고 정의하고 있다. 아울러 사회복지행정의 공통된 요소로서 다음의 다섯 가지를 들고 있다. 즉, ① 행정이란 지속적이고 동적인 과정이다. ② 그 과정은 공통의 목적달성을 위한 하나의 활동(흐름)이다. ③ 인적·물적 자원들은 공통의 목표나 목적 달성을 가능하게 하기 위한 도구이다. ④ 조정과 협동은 인적·물적 자원을 동원하는 데 결합시킨 수단이다. ⑤ 정의에 함축된 내용들은 계획, 조직, 지도력, 예술적 수완 등이다.

전수일 외(1999: 286)에서는 사회복지행정조직은 국민의 요구와 사회문제의 해결, 평등과 보장을 실현하기 위한 인간의 결합체로, 이러한 목표의 달성을 위하여 계층제 구조와 분업 및 조정이 이루어지는 형태고, 외부환경과 상호작용하여 사회적 기능을 수행하는 체계다. 복지행정체계란 사회복지에 관한 행정을 담당하는 행정조직체계를 말하며 사회복지 범위에 따라 사회보험 공공부조 및 사회복지서비스에 관한 행정을 수행하는 조직체계라고 할 수 있다. 그리고 사회복지행정의 일반적인 관리과정[10]은 크게 plan(계획)-do(실시)-check(확인)-action(처치)이란 PDCA 관리

9) 박경일 외(2009), 사회복지학강의, p. 299, 양서원.
10) 박경일 외(2009), 사회복지학강의, pp. 242~243, 양서원 일부발췌하여 인용함.

사이클로 말해지고 있다. 실제 이러한 관리 사이클은, 직장이나 사회복지기관에서 일상적으로 계획을 수립해서 일을 하고 있다고 생각되지만 현실적으로는 복합적으로 이루어지고 있는 경우도 있다.

여기서는 Gulick과 Urick(1937: 3-45)의 행정가의 기능을 통하여 사회복지행정의 관리과정을 살펴보면 다음과 같다.

- 기획(Planning) ― 행정가가 수행하여야 할 첫 번째 과정으로서 목표의 설정, 목표 달성을 위한 과업 및 활동, 과업수행방법의 결정 등이 포함된다.
- 조직(Organiaztion) ― 작업의 할당이 규정되고 조정되는 공식적 구조를 설정하며 기관의 구조는 인사 정관의 규정이나 운영지침서에 기술된다.
- 인사(Staffing) ― 직원의 채용과 배치 및 승진 등의 활동
- 지시(Directing) ― 행정책임자는 기관을 효과적으로 지시하는 지도자로서 능력을 갖추어야 한다.
- 조정(Coordination) ― 기관들이 수행하는 다양한 부분들을 상호 관련시키는 기능으로서 행정가가 그의 조정 기능을 유지하기 위하여 실시하는 가장 광범위한 방법은 위원회의 창설 및 활용 등이 있다.
- 보고(Reporting) ― 대상자의 개별사례기록, 인사기록, 위원회 활동기록 등을 포함하는 기관활동의 보고이다.
- 재정(Budegting) ― 예결산서의 작성과 프로그램의 비용산출 및 후원금 관리 등의 내용이 포함된다.
- 평가(Evalution) ― 기관에서 설정한 목표에 비추어 전반적인 활동결과를 사정하는 과정이다.

2) 노인복지행정

노인복지행정의 의미를 파악하기 위해서는 먼저 복지대상에 대해서 살펴봐야 할 것이다. R. White는 「공공복지 서비스의 사회적 대상」이라는 부분에서 M. Breckinridge가 분류한 공공복지서비스 대상자를 고찰하고 전통적인 복지행정의

대상에 질병자 및 학교 부적응 아동을 추가하고 다음과 같이 분류하고 있다[11]. ① 정신이상자 및 간질병자, ② 정신박약자 및 학교 부적응 아동, ③ 신체장애자-맹인, 지체불구, ④ 폐결핵 환자 및 질병자, ⑤ 범죄자와 비행자, ⑥ 종속아동과 문제아(dependent & neglected children), ⑦ 발병자(영구 무능력자), ⑧ 노령자, ⑨ 노동능력 있는 실업자로 분류하고 있다.

이상에서 복지행정의 대상은 사회복지의 수혜자인데 노인복지와 서로 다른 점이 있다면 노인복지 수혜자가 곧 노인이라는 것 뿐이다. 따라서 노인복지 행정이란, 노인들을 대상으로 하는, 정치 · 권력을 배경으로 한 사회복지 정책 형성 및 구체화를 위한 합리적인 행동이라고 말할 수 있으며, 노인복지법 및 관련법과 정책을 서비스로 전환시켜서 노인복지와 관련된 다양한 조직, 재원과 인력을 통해 노인복지 대상자들에게 효과적이고 효율적으로 전달해 주는 과정에 관한 활동이라고 할 수 있다. 또 노인복지행정체계는 노인복지서비스를 전달하는 공적 · 사적 조직과 이들 조직과 관련된 서비스 전달망을 일컫는다고 할 수 있다. 이러한 노인복지행정 전달체계는 공공행정체계와 민간행정체계로 구분할 수 있으며, 공공행정체계는 다시 중앙행정체계와 지방행정체계로 나눌 수 있다.

또한 민간행정체계는 사회복지 · 종교 · 재단 등과 같은 각종 법인들과 자원봉사 단체, 기업 등으로 세분화할 수 있다. 이렇듯 일반적인 노인복지행정의 주체는 공공행정체계와 민간행정체계로 구별할 수 있으나 '복지 다원화(welfare mix)'의 영향에 의해 복지를 공급하는 주체 또한 다양해지고 있어 대부분의 국가가 공공 부문과 민간 부문을 통합된 형태로 운영하고 있어 현실적으로 노인복지행정의 주체를 구분하는 것이 이제는 별 의미가 없다고 하겠다(한국임상사회사업학회 엮음, 2006).

그럼에도 불구하고 보다 효과적이고 효율적으로 노인들에게 서비스를 전달하기 위해서는 노인복지에 관한 행정 주체의 분석적인 구분이 필요하다(현외성 · 박용순 외, 1993).

우리나라 노인복지행정체계를 공공조직체계와 민간조직체계로 구분하여 살펴보

11) R. Clyde White, Administration of Public Welfare (New York : American Book Company, 1960), pp. 4~6.

면 다음과 같다(표 3-1 참조).

표 3-1 행정의 개념과 분류체계

공공행정체계		민간행정체계		
중앙행정체계	지방행정체계	법인 (학교, 종교, 재단)	자원봉사단체	기업
공공 + 민간 행정체계				

자료 : 2012 주요업무 참고자료, 보건복지부.

(1) 공공노인복지행정체계

노인복지 급여 및 서비스의 전달체계에 대한 이해를 위해서는 중앙정부와 지방자치단체의 행정조직체계에 대한 이해와 함께 각 조직체계에서 노인복지업무를 담당하는 부서의 기능을 이해할 필요가 있다(윤경아 외, 2013: 110).

① 중앙정부의 노인복지행정조직

중앙정부에서 노인복지업무는 1981년 보건사회부(현, 보건복지부)의 가정복지과에 노인복지계가 처음 신설되었고, 1990년에는 노인복지관으로 확대 · 개편되었다. 1990년대 후반 들어 노인의 질환 예방과 요양 등 건강을 담당하는 부서인 노인보건과가 1999년 신설되어 노인복지과와 노인보건과가 노인복지업무를 담당하였다. 참여정부 들어와 노인복지관련 부서의 확대 · 개편을 통해 2005년 노인복지정책과, 노인요양보장과, 노인지원과가 노인복지와 관련된 업무를 담당하였으나, 2006년 '팀'제로 조직 · 개편되어 저출산고령사회정책본부 아래 노인정책팀, 노인지원팀, 노인요양제도팀, 노인요양운영팀, 노후생활팀, 고령친화산업팀이 주요 업무를 담당하였다. 2011년 이후 더욱 확대 · 개편되어 저출산고령사회정책실 아래 고령사회정책과, 노인정책과, 노인지원과, 요양보험제도과, 요양보험운영과에서 담당하였다(윤경아 외, 2013: 110-112). 2015년 현재 노인복지업무는 보건복지부 인구정책실 노인정책관에서 담당하고 있으며, 노인정책과, 노인지원과, 요양보험제도과,

요양보험운영과 등의 네 개 과로 구성되어 노인복지와 관련된 업무(손명동 · 박천규, 2015)를 담당하고 있다.

② 지방정부의 노인복지행정조직

광역자치단체 및 광역시 · 도의 노인복지담당업무는 주무부서로 과단위로 노인복지과, 사회복지과, 노인정책과, 복지노인정책과, 저출산고령화대책과 등 다양한 명칭을 사용하고 있다(윤경아 외, 2013: 112). 그리고 기초자치단체의 노인복지업무는 노인복지과 또는 노인복지팀, 경로복지팀, 경로복지담당 등 다양한 명칭의 부서에서 담당하고 있다.

이와 같이 우리나라의 사회복지 전달체계는 일반적으로 중앙에서 지방으로 이어지는(보건복지부 → 특별, 광역시 · 도 → 읍 · 면 · 동 → 수급자) 형태를 띠고 있다. 그리고 지방자치단체의 사회복지 전달체계는 광역자치단체와 기초자치단체로 나누어 살펴볼 수 있는데, 지방자치제 실시 이후로 각 자치단체별로 조례 내용에 따라 과 · 팀의 구분이 다르게 시행되고 있으며, 현재 직제 개편을 통해 재정비해 가고 있는 과도기에 있다.

사회복지행정 분야는 독자적인 전달체계를 가지고 있지 못하고, 중앙의 보건복지부 조직을 제외한 지방 단위에서는 행정자치부 조직체계에서 사회복지업무를 대신 담당하고 있다. 다시 말해서 사회복지업무를 관할하는 사회복지 전담공무원들이 각 읍 · 면 · 동사무소에 배치되어 있기는 하지만, 실제로 이들을 지위 · 통솔하고 감독하는 권한은 행정자치부가 가지고 있다는 것이다.

(2) 노인복지행정의 개선과제

① 중앙정부의 노인복지행정

업무의 통합과 관련하여 현행 우리나라에서의 중앙정부가 실시하고 있는 노인복지행정을 살펴보면, 우선 주무 부서인 보건복지부를 위시하여 고용노동부, 교육부, 문화관광부, 행정안전부, 여성가족부, 국방부, 법무부, 환경부, 국가보훈처 등 모든 부서가 관여하고 있다. 이처럼 정부의 노인복지행정 업무가 분산됨으로 인해 노인복지정책의 수립과 시행에 통일성을 기하기 어려울 뿐만 아니라 노인복지수혜대상자들의 서비스 활용 면에서 불편이 크다. 이는 인력과 자원의 낭비를 면치 못하게 될 뿐만 아니라 노인복지서비스의 전문화와 능률화도 기대하기 어렵다. 따라서 중앙정부차원에서 노인복지행정 업무의 통합이 요구된다.

② 노인복지서비스 전달체계의 확립

지방자치제가 시행됨에 따라 지방정부에서 실시하는 노인복지행정조직은 크게 세 단계로 나누어 구성되어 있다. 그 첫 번째 단계는 특별시 · 광역시 · 도를 중심으로 한 광역자치단체이고, 두 번째 단계는 시 · 군 · 구를 중심으로 하는 기초자치단체다. 그리고 마지막 세 번째 단계는 기초자치단체하에 있는 지역주민에 대한 행정력 강화를 위해 조직된 읍 · 면 · 동이다. 이와 같이 노인복지를 포함한 모든 사회복지의 행정조직이 현재 보건복지부가 아닌 행정자치부 소속으로 되어 있다는 것이 가장 큰 문제점으로 제기되고 있다. 즉, 사회복지행정체계상 보건복지부 내 사회복지정책실과 저출산고령사회정책실이 설치됨으로써 상급기관의 복지행정 조직화는 상당히 발전되었으나, 하급기관인 광역시 · 도와 자치 시 · 군 · 구에는 상급기관에 상응하는 조직화가 이루어지지 않아 복지행정의 전달체계 미비로 지방자치를 실시함에 있어 중요한 문제점으로 제기되고 있다.

사회복지제도 중 공공부조와 사회복지서비스 전달체계는 보건복지부를 정점으로, 그 하부조직은 행정자치부의 지방행정조직을 통해서 수직적으로 전달되고 있어 사회복지행정의 특성을 살리지 못하고 있다. 반면 보훈사업은 국가보훈처(지방보훈청), 교정사업은 법무부(갱생보호회, 보호관찰소)가 독립적인 체계를 통해 수행하고 있다. 사회복지행정은 행정자치부 산하 지방행정조직에 편재되어 전문성과 책임성을 확립하지 못하고 있다.

③ 중앙정부와 지방정부 간 노인복지행정의 효율적 업무 배분

노인복지행정 기능 배분의 법적 근거를 명확히 하고, 현행 중앙의 노인복지행정 업무 중 기획 및 통일적 기준설정이나 국가적 예산지원이 필요한 업무를 제외하고 관리, 집행적인 업무를 과감하게 지방으로 이양하거나 위임하여 지역의 특성을

살려서 노인복지행정 업무를 수행하도록 하여야 할 것이다. 현행 중앙과 지방정부간 노인복지행정 업무 중 유사 · 중복된 업무는 통합 · 조정하여 행정의 효율성을 기하고 이와 함께 민간이 보다 효율적으로 수행할 수 있는 업무부문은 점진적으로 민간 부문으로 이양하도록 하여야 할 것이다.

④ 효과적인 노인복지행정 기능 배분을 위한 지방 재원 확보

노인복지행정의 효율적 기능 배분에 있어서 중요한 것은 기능 배분을 효과적으로 뒷받침할 수 있는 재원의 확보다. 따라서 노인복지행정 기능의 지방 이양에 따라 늘어나는 재정적 수요를 충당하기 위하여 별도의 재원조달 방안이 강구되어야 할 것이다.

⑤ 복지사무 전담기구의 설치

사회복지사업법 제14조에 의거된 복지사무 전담기구의 설치를 통해 사회복지행정의 전문성과 효율성을 강화하고 독립적인 사회복지행정(노인복지행정) 전달체계를 확립시키고 전문성과 효율성 제고를 위한 복지사무 전담기구를 지속적으로 확충하여 나가야 할 것이다.

3. 노인복지재정

노인복지재정은 노인복지행정조직(중앙정부, 지방정부, 민간시설 및 기관 등)이 노인복지 증진을 위하여 필요한 재원을 동원하고 배분하여 효율적으로 사용하고 관리하는 전체 과정을 의미한다(이혜원, 1998). 즉, 노인복지의 증진을 위한 필요한 예산(재정계획)을 수립하고, 예산상의 수입과 지출에 대한 각종 활동들을 관리하며(예산집행), 재정자원의 수입과 지출에 관한 사항들을 기록 · 정리하여(회계), 재정관리의 전반적

인 과정을 평가하는 절차들로 이루어진다(최성재 · 남기민, 1993). 따라서, 재정은 사업의 목표를 달성하기 위하여 꼭 필요한 재정 자원(재원)을 계획적이고 합리적으로 동원하여, 그 재원들이 골고루 배분되어 효율적이고 효과적인 사용이 가능하도록 관리하는 전 과정을 의미한다.

이러한 노인복지 자원의 동원은 노인복지사업의 영역과 목적에 따라 다르다. 일반적으로 크게 공공재정과 민간재정으로 나눌 수 있는데 공공재정은 다시 중앙정부의 재정예산과 지방정부의 재정예산으로 나눌 수 있으며, 이것들을 부담금이나 보조금 형태로 노인복지시설이나 기관에 보조하게 된다. 반면에 민간재정은 공공재정의 부담금 및 보조금과 각 사회단체나 개인의 기부금 또는 후원금, 자체부담금, 이용자부담금 등으로 운영된다. 그러나 오늘날에는 어느 한 부분의 재원만으로 이루어지기보다는 이들 재원들이 혼합되고 있으며, 재원의 종류도 점점 다양화되어 가는 경향을 보이고 있다.

우리나라의 사회복지재원들을 통해 살펴보면, 중앙정부 및 지방정부에 의한 공공부담금, 자발적인 헌금, 기부금, 회비, 모금, 이용자부담금, 수익사업을 통한 이익금, 기타 민간자금 등으로 구분되고 있다. 특히 현행 노인복지법에 의한 노인복지재원으로는 중앙정부 및 지방정부에 의한 공공부담금 또는 보조금(사회복지사업기금 포함), 대통령령이 정하는 바에 의한 이용자부담금, 노인복지시설에 입소된 노인이 사망한 경우 사망 노인의 유류물품(금전, 유가증권 등), 지역사회의 기부금 및 자원봉사, 기타 민간자금 등으로 나뉘고 있다.

이 장에서는 공공재정 중 부담금과 보조금, 민간재정 그리고 공공재정+민간재정으로 이루어진 제3섹터에 대해 간단히 살펴보기로 한다.

1) 공공재정

공공재정(Public Finance)은 사회적 가치의 극대화를 통해, 공공의 안녕과 질서유지 및 확보 등 국민의 경제적 · 복지적 · 문화적 향상을 위한 국가나 공공단체의 경제활동에 쓰이는 예산의 일체를 말한다. 그리고 노인복지의 공공재정은 노인을 대상으로 쓰여지는 예산의 일체를 말하며, 크게 부담금[12]과 보조금[13]으로 구분할 수 있다.

(1) 부담금[14]

"부담금"이란 중앙행정기관의 장, 지방자치단체의 장, 행정권한을 위탁받은 공공단체 또는 법인의 장 등 법률에 따라 금전적 부담의 부과권한을 부여받은 자(이하 "부과권자"라 한다)가 분담금, 부과금, 기여금, 그 밖의 명칭에도 불구하고 재화 또는 용역의 제공과 관계없이 특정 공익사업과 관련하여 법률에서 정하는 바에 따라 부과하는 조세 외의 금전지급의무(특정한 의무이행을 담보하기 위한 예치금 또는 보증금의 성격을 가진 것은 제외한다)를 말한다[15].

현행 노인복지법 제45조에 의하면 제28조(상담 · 입소 등의 조치), 제27조(건강 진단 등), 그리고 제33조~39조(노인복지시설의 설치 · 운영 등)에 소요되는 비용은 대통령령이 정하는 바에 의하여 복지 실시 기관인 국가 및 지방자치단체 또는 사회복지사업기금에서 부담하는 것으로 규정되어 있다.

그리고 국가와 지방자치단체가 비용을 부담할 경우 그 비용의 부담비율은 다음에 따른다.

① 서울특별시의 경우에는 그 총액의 10분의 5 이하를 국가가, 10분의 5 이상을 서울특별시가 부담한다.

② 광역시 · 도의 경우에는 그 총액의 10분의 8 이상을 국가가, 10분의 2 이하를 당해 시 · 도가 부담한다.

③ 시 · 군 · 구의 경우에는 그 총액의 10분의 8 이상을 국가가, 10분의 1 이상을 당해 시 · 군 · 구를 관할하는 시 · 도가, 그리고 10분의 1 이하를 당해 시 · 군 · 구가 부담한다.

---

12) 부담금이란 공익사업경비를 그 사업에 이해관계를 가진 사람에게 부담시키기 위하여 과하는 공법상의 금전급여 의무다.

13) 보조금이란 국가가 지방자치단체에 특정 경비를 보전하기 위하여 교부하는 모든 지출금이다.

14) 모선희 외(2009), 현대노인복지론, 제3판 학지사. p. 95, 101, 111에서 일부 발췌하여 참조함.

15) 부담금관리기본법 제2조(정의)[전문개정 2010. 3. 31].

그리고 정부에서 지출하는 노인복지 예산은 국비, 지방비 등 일반회계예산과 함께 사회복지사업기금에 포함되고 있다.

(2) 보조금

보조금은 정부나 공공 단체가 특정 산업의 육성이나 특정 시책의 장려 등 일정한 행정 목적을 달성하기 위해 공공 단체, 기업, 개인 등에게 교부하는 돈을 말하며, 현행 우리나라 노인복지법 제47조에 의하면 국가 또는 지방자치단체는 대통령령이 정하는 바에 의하여 노인복지시설의 설치 및 운영에 필요한 비용을 보조할 수 있는 것으로 규정되어 있다[16].

원칙적으로 정부의 재정부담은 국고부담과 지방부담으로 구분되어 있는데, 이것은 사회복지에 소요되는 비용이 국가와 지방자치단체 간의 행정사무 배분 관행에 따라 지방자치법, 지방재정법, 사회복지관계법 등의 규정에 의해 구체화되고 있다. 지방자치법 중에서 지방자치단체는 그 고유한 사무 수행에 있어 필요한 경비와 위임된 사무에 관하여 필요한 경비를 지출할 의무를 가지고 있으며, 다만 국가사무나 지방자치단체 사무를 위임할 경우에만 이를 위임한 국가나 지방자치단체에서 그 경비를 부담하도록 규정하고 있다.

그리고 사회복지서비스에 대한 정부와 지방자치단체의 부담 구분은 사회복지서비스 관계법에 규정되어 있으며, 그것은 주로 조치비, 보조비, 인건비와 사무비, 사회복지시설의 설치와 운영에 따른 제 비용 등으로 구분되어 있다.

2) 민간재정[17]

최근 선진 복지국가들이 신보수주의적 사회복지 추세 속에서 사회복지 재정의 국가부담을 줄이는 한편, 민간이나 지방자치의 재정부담으로 돌리려고 시도함에 따라 사회복지재정 문제는 한층 뜨거운 관심거리가 되고 있다.

16) 노인복지법 제47조(비용의 보조).
17) 모선희 외(2009), 현대노인복지론, 제3판 학지사. p. 95, 101, 111에서 일부 발췌하여 참조함.

각 국가의 사회복지 재정 규모와 부담비용 등은 일률적으로 말할 수 없으나 일반적인 경향을 살펴보면 중앙정부의 부담이 줄어드는 대신, 지방자치단체의 부담과 민간주체의 부담이 상대적으로 증가하고 있다. 오늘날 사회복지시설은 과거와 같은 일방적인 자선사업이 아니며 전문성을 가지고 서비스를 제공하지 않으면 안 된다. 사회복지시설이 전문성을 가진 서비스를 제공하기 위해서 자체 재정을 활용하도록 하고 있는데 운영비의 일부부담은 타당하지 않다고 생각하며, 물론 복지의 다원주의를 내세우고 있는 오늘날의 상황을 생각하면 국가, 지역사회, 민간, 개인 등이 서로 힘을 합쳐서 운영을 도모해야 하겠지만 선의로 시설을 설립한 법인에게 끊임없이 희생을 강요하는 것은 재고되어야 할 문제이다(모선희 외, 2009).

그리고 노인복지사업(유료 노인복지사업 포함)을 실시하는 민간 노인복지시설이나 기관 또는 민간단체 및 기업 등의 재원으로는 자체부담금, 정부의 조치위탁비, 정부의 보조금, 기부금, 결연 및 후원금 및 헌금, 수익사업에 대한 이익금, 개인 및 타 조직으로부터 받는 회비, 유증(유류금품의 처분), 이용자부담금(비용의 수납금) 등 공공재원에 비해 매우 포괄적이고 다양하다. 비용수납제도를 1993년부터 본격적으로 허용하고는 있으나, 아직까지는 대부분의 시설들이 초보적인 단계에 불과하다고 할 수 있다. 그러나 앞으로 실버산업의 발전 등 노인복지서비스 공급체계가 유료시설이나 이용시설체계로 강화되고 확대될 경우에는 비용수납에 의해 구성되는 민간재원은 훨씬 증가될 것으로 전망하고 있다.

3) 제3섹터

제3섹터(the third sector)란, 정부(공공부문)를 제1섹터, 민간(민간부문)을 제2섹터라고 규정할 때 중앙정부 및 지방자치단체와 민간의 공동출자에 의한 사업조직을 일컫는데, 광의의 의미로 공동출자의 형태로 한정하지 않고 공공부문과 민간부문의 어떠한 곳에도 속하지 않는 중간적 성격을 가진 조직이라고 정의되고 있다. 또한 제3섹터는 이윤을 추구하지 않는 공익적 단체로 정의되기도 한다(모선희 외, 2009).

그리고 강순익(1995)18)의 연구에서는, 제3섹터라고 하는 말이 미국에서는 상당히 오래전부터 사용되어 왔는데, 행정, 경영의 2대 부문의 어디에도 속하지 않는 교육, 종교, 자선 등의 단체를 포괄적으로 일컬어 왔다. 그러나 일본에서 제3섹터는 미국과는 전혀 그 내용을 달리하고 있다. 일본에서 제3섹터라는 말을 사용하게 된 것은 그렇게 오래되지 않았고 그 실태나 범위 마저도 확정되어 있지 않다. 2차대전 후 고도 경제성장을 통해서 심각해져온 과밀·과소문제와 관련해서 지역개발붐이 일어남에 따라 지방자치단체와 민간이 공동출자로 주식회사를 만들어서 개발사업을 추진하는 새로운 사업형태가 두드러지게 증가하게 되었는데, 이를 제3섹터라고 부르게 된 것이다.

이처럼 제3섹터에 대한 명확한 정의는 없지만 일반적으로 제1섹터인 국가·지방자치단체 등의 공공활동부문(공사·공단·사업단 등 특수법인의 활동을 포함한다)과 제2섹터인 기업 등의 민간영리활동부문과의 혼합형태, 즉 공공섹터와 민간섹터의 공동출자에 의하여 설립된 조직이라고 볼 수 있다. 따라서 광의로는 공공섹터에도 민간섹터에도 포괄할 수 없는 양섹터의 공동기구부문이라고 할 수 있지만, 일찍부터 공사혼합 기업 전체를 제3섹터라고 하는데는 약간의 저항이 있어 왔기에 협의적인 개념규정을 부가해 보면 제3섹터란 "지역사회의 새로운 요구에 대응하기 위한 대규모 개발프로젝트 추진이나 지역진흥책의 담당자로서 공공섹터가 설정한 프로젝트에 민간의 자금과 경영능력을 도입하기 위해서 해당지역의 지방자치단체(때로는 정부기관)와 민간의 공사 공동출자에 의해서 설립된 주식회사"라고 정의할 수 있다.

우리나라에 있어서 제3섹터라는 명칭의 논의는 극히 최근의 일이지만 이와 유사한 제도는 1960년대 초부터 존재하여 왔다. 그 최초로는 1962년 부산시 일원의 분뇨수거 및 처리를 위하여 설립된 부산 위생주식회사로서 이 회사는 부산시에서 34.4%, 민간이 65.6%를 출자하여 설립한 주식회사형 제3섹터였다. 그러나 이러한 유사한 제도는 경제개발에 지극한 관심을 쏟았던 박정희 대통령의 관심과 지시에 의했던 것으로 법적 뒷받침이 없이 설립되었기에 국민적 공감을 얻지 못하였고 이에 따라 박대통령 사망 이후 경영부실 등으로 일부는 폐지되고 일부는 남아있지만 이 또한 사업자체가 활발하지 못한 실정이다. 그러나 최근에 본격적인 지방

18) 강순익(1995), '제3섹터(the third sector)에 대하여', 자치정보,

자치단체의 실시에 따라 각 지방자치단체들은 지방개발을 보다 효율적으로 추진하고 부족한 재원을 확보하기 위한 수단으로서 제3섹터 방식에 많은 관심을 가지고 있는 실정이다. 제3섹터가 수행하는 서비스 중에는 지방자치단체가 관장해야 할 것들도 적지 않다(정보제공, 상담 · 조언 등). 그러므로 현행 방식을 전제로 하는 제3섹터 방식은 주민에게 부담을 전가시켜 저가(低價)의 복지를 실현하려는 것이라 할 수 있다(모선희 외, 2009). 복지서비스의 확대 · 향상시키는 것이 되기 위해서는 공공복지 서비스의 대폭적인 인상을 전제로 하여 주민의 자치와 참가를 보장하는 운영을 실현하고, 또한 가능한 한 저요금으로 다양한 서비스를 제공해야 할 것이다.

최근에는 '돈도 벌고 세상도 구한다'는 사회적 기업처럼 새롭고 혼합적인 흐름이 빠르게 세를 넓혀 가고 있다. 서로 견제하고 긴장했던 3개 섹터가 협력과 경쟁의 관계로 수렴되는 추세다. 이처럼 공익과 사익을 사회적으로 통합하는 배려의 패러다임을 '제4섹터[19]'라고 일컫는다.

그 예로, SK그룹은 기존의 3개 섹터를 아우르는 제4섹터 실험에 나섰다. 2011년까지 사회적 기업에 500억 원을 지원키로 한 SK는 첫 사업으로 서울시 및 NGO와 손잡고 맞벌이가정 자녀의 방과후학교를 지원하는 재단법인 '행복한 학교'를 창립하여 지원하고 있다.

기업이 돈을 대고, 지자체가 행정을 지원하고, NGO가 실무를 맡는 방식이다. 그간 따로 놀던 섹터들이 힘을 합치고 저마다의 장기를 살려 보육, 사교육, 여성 일자리 창출과 같은 사회적 문제를 풀겠다는 것이다. 국내에도 제4섹터 실험의 막이 오르고 있다.

이러한 다양한 시도는 앞으로 노인복지분야에서도 요구되어진다.

---

19) 유병선(2010. 01. 28, 경향신문 논설위원/〈보보노혁명〉저자) "SK의 제4섹터 실험", Hope Vision, / http://kalee.tistory.com/57. 제4섹터란 1섹터인 정부, 2섹터인 민간기업, 3섹터인 비정부 · 비영리 단체를 넘어 이윤과 공공선을 동시에 추구하는 새로운 영역으로, '공공성의 재구성'이란 커다란 틀에서 새로운 진화를 하는 사회적 기업(Social Enterprise) 등을 하나의 섹터로 분류하는 것으로 정의된다.

4. 노인소득보장제도

우리나라의 경우 평균수명의 연장과 급속한 노인 인구의 증가로 빠른 고령화가 이루어지고 있으며 2026년에는 초고령사회(super-aged society)인 20%에 도달할 것으로 예상하고[20] 있다. 이런 가운데 노인빈곤 문제는 사회적 이슈로 등장하고 있다. 특히 한국이나 대만과 같이 노후소득보장제도가 덜 발달된 국가일수록 노인 빈곤율이 일반 국민들의 빈곤율보다 높게 나타나고 있다[21]. 2011년 기준으로 우리나라의 노인 빈곤율을 45.1%로 OECD국가 중 가장 높았다[22]. 이러한 빈곤의 문제는 자식과 노인 간의 갈등을 더욱 악화시켜, 실제로 노인 자살 이유 중 1위가 빈곤으로 인한 생활고이며, 노인의 34.7%만이 본인 스스로 생활비를 부담하고 있다고 한다[23]. 이는 소득보장정책과 더불어 현대사회 가족구조의 변화와 노인에 대한 부양의식 변화 및 수혜당사자인 노인의 인식변화는 노인기를 준비하지 못한 노인들에게는 경제적 빈곤과 맥을 함께 한다는 것에 대해 중요한 의미를 갖고 있다. 즉, 노인기의 경제상황은 삶의 기반을 형성하는 중요한 요소이며, 노후의 경제활동은 사회참여를 통한 사회적응 기능과 소득창출이라는 기능을 동시에 갖고 있다. 특히, 경제활동을 통하여 창출된 근로소득이 부족한 노후소득을 보충할 수 있는 중요한 수단이 되기 때문에, 노후소득보장제도(표 3-2 참조)의 구축이 늦은 우리나라의 경우 노인에게 있어 경제활동은 매우 중요하다. 그렇기 때문에 노인 빈곤문제의 완화 내지 해결을 위하여 다층적인 소득보장정책을 강화해 나아가야 할 것이다.

이 장에서는 노인소득보장제도를 직·간접 측면에 대해 다음과 같이 살펴보기로 한다.

---

20) 통계청, 고령자통계, 2011.
21) 권문일(2008), 공적연금 개혁에 대한 국제비교 분석, 사회과학연구, 제14권.
22) 정경희(2011), 노인생활실태조사, 보건사회연구원.
23) 정경희(2012), 2011년도 노인실태조사, 보건복지부·보건사회연구원.

표 3-2 노인의 소득보장제도

직접적인 소득보장제도		간접적인 소득보장제도	
방법	프로그램	방법	프로그램
사회보험	공무원연금(1960) 군인연금(1963) 사립학교교직원연금(1975) 국민연금(1988) 노인장기요양보험제도(2008)	비용 할인	공영시설 이용요금 할인(1980) 교통수당 지급(1990)
공공부조	생활보호(1961)가 국민기초생활보장법(1999)으로 바뀜 노령연금(1991) → 경로연금(1997, 7) → 기초노령연금(2008.1)변경 노인결연사업(1989)	취업 지원	노인인력은행(1981) 노인공동작업장(1986) 노인취업알선센터(1992) 고령자 고용연장 지원금 제도 (2011)
사회수당	노부모봉양수당(1986)[24]	생업 지원	매점설치 우선 지원(1989) 전매품 판매인 우선 지원(1989)
개인보장	퇴직연금(1953), 개인연금신탁 등	세제 혜택	상속세 공제(1986) 소득세 공제(1986)

* 자료 : 최일섭 · 최성재 외(1995) 재구성: 이혜원(1997), 2012 노인보건복지사업안내.
박차상 외(2006), 한국노인복지론 발췌 후 재구성

1) 직접 소득보장제도

(1) 데모그란트(demogrant)[25]

현재 호주와 영국에서 실시하는 비기여제 노령연금을 예로 들 수 있으며, 우리나라에는 아직은 실시되지 않고 있으나 국가공무원이 받는 노인부양수당은 수급자의

24) 1) 노부모봉양수당은 공무원에 대해서만 적용되는 매우 제한적인 제도임.
2) ( ) 속의 연도는 프로그램의 실시 연도임.

25) 데모그란트(demogrant)란? 노인의 경제적 수준이나 부양자의 유무에 관계없이 일정연령(65세 이상) 또는 특정한 부류(예 : 막노동하는 노인)에 속한 노인에게 지급되는 혜택으로 노인이 국가사회 발전에 기여하였고 은퇴 후 수입감소로 인하여 경제적으로 어렵기 때문에 국가가 책임지고 도와주기 위한 방식이다.

경제적 사정에 관계없이 일률적으로 지급되고 있으므로 데모그란트(demogrant) 성격이라 할 수 있다. 이 제도는 모든 노인에게 보편적으로 적용되므로 국민으로서의 복지권 확보, 세대간의 소득 재분배, 사회적인 통합 면에서 효과적인 프로그램으로 간주될 수 있으나 도움이 꼭 필요하지 않은 사람들에게도 분배되므로 사회보험이나 공공부조에 의한 소득보장 프로그램보다는 효율성이 약하며, 국가의 재정능력이 없으면 데모그란트 방식에 의한 노후 소득보장은 계속하기 힘든 방법이다(장인협 · 최성재, 1995).

(2) 연금제도[26]

우리나라 사회보험제도는 의료보험 · 연금보험 · 산업재해보상보험 · 고용보험을 중심으로 발전해왔으며, 사회보험제도 가운데 가장 오래 된 것은 1960년대 초부터 실시되어 온 공무원 · 군인 연금제도(1960)와 산업재해보험제도(1963)이다. 1970년 의료보험제도, 1988년 국민연금제도, 1995년 고용보험제도가 각각 도입되었으며, 이후 의료보험은 농어촌 및 도시 자영업자에게로 확대 · 실시되었다.

이러한 사회보험제도[27]는 여러 가지 면에서 사보험제도와 차이점을 지닌다. 첫째, 보험료는 일반적으로 강제성을 지니며, 피보험자뿐만 아니라 그의 고용주와 정부도 함께 보험료를 부담해야 한다. 둘째, 급부금은 사보험에서처럼 엄격하게 보험료를 기준으로 지급하는 것이 아니다. 예를 들어 특정한 사회적 목적을 달성하기 위해 사회보험을 실시할 때에는 요구 기간에 보험료를 지불하지 않은 집단이라 할지라도 수령인이 될 수 있다. 또한 생계비가 증가해 보험료와 급부금 사이의 연계가 약화될 경우에는 급부금이 다시 인상된다.

공적연금 가입자는 소득에 따라 일정한 금액의 기여금을 매월 납부하여야 하며, 정부 또는 고용주는 그 기여금에 상응하는 부담금을 지급한다. 공적연금 가입자는 일정 기간 기여금을 납부하고 법에서 정한 일정한 연령에 도달하여 퇴직하였을 때 퇴직연금을 지급받게 된다. 이외에도 연금급여의 유형으로는 연금가입기간 중

26) 장인협, 최성재(1995), 노인복지학, 서울대학교 출판부.
27) Daum 백과사전.

사망이나 각종 재해로 인하여 직업에 종사할 수 없을 경우 장애연금을, 연금수급자가 사망하였을 경우 배우자나 친족에게 유족연금을 지급하고 있어 노후생활에서 가장 중요한 소득원천이다.

우리나라에서 시행되고 있는 대표적인 4대 공적연금으로는 국민연금, 공무원연금, 사립학교교직원연금, 군인연금이 있다.

① 공무원연금제도

공무원연금은 공무원 및 그 유족을 위한 종합사회보장제도다. 1959년 공무원연금법을 제정, 1960년부터 시행에 들어갔다. 관리는 공무원연금공단이 맡는다. 퇴직급여 및 유족급여는 공무원 본인이 납부하는 기여금과 국가 및 지방자치단체가 부담하는 연금부담금을 재원으로 한다. 매년 기여금과 연금부담금으로 해당 연도 급여비를 충당하지 못할 경우 부족분을 전액 정부가 내도록 했다. 장애연금이나 유족보상금 등 재해보상 급여 및 퇴직수당에 대해서는 전액 사용자로서 정부나 지자체가 부담한다. 공무원이 내는 기여금은 기준 소득월액(월 평균 과세소득)의 7%이다. 여기에다 매칭펀드 형식으로 정부(또는 지자체)가 7%를 내준다.

② 사학연금제도(사립학교교직원연금)

사학연금은 사립학교 교직원의 퇴직 · 사망 및 직무상 질병 · 부상 · 장애에 대해 급여를 지급하는 제도다. 1975년 1월 1일부터 시행됐으며 부담률과 급여 내용 등 제도의 근간은 공무원연금과 거의 같다. 적용 대상은 초등학교부터 대학교에 이르는 모든 사립학교와 사립특수학교, 이를 설치 · 운영하는 학교 경영기관에서 근무하는 정규 교직원 등이다. 사립학교 중 유치원, 각종 학교, 기술학교, 공민학교 등 정규 교직원과 법률에 따라 대학원을 설치 · 운영하는 연구기관의 교직원 등도 소속 기관이 교육과학기술부 장관의 지정을 받으면 대상에 포함될 수 있다. 사학연금에 가입한 교수 · 교사와 같은 교원이나 사무직원 등은 월급의 7%를 떼 기여금으로 낸다. 여기에다 소속 법인과 정부가 합쳐서 7%를 추가로 내준다.

종류는 퇴직 일시금, 퇴직연금 일시금, 조기퇴직연금, 퇴직연금, 퇴직연금공제 일시금 등이 있다. 재직기간에 따라 지급하는 급여의 종류가 달라진다. 연금을 받을 수 있는 기준은 20년이다. 20년 미만으로 재직했을 경우엔 퇴직 일시금을 지급하며 20년 이상을 채워야만 퇴직연금 등을 선택할 수 있다.

③ 군인연금제도

군인연금은 당초 공무원연금에 포함, 1960년부터 실시됐다. 그러나 신체적 장애나 전사 등 발생 비율이 높은 군인이라는 특수성을 반영하기 위해 1963년 군인연금법이 제정돼 독립했다. 운영주체는 국방부 장관으로 정부가 직접 기금의 관리 책임을 맡고 있다. 군인연금은 원칙적으로 기여금을 납부하는 군인(부사관, 준사관, 장교)에게 적용한다. 그러나 사망보상금과 장애보상금은 기여금을 납부하지 않는 병사에 대해서도 지급한다. 기여금은 매월 월급에서 8.5%를 뗀다. 급여의 종류는 크게 퇴직급여, 유족급여, 재해보상급여, 재해보상금, 퇴직수당 등으로 구분된다. 이 중 퇴직급여가 바로 노후에 매달 받는 일반적인 형태의 연금이다. 퇴직급여는 20년 이상 복무하고 퇴역할 때 받을 수 있다. 연금과 일시금 두 가지 방식이 있다. 연금으로 받을 때는 '직전 3년 평균 보수월액×50(20년)~76%(33년)'이다. 퇴역 전 3년간 평균 소득으로 계산, 복무 기간에 따른 호봉 승급도 모두 반영된다.

④ 국민연금제도

국민연금은 나이가 들거나 장애 또는 사망으로 인해 소득이 감소할 경우 일정한 급여를 지급하여 소득을 보장하는 대표적 사회보험이다. 지급받게 되는 급여의 종류는 노령연금(분할연금), 장애연금, 유족연금, 반환일시금, 사망일시금이 있다. 1988년 10인 이상 사업장의 고용주와 근로자를 대상으로 시작된 국민연금제도는 1992년 5인 이상 사업장으로 확대되었고 2006년에는 1인 이상 모든 사업장으로 확대됐다. 공무원, 군인, 사립학교 교직원 등을 제외한 대부분의 국민이 가입 대상이며 가입자 수는 지난해 6월 2000만 명을 넘어섰다. 20년 이상 가입하고 60세에 이르면 기금에서 연금을 지급받게 된다. 국민연금보험료 금액은 가입자의 기준소득월액에 연금보험료율을 곱해서 산출되며 연금보험료율은 1988년 도입 당시 3%로 출발했으나, 단계적 인상을 거쳐 15년째 9%를 유지해 오고 있다.

이미 지적하였듯이 공적연금은 노령(퇴직)연금, 유족연금, 장애연금과 같은 각종 급여를 제공하기 때문에 선진국에서는 노후생활에서 가장 중요한 소득원천이 되고 있다(Hooyman & Kiyak, 1996). 그러나 우리나라의 경우 사회보험의 역사는 짧지만 저출산과 고령화가 빠르게 진행되면서 2014년 65세 이상(표 3-3 참조) 노인의 39.6% 이상이 수혜를 받고 있는 것으로 나타났다. 그리고 2014년도 1년간 고령층(55~79세) 인구 중 45.0%(532만 8천명)가 평균 49만 원의 연금을 수령한 것으로 나타났다. 세부적으로 살펴보면, 월평균 연금수령액은 남자(67만 원)가 여자(31만 원)보다 2배 정도 많은 것으로 나타났으며, 고령층 연금수령자의 50.6%가 10~25만 원 정도를 받으며, 10만 원 미만은 1.5%가 수령하고 있는 것으로 나타났다[28].

그리고 이러한 급격한 복지 수요자의 증가는 공적연금의 부족현상으로 나타나 세대간 계층간의 갈등까지도 예상되어지고 있어[29] 공적 노후보장제도 재편을 둘러싼 갈등이 수면 위로 떠올랐다. 이는 노인소득 보장 중 가장 중요한 부분을 차지하고 있는 공적연금에 대한 전반적인 새로운 논의가 요구되어지고 있다.

표 3-3 공적연금 수급자 현황(65세 이상)

(단위: 명, %)

	합 계	노령연금[1] (퇴직연금)	장애연금 (장해연금)	유족연금	연금수급률[2]
2005	703,508	635,190	3,911	64,407	16.1
2010	1,606,024	1,420,822	9,607	175,595	29.5
2011	1,800,167	1,585,755	10,775	203,637	31.8
2012	2,050,717	1,799,708	12,341	238,668	34.8
2013	2,305,340	2,016,118	13,720	275,502	37.6
2014	2,531,035	2,201,547	14,956	314,532	39.6

28) 통계청, 2015 고령자통계, 보도자료(2015. 09. 24).

29) 이왕구 기자(2013. 01. 24), 노인빈곤율 45%… 증세든 국민연금 전용이든 정치적 결단 필요, 한국일보 참조.
유경수 기자(2012. 05. 31), 공무원·군인 연금에 충당할 정부부채 342조원, 연합뉴스 참조.

국민연금	2,273,816	1,981,184	13,634	278,998	35.6
공무원연금	222,325	189,044	1,284	31,997	3.5
사학연금	34,894	31,319	38	3,537	0.5

자료 : 국민연금공단 「국민연금통계연보」, 공무원연금공단 「공무원연금통계」, 사립학교교직원연금공단 「사학연금통계연보」 각년도, 통계청, 2015 고령자통계, 보도자료(2015. 09. 24), p. 38.

주 : 군인연금 제외

1) 연금수급자 중 일시 수급정지자를 제외한 실수령자 기준임

2) 연금수급률 = (각 연금 수급자 / 65세 이상 추계인구) × 100

(3) 공공부조

① 국민기초생활보장제도

국민기초생활보장제도는 과거 1961년 생활보호법이 제정되어 부양의무자가 없거나 부양의무자가 있어도 부양능력이 없는 노인(65세 이상) 가정을 대상으로 국가가 생계 · 주거 · 자활 등에 필요한 경비를 주어 최소한의 기초생활을 제도적으로 보장해 줄 목적으로 제정된 법이다. 그렇지만 보호대상이 엄격히 제한되었고, 생활보호대상자의 선정기준도 입법화되지 않았으며, 급여내용도 최저생활보장과 거리가 멀었다.

특히 1997년 이후 외환위기를 계기로 사회안전망의 정비가 우리 사회의 중심과제로 등장하면서 생활보호법의 문제점을 대폭 개선하게 되어 1999년 제정되어 2000년 10월 01일부터 국민기초생활보장법이 시행되었다. 그리하여 지난 40년간의 시혜적 단순보호 차원의 생활보호제도로부터 저소득층에 대한 국가책임을 강화하는 복지시책으로 전환하고, 보호를 필요로 하는 절대빈곤층의 기초생활을 국가가 보장하되 종합적 자립자활서비스 제공으로 생산적 복지를 구현하기 위한 국민기초생활보장제도가 마련되었다. 국민기초생활보장제도에서는 수급자를 기본적으로 최저생계비 이하의 저소득 국민으로 하되, 부양의무자가 없거나 부양의무자가 있어도 부양능력이 없거나 부양을 받을 수 없는 가구 중 소득과 재산이 정부에서 제시하는 기준 이하인 자를 대상으로 한다.

여기서 부양의무자란 2004년까지 직계혈족 및 그 배우자, 생계를 달리하는

2촌의 혈족으로, 특히 직계혈족의 경우(자신을 기준으로 부모, 조부모, 증조)와 직계비속(자신을 기준으로 자녀, 손자, 증손)을 포함하기 때문에 부양의무자의 대상이 현실성을 반영하지 못하는 문제점을 안고 있었다(이태진 외, 2003). 그 예로 한국보건사회연구원 2003년 국민기초생활보장평가센터에서 실시한 연구결과 국민기초생활보장 수급권 신청탈락자 중 55.3%가 부양의무자 기준 때문인 것으로 나타났다(여유진, 2005). 이러한 문제점을 보완하기 위해 2005년부터 부양의무자를 축소시켜 부양의무자 범위를 수급권자의 1촌의 직계혈족(부모, 아들 · 딸 등) 및 그 배우자(며느리, 사위 등), 생계를 달리하는 2촌의 혈족으로 조정되었으며, 2012년 현재, 수급권자의 1촌의 직계혈족(부모, 아들 · 딸 등) 및 그 배우자(며느리, 사위 등)가 되었다. 부양능력 유무의 판정 기준은 [그림 3-1]과 같다.

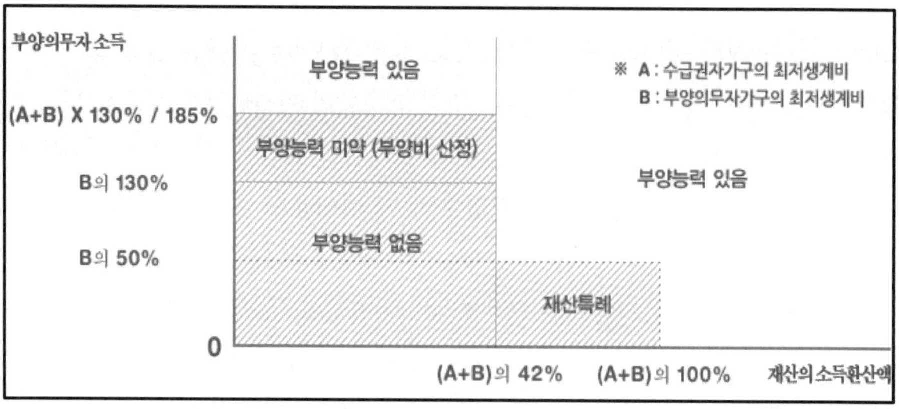

[그림 3-1] 부양능력 유무의 판정 일반기준

※ 단, 재산특례는 부양의무자 가구에 근로능력이 있는 가구원이 없거나 또는 재산이 주택에 한정되어 있는 경우에만 적용(부양의무자 재산기준 특례)

자료 : 보건복지부 Hompage 2013. 01. 28기준

국민기초생활보장 급여의 기본원칙은 첫째, 최저생활보장의 원칙으로 생활이 어려운 자에게 생계 · 주거 · 의료 · 교육 · 자활 등 필요한 급여를 행하여 이들의 최저생활을 보장한다. 둘째, 보충급여의 원칙으로 급여수준을 생계 · 주거 · 의료 · 교육 급여액과 수급자의 소득인정액을 포함한 총금액이 최저생계비 이상이 되도록 지원한다. 즉, 가구별 최저생계비와 소득인정액의 차액을 지급한다. 셋째, 자립지원

의 원칙으로 보장기관은 근로능력이 있는 수급자에게 자활사업에 참여할 것을 조건으로 생계급여를 지급한다. 넷째, 개별성의 원칙으로 급여수준을 정함에 있어서 수급권자의 개별적 특수 상황을 최대한 반영한다. 가족부양 우선의 원칙으로 급여신청자가 부양의무자에 의하여 부양될 수 있는 경우에는 기초생활보장급여에 우선하여 부양의무자에 의한 보호가 먼저 행해져야 한다. 마지막으로 타 급여 우선의 원칙은 급여신청자가 다른 법령에 의하여 보호를 받을 수 있는 경우에는 기초생활보장급여에 우선하여 다른 법령에 의한 보호가 먼저 행해져야 함을(TV시청료, 주민세, 건강보험료 등) 원칙으로 하고 있다.

급여 종류로는 생계급여, 주거급여, 자활급여, 교육급여, 해산급여, 장제급여, 의료급여가 있으며, 모든 수급자에게 생계급여를 기본으로 필요에 따라 여타의 급여를 제공하도록 되어 있다. 국민기초생활보장제도에 의해 비로소 공공부조가 저소득층의 의식주 문제에 포괄적으로 대응할 수 있게 되었다.

급여액은 주거급여 제외 대상자를 제외한 모든 수급자에 대하여 최저생계비 중 최저주거비를 분리하여 주거급여로 지급하고, 가구별 0원~최저주거비까지 정률급여로 지급하며, "자가가구 등"에 해당하는 수급자에게 가구별 현금급여액에 해당하는 금액을 차감한 나머지를 주거 현금급여로 지급한다. 현재 우리나라 공공부조 수급인구 중 30.6%[30]가 노인인구이다.

가구별 생계급여액 = 현금급여기준액 − 가구의 소득인정액 − 주거급여액

[그림 3-2] 가구별 생계급여액 산정

※ 현금급여기준은 최저생계비에서 현물로 지급되는 의료비 · 교육비 및 타법지원액(주민세, TV수신료 등)을 차감한 금액으로, 소득이 없는 수급자가 받을 수 있는 최고액의 현금급여 수준.

30) 통계청, 2015 고령자통계, 보도자료(2015. 09. 24), p. 37.

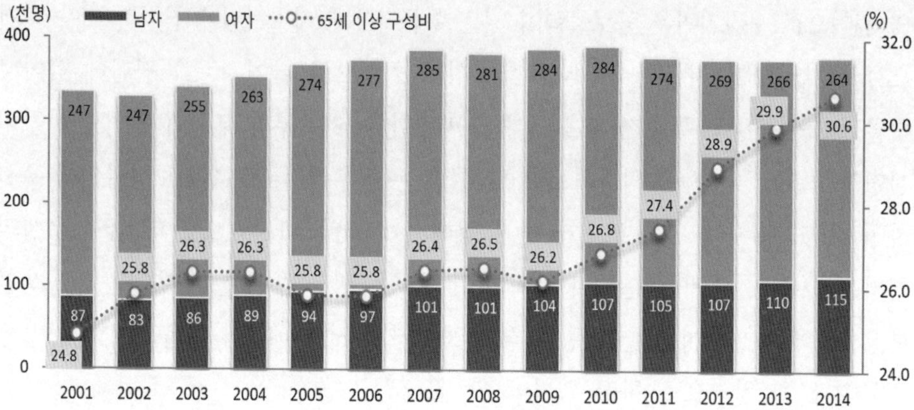

[그림 3-3] 국민기초생활보장 수급자 현황

표 3-4

국민기초생활보장 수급자 (65세 이상)

(단위: 명, %)

	총수급자 (일반수급자)	65세 이상 수급자			
			구성비[1]	남 자	여 자
2001	1,345,526	334,272	24.8	87,213	247,059
2005	1,425,684	367,658	25.8	93,995	273,663
2010	1,458,198	391,214	26.8	106,723	284,491
2011	1,379,865	378,411	27.4	104,901	273,510
2012	1,300,499	376,098	28.9	107,156	268,942
2013	1,258,582	376,112	29.9	110,189	265,923
2014	1,237,386	379,048	30.6	114,731	264,317

자료 : 보건복지부, 「국민기초생활보장 수급자 현황」 각년도

주 : 1) 구성비 = (65세 이상 수급자 / 총수급자) × 100

② 기초(노령)연금

기초연금31)은 생활이 어려운 65세 이상의 노인에게 기초연금을 지급함으로써 노인의 생활안정을 지원하고 노후 소득보장 사각지대를 해소하여 복지를 증진하기

31) 이왕구 기자(2013. 01. 24), 노인빈곤율 45%… 증세든 국민연금 전용이든 정치적 결단 필요, 한국일보 참조.

위해 마련한 제도다.

기초노령연금법은 2007년 4월 25일 법안이 국회를 통과해 2008년 1월 1일부터 생활이 어려운 노인에게 지급하여 생활 안정을 지원하는 것을 목적으로 하고 있다. 2008년 1월부터는 70세 이상 어르신의 60%, 2008년 7월부터는 65세 이상 어르신의 60%를 대상으로, 2009년 1월부터는 65세 이상 어르신의 70%를 대상으로, 2011년 12월 현재 3,818,168명이 수급을 받았으며 2013년에는 402만명이 수혜받은 것으로 나타났다.

하지만 정부에서는 정기적이고 안정적인 소득기반 제공을 통한 노후소득보장을 목적으로 2014년 7월 1일 기초노령연금제도를 폐지하고 국민연금과 연계하여 지급하는 방식의 기초연금법을 통과시켰다. 수혜대상은 65세 이상인 사람 중 소득인정액 이하인 사람에게 지급하며[32], 소득인정액은 배우자가 없는 노인가구의 경우 월 소득인정액 93만원, 배우자가 있는 노인가구의 경우 월 소득인정액[33] 148만 8천원 이하인자를 선정기준[34]으로 하고 있다. 그리고 65세 이상인 사람 중 기초연금 수급자가 100분의 70 수준이 되도록 하고 있다.

(4) 사적 소득보장체계

개인적 소득보장체계 의미, 퇴직연금제도와 개인연금제도 등이 있다.

① 퇴직연금제도

기업이 자사근로자를 위해 10년 이상 매년 일정액을 지정 금융기관에 불입하면 55세부터 연금을 받을 수 있는 제도이다.

② 개인연금제도

개인적으로 노후 소득보장 연금 저축상품에 가입하여 일정기간 불입하고 수령할

32) 기초연금법(법률 제12617호, 2014. 5. 20, 제정).

33) 소득인정액=소득평가액[(0.7×(근로소득-52만원))+기타 소득]+재산의 소득환산액[[{(일반재산-기본재산액)+ (금융재산-2,000만원)-부채}×0.05(재산의 소득환산율, 연 5%)÷12개월]+고급자동차 및 회원권의 가액].

34) 기초연금 지급대상 선정기준액 및 소득인정액 산정 세부기준에 관한 고시, 개정 2014. 12. 24. 보건복지부 고시 제2014-228호.

때는 월 급여식으로 받는 연금상품을 의미한다. 1994년부터 금융관련법의 제정을 통해 개인연금제도의 형태라고 할 수 있는 다양한 개인연금 저축 상품을 금융권이 만들어 팔 수 있도록 촉진하고 있다.

2) 간접 소득보장제도

(1) 경로우대제도

경로우대 제도는 노인복지법 제26조에 근거하여, 국가 또는 지방자치단체는 65세 이상의 자에 대하여 대통령령이 정하는 바에 의하여 국가 또는 지방자치단체의 수송시설 및 고궁 · 능원 · 박물관 · 공원 등의 공공시설을 무료로 또는 그 이용요금을 할인하여 이용하게 할 수 있다. 또한, 노인의 일상생활에 관련된 사업을 경영하는 자에게 65세 이상의 자에 대하여 그 이용요금을 할인하여 주도록 권유할 수 있고 노인에게 이용요금을 할인하여 주는 자에 대하여 적절한 지원을 할 수 있다. 경로우대시설의 종류와 항목별 할인율은 〈표 3-5〉와 같다.

표 3-5

경로우대시설의 종류와 할인율(제19조 제1항 관련)

〈개정 2007. 12. 13〉

시설의 종류	할인율(일반요금에 대한 백분율)
1. 철도	
가. 새마을호, 무궁화호 나. 통근열차 다. 수도권 전철	100분의 30 100분의 50 100분의 100
2. 도시철도(도시철도 구간 안의 국유 전기철도를 포함한다)	100분의 100
3. 고궁	100분의 100
4. 능원	100분의 100
5. 국 · 공립박물관	100분의 100
6. 국 · 공립공원	100분의 100
7. 국 · 공립미술관	100분의 100

8. 국 · 공립국악원	100분의 50 이상
9. 국가 · 지방자치단체 또는 국가나 지방자치단체가 출연하거나 경비를 지원하는 법인이 설치 · 운영하거나 그 운영을 위탁한 공연장	100분의 50

비고 - 자료 : 노인복지법 시행규칙(2012. 08. 03).

1. 철도 및 도시철도의 경우에는 운임에 한한다.
2. 공연장의 경우에는 그 공연장의 운영자가 자체기획한 공연의 관람료에 한한다.
3. 새마을호의 경우 토요일과 공휴일에는 할인율을 적용하지 아니한다.

(2) 노후소득보장[35)]

① 노인사회활동지원사업

노인사회활동지원사업은 노인인구의 증가에 따른 노동시장에서 소외된 65세 이상 노인계층을 위해 노인 특성에 맞는 노인일자리를 창출 · 보급하고 노인기 소득 창출 및 사회참여 기회를 제공하고 사회구성원으로의 성취감 고취 및 건강하고 활기찬 노후생활 보장을 목적으로 하고 있다.

사업대상은 만 65세 이상의 신체노동이 가능한 분(사업종류 및 운영행태에 따라 만 60-64세인 자도 가능)이며, 국민기초생활보장법에 의한 수급자, 정부부처 및 지자체에서 추진 중인 일자리사업 참여자는 대상에서 제외된다[36)].

노인사회활동지원사업 수행기관은 일자리사업 추진, 참여자 모집, 관리 등의 실질적인 업무를 수행하는 기관으로 첫째, 지방자치단체는 해당 시 · 군 · 구(노인복지 담당과)에서 노인사회활동지원사업을 실시한다. 둘째, 노인복지관은 노인복지증진을 위해 고령자 취업 알선, 셋째, 시니어클럽은 노인일자리 전담기관으로 노인맞춤형 일자리를 제공한다. 넷째, 대한노인회 취업지원센터에서는 민간기업 등에 취업 알선을 제공한다. 노인사회활동지원사업 유형은 사회공헌형, 시장진입형, 시장자립형으로 나뉘며 구체적인 내용은 〈표 3-6〉에서 살펴볼 수 있다.

35) 보건복지부(2012), 2012년 주요업무 참고자료, p. 407, 420-421.

36) 보건복지부 홈페이지(2013. 01), 정책-노인, 예) 행정안전부 희망근로사업, 노동부의 사회적 일자리 사업 등 국민건강보험 직장가입자(인력파견형사업 제외).

표 3-6

노인사회활동 지원사업 유형

유형		정의	일자리 예시
공익활동	전국형(지원봉사활동)	복지 사각지대 해소 등 수혜자의 삶의 질 향상을 지원하는 활동	취약노인 안부확인, 말벗활동, 생활상태 점검 등
	지역형(표준프로그램)	지역사회 환경개선, 학습지도 및 공공기관 업무지원 등 지역사회 공익봉사 활동	초등학교 급식도우미, CCTV 상시관제, 스쿨존 교통지원, 생활시설이용자 돌봄지원, 예절 · 서예 · 한자강사 등 30개 프로그램
재능나눔활동		취약 · 학대노인 발굴, 상담, 교육 등 노인 권익증진 활동	취약노인 발굴 · 지원, 학대노인 예방 · 지원, 노인이용시설 안전관리, 노인문화복지활동, 복지정책홍보 등 기타 노인권익증진 활동
취업활동	인력파견형	수요처(기업)의 요구에 의해 일정 교육 수료 후 수요처에 파견	시험감독관, 주유원, 주례사, 가사도우미, 건물관리, 경비 등
	시니어인턴십	노인이 기업에서 인턴으로 참여할 수 있는 기회 제공	상점판매원, 물류관리, 주유원, 차량관리원, 고객상담, 홀서빙 등
창업활동	제조판매형	생산품을 제조하여 판매하거나 서비스를 제공하는 사업을 운영하여 수익을 창출	장류 · 김부각 · 두부과자 · 양파즙 · 한과 · 천연조미료 등 제조판매, 아파트 · 지하철 택배 등
	공동작업형	제품 제작, 농산물 경작, 판매 등의 활동을 통해 수익을 창출	쇼핑백 제작, 콩등 농산물 재배
	고령자친화기업	고령자가 경쟁력을 가질 수 있는 적합한 직종에서 직원 대부분을 고령자로 구성하는 기업을 지원	㈜고을, (주)Delicious Plan, (주)6088식품, (주)천년누리, (주)탑리서치코리아 등
경력유지활동	시니어직능클럽	전문경력을 보유한 퇴직노인이 자신의 경륜을 살릴 수 있는 일자리 및 봉사활동 기회 제공	건강보험심사평가원, 국립공원관리공단, 대한지적공사, 한국감정원, 한국조폐공사, 한국전력거래소 등

자료 : 보건복지부 (2016. 01) http://www.mohw.go.kr/front_new/policy/index.jsp?PAR_MENU_ID = 06&MENU_ID= 063902&PAGE=1&topTitle=노인사회활동(노인일자리) 지원사업.

현재 정부에서는 노인일자리의 단계적 확대 및 질적 고도화(보건복지부)를 위한 노력으로 첫째, 공공 및 민간분야 노인일자리의 지속적 확대, 둘째, 거리환경개선 등 단순노무 사업은 단계적으로 축소하고 지역사회에 기여할 수 있는 일자리 사업 아이템 발굴 · 운영, 셋째, 민간분야는 사업의 성과진단을 실시하여 계속지원 여부를 결정하고, 지속가능한 일자리 개발을 위한 기반을 조성, 넷째, 사업별 성과진단을 통해 노인 적합성, 수익성, 지속 가능성이 높은 사업위주로 확대 · 재편, 다섯째, 인턴십 프로그램 등 새로운 일자리 창출 모형 개발 · 보급을 목적으로 하고 있다.

또한 일자리 지원체계 기능 조정 및 역할 강화(보건복지부)를 위해 첫째, 노인일자리 전담기관 구축 확대 및 노인일자리전담기관에 대한 법적 근거 마련, 둘째, 노인복지법 개정(2011. 6), 한국노인인력개발원 조직 및 인력 확충(2012. 3), 지역사회 시니어클럽 및 시니어 직능클럽 확대(2012년 연중), 시니어클럽 99개소(2011년), 시니어직능클럽 10개소 (2011년) 등 직능경제인 활동지원 법률 등 관련법률 제 · 개정, 공공기관 경영평가 반영 등 활성화 방안 마련(2012), 셋째, 공익활동 대상자를 기초연금수급자로 일원화하는 등 노인의 취 · 창업활동의 확대 및 고령 근로자의 사회적 인식 개선을 강화하기 위하여 노인일자리 지원사업을 노인사회활동 지원사업으로 명칭을 바꾸고(2016년), 노인이 활기차고 건강한 노후생활을 영위할 수 있도록 공익활동, 일자리, 재능나눔 등 다양한 사회활동을 지원하여 노인복지 향상에 기여할 수 있는 기반을 마련하였다[37].

② 노인취업지원센터 운영

취업정보센터(구 노인취업알선센터)는 1981년 노인인력은행으로 처음 시작되었으나 1977년부터 취업알선센터로 명칭이 변경되었다. 전국에 70개의 노인취업알선센터가 대한노인회 시 · 도연합회 및 시 · 군 · 구지회에 설치되어 운영되었으나, 2004년부터 정부에서 추진하고 있는 노인일자리사업에 따라 취업지원센터로 명칭이 변경되어 2012 현재 전국에 258개[38]의 취업지원센터가 운영되고 있다. 취업지원센터에서는 구직을 희망하는 고령자의 취업 상담 · 알선, 연계 조정, 사후 관리, 지역사회 업체 및 기관(단체) 대상으로 고령자 구인처를 개발한다. 만 60세 이상의 취업을 원하시는 어르신과 고령자 인력을 필요로 하는 사업체 등 모두가 이용할 수 있다. 취업 상담을 원하시면 취업지원센터 전국 대표전화 1577-6065 로 전화주

37) 보건복지부 (2016. 01) http://www.mohw.go.kr/front_new/policy/index.jsp?PAR_MENU_ID=06&MENU_ID=063902& P AGE=1&topTitle=노인 사회활동(노인일자리) 지원사업.

38) 대한노인회 홈페이지 2013. 01. 27 기준, http://www.k60.co.kr/user/company/business_1.asp?L1=1&L2=3.

시면 가까운 인근지역 센터와 연결되며, 취업지원센터 사이트(www.k60.co.kr)에서도 확인할 수 있다. 만 65세 이상 어르신을 주요 대상으로 고령자의 접근성이 높고 전국적인 조직망을 갖춘 시·군·구 지회에 설치·운영 중이다.

표 3-7
재취업직종

〈남성〉

직종	근무지	근무형태	업무내용	비고
경비원	빌딩 상가 아파트	격일제 주간 야간 숙식	출입자 통제 및 차량정리, 도난방지 및 화재 조기발견, 야간순찰	강한 책임감이 필요
미화원	빌딩 아파트	출퇴근제	계단 및 복도 화장실 청소 오전 6시 – 오후 4시 전후로	
주차장 관리원	빌딩 주차장 유료 주차장	출퇴근제 격일제	차량의 출입통제 및 정리 유도 주차권 발부 주차요금 징수	운전면허 소지자 우선
물품 배달원	서류배달 서비스업체	출퇴근제	안경, 서류 등 가벼운 물건배달(주로 대중교통 수단을 이용하여 업무처리)	도보로 이동하는 거리가 많아 건강한 분에 적합
매표원	복권 판매소	출퇴근제 시간제	주로 지하철역 복권판매소에서 복권판매	계산능력이 빨라야 함 활동성이 부족 재정보증이나 신원보증 요구
	사우나 목욕탕	출퇴근제 숙식	목욕탕 탈의실 청소 및 음료판매	
주유원	주유소	출퇴근제	주유, 세차, 카드체크기 조작, 일상청소	신체건강

〈여성〉

직종	근무지	근무형태	업무내용	비고
가사도우미	개인가정집	출퇴근제 시간제	취사, 세탁, 청소, 음식준비 등의 집안일	
보모	개인가정집	출퇴근제 숙식	맞벌이 가정에서 아기 양육	아기에 대한 애정

간병인	개인가정집	출퇴근제 숙식	보호자를 필요로 하는 환자를 병원이나 가정에서 돌봄	
미화원	빌딩 아파트상가 병원, 학교	출퇴근제	계단 및 복도, 화장실 청소 오전 6시 전후, 오후 4시 전후로 시간이 여유로움	
설문 조사원	리서치업체 설문조사처	출퇴근제	공공기관 및 기업체 방문 설문 조사 설문대상자 전화인터뷰	고졸 이상 학력

자료 : 대전 고령자취업알선센터.

③ 각종 세제혜택

3대 이상 대물림한 주택이나 노인과 5년 이상 동거하는 가족의 경우 주택상승세 공제, 60세 이상인 자에 대하여 상속세 인적 공제, 60세 이상 직계존속 부양자에게 부양가족 공제, 65세 이상의 노인을 부양하는 자에 대한 경로우대 공제, 직계 존속과 2년 이상 동거하는 세대주에 대한 주택 자금 할증 지원 등의 혜택이 실시되고 있다.

④ 고용지원 및 기타

- 노인공동작업장—1986년에 시작된 노인공동작업장은 작업장 설치가 가능한 공업단지나 경로당 또는 노인복지시설을 활용하여 지역적 특성 및 노인의 능력과 경험을 활용할 수 있도록 적정한 작업내용과 작업량을 확보하여 노인이 공동으로 생산활동에 종사하도록 함으로써 노후 소득과 여가활동 기회를 보장하고, 발생된 이익금을 노인에게 배당하는 제도다. 대한노인회가 관내 업계와 연계하여 일감을 주선하는 등 행정지원 및 지도와 감독 책임을 갖고 노인복지시설에 작업장이 설치될 경우에는 시 · 군 · 구가 행정지원과 함께 지도와 감독 책임을 갖는다.

노인공동작업장의 작업 종류로는 제품의 조립 · 가공, 농산물 재배, 수공예, 봉투 제작 등이 있고, 설치 및 운영방침을 살펴보면 다음과 같다. 첫째, 공업단지 또는 생산업체와의 연계생산이 가능하여 노인에 맞는 작업량 확보가 용이한 지역을 우선 지원한다. 둘째, 항구적인 작업량이 확보되도록 업체와 유기적 협조체계를 유지한다. 셋째, 기술 훈련을 요하지 않고도 노인의 적성과 능력에 적합한 일거리를 선정할 수 있다. 넷째, 지역 특성 및 노인에 적합한 직종 등을 선정하여 노인들이 직접 생산 및 판매하여 자립화할 수 있도록 유도한다(최순남, 1999: 447-448재인용).

작업수익 처리는 작업에 투자되는 기본비용(시설유지 및 재료비 등)을 제외한 전액을 작업에 참여하는 노인에게 배당하고, 작업장 관리 및 수익배당 등 필요한 규정은 작업장을 운영하는 시설 및 기관에서 내부지침을 마련하여 실행(시·군·구에서 운영비를 지원하는 경우 운영지침을 수립하여 시달할 수 있음)하고 있다.

- 고령자인재은행 — 노동부에서 지원하고 있는 고령자인재은행은 노인들의 고용촉진을 위하여 1991년 12월에 고령자고용촉진법을 제정하고 동법에 의거 1993년 7월부터 설치·운영되고 있다. 고령자고용촉진법 제11조에 의한 고령자의 고용촉진 및 취업기회 확대를 위해 민간의 무료직업소개사업을 수행하는 비영리법인 또는 공익단체 가운데 고령자의 직업지도와 취업알선에 적합한 기관을 고령자인재은행으로 지정하여 운영비 지원을 통해 고령자 고용안정 및 인력수급 활성화를 꾀하고 있다. 2005년 3월 현재 종합사회복지관, 대한은퇴자협회, YMCA, 대한노인회연합회 등 전국에 46개소의 고령자인재은행이 운영되고 있으며 개소당 월 70만 원을 지원하고 있다(노동부, 2005). 고령자인재은행의 문제점으로는 인재은행의 구인업체 및 구직자의 노력부족 등 관리시스템의 미비로 취업알선이 미흡하고, 구직자는 주로 가정도우미, 간병인, 산후조리종사원 등 단기근무가 가능한 직종에 집중되어 있으며, 고령자인재은행 담당자의 전문성 부족이 거론되고 있다(노동부, 2005).

(3) 기타 고령자고용촉진제도

노동부는 고령자고용촉진법[39]에 의해 55세 이상의 고령자를 대상으로 적합 직

39) 고령자고용촉진법: 고령자가 그 능력에 적합한 직업에 취업하는 것을 지원·촉진함으로써 고령자의 고용안정과 국민경제의 발전에 이바지함을 목적으로 1991년 제정된 법률이다. 동법에서 고령자라 함은 인구·취업자의 구성 등을 고려하여 대통령령이 정하는 연령 이상인 자를 말하며, 현재 동법 시행령 제2조 1항에서 이를 55세 이상인 자로 규정하고 있다. 한편 고령자의 기준고용률을 당해 사업장 상시 근로자수의 100분의 3으로 하고 있으며, 이는 상시 300인 이상의 근로자를 사용하는

종 77개를 선정하여 우선 취업을 권장하고 있다. 고령자 취업 적합 직종이란 노인들에게 적합한 직업을 따로 구분하여 노인이 그 직업에 종사하는 데 우선권을 주자는 것으로 이를 통해 노인의 소득을 보장하여 경제적 자립을 도모하고 노인에 대한 공적·사적 부담을 감소시키는데 그 목적이 있다. 이외에도 고령자 고용 장려, 고령자 고용촉진장려금제도[40], 고령자 고용정보센터[41] 등이 있다.

① 고령자 고용연장 지원금 제도 (고용노동부)

고령자의 고용안정 및 고용촉진을 위해 정년폐지·연장 또는 정년 퇴직자를 재고용하는 사업주에게 일정금액을 지원하는 제도이다.

표 3-8

정년연장 장려금 및 정년퇴직자 계속고용 장려금 개요

지원유형	지원대상	지원수준
정년연장	정년을 56세 이상으로 1년 이상 연장한 사업장에서 18개월 이상 근무한 자를 고용한 사업주	1인당 월 30만 원을 12개월 동안 지원
정년 퇴직자 계속고용	정년을 57세 이상인 사업장에서 18개월 이상 계속 근무 후 정년이 도래한 자를 계속 고용하거나 정년 퇴직 후 3개월 이내에 재고용한 사업주	1인당 월 30만 원을 6개월간 지원 (500인 이하 제조업은 12개월)

사업장의 사업주에게 적용된다(동시행령 제3조, 제4조).

40) 고령자 고용촉진장려금: 고령자에 대한 적절한 고용촉진정책과 직업전환기회의 제공을 통해 이들의 고용기회 확대와 인력난 완화 및 고령자의 복지증진을 도모하기 위한 장려금, 지원대상은 매분기 전체 상시 근로자에 대한 고령자를 6% 이상 고용한 사업주, 매분기 고령자를 10인 또는 상시근로자 수의 5% 이상 신규 고용한 사업주임.

41) 고령자 고용정보센터: 고령자의 직업지도와 취업알선 등의 업무를 효율적으로 수행하기 위하여 노동부장관이 운영하는 기관으로서, 1) 고령자에 대한 구인·구직 등록 작업지도 및 취업알선, 2) 고령자에 대한 직장적응훈련 및 강습, 3) 정년연장과 고령자 고용에 관한 기술적 상담·강습 및 지도, 4) 고령자 고용촉진을 위한 홍보, 5) 기타 고령자 고용촉진에 필요한 업무를 수행한다(고령자고용촉진법 제10조). 자료: 고용노동부.

② 근로시간 단축 청구제도 도입 (고용노동부)

50세 이상 근로자에게 '시간제 근로전환 청구권'을 부여, 근로시간 단축을 통한 점진적 퇴직제도로 고령자고용촉진법 개정으로 '근로시간 단축 청구제도' 근거를 마련 한다.

③ 고령자 특화형 직업훈련 · 취업지원 (고용노동부)

고령자의 특성에 따라 맞춤형 취업지원 서비스 제공을 목적으로 하다. 취약계층에는 '고령자 종합인재은행'을 육성하여 취약계층 고령자의 「상담-훈련- 취업지원」을 종합적으로 제공하고, 전문인력에게는 '중견전문인력 고용지원센터'를 통해 전문인력의 재취업 활성화에 목적이 있다. 고령자특화형 직업훈련기관 운영 · 추진하여, ㈜고령자에게 적합훈령과정을 안내하고 훈련수료자를 대상으로 취업지원 서비스를 제공한다.

④ 중고령층 대상 취업성공패키지 운영 (고용노동부)

취업조건이 취약한 중고령자를 대상으로 '취업성공 패키지'를 운영 및 취업을 지원하고 실직고령자에게 취업패키지 프로그램(상담-훈련-현장연수-취업알선)을 제공하여 재취업 촉진을 목적으로 한다. '최저생계비 150% 이하'인 저소득층, 3개월 이상 구직 중인 50세 이상 ㈜고령자 등을 대상으로 하고 있다.

⑤ 중고령자 유아교육 인력풀 구축 (교육부)

사회 각계의 중고령층으로 구성된 전문인력풀을 구성하고 유치원 프로그램에 참여하여 강사로 활동할 수 있는 기반을 마련한다. 참여 프로그램으로는 세계시민교육, 과학창의교육, 에너지교육, 한국문화정체성교육, 전통예술교육 분야 전문인력 등 유치원 교육과정 운영을 지원할 수 있는 프로그램 개발(안전 · 재해대비교육, 녹색성장교육, 보건교육, 통일교육 등)에 참여할 수 있다.

⑥ 시니어 경제활동 참여 활성화 (중소기업청)

고령화 사회를 대비하여 시니어(40대 이상 경력 퇴직자)의 경력 · 네트워크 · 전문성 등의 자원을 활용한 창업 및 취업 활성화를 목적으로 하고 있다.

⑦ 과학 · 연구분야 퇴직인력 활용도 제고 (지식경제부, 고용노동부)

고급연구인력 또는 경력기술인력을 채용하는 중소 · 중견기업을 지원하여 과학기술인력의 평생활용체계 구축(과학기술 정보분석 및 과학관 큐레이터 활동 등)을 목적으로 하고 있다.

⑧ 중고령자를 활용한 취업상담 서비스 제공 (교육부, 고용노동부)

산업체 및 교직 퇴직자, 전문직 은퇴자 등을 커리어코치로 활용(300명 이상) 하여 진로교육 및 진로상담, 진로설계를 지원한다.

⑨ 퇴직인력 활용 상인조직 육성 (중소기업청)

회계실무 능력 부족 등으로 사업 수행에 애로를 겪는 전통시장 상점가 상인들과 유통업 경력자 및 행정실무경력자의 퇴직전문인력 연계사업을 추진한다.

⑩ 고용상 연령차별금지제도의 정착 (고용노동부)

연령차별금지 관행 정착을 위한 종합적 홍보캠페인 전개 및 베이비붐세대 등 중고령자 고용지원제도 홍보 및 세대간 일자리 함께하기 우수 사례 발굴 · 확산한다

3) 그 밖에 소득보장 및 지원

(1) 농지연금 활성화 (농림수산식품부)

농지연금이란, 2011년부터 노인부부 중 부부 모두 65세 이상이고 영농경력 5년 이상, 소유면적 30,000㎡ 이하 농업인을 대상으로 농촌 고령농가의 소유농지를 담보로 매월 생활비를 연금처럼 생존하는 동안 매월 지급(종신형)하거나 일정기간 매월 지급하는 기간형으로 지급하는 농지 연금제도이다.

(2) 주택연금제도 활성화

부부 모두 만 60세 이상, 주택가격 9억 원 이하 고령자의 소유주택을 담보로 사망시까지 노후생활비를 연금방식으로 지급하는 주택연금제도 활성화 지원제도이다.

(3) 재직자 노령연금 제도 개선 (보건복지부)

고령자 근로 유인 제고를 위한 재직자 노령연금제도 개선을 목적으로 감액방식을 연령별 감액에서 소득수준별 감액으로 변경하고 연기연금제도 활성화에 목적이 있다.

(4) 경영 이양 직접 지불제 내실화 (농림수산식품부)

농업경영을 이양하는 고령은퇴 농가에 보조금을 지급하는 방식으로 65~70세 고령 농업인이 45세 이하(3년 농업경영) 농업인, 60세 이하의 전업 농·농업법인에게 농지를 매도하거나, 한국농어촌공사에 매도·임대시, 일정 금액을 지급하여 고령 농업인의 소득안정을 도모(ha당 3,000천 원/연, 최대 2ha 지급)한다.

생각해 볼 문제

1. 우리나라 소득보장정책 중 기초연금과 국민연금의 현황과 문제점을 논의해 보시오.

2. 노인을 위한 소득보장제도 중 간접적 소득보장제도의 유형을 설명해 보시오.

3. 고령자고용촉진법에서 노인의 고용증진을 위해 시급하게 개선되어야 할 상황을 논의해 보시오.

4. 현행 노인복지법의 문제점과 개선방안을 제시해 보시오.

5. 노인복지법에 의한 재원의 종류를 제시해 보시오.

6. 현 사회복지행정체계의 문제점과 효율적인 전달체계에 관해 논의해 보시오.

7. 민간섹터의 전달체계 활성화를 위한 정책적 지원방안에 관해 논의해 보시오.

제4장

노인건강과 의료보장정책

1. 건강의 개념
2. 노인의 건강상태
3. 노년기 건강문제
4. 노인건강 보장

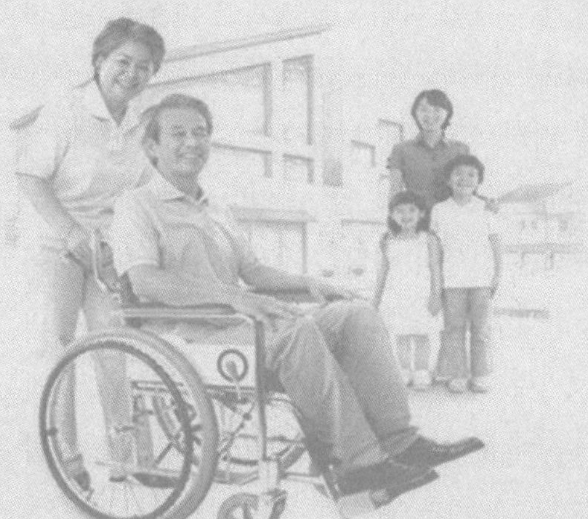

1. 건강의 개념

1) 건강의 개념

건강은 신체적 독립을 유지하고 개인의 일상생활을 영위하며, 개인의 삶의 목표를 추구하고 달성하는 데 필수적 요건이 된다(최성재 · 장인협, 2005: 138). 건강은 사람이 살아가기 위해 필수적인 활동인 식사, 수면, 운동 등의 일상생활을 특별한 어려움 없이 스스로의 힘으로 수행할 수 있는 상태를 말하며 충분한 체력, 영양 및 에너지를 갖추고 신체 장기나 세포 조직의 생리적 기능이 충분히 발휘되고 있는 상태를 의미한다(Robbins, 1977; 권중돈, 2012: 113). 이와 같이 건강이라고 하면 신체 상태에 초점을 맞추어 이해하려는 것이 일반적인 경향이다.

그러나 건강의 의미는 다양하고 여러 측면을 포함하고 있다. WHO(1974)는 '건강이란 단순히 질병이나 허약성이 없는 상태가 아니라, 신체적, 정신적, 사회적 및 영적으로 완전한 안녕상태'라고 정의하였다. 생태체계 모델에서는 건강을 개인과 생태권역, 즉 가족, 지역사회, 문화, 사회적 구조와 물리적 환경과의 지속적 상호작용의 산물이라고 보고 있다(Brenner, 2002).

건강은 어떤 관점에서 규정하느냐에 따라 그 의미가 달라질 수 있다. 의학적 측면에서 보면 건강은 질병, 증상, 장애가 없는 상태라고 할 수 있다. 사회적 역할수행상의 측면에서 보면 자신의 지위에 따르는 일상적 역할을 수행하는 데 어려움이 없는 상태라 할 수 있다. 그리고 개인-환경 간의 상호작용 측면에서 보면 환경의 스트레스에 융통성 있게 적응해 가는 것이라 할 수 있으며, 행복론 측면에서 보면 전반적인 안녕(well-being)과 자아실현의 목표를 달성할 수 있는 능력으로 이해될 수 있다(권중돈, 2012: 114).

2) 노인과 건강

인간의 건강은 중년기를 지나서 연령이 증가됨에 따라 신체적 · 정신적 기능의 퇴화와 이에 따른 질병에 대한 저항력 저하 등으로 점차 약화되기 시작한다(최성재 · 장인협, 2005: 138). 특히 노인은 보편적으로 회복력이 감소하고, 질병에 걸릴 위험성이 증가한다(Rowe & Kahn, 1999; 최혜경 · 권유경 역, 1997).

노화는 신체적인 면의 변화 뿐만 아니라 심리적 및 사회적 변화를 가져오므로 노인의 건강을 보다 폭넓게 다차원적으로 이해하는 것이 필요하다. 노인이 건강을 상실할 경우 노인 자신의 생계를 위협하고 삶의 질을 저하시킬 뿐 아니라 요양기간의 장기화는 이들을 부양하여야 하는 가족과(권중돈, 2007; 이현지, 2007), 지역사회에도 영향을 미치기 때문에(원영신 외, 2006) 노인의 건강은 특별한 관심을 필요로 한다.

이러한 면에서 노인의 건강보호 서비스는 단순히 질병의 원인을 신체적이고 개인 내적인 데서 찾아 그 원인의 제거에 중점을 두는 의료적 모델(medical model)에 의한 것보다, 사회 환경적인 부분까지 포함하는 종합적인 건강보호체계로 발전되어야 할 것이다(최성재 · 장인협, 2005: 139).

2. 노인의 건강상태

건강이 개념상으로는 신체적 · 정신적 및 사회적인 복리의 상태로 정의될 수 있지만 이러한 상태를 실질적으로 판단하는 데는 어려움이 있기 때문에 주로 두 가지 방법으로 건강을 파악하고 있다. 한 방법은 질병의 유무에 의한 판단이고, 다른 방법은 기능의 정도에 의한 판단이다. 질병의 유무에 의한 건강의 정도는 질병의 치료와 예방의 면에서 큰 의미를 갖고, 기능적인 면에서 건강의 정도는 사회적인 면에서 큰 의미를 갖는다(최성재 · 장인협, 2005: 140).

노인의 신체적 건강 상태를 파악하는 방법으로 전반적인 건강상태와 현재의 기능적 건강상태를 조사하는 방법이 있다. 전반적 건강상태는 대상자 자신의 주관적인 판단에 의하여 판단하는 방법과 의료요원의 건강검진으로 파악하는 방법이 있다.

1) 주관적 건강상태

주관적으로 평가하는 건강상태는 건강상태 측정에서 가장 보편적으로 사용되어 온 방법으로 개인의 전반적인 건강상태를 나타내 주는 주요 지표이다(Farmer & Ferraro, 1997; 신경림 · 김정선, 2004). 건강에 관한 주관적 판단은 의료요원에 의한 객관적 판단과 상관관계가 높은 편이므로 사회과학적 조사나 일반적 건강상태 조사에서 널리 이용되고 있다(최성재 · 장인협, 2005: 141).

주관적 건강상태를 측정하는 방법은 건강상태를 조사대상자 자신이 3점 또는 5점 척도로 응답하게 한 결과로서 판단하는 것이다. 〈표 4-1〉과 같이 2011년도 한국 성인의 주관적 건강상태는 연령이 높을수록 나빠지고 있다. 60세 이상에서 '매우 좋다'와, '좋은 편이다' 23.6%, '보통' 33.2%, '나쁘다'와 '매우 나쁘다' 43.3%로 주관적 건강상태가 좋지 않게 바뀌는 것을 볼 수 있다.

표 4-1 주관적 건강평가(self-assessment of health)

	계	매우 좋다	좋은 편이다	보통	나쁜 편이다	매우 나쁘다
15~19세	100.0	23.2	47.0	26.3	3.3	0.3
20~29세	100.0	17.6	46.2	31.4	4.2	0.6
30~39세	100.0	9.4	43.4	40.8	6.0	0.4
40~49세	100.0	7.9	37.9	43.2	9.9	1.1
50~59세	100.0	6.0	32.6	42.8	16.2	2.4
60세 이상	100.0	3.2	20.4	33.2	34.5	8.8

출처 : 통계청(2012). 2011 한국의 사회지표 6-2 주관적 건강평가.

2) 기능적 건강상태

노인의 기능적 건강상태는 개인이 지역사회 내에서 독립적으로 일상생활을 어느 정도 범위에서 영위할 수 있느냐가 중요한 기준이 된다. 개인의 자기관리와 지역사회에서의 거주에 필요한 일상적 행동의 수행정도를 가리키는 말을 일상생활 수행능력(Activity of Daily Living: ADL) 이라고 한다. 일상생활수행능력은 자신의 주거공간 내에서의 단순한 이동과, 식사하기, 화장실가기, 세수하기, 목욕하기 등 자신의 신변관리를 독립적으로 할 수 있는 정도를 말한다. 일상생활능력에 제한이 있으면 타인의 도움이 필요하게 된다.

일상생활의 영역을 간단한 가사일 수행과 전화걸기, 교통수단을 이용한 외출, 생활용품 구입 등의 도구를 이용한 활동까지를 포함하는 것, 즉 자신의 신변관리와 더불어 지역사회에서 독립적으로 생활할 수 있는 정도를 수단적 일상생활수행능력(Instrumental Activity of Daily Living: IADL)이라고 한다.

우리나라의 노인장기요양보험제도에서는 신체기능을 측정하기 위한 항목으로 옷 벗고 입기, 세수하기, 양치질하기, 목욕하기, 식사하기, 체위변경하기, 일어나 앉기, 옮겨 앉기, 방밖으로 나오기, 화장실 사용하기, 대변 조절하기, 소변 조절하기, 머리감기 등 13개 항목을 포함하고 있다. 그리고 사회생활을 하는데 필요한 수단적 일상생활기능을 평가하기 위하여 집안일하기, 식사준비하기, 빨래하기, 금전관리, 물건사기, 전화 사용하기, 교통수단 이용하기, 근거리 외출하기, 몸단장하기, 약 챙겨먹기라는 10개 항목을 완전자립, 부분자립, 완전도움으로 평가한다(국민건강보험공단, 2008).

3) 일상생활 동작능력의 수준

우리나라 노인의 일상생활 동작능력 수행수준은 92.7%에서 기능 제한이 없는 것으로 나타났으나 ADL과 IADL은 연령이 높아질수록 제한이 많아지고 있음을 알 수 있다(표 4-2). 일상생활 동작능력에 제한이 생길 때 사회적 도움이 없이는 스스로 생활할 수 없게 된다는 점을 생각할 때 인구고령화 추세에 따라 향후 장기요양보호를 필요로 하는 인구도 더욱 증가할 것을 예상할 수 있다.

표 4-2

노인의 기능 제한 정도

	기능제한 없음	IADL만 제한	ADL도 제한 경험	계	명
65~69세	92.7	3.1	4.2	100	3,179
70~74세	89.7	5.4	5	100	3,238
75~79세	83.6	9.1	7.3	100	2,408
80~84세	73	14.9	12.1	100	1,183
85세 이상	52.8	23.4	23.8	100	657

출처 : 통계청(2011), 보건복지부 노인실태조사.

3. 노년기 건강문제

1) 노인성 질환의 특성

질병은 일시적이고 속히 치료되거나 회복될 수 있는 급성질병과 장기적이고 치료나 회복에 오랜 시간이 걸리거나 완치가 힘든 만성적 질병으로 나누어 볼 수 있다. 노화에 따라 급성질병은 일반적으로 감소하고 만성질병은 증가하는 경향이 있다(Hendricks & Hendricks, 1981; 최성재 · 장인협, 2005: 147). 또한 같은 급성질환이라도 노인은 젊은 이에 비하여 회복기간이 더 긴 것이 특징이다.

노인은 다른 연령층의 사람들과 다른 특성을 지니고 있을 뿐 아니라 노인 집단 내부에서의 개인차도 매우 크기 때문에 의학적인 측면에서도 노인환자가 보이는 특성은 매우 다양하다.

노년기 건강문제의 특성을 구체적으로 살펴보면 다음과 같다(송미순 외, 2002).

① 개인별로 건강상태의 차이가 매우 크다.
② 노화현상과 질병의 구분이 뚜렷하지 않다.
③ 노인들은 여러 개의 만성질환을 가지고 있다.
④ 건강문제는 다른 심리적·사회적 문제의 유발 원인이 되기 쉽다.
⑤ 질병에 수반되는 증상이 일반 성인과 다르며, 정신혼돈이 초기증상으로 흔히 나타난다.
⑥ 약물에 대한 반응이 일반 성인과 다르다.
⑦ 환경적인 스트레스(변화)에 대한 적응이 어렵다.
⑧ 노인의 건강상태는 기능적인 상태로 구분하는 것이 일반적이다.

2) 노년기의 주요 질환

(1) 고혈압

혈압이란 혈액이 혈관벽을 강하게 밀어 내고 수축하는 압력을 말하는 것으로 건강한 사람은 대부분 일정한 혈압을 유지하고 있다. 혈압은 두 가지로 표시하는데 심장 수축 시에 나타나는 수축기 혈압과 확장 시에 나타나는 이완기 혈압으로 구분된다. 수축기 혈압 140mmHg, 이완기 혈압 90mmHg 이상이면 고혈압이라고 한다. 고혈압이 문제가 되는 것은 신체의 중요기관 특히 심장, 신장, 눈, 뇌 등에 손상을 일으키기 때문이다. 따라서 고혈압을 치료하여 정상 혈압을 유지해야 하는 이유는 고혈압이 동맥경화증을 일으키고 그 결과 혈관이 막히거나 터져서 심장질환이나 뇌졸중을 일으킬 수 있기 때문이다.

고혈압은 원인이 불분명한 본태성 고혈압과, 원인 질환에 의하여 혈압이 올라가는 2차성 고혈압이 있다. 본태성 고혈압의 경우 유전, 염분의 과다섭취, 노화, 과음, 흡연, 스트레스 등의 환경적 요인이 영향을 미치는 것으로 알려져 있다.

고혈압은 초기에 아무 증상이 없으므로 정기적으로 혈압을 측정하는 것만이 조기에 발견하는 길이다. 증상이 나타났을 때는 고혈압이 많이 진전되어 있는 상태로 대부분 합병증을 의미한다. 두통은 주로 아침에 일어날 때 심하고 그 후 시간이 흐름에 따라 점차 호전되며 뒷목 부위의 통증이 특징적이다. 합병증으로 뇌출혈, 심장비대, 동맥경화 등이 발생한다.

고혈압의 조절은 약물치료와 함께 체중감량, 염분섭취 제한 등이 필요하며 적당한 운동, 금연, 스트레스 감소 등이 조절에 도움이 된다.

(2) 동맥경화성 혈관질환

동맥경화증은 동맥혈관의 벽에 지방질 성분 등이 끼어 두껍고 단단해지는 상태이다. 따라서 혈액순환이 불완전하게 되어 조직에 산소와 영양공급이 되지 않아 세포기능이 저하되고 질병 발생이 쉬워진다. 동맥경화는 혈관의 노화현상이므로 노년이 되면 정도의 차이는 있지만 누구나 생리적 변화로서 발병하며, 증상이 없어 자신도 느끼지 못하는 동안에 진행된다. 고혈압이나 당뇨병, 고지혈증 등 원인 질환이 있는 사람의 경우 진행이 빠르고 정도도 강해서 병적 변화로 나타나는 문제가 있다. 합병증으로 관상동맥 질환, 뇌졸중, 말초동맥 폐쇄, 고혈압, 고지혈증, 당뇨병 등이 있다.

혈관확장제 등의 치료제 복용 외에 운동요법, 식사요법 등이 필요하며, 경쟁적이며 성취욕이 강한 성격, 지나친 긴장 등을 피하고 흡연을 하지 않아야 한다.

(3) 관상동맥 질환(협심증, 심근경색증)

협심증은 심장의 영양 보급로인 관상동맥이 어떤 원인에 의해 좁아져서 심근이 필요로 하는 만큼의 혈액을 보낼 수가 없게 되어 흉통을 느끼는 것이며, 심근경색증은 관상동맥이 완전히 막혀 심근 일부가 괴사에 빠지는 것을 말한다.

숨이 차고 왼쪽 팔로 방사되는 흉통이 특징적이며, 전신 무력감을 느끼고, 부종, 어지러움, 가슴이 울렁거리며 몹시 뛰고 얼굴이 달아오르는 심계항진, 입술, 손끝 발끝이 파랗게 되는 청색증이 나타난다. 치료와 예방을 위해서 치료제 복용 이외에 식사요법으로 콜레스테롤, 칼로리, 퓨린체 함유식품, 염분, 비만을 감소시키며, 운동요법으로 유산소 운동으로 순환계 효율을 증가시키는 것이 좋다.

(4) 뇌졸중

뇌졸중은 뇌혈관 장애로 발생하는 모든 질환 및 사고를 말한다. 일반적으로 고혈압이나 뇌혈관의 동맥경화 등에 의해 뇌혈관에 순환장애가 일어나는데, 뇌조직은 산소공급이 3초 동안만 중단되어도 크게 지장을 받고 5분 이상 계속되면 뇌조직의 손상이 일어난다.

뇌출혈은 뇌혈관이 파열되어 혈액이 뇌혈관 밖으로 누출되는 현상이다. 출혈이 계속되면 혼수상태에 빠지거나 사망하게 된다. 뇌경색은 뇌혈관이 막혀서 뇌에 혈액이 공급되지 않는 것으로 뇌혈전증은 동맥경화로 인해 좁아진 혈관에 혈전이 생긴 것이며, 뇌색전은 뇌 이외의 혈관에서 핏덩이가 흘러 들어와 뇌혈관을 막는 것을 말한다.

뇌졸중의 전조증상으로 머리가 무겁고 뒷덜미가 뻣뻣하거나, 가벼운 두통이 반복되다가 격렬한 통증이 나타나거나, 어지럼증, 천장이 돌거나, 어깨 결림 등의 증상들이 겹칠 때 또는 몇 초 동안 의식을 잃는 현상이 나타날 때 병원을 방문하여 더 이상의 진행을 예방하는 것이 중요하다.

뇌졸중이 발생하면 갑작스런 편마비, 의식장애 등의 증상이 빠르게 진행된다. 두통, 어지럼증, 구토, 편마비 등이 나타나며, 점차로 감각이상, 연하장애, 언어장애, 뇌혈관성 치매, 전신허약증이 나타난다. 뇌졸중 발작 후 육체적 움직임 없이 누워 있기만 한 환자의 경우에 편마비 등 다양한 합병증이 나타나므로 조기에 재활치료와 움직임을 지속해야 한다.

예방을 위해 매일 규칙적으로 적당한 운동을 하고, 피로하지 않도록 하며, 술과 담배, 카페인이 많은 음료는 삼간다. 골고루 영양을 섭취하면서 고혈압 및 비만과 관계있는 당분과 염분 섭취를 최소한으로 섭취하는 식사요법을 하는 것이 좋다.

(5) 당뇨병

당뇨병이란 혈액 중의 포도당 농도가 높아져서 소변으로 포도당이 배출되는 상태를 말한다. 혈당을 조절하는 인슐린이라는 호르몬의 작용이 부족하여 발생하게 된다. 환자의 20%는 증상이 없으나, 환자의 60%에서는 다음(多飮), 다뇨(多尿), 다식(多食)의 삼다(三多) 증상이 나타난다. 체중은 초기에는 증가할 수 있으나 질병이 진행되면서 감소한다. 또한 피로와 무력감이 올 수 있으며, 피부에 부스럼이 잘 생기고 상처가 잘 낫지 않는다. 당뇨병의 급성합병증에는 저혈당성 혼수와 당뇨병성 케톤산 혼수 등이 있으며, 만성합병증으로 고혈압과 뇌졸중 등이 악화될 수 있으며, 안질환, 치주질환, 신장질환, 요로감염, 하지경련 등 신경병증, 발괴저, 치매 등 다양하게 나타난다.

치료는 약물, 식사, 운동 요법을 병행해야 한다. 예방으로 과식과 비만의 조절과 균형식의 유지 및 규칙적인 운동과 정기적인 진단이 필수적이다(유형준, 2005).

(6) 관절염

관절의 염증으로 골관절염, 류마티스 관절염, 통풍 등 다양한 종류가 있다. 골관절염은 노화로 인해 관절연골이 분해, 소실되면서 관절통, 경직, 활동제한이 나타나는 것으로 심해지면 관절장애와 변형 등이 나타난다. 증상은 이환된 관절에 국한되며 사용 시 악화되는 심부동통과 조조강직, 염발음, 운동장애가 있다. 류마티스 관절염은 만성전신성 염증의 일환으로 관절 외에도 전신의 장기조직을 침범하고 활막염을 일으키며 관절연골이 파괴된다. 증상은 조조강직과 관절부위의 종창과 압통, 국소발열이 있으며, 증상은 손가락, 발가락 등 전신관절에 대칭적으로 나타나며 관절이 변형된다. 통풍은 관절에 요산이 침착되어 일어나며, 남성에게 많다. 엄지발가락에 많이 나타나는데 통증은 갑작스럽고 강하며, 통풍결절 등이 나타난다.

관절염으로 인한 장애의 예방을 위해 약물치료 이외에 관절의 유연성 운동과 근력 강화운동 등을 시행하는 것이 좋다.

(7) 백내장과 녹내장

백내장은 눈 속의 수정체가 흐려지는 질환이다. 원인은 노화, 당뇨병 등이 있다.

증상으로 시력 감퇴 및 복시 현상이 나타나고 점차 실명하게 된다 치료는 약물점안 외에 백내장 적출 수술 등으로 치료한다.

녹내장은 눈의 안압이 상승하여 시신경 기능이 저하되고 실명에 이르는 질환을 말한다. 자각증상이 뚜렷하지 않으며 시야의 변화, 각막부종, 시력감퇴 등이 나타나며 심한 경우 실명한다.

(8) 우울증

우울은 노년기에 가장 자주 발생하는 만성 정신질환 중 하나이다. 한국의 노인 우울증 질환자는 2004년에는 총 89,040명이었으나 2009년에는 총 147,721명으로 늘어나 5년 사이에 약 65.9%가 증가하였고 노인우울증으로 인한 진료비는 2004년에는 295억 원이 소요되었으나 2009년에는 약 659억 원이 소요되어 5년 사이 약 123.4%가 증가하였다(국민건강보험공단, 2011; 박승민, 2011: 553).

우울증은 기분장애로서 노인의 감정 상태를 불안정하게 하여 정신운동성 초조함, 무기력증, 혈관 질환, 신경쇠약증, 이유 없는 슬픔, 자존감 상실, 수면장애와 같은 정신적 문제를 일으키며(석소현 · 김귀분, 2008) 자살의 위험성을 증가시킨다(양춘미 · 임춘식, 2006). 신체적 활동성을 감소시켜서 만성질환으로 발전될 가능성이 커지며 일상생활수행능력에 부정적인 영향을 미친다. 결과적으로 노인의 삶의 질을 심각하게 저하시키고(박승민, 2011), 의료비 상승에 기여한다(석소현 · 김귀분, 2008).

노년기 우울증의 원인으로 생물학적으로는 심혈관계 질환, 파킨슨병, 골절, 요실금과 같은 질병으로 인한 우울증 등이 있으며 심리 사회적 요인으로는 배우자나 친지의 상실, 외로움 등을 들 수 있다(Tiakur & Blazer, 2008; 박정민, 2012: 131).

노인의 우울은 고령화 과정 중의 하나로 오인하여 가족뿐 아니라 본인조차 자신이 우울에 걸렸다는 사실을 자각할 수 없으므로 조기에 발견하기가 쉽지 않다. 예를 들면 수면장애나 무기력감, 식욕부진 증상은 없는데 기력이 쇠약해지거나 기억력이 감퇴해지는 경우 실제로는 우울증과 함께 동반되는 증상임에도 노령화 과정 중의 자연스러운 현상의 하나로 오인하는 경우가 많이 보고되고 있다(박승민, 2011: 553).

치료와 예방으로 항우울제 등의 약물요법 외에 개인 및 집단 정신치료가 있으며 예방을 위해 혼자 지내는 것보다 대인관계를 많이 하는 것이 필요하다.

3) 노년기의 질병 양상

(1) 만성질환 유병률

보건복지부(2009)의 노인실태조사에 따르면 65세 이상 노인 중에서 81% 정도가 의사의 진단을 받은 한 가지 이상의 만성질환을 앓고 있으며, 평균 만성질환의 수는 1.9개에 이르는 것으로 나타났다(표 4-3). 같은 조사에서 만성질환 유병률은 연령이 증가할수록 지속적으로 증가하여 70대 후반에는 85% 정도의 노인이 만성질환을 앓고 있는 것으로 나타났다.

2011년 노인의 만성질환 유병률은 고혈압이 54.8%로 가장 높았으며, 이어서 관절염 40.4%, 당뇨병 20.5%, 요통 및 좌골신경통 19.9%, 골다공증 13.9%, 협심증 및 심근경색증 11.4%, 위십이지장궤양 11.1%, 백내장 10.9%의 순으로 나타났다(표 4-4).

표 4-3

의사 진단 만성질환 수

(단위: %, 개)

연령	없음	1개	2개	3개	평균질환수	표준편차
60세 이상	21.2	27.0	23.9	27.9	1.8	1.5
65세 이상	18.7	25.4	25.2	30.7	1.9	1.6

자료 : 보건복지가족부(2009), 2008년도 노인실태조사.

표 4-4

노인의 만성질환별 유병률

	전체		남자		여자	
	유병률	의사진단	유병률	의사진단	유병률	의사진단
고혈압	54.8	99.8	48.6	99.9	59.6	99.7
골관절염 류머티즘관절염	40.4	92.5	20.5	88.8	55.5	93.6
당뇨병	20.5	99.2	19.1	99.7	21.5	98.8
요통 좌골신경통	19.9	88	11.8	85.8	26.1	88.8
골다공증	17.4	97.1	3.9	94	27.7	97.4
고지혈증	13.9	99.4	10.9	99.4	16.3	99.4
협심증 · 심근경색증	11.4	99.4	11.2	100	11.6	98.9
위 · 십이지장 궤양위염	11.1	96.6	8.9	98.2	12.7	95.8
백내장	10.9	96.8	7.9	96.6	13.1	96.9
뇌졸중	7.3	99.1	8.9	98.8	6.2	99.4
요실금	5.1	41.8	0.3	61.6	8.8	41.4
천식	4.5	93.2	5.1	90.4	3.9	95.9
골절, 탈골, 사고 휴유증	4.2	94.4	3	96.8	5	93.3
우울증	3.8	79.9	2	83.7	5.2	78.7
악성신생물(암)	3.5	98	4.8	97.8	2.5	98.2

출처 : 통계청(2011), 노인실태조사, 보건복지부 저출산 고령사회정책실 노인정책과.

(2) 장기요양보호 욕구의 증가

노인이 만성질환에 걸렸을 때 간병과 수발을 받지 못하게 되면 질병의 악화는 물론 일상생활에 지장을 초래할 수 있다. 보건복지부(2009)의 보고에 의하면 노인의 1/3 정도가 만성질환으로 인하여 일상생활에 많은 어려움을 경험하고 있는 것으로 나타났다. 질병이나 일상생활 동작능력의 제한으로 인하여 타인의 간병이나 수발을 받아야 하는 경우 간병과 수발을 담당해 줄 수 있는 사람이 있는 경우가 32% 정도이며, 간병이나 수발 담당자는 주로 가족성원, 특히 여성 가족성원이 담당하고 있는 것으로 나타났다(표 4-5 참조).

표 4-5

노인의 주간병 수발자

연령	배우자	장남 며느리	장손 며느리	딸 · 사위	기타 가족친척	유급 간병인	기타
60세 이상	50.4	18.5	8.8	9.5	1.9	8.1	2.7
65세 이상	46.9	20.6	9.4	9.4	1.8	8.8	3.1

자료 : 보건복지부(2009), 2008년도 노인실태조사.

여성 가족성원의 경우 가사, 자녀교육과 양육, 직업 활동 등의 역할에 노인 간병자로서의 역할이 추가적으로 부여됨으로써 이들의 부양부담이 가중될 위험이 높다. 특히 최근 들어서는 동일 세대에 속해 있는 노인이 배우자인 노인을 간병 · 수발하거나 2세대 노인이 1세대 노인을 간병 · 수발하는 경우가 늘어나고 있어 여성 노인 간병 · 수발자의 부양부담이 중요한 문제로 부각되고 있다(Atchley, 2000; 권중돈, 2012: 129 재인용).

가족의 핵가족화와 여성의 사회활동으로 인해 가정에서 노인을 돌볼 수 있는 인력이 부족한 가운데, 가족 성원들은 노인을 부양하는 과정이나 그 결과로 인하여 경제적 압박은 물론 분노의 삶에 대한 의욕 저하, 우울, 죄의식 등과 같은 다양한 정신적 문제를 경험하게 되며 경제활동에도 많은 제약을 받게 된다. 뿐만 아니라 신체적 피로와 질병을 앓게 되는 경우가 많으며 동거가족이나 별거가족과의 갈등이나 관계 악화, 이웃관계에서의 문제 등을 경험하기도 한다(권중돈, 1996).

4. 노인건강 보장

1) 의료보장의 필요성

노인에 대한 의료보장이 필요한 이유를 네 가지로 생각해 볼 수 있다.

첫째, 의료서비스는 노인의 삶의 질과 수명에 가장 직접적으로 영향을 미치는 것이다. 건강은 개인의 사생활에 있어 자신을 유지하고 사회적 생활에 있어서 기대되는 역할을 수행하도록 할 뿐 아니라 사회 심리적인 면에서 자기 자신에게 대한 평가를 긍정적으로 향상시킨다(Shanas & Maddox, 1976; 최성재 · 장인협, 2005: 378).

둘째, 예측불허의 사고와 빈번한 질병, 이에 따른 고액의 의료비 부담은 개인적인 차원에서 해결이 어렵거나 거의 불가능하다는 점이다. 특히 노인은 다른 연령집단에 비해서 유병률이 높을 뿐 아니라 질병 자체가 만성적이고 합병적인 경우가 많아서 장기적인 치료와 요양을 요하므로 다른 연령집단에 비해 고액의 의료비를 필요로 하는 것이 일반적인 특징이다(Shanas & Maddox, 1976; 최성재 · 장인협, 2005: 378).

셋째, 노인의 수입이 감소되는 상태에서 의료비의 개인적인 해결은 거의 불가능하다. 의료비 부담의 위험을 사적이고 상업적인 보험으로 해결하려는 시도는 경제적 능력이 있는 일부 노인인구에만 가능하다는 것이다.

넷째, 건강유지는 노인 개개인의 생활 만족감을 향상시키고 자기가 속해 있는 사회적 조직망에로의 통합, 즉 가족집단 친족 및 근린 집단 지역사회, 나아가서는 국가사회 전체로의 통합을 촉진시킨다.

2) 의료보장의 방법

(1) 데모그란트

65세 이상의 노인 전체가 일정한 범위 내에서 무료로 진료를 받는 것을 말한다. 경비는 국고에서 조달되는 것이 원칙이고 의료서비스를 무료 또는 일정액의 기본료만 지불하고 받을 수 있다(최성재 · 장인협, 2005).

(2) 사회보험

의료보험은 독일에서 1893년 처음 시작되었고 제2차 세계대전 이후 선진 산업사회 및 개발도상국에 널리 제도화되고 있다. 정부기관이 아닌 보험자가 보험료로 재원을 마련하여 의료를 보장하는 방식으로 의료보장의 가장 바람직한 형태로 인식되고 있다.

보험 비용의 부담에 있어 보험가입자(피보험자)가 비용의 일부를 부담하게 되어 있다. 보험급여는 규정된 의료서비스 비용의 대부분을 충당하지만 비용의 전액을 충당하지 않는 것이 원칙으로 본인부담금에 대해서는 일정한도와 일정비율을 포함하여 제정되어 있다.

사회보험에 의한 의료보장 프로그램은 비용의 절반 내지는 거의 전체를 피보험자 측에서 부담하기 때문에 정부의 입장에서 가장 비용을 적게 들이는 사회보장 프로그램의 하나라고 할 수 있다.

(3) 공공부조

공공부조는 개인 또는 가구의 수입이 최저생활비의 기준에 미달하여 의료비의 지출이 사실상 어려운 경우 의료서비스의 비용을 정부가 전담해 주는 프로그램이다. 의료에 있어서 공공부조의 적용대상 조건은 가구의 수입과 재산이 빈곤수준에 미달하는 것이다. 의료적 빈곤수준의 결정은 자산조사를 통하여 이루어지는 것이 일반적인 원칙이다. 공공부조의 재원은 전액 국고에서 조달되며, 진료비의 본인 부담금이 없는 것이 원칙이다. 공공부조는 사회보험의 보완책이라는 점에서 의의가 있다.

3) 우리나라의 노인 건강보장 체계

(1) 국민건강보험제도

우리나라의 건강보험제도는 사회 공동의 연대책임을 활용하여, 소득재분배 기능과 위험분산의 효과를 거두고 이를 통하여 사회통합을 도모하는 사회보장제도이다. 건강보험제도는 1963년 의료보험법이 제정되었으며, 1977년 7월 500인 이상 사업장 근로자를 대상으로 실시되기 시작하였다. 1997년 지역주민을 포함하는 국민의료보험법으로 변경되었고 1999년 직장과 지역을 포괄하는 국민건강보험법으로 개정되었다.

국민건강보험제도의 적용대상자는 의료급여 수급자를 제외한 전 국민이며 직장가입자와 지역가입자로 나뉜다. 재원은 가입자의 보험료를 기반으로 하는데 직장가입자의 경우 비용의 1/2를 사용자가 부담하고 자영업자 및 농어민은 일정액의 보험료를 전액 가입자 개인이 부담하며 정부는 보험의 운영 관리비용을 부담하고 있다. 또한 이용료의 일부를 본인이 부담하고 있다. 노인의 경우 1차 진료기관의 본인부담금을 일부 경감하고 있다. 보험급여는 현물급여를 원칙으로 하며, 40세 이상 가입자의 경우 2년에 1회 건강검진을 실시하고 있다.

국민건강보험공단이 보험자로서 자격관리 및 서비스 가격 계약, 보험료 수납 등 보험재정을 관리하며 건강보험심사평가원에서 서비스 비용의 적절성을 심사한다. 전달체계는 1단계는 의원 등에서 가벼운 질환을 진료하며 2단계는 1단계에서 의뢰하는 복합적인 중증 질환을 진료하도록 되어 있다.

(2) 의료급여제도

의료급여제도는 의료급여법에 의거하여 생활이 어려운 자에게 의료급여를 실시함으로써 국민보건의 향상과 사회복지의 증진에 이바지함을 목적으로 한다(의료급여법 제1조, 2001. 5. 24 개정). 1961년 생활보호법에 의해 실시되다가 2001년부터 의료급여제도로 운영되고 있다. 급여 대상자는 국민기초생활보장 수급자 및 이재민, 의상자 및 의사자 유족, 국가 유공자 및 그 가족, 주요 무형문화재의 보유자 및 가족, 북한 이탈주민과 가족, 광주민주화운동 관련자와 그 가족이다. 재원은 전액 정부 보조금에 의해 이루어지며, 일정금액의 본인부담금을 부담하고 있다.

(3) 장기요양보험제도

평균수명의 증가에 따라 장기요양보호를 필요로 하는 노인도 급격하게 증가하고 있다. 그러나 이제까지 노인을 돌보아오던 가족은 핵가족화와 여성의 사회활동으로 더 이상 가족 내에서 노인을 돌보는 것이 어려워지게 되었다. 이에 따라 노인을 안락하게 보호할 뿐 아니라 가족의 부양부담을 감소시키기 위하여 2007년 4월 장기요양보험법이 제정되었으며 2008년부터 시행되고 있다.

보험자는 국민건강보험공단이며, 재원은 보험료와 정부보조금, 이용자 본인부담금으로 운영된다. 보험급여는 시설급여와 재가급여가 있다. 서비스 대상자는 '65세 이상 또는 65세 미만으로 노인성 질병을 가진 자'로서 장기요양 1~5 등급의 판정을 받은 경우 서비스를 이용할 수 있다. 이중 5등급은 치매특별등급으로 재가서비스만 이용할 수 있다.

4) 노인의 건강증진

(1) 노인의 건강문제로 인한 사회비용

2014년 우리나라의 평균 수명은 82.4세 이나 유병기간을 제외하고 건강하게 자립해서 일상생활을 영위할 수 있는 건강수명은 65.4세에 불과하여 평균 17년을 각종 질병에 시달리며 살고 있다. 또한 유병기간을 제외한 기대여명(건강수명)은 연령이 증가할수록 감소하여 60세는 12.0년, 70세 6.6년, 80세는 3.6년으로 나타났다(통계청, 2014). 즉 건강수명은 평균수명의 증가에 미치지 못하므로 노인의 건강을 유지하기 위한 의료비 등이 증가할 것을 예상할 수 있다.

표 4-6 성 · 연령별 유병기간 제외 기대여명(2012-2014년)

(단위: 년, %)

		기대여명(A)			유병기간 제외 기대여명(B)			건강기간 비율 (B/A*100)		
		전체	남자	여자	전체	남자	여자	전체	남자	여자
2012	0세	81.4	77.9	84.6	66.0	65.2	66.7	81.0	83.7	78.8
2014	0세	82.4	79.0	85.5	65.4	64.9	65.9	79.4	82.2	77.1
	60세	25.1	22.4	27.4	12.0	11.9	12.1	47.8	53.1	44.2
	70세	16.7	14.5	18.3	6.6	6.3	6.8	39.5	43.8	36.9
	80세	9.7	8.2	10.5	3.6	3.3	3.7	37.1	40.2	35.6
	85세~	7.1	5.9	7.5	2.9	2.4	3.0	40.2	39.8	40.4
증감 14–12	0세	1.0	1.0	0.8	−0.6	−0.3	−0.8	0.8	−1.5	−1.3

출처 : 통계청(2014), 생명표.

노인의 건강관리를 위하여 사회가 부담해야 하는 비용은 건강보험 총 진료비에서 노인진료비가 차지하는 비중을 중심으로 하여 논의하는 것이 일반적이다. 65세 이상 노인이 사용하는 진료비의 비중은 2005년 60,731억 원으로 전체의 24.4%를 차지하고 있었으나, 2008년에는 107,371억 원으로 30.8%, 2012년은 164,502억 원으로 34.4%를 차지하는 등 급격한 증가추세를 보이고 있다. 또한 2012년 노인의 월평균 진료비는 256,321억 원으로 전체 월평균 진료비의 3.2배에 달하고 있는 것으로 나타났다(국민건강보험공단, 2012).

노인의 건강문제로 인한 사회적 비용에는 의료비뿐 아니라 노인부양에 따르는 가족의 노동력이나 부양부담 등도 고려해야 한다. 노인을 가족이 돌보게 될 경우 부양자의 자아존중감 고양이나 가족 통합성의 강화와 같은 긍정적 영향이 없는 것은 아니지만 일반적으로 부정적 영향을 미치게 된다. 이와 같이 질병으로 인한 사회적 비용의 증가를 예방할 뿐 아니라, 독립적인 일상생활을 유지할 수 있는 건강수명을 증가시키는 것은 성공적 노화의 중요한 요소의 하나이다.

(2) 노인의 건강증진 정책

건강한 노화를 위하여 보건복지부에서는 3차 국민건강증진 2020을 선포하고 건강증진에 대한 정책적 노력과 투자는 보건의료 부문의 필수 과제라고 강조하고 있다. 즉 2020년까지 건강수명 75세를 달성하는 것을 목표로 하고 16개 지표를 선정하였으며 노인건강 분야에서는 일상생활 수행능력 장애율을 11.4%로 유지하는 것을 목표로 하고 있다. 또한 건강생활 실천분야로 금연, 절주, 신체활동, 영양의 4가지 분야로 선정하여 이를 달성할 수 있도록 세부계획을 제시하였다.

노년기 건강은 건강증진 생활 양식을 실천함으로써 유지·증진할 수 있다. 노인의 건강증진 행위에 영향을 미치는 요인으로 주관적 건강상태, 사회적 지지, 지역사회 환경과 자기효능감 등이 보고된 바 있다(김혜숙, 2009). 즉 건강증진은 일상생활 생활습관으로 이루어져야 하므로 보건의료분야 뿐 아니라 사회복지 서비스와 함께 이루어져야 한다. 건강증진 행위를 실천할 수 있는 환경으로서 노인복지관에서는 건강증진을 위한 다양한 프로그램을 계획하고 노인들의 참여를 돕고 있다.

노인들의 복지관 이용 동기를 보면 시간활용·여가선용(40.7%), 건강증진과 체력유지(19.1%)로 나타났으며, 가장 만족하는 프로그램은 경로식당 29.9%, 노래교실 21.9%, 건강프로그램 21.0%, 컴퓨터교육 19.7%, 물리치료 및 체력단련 16.3%의 순으로 나타나(강서노인종합복지관, 2008), 복지관을 이용하는 노인들이 건강증진을 위한 프로그램에 많은 관심을 갖고 참여하고 있다는 것을 알 수 있다.

따라서 노인들이 다 함께 건강증진 행위을 실천할 수 있도록 사회적 지지망을 확대하고, 다양한 프로그램을 제공할 수 있어야 할 것이다 .

(3) 질병의 조기발견과 치료

치매 등 만성질환의 경우 질병으로 인한 장애를 예방하기 위해서는 조기발견과 조기치료가 중요하다. 노인들이 정기적인 건강검진을 통하여 질병을 조기에 발견하여 조기에 치료도 함으로써 장애를 예방할 수 있도록 돕는 것이 필요하다. 건강증진 2020에서 노인건강 분야의 세부방법으로 치매조기발견사업을 확대하고 치매환자 등록관리사업을 지속적으로 추진하며, 노인 안검진과 노인건강 프로그램의 활성화를 중점과제로 제시하고 있다.

우리나라에서는 국민건강보험법과 의료급여법에서 40세 이상의 성인에게 2년에 1회씩 건강검진을 실시하고 있다. 그러나 2008년 건강검진 수검률은 65.3%에 지나지 않고 있다(국민건강보험공단, 2009; 보건복지부, 2011: 590). 보건복지부(2009)의 노인실태조사에서도 지난 2년간 건강검진을 받은 노인은 72.9%로 보고되어 노인들의 건강검진 참여율을 증가시킬 수 있어야 할 것이다.

보건복지부 치매관리사업에서는 치매조기검진과 조기치료를 위해 치매 진단비 및 치매치료 약제비 등을 지원함으로써 치매의 조기발견과 조기치료를 촉진하고 있다.

생각해 볼 문제

1. '건강'이란 어떠한 상태를 말하는지 생각해 봅시다.

2. 노인의 건강을 파악하는 방법을 생각해 봅시다.

3. 만성퇴행성 질환(노인성 질환)이 노인 자신과 가족에게 미치는 영향에는 어떠한 것이 있을까 생각해 봅시다.

4. 노인들의 건강증진을 위해 사회복지사로서 제공할 수 있는 서비스에는 어떤 것들이 있는지 생각해 봅시다.

제5장

노인장기요양보험

1. 노인장기요양보험제도의 선진국 사례
2. 노인장기요양보험제도의 목적
3. 노인장기요양보험제도의 주요 특징
4. 노인장기요양보험제도의 주요내용 및 도입효과
5. 노인장기요양보험제도의 문제점 및 과제

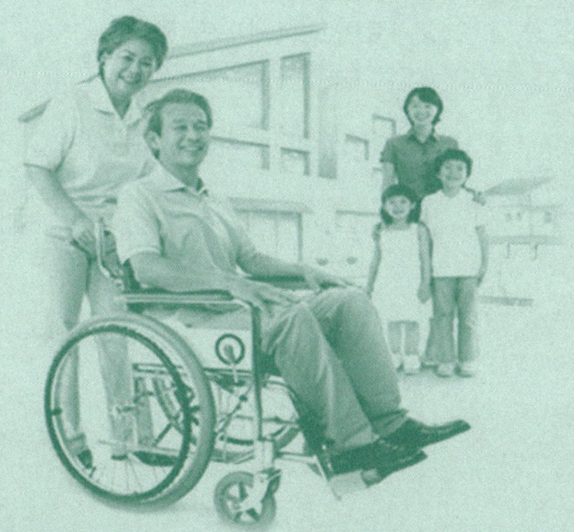

우리나라는 2003년 노인장기요양보험제도의 도입을 발표하고 2006년 4월 2일 국회의 입법절차를 거쳐 2008년 7월부터 실시하고 있다. 대부분의 국가에서는 경제발전과 보건의료의 발달로 인한 평균수명의 연장, 자녀에 대한 가치관의 변화, 보육 및 교육문제 등으로 출산율이 급격히 저하되어 인구구조의 급속한 고령화 문제에 직면하고 있으며, 이러한 사회변화에 따른 새로운 복지수요를 충족하기 위한 것이 장기요양보장제도이다.

즉, 과거 가족의 부담으로 인식되던 장기요양 문제가 이제 더 이상 개인이나 가계의 부담으로 머물지 않고 이에 대한 사회적 · 국가적 책무가 강조되고 있고, 이러한 사회 환경의 변화에 대처하기 위하여 노인장기요양보장제도를 도입하여 운영하고 있다.

우리나라는 세계에서 유례를 찾아볼 수 없을 정도로 빠른 속도로 인구의 고령화 현상이 나타나고 있다. 다른 나라들은 고령화사회에서 초고령사회로 진입하는데 보통 1세기가 걸리는데, 우리나라는 고령화사회에서 고령사회로 변하는데 18년, 초고령사회로 진입하는데는 불과 26년으로 예상하고 있다. 이렇듯 세계에서 가장 빨리 늙고 있는 나라가 되면서 정부에서는 '국민의 노후불안 해소 및 활력 있는 사회실현'을 위해 정부는 노인장기요양보험제도를 실시하고 있다.

이 장에서는 먼저 노인장기요양보험제도의 선진국사례를 살펴보고, 노인장기요양보험제도의 목적, 주요특성 및 도입효과, 노인장기요양보험제도의 문제점과 과제 등에 대해 살펴보기로 한다.

* 이 장은 국민건강관리공단 장기요양보험 내용을 그대로 수정 · 편집하였음을 밝힌다.

1. 노인장기요양보험제도의 선진국 사례

구 분	사회보험방식	조세방식
국 가	한국(+조세), 독일, 헝가리, 일본(+조세), 스위스(+조세), 미국(Medicare), 네덜란드, 룩셈부르크	오스트레일리아, 오스트리아, 캐나다, 아일랜드, 뉴질랜드, 노르웨이, 폴란드, 스페인, 스웨덴, 영국, 미국(Medicaid)

출처: 국민건강보험공단 · 노인장기요양보험.

2. 노인장기요양보험제도의 목적

노인장기요양보험제도의 목적은 고령이나 노인성 질병 등의 사유로 일상생활을 혼자서 수행하기 어려운 노인 등에게 신체활동 또는 가사활동 지원 등의 장기요양급여를 제공하여 노후의 건강증진 및 생활안정을 도모하고 그 가족의 부담을 덜어 줌으로써 국민의 삶의 질을 향상하도록 함을 목적으로 시행하는 사회보험제도이다.

3. 노인장기요양보험제도의 주요 특징

우리나라 노인장기요양보험제도는 건강보험제도와는 별개의 제도로 도입 · 운영되고 있는 한편으로, 제도운영의 효율성을 도모하기 위하여 보험자 및 관리운영기관을 국민건강보험공단으로 일원화하고 있다. 또한 국고지원이 가미된 사회보험방식을 채택하고 있고 수급대상자에는 65세 미만의 장애인이 제외되어 노인을 중심으로 운영되고 있다.

1) 건강보험제도와 별도 운영

장기요양보험제도를 건강보험제도와 분리 · 운영하는 경우 노인 등에 대한 요양필요성 부각이 비교적 용이하여 새로운 제도 도입에 용이하며, 건강보험 재정에 구속되지 않아 장기요양급여 운영, 장기요양제도의 특성을 살릴 수 있도록 「국민건강보험법」과는 별도로 「노인장기요양보험법」을 제정하였다.

2) 사회보험방식을 기본으로 한 국고지원 부가방식

우리나라 장기요양보장제도는 사회보험방식을 근간으로 일부는 공적부조방식을 가미한 형태로 설계 · 운영되고 있다.

3) 국민건강보험법의 적용을 받는 건강보험가입자의 장기요양보험료

[건강보험료액 × 6.55%(2015년도 보험료 기준)] +국가 및 지방자치단체 부담(장기요양보험료 예상수입액의 20% + 공적부조의 적용을 받는 의료급여수급권자의 장기요양급여비용)

4) 보험자 및 관리운영기관의 일원화

우리나라 장기요양보험제도는 이를 관리 · 운영할 기관을 별도로 설치하지 않고 「국민건강보험법」에 의하여 설립된 기존의 국민건강보험공단을 관리운영기관으로 하고 있다.

이는 도입과 정착을 원활하기 위하여 건강보험과 독립적인 형태로 설계하되, 그 운영에 있어서는 효율성 제고를 위하여 별도로 관리운영기관을 설치하지 않고 국민건강보험공단이 이를 함께 수행하도록 한 것이다.

5) 노인중심의 급여

우리나라 장기요양보험제도는 65세 이상의 노인 또는 65세 미만의 자로서 치매 · 뇌혈관성 질환 등 노인성 질병을 가진 자 중 6개월 이상 동안 혼자서 일상생활을 수행하기 어렵다고 인정되는 자를 그 수급대상자로 하고 있다. 여기에는 65세 미만자의 노인성 질병이 없는 일반적인 장애인은 제외되고 있다.

6) 노인장기요양보험 적용

(1) 적용대상

건강보험 가입자는 장기요양보험의 가입자가 된다(법 제7조 제3항). 이는 건강보험의 적용에서와 같이 법률상 가입이 강제되어 있다. 또한 공공부조의 영역에 속하는 의료급여 수급권자의 경우 건강보험과 장기요양보험의 가입자에서는 제외되지만, 국가 및 지방자치단체의 부담으로 장기요양보험의 적용대상으로 하고 있다(법 제12조).

(2) 장기요양인정

장기요양보험 가입자 및 그 피부양자나 의료급여수급권자 누구나 장기요양급여를 받을 수 있는 것은 아니다. 일정한 절차에 따라 장기요양급여를 받을 수 있는 권리(수급권)가 부여되는데 이를 장기요양인정이라고 한다.

장기요양인정 절차는 먼저 공단에 장기요양인정 신청으로부터 출발하여 공단직원의 방문에 의한 인정조사와 등급판정위원회의 등급판정 그리고 장기요양인정서와 표준장기요양 이용계획서의 작성 및 송부로 이루어진다.

※ 장기요양인정 신청자격 : 장기요양보험 가입자 및 그 피부양자 또는 의료급여 수급권자 중 65세 이상의 노인 또는 65세 미만자로서 치매, 뇌혈관성 질환 등 노인성 질병을 가진 자

7) 노인장기요양보험 재원

노인장기요양보험 운영에 소요되는 재원은 장기요양보험료와 국가 및 지방자치단체 부담 그리고 장기요양급여 이용자가 부담하는 본인일부부담금으로 운영된다.

(1) 장기요양보험료 징수 및 산정(「노인장기요양보험법」 제8조, 제9조)

장기요양보험 가입자는 건강보험 가입자와 동일하며, '장기요양보험료'는 건강보험료액에 장기요양보험료율(2015년 현재 6.55%)을 곱하여 산정한다. '장기요양보험료율'은 매년 재정상황 등을 고려하여 보건복지부장관 소속 '장기요양위원회'의 심의를 거쳐 대통령령으로 정하고 있다.

(2) 국가의 부담(「노인장기요양보험법」 제58조)

① 국고 지원금

국가는 매년 예산의 범위 안에서 당해 연도 장기요양보험료 예상 수입액의 100분의 20에 상당하는금액을 공단에 지원한다.

② 국가 및 지방자치단체 부담

국가와 지방자치단체는 의료급여수급권자에 대한 장기요양급여비용, 의사소견서 발급비용, 방문간호지시서 발급비용 중 공단이 부담해야 할 비용 및 관리운영비의 전액을 부담한다.

(3) 본인일부부담금(「노인장기요양보험법」 제40조)

재가 및 시설 급여비용 중 수급자의 본인일부부담금(장기요양기관에 직접 납부)은

다음과 같다.

- 재가급여 ─ 당해 장기요양급여비용의 100분의 15
- 시설급여 ─ 당해 장기요양급여비용의 100분의 20

※「국민기초생활보장법」에 따른 의료급여수급자는 본인일부부담금 전액 면제
※「의료급여법」의 수급권자(「국민기초생활보장법」에 따른 의료급여 수급자 제외), 소득·재산 등이 보건복지부장관이 정하여 고시하는 일정 금액 이하인 자, 천재지변 등 보건복지부령으로 정하는 사유로 인하여 생계가 곤란한 자 등은 본인일부부담금의 50%를 경감.

8) 기존 건강보험제도 및 노인복지서비스 체계와의 차이점

(1) 국민건강보험제도와의 차이

국민건강보험은 질환의 진단, 입원 및 외래 치료, 재활 등을 목적으로 주로 병·의원 및 약국에서 제공하는 서비스를 급여대상으로 하는 반면, 노인장기요양보험은 고령이나 노인성 질병 등으로 인하여 혼자의 힘으로 일상생활을 영위하기 어려운 대상자에게 요양시설이나 재가기관을 통해 신체활동 또는 가사지원 등의 서비스를 제공하는 제도이다.

(2) 기존 노인복지서비스 체계와의 차이

기존 「노인복지법」상의 노인요양은 주로 국민기초생활보장수급자 등 특정 저소득층을 대상으로 국가나 지방자치단체가 공적부조방식으로 제공하는 서비스 위주로 운영되어 왔으나, 「노인장기요양보험법」상 서비스는 소득에 관계없이 심신기능 상태를 고려한 요양 필요도에 따라 장기요양인정을 받은 자에게 서비스가 제공되는 보다 보편적인 체계로 운영되고 있다.

표 5-1

노인장기요양보험제도와 기존 노인복지서비스체계 비교표

구 분	노인장기요양보험제도	기존 노인복지서비스 체계
관련법	노인장기요양보험법	노인복지법
서비스 대상	- 보편적 제도 - 장기요양이 필요한 65세 이상 노인 및 치매 등 노인성 질병을 가진 65세 미만자	- 특정대상 한정(선택적) - 국민기초생활보장 수급자를 포함한 저소득층 위주
서비스 선택	수급자 및 부양가족의 선택에 의한 서비스 제공	지방자치단체장의 판단(공급자 위주)
재 원	장기요양보험료+국가 및 지방자치단체 부담+이용자 본인 부담	정부 및 지방자치단체의 부담
서비스	- 시설급여 - 재가급여(방문요양, 방문목욕, 방문간호, 주·야간보호, 단기보호 등) - 특별현금급여(가족요양비, 특례요양비 등)	시설 · 재가서비스를 제공하나, 서비스 질에 대한 관리 미흡
시설에 대한 지원방식	- 시설급여 및 재가급여 제공자는 비용을 수가산정 방식을 적용하여 국민건강보험공단에 청구 - 건보공단은 청구된 장기요양급여 및 비용 등의 적정여부 심사 후 지급	지방자치단체를 통하여 시설 입소인원 또는 연간 운영비용을 기준으로 정액 지급(사후 정산)

4. 노인장기요양보험제도의 주요내용 및 도입효과

1) 노인장기요양보험제도의 주요내용

대상은 65세 이상 노인 또는 65세 미만 노인성 질환자로서 거동이 현저히 불편

하여 장기요양이 필요한 자이다. 그리고 등급판정위원회는 6월 이상의 기간 동안 일상생활을 혼자서 수행하기 어렵다고 인정되는 경우 장기요양을 받을 자(수급자)로 결정하고 심신상태 및 요양이 필요한 정도에 따라 등급을 판정한다.

(1) 노인장기요양보험의 서비스 이용체계

표 5-2 서비스 이용체계

서비스 신청	- 65세 이상 노인 또는 65세 미만 노인성 질환자가 공단에 의사소견서를 첨부하여 장기요양인정 신청 * 신청자 : 본인, 가족이나 친족, 사회복지전담공무원(본인이나 가족 등의 동의 필요), 시장 · 군수 · 구청장이 지정하는 자
방문 조사	- 공단 소속직원(사회복지사, 간호사)은 신청인의 심신상태 등을 조사
등급 판정	- 공단은 조사결과서, 의사소견서 등을 등급판정위원회에 제출 - 등급판정위원회는 대통령령이 정하는 등급판정 기준에 따라 장기요양급여를 받을 자로 판정 * 신청서를 제출한 날로부터 30일 이내에 판정 완료. 다만 정밀조사가 필요한 경우 등 부득이한 경우 연장 가능
장기요양인정서 및 표준장기요양 이용계획서 통보	- 장기요양등급, 장기요양급여의 종류 및 내용이 담긴 장기요양인정서와 적절한 서비스 내용, 횟수, 비용 등을 담은 표준장기요양이용계획서 송부 * 장기요양인정 유효기간 : 최소 1년 이상으로 대통령령에서 정함 * 장기요양인정의 갱신신청, 장기요양등급 등의 변경신청, 이의신청 절차 있음
장기요양급여의 시작	- 장기요양인정서가 도달한 날부터 장기요양급여 시작 * 다만, 돌볼 가족이 없는 경우 등은 신청서를 제출한 날부터 장기요양급여를 받을 수 있음
장기요양기관 정보의 안내	- 장기요양기관은 수급자가 장기요양급여를 쉽게 선택하고, 급여의 질 보장 등을 위해 현황 자료 등을 공단이 운영하는 인터넷에 게시

(2) 요양욕구 5개 영역 52개 항목

표 5-3

요양욕구 5개 영역 52개 항목

<table>
<tr><th>영 역</th><th colspan="4">항 목</th></tr>
<tr><td rowspan="2">기본적
일상생활활동
(K-ADL)
영역</td><td colspan="4">K-ADL(12항목)</td></tr>
<tr><td>· 옷 벗고 입기
· 양치질하기
· 식사하기</td><td>· 일어나 앉기
· 방밖으로 나오기
· 대변 조절하기</td><td>· 세수하기
· 목욕하기
· 체위변경하기</td><td>· 옮겨 앉기
· 화장실 사용하기
· 소변 조절하기</td></tr>
<tr><td rowspan="2">인지기능
· 행동변화
영역</td><td>인지기능 영역(7항목)</td><td colspan="3">행동변화 영역(14항목)</td></tr>
<tr><td>· 단기 기억장애
· 시간불인지
· 장소불인지
· 나이 · 생년월일 불인지
· 지시불인지
· 상황 판단력 감퇴
· 의사소통 · 전달 장애</td><td colspan="2">· 망상
· 환각, 환청
· 슬픈상태, 울기도함
· 불규칙 수면, 주야혼돈
· 도움에 저항
· 서성거림, 안절부절 못함
· 길을 잃음</td><td>· 폭언, 위협행동
· 밖으로 나가려함
· 물건 망가트리기
· 의미없거나 부적절한 행동
· 돈/물건 감추기
· 부적절한 옷 입기
· 대/소변 불결행위</td></tr>
<tr><td rowspan="2">간호처치
영역</td><td colspan="4">간호처치(9항목)</td></tr>
<tr><td>· 기관지 절개관 간호
· 흡인
· 산소요법</td><td colspan="2">· 욕창간호
· 경관영양
· 암성통증간호</td><td>· 도뇨관리
· 장루간호
· 투석간호</td></tr>
<tr><td rowspan="2">재활
영역</td><td>운동장애(4항목)</td><td colspan="3">관절제한(6항목)</td></tr>
<tr><td>· 좌/우측 상지,
· 좌/우측 하지</td><td colspan="3">· 어깨, 팔꿈치, 손목 및 수지, 고관절, 무릎, 발목관절</td></tr>
</table>

(3) 요양인정 점수

요양욕구 5영역별 52개 항목 조사결과와 영역별 100점 득점 변환점수를 다음의

8개 서비스군별로 수형분석(Tree Regression Analysis)하여 산출한다.

표 5-4 8개 서비스군

신체수발	청 결	세면도움, 구강관리, 몸청결, 머리감기, 몸 단장 기타 청결관련 서비스
	배 설	이동보조, 배뇨도움, 배변도움, 기저귀 교환, 기타 배설관련 서비스
	식 사	상차리기, 식사보조, 음료수 준비, 기타 식사관련 서비스
	기능보조	일어나 앉기 · 서 있기 연습도움, 기구사용 운동보조, 이동도움, 체위변경, 신체기능 유지 등 기능보조
	간접지원	청소, 세탁, 설거지, 요리 및 식사준비, 의사소통, 침구 · 린넨 교환, 환경관리, 주변정돈, 물품, 장보기, 산책, 외출시 동행, 기타 가사지원 서비스
행동변화 대응		배회, 불결행위, 폭언 · 폭행 등 행동변화에 대한 대처, 그 밖의 행동변화에 대응
간호처치		관찰 및 측정, 투약 및 주사, 호흡기간호, 피부간호, 영양간호, 온냉요법, 배설간호, 의사진료 보조, 기타 간호처치
재활훈련		신체기능훈련, 기본동작훈련, 일상생활동작훈련, 물리치료, 언어치료, 작업치료, 기타 기능훈련

(4) 장기요양등급

장기요양등급은 요양인정 점수에 따라 다음의 5개 등급으로 구분한다.

표 5-5 장기요양인정 점수 구간별 장기요양인정 등급

등급	1등급	2등급	3등급	4등급	5등급 외 A 5등급	등급외 B, C
요양 인정점수	95	75	60	51	45	

등급판정 기준은 “건강이 매우 안좋다”, “큰 병에 걸렸다.” 등과 같은 주관적인

개념이 아닌 "심신의 기능상태에 따라 일상생활에서 도움(장기요양)이 얼마나 필요한가?"를 지표화한 장기요양인정 점수를 기준으로 한다. 장기요양인정 점수를 기준으로 다음과 같은 5개 등급으로 등급판정을 한다.

표 5-6
장기요양 등급 및 심신의 기능상태

장기요양 등급	심신의 기능상태
1등급	심신의 기능상태 장애로 일상생활에서 전적으로 다른 사람의 도움이 필요한 자로서 장기요양인정 점수가 95점 이상인 자
2등급	심신의 기능상태 장애로 일상생활에서 상당 부분 다른 사람의 도움이 필요한 자로서 장기요양인정 점수가 75점 이상 95점 미만인 자
3등급	심신의 기능상태 장애로 일상생활에서 부분적으로 다른 사람의 도움이 필요한 자로서 장기요양인정 점수가 60점 이상 75점 미만인 자
4등급	심신의 기능상태 장애로 일상생활에서 일정 부분 다른 사람의 도움이 필요한 자로서 장기요양인정 점수가 51점 이상 60점 미만인 자
5등급	치매환자로서(노인장기요양보험법 시행령 제2조에 따른 노인성 질병으로 한정) 장기요양인정 점수가 45점 이상 51점 미만인 자

* 2016년 1월 현재 등급판정기준.

2) 노인장기요양보험제도 도입효과

(1) 사회복지서비스 체계의 변화

① 수보호서비스의 통합화와 재정의 안정화를 도모할 수 있음
② 사회복지정책의 방향에 변화예상
③ 선별주의에서 보편주의 체계로의 전환
④ 서비스 이용시스템의 전환
⑤ 현행 조치 및 시혜적 성격에서 소비자가 직접 선택하여 계약에 의한 방식으로 전환

⑥ 서비스 선택권과 권리성 강화 — 이용자 중심의 서비스체계 구축

⑦ 요양보호사, 전문간호사, 사회복지사 등 케어지식과 기술을 갖춘 전문인력의 양성 및 확충에 따른 고용창출의 효과

⑧ 다양한 공급주체의 참여로 수발보험 인프라의 단기간에 걸친 구축 전망, 지역경제 활성화

(2) 노인의 삶의 질이 크게 향상

① 비전문적 가족 요양 ⇒ 계획적인 전문적 요양, 간호서비스 제공

② 신체기능 호전, 사망률 감소, 삶의 질 향상

(3) 가족의 부양부담 경감

① 요양시설, 현재 월 100~200만원 ⇒ 30~50만원(급여비용의 20% + 식비 포함)

② 재가서비스, 월 한도액 범위 내 사용금액의 15% 부담

(4) 여성 등 비공식적 요양인의 사회 · 경제활동 활성화

여성 등 비공식 요양인의 기회비용과 노동손실이 감소되고, 사회 전체적인 경제적 편익과 경제 · 사회활동이 증가

(5) 사회서비스 일자리 확대, 지역경제 활성화

① 요양보호사, 간호사 등 약 4만 명 고용창출 효과 기대

② 지역 요양시설의 확대

(6) 노인의료 및 요양의 전달체계 효율화

급성기 병상→요양병원→요양시설로 서비스 전달체계가 효율화되고, 노인의료비 절감효과도 기대된다.

5. 노인장기요양보험제도의 문제점 및 과제

1) 문제점

- 적용대상과 수급자격 — 극소수의 노인만 대상, 장애인의 문제
- 기반정비를 둘러싼 문제, 서비스 확보와 인력의 전제
- 저소득층 대책과 적절한 이용자 비용부담에 관한 논의
- 전문인력 확보 및 전달체계를 둘러싼 문제 — 케어매니지먼트 시스템 없음

2) 과제

- 사회보험으로 인한 경제적 부담 과중/필요한 제도
- 전문인력 문제
- 서비스의 질 저하
- 중복되는 사업들 — 재가복지사업, 돌보미 바우처, 노인생활지도사 등

생각해 볼 문제

1. 우리나라 노인장기요양보험제도를 안정적으로 정착시키기 위해서는 어떤 제도적인 보완이 이루어져야 할지 생각해 봅시다.

2. 노인장기요양보험제도의 주요내용을 바탕으로 시설운영에 영향을 줄 수 있는 요인들을 생각해 봅시다.

3. 노인장기요양보험제도 실시로 대두되고 있는 노인요양시설의 문제점 및 개선방안을 생각해 봅시다.

제6장

주거보장정책

1. 노년기 주거환경의 중요성
2. 노인주거보장의 원리와 방법
3. 노인주거의 특성과 형태
4. 우리나라 노인주거보장의 현황과 과제

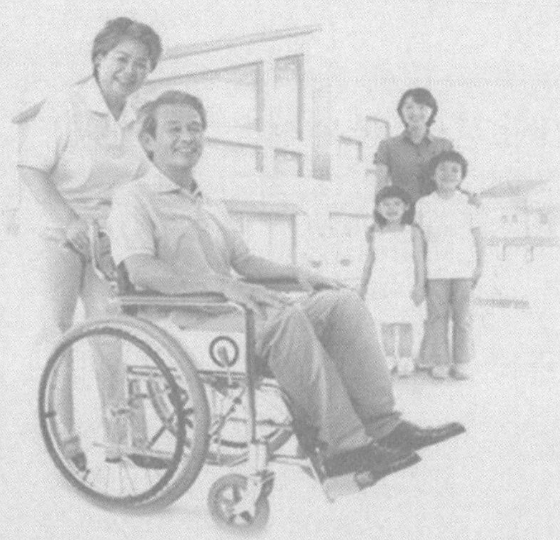

우리나라는 2000년이 이미 전체 인구 중 65세 이상 인구가 7.2%에 도달하여 고령화 사회에 진입하였으며 2017년에는 고령사회(aged society, 14%)로, 2027년에는 초고령사회(super aged society, 20%)로 진입[1]이 예상되고 있어 선진국보다 고령화 속도가 매우 빠르게 진행되고 있다.

앞서 보았듯이 노인인구의 증가는 복지수요 증가를 의미하며, 주거보장정책도 예외일 수 없다. 취약계층에 속하는 노인인구가 많아질수록 노인의 특성에 맞는 주거보장정책을 모색하지 않을 수 없다(남원석[2], 2012).

그러나 우리나라에서 노인 주거복지정책은 노인인구 증가의 심각성에 비해 크게 발달된 편이 아니다. 그도 그럴 것이, 노인 주거문제에 앞서 비닐하우스 · 쪽방 · 움막 · 고시원 등 비주택 거주가구, 최저 주거기준 미달 주택 거주가구 등 절대적 주거취약계층이 적지 않은 규모로 존재하고 있기 때문에 정부의 정책은 특정 인구집단에 초점을 맞추기가 현실적으로 어려웠다. 이러한 딜레마는 서구가 1960~70년대 복지국가 황금기에 이룩해 놓은 주거수준(사회주택 재고율 등)을 지금 달성하기 위해 노력하고 있으면서 또 한편으로는 고령화의 점증적 증가라는 새로운 도전에 대응해야 한다는 사실에 있다. 그럼에도 노인인구의 증가는 우리 앞에 놓인 엄연한 현실이기에 노인의 주거안정을 지원하는 주거보장정책을 소홀히 다룰 수는 없다. 곧 기존 주거보장정책과 조화를 이루어 전반적인 주거복지 수준을 높이면서도 노인의 주거소요를 해소할 수 있는 방안 모색이 필요하다(남원석[3], 2012).

1. 노인기 주거환경의 중요성

1) 복지국가와 주거복지[4]

국민복지 수준의 향상을 주택정책의 궁극적 목표로 한다는 점에서는 일치하지만

1) 통계청, 장래인구추계, 2011. 12.

2) 남원석, 2012, 고령화 시대의 주거복지정책.

3) 남원석, 2012, 고령화 시대의 주거복지정책.

4) 2002 주거복지백서 일부 발췌 재인용.

주택문제 해결을 위해 국가가 개입하는 수준과 범위에는 국가마다 차이가 있다. 따라서 복지국가를 유형화하는 것처럼 주거보장정책도 유형화가 가능하다. 국가마다 주택정책의 유형 혹은 국가개입의 정도가 다르게 나타난다. 각국의 주택시장에 대한 국가개입의 정도는 정치, 사회, 경제적 제도의 차이와 주택에 대한 인식, 이데올로기와 전통 등에 따라 달라진다.

에스핑-앤더슨(1990)의 복지국가 유형 구분을 기초로 각 유형별 주택정책 혹은 주거보장 정책간의 관계를 살펴보면, 첫째 자유주의 복지국가모델(liberal welfare state)에서 주택은 제도화된 복지서비스의 대상이라기보다 시장 소외계층에 대한 잔여적 의미의 복지서비스 대상이다. 이는 복지서비스 제공이 탈상품화[5] 또는 사회 계층화[6] 효과를 내기 때문에 전반적인 자가주택 위주로 주거복지를 달성할 가능성이 크다. 둘째, 조합주의 복지국가모델(corporatist welfare state)에서 주택은 현재의 지위를 보장해 주기 위한 서비스 대상이므로 한편으로는 잔여적이지만, 한편으로는 사회주택의 공급을 통해 제도적 보장도 부분적으로 이루어지는 모델이다. 이 모델에 속하는 국가들에서는 다양한 계급과 직업에 맞는 주택을 공급하려하고 시장이 국가를 대신해서 주거복지를 공급하게 된다. 셋째, 사회민주주의 복지모델(social democratic welfare state)에서는 주거권이 보편적 권리로서 인정된다. 따라서 공공영역에서 중산층 이상에게도 사회주택 공급을 통해 주거복지를 해결하기 위해 노력하고 있다. 사회민주주의 모델은 탈상품화의 효과가 가장 크지만 계층화의 효과를 가장 덜 내는 복지모델이라고 할 수 있다. 이런 유형에서는 사회(공공)주택을 통한 주거복지의 향상을 꾀하게 된다. 이상의 내용을 정리하여 복지국가 유형에 따른 주택정책의 유형을 정리하면 다음의 〈표 6-1〉과 같다.

5) 탈상품화(decommodication)는 에스핑-엔더슨의 복지국가 모형 이론에서 언급되는데 이는 근로자가 자신의 노동력을 상품으로 내다 팔지 않고도 살 수 있는 정도를 말한다. 즉, 자신이 노동시장에서 일을 할 수 없는 상황에 처했을 때 국가가 어느 정도 수준의 급여를 제공해 주는가의 정도를 의미한다.

6) 사회 계층화 현상은 사회적 희소가치가 불평등하게 분배되어 개인과 집단이 서열화되어 있는 현상을 말한다. 여기서 사회적 희소가치란 재산, 명예, 권력 등과 같이 많은 사람이 가지고 싶어하지만 수량이 제한되어 있는 정신적 가치나 재화를 의미한다.

표 6-1
복지국가 유형과 주택정책의 관계

복지국가체계	주택정책 초점	해당 국가
자유주의 복지국가 (liberal welfare state)	자가주택 위주	미국, 캐나다, 오스트레일리아 등
조합주의 복지국가 (corporatist welfare state)	민간임대주택 위주	독일, 오스트리아, 프랑스 등 유럽 국가
사회민주주의 (social-democratic welfare state)	공공임대주택 위주	스웨덴, 덴마크, 노르웨이, 핀란드 등 북유럽 국가

자료 : 남원석(2012), 고령화 시대의 주거복지정책, 도시와 빈곤 제98호(2012. 5/6).

그렇지만 우리나라의 주거복지에 대한 개념은 선진국의 주거복지 개념을 그대로 적용하기에는 한계가 있다. 우리나라의 정치 · 문화 · 경제는 서구와 다른데, 서구의 경우 국가의 개입이 시장실패에 의해 형성된 것인 반면 우리는 국가의 중앙집권적 정치경제체제에 의해 탄생되었기 때문이다. 우리나라는 1990년에 들어와서야 복지개념이 중요한 문제로 대두되기 시작하였으며, 주거복지 역시 아직 시작 단계에 지나지 않는다. 따라서 우리나라의 경우 주거복지는 단기적으로 시장 소외계층을 대상으로 하는 국민적 최저선 보장이 구축되어야 하며 장기적으로는 제도화된 복지모델을 지향해 나아가야 할 것이다.

2) 주거보장정책의 필요성

경제 발전과 과학기술의 발전은 사망률 저하와 평균수명의 연장을 초래하였고, 오늘날 고령화 문제는 우리나라 뿐만 아니라 세계적으로 심각한 사회문제 중 하나로 인식되고 있다. 이는 다수의 젊은 층이 소수의 노인인구를 부양하는 구조로 운영되는 연금제도와 노인복지를 위한 재정 투입의 증가로 국가의 재정구조의 기반이 취약해지고 있기 때문이다.

우리나라도 이러한 문제에서 예외가 되지 못하고 있으며, 이러한 상황과 관련하여 고령화 사회에 대한 적절한 대책을 세우지 않는다면 국가 발전에 큰 장애요인이 될 수 있다. 정부는 노인복지의 여러 분야에서 다양한 관심과 노력을 기울여 왔지만, 상대적으로 노후생활의 주거안정에 대해서는 비교적 소극적인 태도를 보여 왔다.

이러한 고령사회로의 사회구조 변화는 가족단위의 변화로 이어지고, 가치관의 변화와 함께 노인의 부양의무에 대한 책임이 점차 개인에서 사회로 이동됨에 따라 노인문제를 사회 문제로 재해석하게 되었다. 또한 그에 따른 노인복지에 관한 사회적 책임이 증가하였는데, 그 중에서도 주거에 대한 중요성이 가장 크다고 할 수 있다(김혜승 외, 2008).

특히, 노인에 대한 주거보장은 주택가격이나 전월세 가격이 비싼 우리나라에서 노인가구가 적절한 주거공간을 찾는 것은 매우 어려운 일이기 때문에 정부가 다른 측면보다 더 많은 관심을 기울여야 한다. 노년기에는 아무래도 활동영역이 가정 내에서 이루어지는 경향이 많아 주거가 노인의 심리적 · 정서적 안정에 미치는 영향이 크기 때문이다. 나이가 들면서 노인들은 점점 더 타인의 도움을 필요로 하게 되는데 상당수의 노인들은 나이나 상황에 얽매이지 않고 스스로 원하는 방식대로 생활을 꾸려 나갈 수 있기를 바란다(김혜승 외, 2008)[7]. 게다가 노인을 위한 복지 차원의 주거 및 서비스 시설이 수요에 비해 한정되어 있어서 누구나 이용할 수 있는 상황도 아니고, 복지시설을 통해 이들을 흡수할 수 있는 재원도 부족한 실정이다. 따라서 노인들이 자체적으로 혹은 재가서비스의 도움 정도를 의지하면서 가급적 독자적인 생활이 가능하기 위해서는 주거시설의 개선이 전제되어야 한다. 또한 노인주거보장 정책에 대한 사회적 욕구와 수요는 점점 높아져 가고 있어 이들에 대한 대응이 필요한 시점에 와 있다(김혜승 외, 2008).

7) 국토해양부의 2007년 주거실태조사 결과에 따르면, 희망주거 형태에 대해 현 상황이 지속될 경우 현재 사는 주택에 그대로 살거나 개조하여 살겠다는 노인들의 응답이 94.1%로 높게 나타났다. 건강이 악화되거나 혼자 거주하게 되는 경우에도 그 비율이 약간 감소하지만 각각 71.8%, 69.3%로 높은 비율을 보이고 있다(김혜승 외, 2008 재인용).

(1) 급속한 고령화 현상

1960년 이후 우리나라는 해마다 출산율이 줄어들고 있고 평균수명이 연장되면서 노인인구가 지난 30년간 꾸준하게 증가되고 있다. 〈표 6-2〉와 같이 2015년 현재 우리나라는 65세 이상의 인구가 전체 인구의 13.1%[8])를 차지하는 고령화사회에 있으며, 2017년에는 14%를 넘을 것으로 추정되어 고령사회에 진입할 것으로 예측되고 있다(통계청, 2012). 이와 같이 평균수명이 고령화되면서 나타나는 노년기의 확장은 남은 인생을 어떻게 건강하고 안락하게 보낼 것인가에 대한 관심을 증대시킨다. 즉, 어디서 거주하고 어떻게 거주할 것인가는 노인의 삶의 질을 좌우하는 핵심 과제 중 하나로 노인 당사자뿐만 아니라 부양자 및 국가와 사회의 과제로 부상하고 있다.

표 6-2

노인인구 변화 추이

(단위: 천명, %)

구분 / 연도별	1960	1970	1980	1990	2000	2010	2012	2020	2030
전인구	25,012	32,241	38,124	42,869	47,008	49,410	50,004	51,435	52,160
65세 이상 노인인구(%)	726 (2.9)	991 (3.1)	1,456 (3.8)	2,195 (5.1)	3,395 (7.2)	5,452 (11.0)	5,890 (11.8)	8,084 (15.7)	12,691 (24.3)

자료 : 통계청(2012), 고령자통계표.

(2) 기능장애 노인인구의 증가

고령 후기 노인들의 대부분은 만성질환을 앓고 있는 상태에서 장수하는 현상을 나타내고 있으며, 특히 고령화사회에서는 치매, 중풍, 관절염 등의 유병률이 증가하는 것이 문제가 되고 있다(박재간, 2002).

8) 통계청(2015), 세계와 한국의 인구현황 및 전망, 보도자료(2015. 07. 08).

이와 같은 심신 기능의 저하로 일상생활동작능력(ADL: Activity of Daily Living)이나 일상생활수행능력(IADL: Instrumental Activity of Daily Living)이 저하되어 자립적인 생활을 할 수 없는 의존성 노인이 증가하고 있다. 2014년 현재 고령자 중 본인의 주관적인 건강상태를 질문한 결과 '좋다'고 응답한 고령자가 20.9%에 불과한 반면, 47.7%는 '나쁘다'라고 생각하고 있는 것으로 조사되었다. 특히 고령자 중 본인의 건강상태가 '좋다'고 느끼는 고령자는 20.9%로 2008년 19.6% 보다 소폭 증가하였으나 전반적으로 노인의 주관적인 건강상태에 대한 질문에서는 좋지 않은 것으로 나타났다.

표 6-3
건강평가(65세 이상)

(단위: %)

구분	계	좋다	보통	나쁘다
2006	100.0	18.0	32.4	49.6
2008	100.0	19.6	31.7	48.7
2010	100.0	20.4	30.1	49.4
2014	100.0	20.9	31.4	47.7
65~69세	100.0	26.0	34.5	39.5
70~79세	100.0	19.4	28.5	52.1
80세 이상	100.0	12.4	26.1	61.5

자료 : 통계청, 「사회조사」 각년도.

〈표 6-4〉를 보면, 약 86.7%의 노인이 만성질환을 앓고 있으며, 〈표 6-5〉와 같이 치매 유병률은 2005년에는 8.3%에서 2015년에는 9.0%로 증가될 것으로 추정된다. 이와 같은 만성적인 기능장애 노인가구의 증가는 주거권의 확보 및 노인의 기능에 적합한 주거 환경 정비가 최우선의 과제가 되기 때문에 인간의 존엄성을 유지하면서 독립적인 생활이 가능하도록 시설보호를 제공하거나 혹은 주택 보수와 같은 안전하고 편리한 주거 환경 정비가 필요한 실정이다.

표 6-4

만성질환 유병률

(단위: %)

구분		계	65~69	70~74	75 이상
합계		86.7	85.2	87.6	87.8
지역	도시	85.3	82.9	88.1	85.8
	농촌	89.1	89.6	86.8	90.7
성별	남	77.4	75.8	79.4	78.0
	여	92.2	92.0	92.0	92.5

자료 : 보건복지부, 2003년도 노인보건복지사업안내, 1998 현재 전국 노인생활 실태 및 복지욕구 조사.

표 6-5

치매노인 수 추계

(단위: 천명, %)

구분	치매노인 수 추계						
합계	2009	2010	2011	2012	2015	2015	2020
65세 이상 노인수(%)	5,193 (10.9)	5,357 (11.0)	5,537 (11.3)	5,741 (11.7)	6,380 (12.9)		7,701 (15.6)
치매 노인수(천명)	445	469	495	522	578		750
치매 유병률(%)	8.6	8.8	8.9	9.1	9.4		9.7

자료 : 보건복지부, 2008년 「치매노인유병율조사(2009)」.

만성질환으로 인한 사망 원인으로는 고혈압, 당뇨병과 이로 인한 뇌졸중, 심근경색증, 신부전증 등으로 질병부담 1위로, 사후치료보다는 사전예방 · 관리 차원의 접근이 필요하다. 전국노인생활실태조사 결과, 의사진단 질병 중 유병기간이 3개월 이상인 만성질환을 1개 이상 갖고 있는 노인은 81.3%로 뇌혈관질환, 심장질환,

당뇨병, 고혈압 등 심뇌혈관질환이 전체 사망자의 26.1%로 암에 이어 주요 사망원인으로 작용하고 있는 것으로 나타났다(통계청, 2008년).

표 6-6 질환별 사망률 현황

(단위: %)

1위	2위	3위	5위	10위
암 (28.0%)	뇌혈관질환 (11.3%)	심장질환 (8.7%)	당뇨병 (4.2%)	고혈압성질환 (1.9%)

자료 : 통계청(2008).

(3) 가족부양 기능의 약화

우리나라 노인의 거주 형태는 과거의 장남 혹은 아들 부부와 동거하던 전통적인 가족 형태에서 변화하여 현대에는 딸 부부와 동거, 노부부끼리, 노인 혼자, 기타 친척과 함께 혹은 양로·요양시설에 거주 등 다양한 형태를 보이고 있다.

[그림 6-1]을 통해 우리나라 고령자 가구 추이를 살펴보면, 2015년 현재 전체 노인 가구 중 고령자 가구는 20.6%로 1인가구 7.4%, 부부가구 6.8%, 부부+자녀 1.9%의 분포를 보이고 있어 노인 1인가구에서 생활하는 노인이 상당수 차지하고 있는 것으로 나타났다. 1인가구 추이를 보면 2000년 3.7%, 2005년 4.9%, 2015년 7.4%로 급증한 것으로 나타나(보건복지부·한국보건사회연구원, 2012), 전반적으로 기혼 자녀와의 동거가구보다는 노인 혼자 또는 노인부부끼리만 사는 노인단독세대의 비율은 더 큰폭의 점증적인 증가 추세를 나타내고 있다.

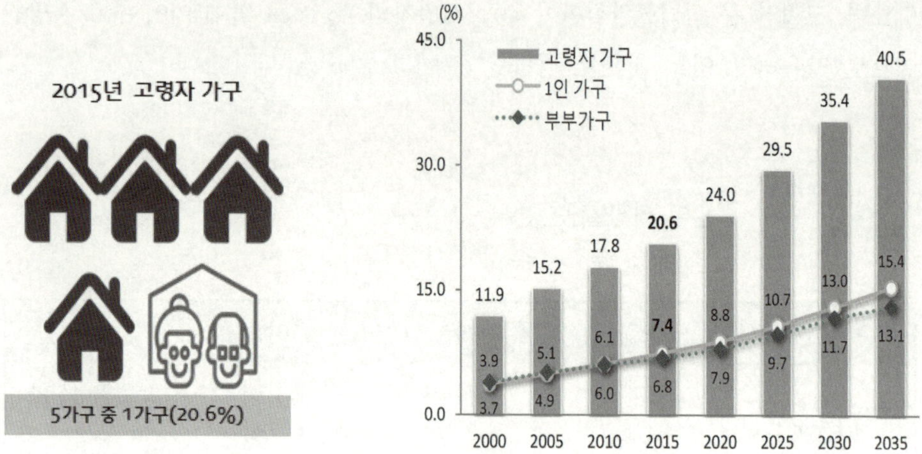

[그림 6-1] 가구형태의 변화(2000~2035)

자료 : 통계청(2015), 2015 고령자고용통계, 보도자료(2015. 09. 24)

표 6-7 현재 자녀와 동거여부 및 이유 (2011년)

(단위: %)

구분	계	같이 살고 있지 않음	현재 자녀와 같이 살고 있지 않은 이유						
			소 계	독립 생활 가능	자녀에 부담이 될까봐	따로사는 것이 편해서	자녀의 직장, 학업 때문에	자녀와의 불화 때문에	기타
전 국	100.0	68.6	100.0	18.8	24.0	34.7	18.3	1.4	2.8
도 시	100.0	63.8	100.0	19.1	25.5	38.2	11.9	1.6	3.7
농어촌	100.0	79.1	100.0	18.4	21.3	28.7	29.4	1.0	1.2

자료 : 통계청(2011), 「2011 사회조사」.

표 6-8 고령자 가구1)추이

(단위: 천가구, %)

	총가구	고령자 가구 유형							
		고령자 가구	구성비2)	부부 가구	구성비2)	부부+자녀 가구	구성비2)	1인 가구3)	구성비2)
2000	14,507	1,734	11.9	573	3.9	184	1.3	544	3.7

2005	15,971	2,432	15.2	822	5.1	249	1.6	777	4.9
2010	17,359	3,087	17.8	1,038	6.0	297	1.7	1,056	6.1
2015	18,705	3,852	20.6	1,280	6.8	352	1.9	1,379	7.4
2020	19,878	4,772	24.0	1,569	7.9	437	2.2	1,745	8.8
2025	20,937	6,172	29.5	2,028	9.7	587	2.8	2,248	10.7
2030	21,717	7,690	35.4	2,533	11.7	719	3.3	2,820	13.0
2035	22,261	9,025	40.5	2,919	13.1	791	3.6	3,430	15.4

자료 : 통계청, 「장래가구추계」 2012. 4.
주 : 1) 가구주의 연령이 65세 이상인 가구.
2) 총 가구 중 고령자 가구 유형별 구성비.
3) 가구주의 연령이 65세 이상이면서 혼자 사는 가구.

2015년 현재, 노인부양비(노인인구/생산연령인구)는 17.9%로 생산연령(15~64세) 인구 약 5.6명이 노인 1명을 부양하나, 2030년에는 2.6명의 생산연령 인구가 노인 1명을 부양해야 할 것으로 예상되므로 노인인구 증가에 따른 사회적 부담이 커질 것이다(통계청, 2015 고령자통계[9]). 특히 소가족화 현상과 기혼 여성의 취업률 증가로 인해 앞으로의 가족부양 기능이 지속적으로 약화될 것으로 전망된다. 이러한 현상은 심신이 허약한 노인들이 며느리나 딸로부터의 부양이나 간병이 어려워지고 있음을 시사하고 있다.

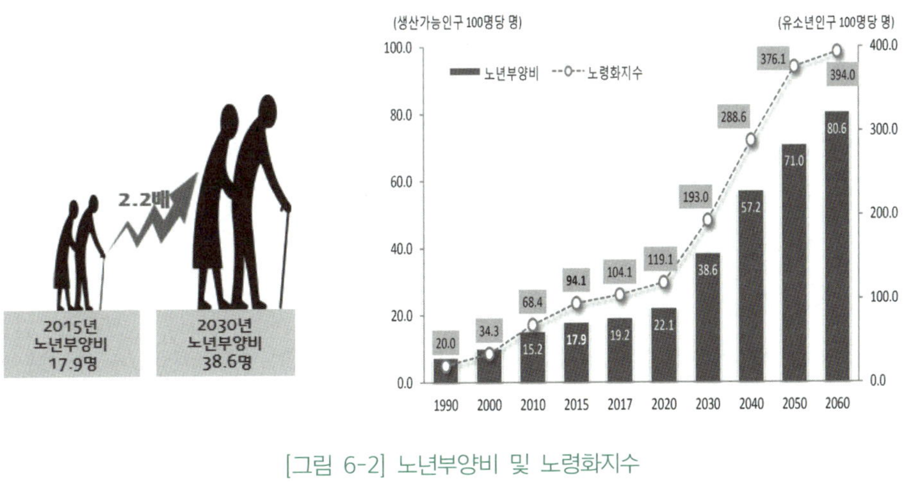

[그림 6-2] 노년부양비 및 노령화지수
자료 : 통계청(2015), 2015 고령자고용통계, 보도자료(2015. 09. 24)

9) 통계청(2015), 2015 고령자고용통계, 보도자료(2015. 09. 24), p. 19.

위 내용을 통해 주거보장의 중요성을 정리하면, ① 노년기에는 주된 생활영역이 가정환경으로 축소되어, 노년기 주택은 중요한 삶의 터전이며, ② 주택의 소유는 중요한 노후소득보장의 도구가(역모기지론) 된다. 또한, ③ 동일주택에서 오래 살 경우 사회적 관계망 유지 및 사회적 지위의 유지가 가능하고, ④ 존엄성을 누릴 수 있는 사생활의 자유 공간 확보와 ⑤ 일생에 걸친 추억과 경험의 연속성을 유지하는데 있어 매우 중요하다고 할 수 있을 것이다.

주거문제는 노인의 삶의 질 향상과 노후생활 적응을 결정하는 중요 요인임에도 불구하고 스스로 가족의 힘으로 해결해야 한다는 사회적 분위기로 인해 정책적 함의가 부족해 앞으로 국가적 차원의 적극적인 지원과 정책이 필요하다.

3) 주거보장정책의 개념

1960년대 이후 우리나라는 급격한 사회변화를 겪어 왔다. 경제의 지속적인 고도성장은 산업화, 도시화, 핵가족화를 촉진시켰다. 이러한 사회구조의 변화는 가족기능의 약화를 가져왔다. 한편 농촌지역에서는 직장과 자녀교육 등을 위해 젊은 세대가 농촌을 이탈함으로써 독거 및 부부노인 세대가 급증하고 있고, 이로 인해 농촌의 노인인구 비율은 도시보다 급속하게 높아지게 되었다. 이 같은 변화에 영향을 받아 도시는 고밀상태로 농촌은 과소상태로 변하게 되었다.

산업화과정의 급격한 사회변화는 우리사회의 전통적인 가부장적 유교관념을 양극화시켰으며, 구조적인 측면과 전통적 관념의 변화나 상호작용에서 자녀들의 전통적인 노인 부양에 대한 가치관이 변화되었다. 또한 노인이 갖는 인식 역시 변화되어 노인동거 가구의 비율은 급속히 감소되고, 노인세대, 노인 단독세대는 급증하여 전통적 가족 해체가 급속히 진행되고 있다. 이에 정부에서는 사회보장제도에 관한 법률이 제정되면서부터 노인복지 문제 역시 제도적 정비가 마련되었으나 사회보장제도의 짧은 역사와 더불어 주거보장의 방향과 실행이 아직까지 미흡한 것이 사실이다. 근래에 들어 민간 차원에서의 실버산업 등 노인의 주거에 관심이 증대되고 있으나 정부 주도하의 노인복지정책에서 다루고 있는 주거보장정책은 사실상 거의 이루어지고 있지 않다는 평가를 받고 있다. 또한 고령인구의 증가와 더불어 기능장애노인의 증가, 노인단독 가구의 증가, 노인주택의 불편 등 노인의 주거에 관련한 욕구는 계속해서 증가되어 가고 있기 때문에 노인을 위한 주거보장은 노인복지에 매우 중요한 쟁점이 되고 있다. 즉, 주택은 인생의 모든 단계에서 중요한 의미를 갖지만 노령기에는 더욱 그러하기 때문이다(장인협 · 최성재, 2010 재인용).

주택은 생물학적 생존을 위한 기본적인 수단이 되며 심리적 안정을 주며 활동영역이 축소되는 노년기에는 생활의 주요 장소로 다른 시기보다 더욱 가치가 높다. 생활비용이 증가하는 노인에게 안정된 주거는 경제적 보장을 높여 주고 사회적 지위와 사회적 정체감의 상징이 된다. 이는 노년기에 사회적 및 심리사회적 의미가 크다고 할 수 있다(장인협 · 최성재, 2010 재인용).

주택은 개인적인 경험과 추억을 저장하며 사회적 관계망을 구축하고 유지하는 도구가 되어 적응적 환경을 유지할 수 있다. 자신의 집에서 산다는 것은 경제적 독립성을 의미하고 노인에게 자부심을 갖게 해 주며 노인에게 편리하도록 설계된 집은 노화에 따른 생활기능 저하를 보완하고 수용할 수 있는 물리적 환경을 제공하게 되어 일상생활에서 타인의 도움 없이 독립적으로 생활이 가능하게 된다(한국임상사회사업학회, 2006, 일부 발췌).

또한 현대사회에서의 주거보장정책은 주택 보급의 양적 수준만을 의미하는 것이 아니라 얼마나 많은 사람이 '최저주거수준'의 기본권을 누리며, 적합한 주거 조건과 주거 환경을 보장받을 수 있는가에 중점을 둔다. 즉, 주거보장정책의 상위 목표는 궁극적으로 주택 배분의 형평성을 제고하는 것이고 실행 목표는 시장 참여가 불가능한 계층에 대한 주거 지원의 기준과 개발 및 보급을 통해 주거정책 방안을 마련하는 것이다(주거복지백서, 2002). 이를 노인의 입장으로 재해석하면, 적합한 주거 조건의 제공 및 주택의 배분과 주거권의 보장으로서 노인기에 인간다운 삶을 위한 주거 공간을 확보해 주고 주거권을 보장해 주는 사회보장 프로그램을 의미한다.

2. 노인주거보장의 원리와 방법[10)]

1) 노인주거보장의 원리

노년기의 주거보장의 원리는 인간으로서 노인의 자립과 존엄이 지켜지는 데 있다고 할 수 있다.

(1) 계속거주의 보장

노년기에는 소득의 증대를 기대할 수 없기에 집세의 상승, 관리운영비, 재산세 등 경제적 부담으로 주택을 축소해야 생활유지가 가능하기 때문에 거주 장소를 이주해야 하는 경우도 대비해야 한다. 노인은 장기간 거주하여 익숙해진 주택에서 계속 거주하는 것이 가장 바람직하다. 경제적 부담으로 주택을 축소할 경우 자녀, 이웃, 지인들과 지속적으로 교류를 유지할 수 있는 지역사회 내 주택으로 이주하여 안심하고 지속적으로 노후생활을 영위할 권리를 보장해야 한다.

(2) 주거공간의 최저기준 확보

우리나라의 최저생활보장은 소득과 의료보장, 사회복지서비스의 보장에 치중되어 왔고 주택부족 현상으로 노인에 대한 주택보장은 상대적으로 경시되어 왔다. 하지만 2011년 전국 주택보급율은 102.3%[11)]로 이제 100%를 초과하였기에 주거공간의 최저수준 보장은 최저생활보장의 내용에 포함되야 한다.

10) 이하의 내용은 박차상 외, 한국노인복지론, 2006, 학지사, pp. 154-156을 주로 참조하여 재인용.
11) 뉴시스 2012. 06. 07「올해 45만호 인허가 주택종합계획 확정」기사.

■ 최저주거기준

최저주거기준이란 인간다운 생활을 할 수 있는 필요조건으로서 최소한 보장되어야 할 주거생활의 기준을 말한다.

- 최저주거기준의 설정의 의의 : 우리나라의 주택정책이 주택건설 · 공급 확대라는 시설 및 물량 위주에서 주거의 질적 수준 재고도 고려하는 복지국가형 주택정책체제로 전환하게 되었다.

- 1990년대 이후 지속적인 주택 공급 확대 시책으로 주택의 양적 부족 문제는 상당부분 해소된 반면, 주거의 질적 수준 제고 및 저소득층에 대한 실질적인 주거 지원을 강화할 펼요성이 커지고 있음에 따라 건설교통부는 2001년 9월 23일 인간다운 생활을 할 수 있는 필요조건으로서 최소한 보장되어야 할 주거생활의 기준이 되는 '최저주거기준(건교부 고시 2000-260호)'을 공표하고 주택 공급 확대와 병행하여 '최저주거기준 미달 가구 해소'를 통한 주거수준의 질적 향상을 주택정책의 우선 과제로 삼기로 하였다.

- 설정된 '최저주거기준'은 ① 면적 기준, ② 시설 기준, ③ 구조 · 성능 · 환경 기준 등 세 가지 요소로 구성된다.

가. 면적 기준

가구원 수(인)	실(방) 구성*	총주거 면적(m^2)
1	1 K	12 (3.6평)
2	1 DK	20 (6.1평)
3	2 DK	29 (8.8평)
4	3 DK	37 (11.2평)
5	3 DK	41 (12.4평)
6	4 DK	49 (14.8평)
7 이상	4 DK	52 (15.8평)

주: K-부엌, DK-식사실 겸 부엌, 숫자는 침실의 수.

나. 시설 기준
- 침실 : 부부 침실 확보, 만 5세 초과 자녀는 부부와 침실 분리, 만 8세 이상 자녀는 침실 분리, 노부모 침실 분리
- 상수도 또는 수질이 양호한 지하수 이용 시설이 완비된 전용 부엌 및 전용 화장실 확보

다. 구조 · 성능 · 환경 기준
- 자녀는 침실 분리, 노부모 침실 분리

- 영구 건물로서 구조 강도가 확보되고, 주요 구조부의 재질은 내열 · 내화 · 방열 · 방습에 양호한 재질일 것
- 적절한 방음 · 환기 · 채광 · 냉방 · 난방 설비를 갖출 것
- 소음 · 진동 · 악취 · 대기오염 등 환경 요소가 법정 기준에 적합할 것

자료 : 주택 핸드북(2002: 60-61).

(3) 거주기회평등의 보장

노인과 장애인은 생활상의 장해요인과 위험[12]이 높다. 또 노인의 거주권리를 보장하기 위해 누구라도 어느 곳이든 원하는 지역에 거주할 수 있도록 해야 한다.

(4) 정상화의 실현

정상화 이념에 입각하여 장애노인이라고 할지라도 자립적으로 일상생활이 가능할 정도의 주택 및 지역 환경이 중요하다.

2) 노인주거보장의 방법

노인주거보장의 필요성과 원리에 기초하여 지역사회에 거주하는 노인을 위한 주거보장의 구체적인 방법은 다음과 같다(최성재, 1987: 349-355).

첫째, 일정 소득 이하의 노인에게 주택수당을 지급하는 제도(주택가격, 임대료에 따라 달리 책정될 수 있음)인데, 이 제도는 영국이나 스웨덴 같은 국가에서 채택하고 있다. 그러나 우리나라는 보편적인 주택수당제도는 없고, 2002년 10월부터 실시된 국민기초생활보장법에 의해 선별된 수급자에게 공공부조 성격의 신설된 주거급여를 제공하고 있다. 2015년부터는 국민기초생활보장제도 내 주거급여를 개편하여 소득 · 주거형태 · 주거비부담수준 등을 종합적으로 고려하여 저소득층의 주거비를 지원하는 제도로 개편이 되었으며, 선정대상은 기존의 수급자만 대상으로 하던

12) 2007 노인주거실태조사에 의하면 7.2%의 고령자가 주택 내에서 미끄러지거나 넘어지는 등의 안전사고를 경험하는 것으로 조사되었고, 농어촌의 경우 홀로 어르신의 20.3%(2007년, 농촌진흥청)로 전국 평균(3.2%)에 비해 크게 높아 농어촌 취약 노인에 대한 정책적 배려가 필요한 것으로 나타남.

것에 비해 폭을 넓혀 중위소득13)의 43% 이하(4인가구 181.5만 원)의 소득인정액이 있는 가정대상까지 확대되었다. 또한, 급여는 임차가구와 자가가구로 나누어 시행되는데, 타인의 주택 등에 거주하는 임차가구에게는 기준임대료를 상한으로 수급자의 실제임차료를 지원한다. 하지만 이 수준은 도시지역의 단칸방 월 임대료에도 못 미치는 수준이기 때문에 노인주택보장의 원리인 주거공간의 최저기준 확보 등과 비교하면 매우 미흡한 실정이다. 고령자의 특수성을 고려하여 최저주거기준 및 최소안전기준을 정립하여 지원기준을 마련하는 것이 요구되어진다.

표 6-9 주거급여

주거급여

임차가구는 전월세 비용을 지원**하고,**
자가가구는 낡은 집을 고쳐 드립니다.

임차가구

지역 및 가족 수에 따라 산정한 기준임대료를 상한으로
실제 전월세 비용(월임차료+보증금 환산액)을 지원합니다.

기준임대료 (단위 : 만원)

	1급지 (서울)	2급지 (경기/인천)	3급지 (광역시/세종)	4급지 (그 외)
1인 가구	19	17	14	13
2인 가구	22	19	15	14
3인 가구	26	23	18	17
4인 가구	30	27	21	19

자가가구

주택의 노후도에 따라 도배, 난방, 지붕 등 **종합적인 수리를 지원**합니다.

주택 개량 지원 내용

	경보수	중보수	대보수
수선비용	350만원	650만원	950만원
수선주기	3년	5년	7년
수선예시	도배, 장판 등	오 · 급수, 난방 등	지붕, 기둥 등

자료 : 보건복지부(2015), 맞춤형 기초생활보장제도로 생애주기별 맞춤형 복지 큰 틀 마련, 보도자료(2015. 7. 19), p. 10.

13) 중위소득이란? 전국의 모든 가구를 소득별로 순위를 매겼을 때, 한가운데 위치하는 가구의 소득을 말한다. 자료: 보건복지부(2015), 맞춤형 기초생활보장제도로 생애주기별 맞춤형 복지 큰 틀 마련, 보도자료(2015. 7. 19).

둘째, 주택임대료 보조 또는 할인제도다. 외국에서 이 제도는 공영주택인 아파트 등을 임대할 때 입주자의 소득 수준에 따라 임대료 일부를 보조해 주거나 할인해 주는 것이다. 이 같은 외국의 공영주택은 저소득층, 특히 노인 가족에게 우선적으로 임대된다. 이 제도는 공공부조제도이므로 자산 조사가 뒤따르게 된다.

한편 우리나라에서는 저소득층을 위한 주택정책으로 1988년 정부가 영구 임대주택을 건설하였으나, 독거노인 및 노인부부 세대는 가족 수 등 입주 우선순위에서 밀려 입주가 어려운 형편이다. 2010년부터는 보금자리주택 중 장기공공임대주택 총 세대수의 5%(비수도권 3%)를 고령자용 임대주택으로 지속 공급하고 있다.

셋째, 주택수리 및 개조에 대한 융자제도다. 이 제도는 노인의 생활상 장애를 제거하여 기존의 불편한 주택을 수리 및 개조하는 비용을 자가 소유의 노인에게 융자해 주는 제도인데, 고령화 사회에 진입한 우리나라에 도입이 절실히 요구된다.

넷째, 임대료 또는 재산세 변제다. 소득 수준에 따라 지불한 임대료나 재산세의 전부 또는 일부를 정부에서 변제해 주는 방식의 제도다.

다섯째, 노인의 일상생활 활동을 고려한 공영주택입주권 우선 부여제도다. 이는 제한된 공영주택 공급을 일정 연령 이상의 노인 가족에게 임대, 분양의 우선권을 부여하는 제도다.

3. 노인주거의 특성과 형태[14)]

1) 노인주거의 특성

(1) 노인 1인 가구의 증가

노인가구는 노인들만으로 이루어지거나 노인과 그 배우자만으로 구성된 가구를

14) 이하의 내용은 한국임상사회사업학회 엮음(2006), pp. 194-198, 노인복지론, 양서원에서 일부 발췌하여 주로 참고하였음.

말한다. 지금까지 우리나라는 노인부양에 관련된 최저 소득수준의 노인들을 양로원과 요양원 등의 시설보호를 통해 주거를 제공하였다. 그러나 고령화사회 속에서 노인 스스로 생활을 책임지는 경우가 늘어나고 있으며, 자녀들 역시 부양에 대한 태도가 변화되고 있다.

노인 1인 가구는 그 수가 꾸준히 증가하여 전체가구의 2000년 3.7%에서 2010년 6.1%로 급속이 증가하는 추세로 2015년 7.4%를 차지하여 지속적이고 급격한 증가 추이를 보이고 있으며, 2020년 8.8%에서 2030년에는 13% 이상으로 훨씬 빠른 속도로 증가할 것으로 예상하고 있다[15]. 이러한 요인은 노인인구 증가에 따른 노인부양에 대한 부모와 자녀 세대의 태도 변화, 경제적 능력 및 도시화에 따른 높은 이동 경향 속에서 세대 간 이동성의 차이가 영향을 미친 것으로 예상된다.

한편 노인의 생활실태조사(2011, 보건복지부)에 의하면, 우리나라 노인들의 여러 가지 이유로 인해 노인 1인세대가 급증하고 있으나, 자녀와 동거하는 이유와 1인가구로 생활하는 이유가 다양화되고 있다.

1인 가구의 이유로는 내가 경제적 능력이 있어서, 개인(부부)생활을 향유하기 위해서 등의 자발적인 이유가 가장 많았으며, 자녀의 결혼, 자녀가 타 지역에 거주하고 있어서 등 상황적 요인에 의한 것을 들 수 있다. 한편 기혼자녀와 동거하는 노인의 경우 주요 이유로는 기혼자녀와 동거하는 것은 당연하다는 규범적 이유가 가장 많았으며, 자녀에게 가사지원 · 손자녀 양육 등의 도움을 주기 위해서, 경제적 능력이 부족해서 등으로 인해 기혼자녀와의 동거를 희망하는 것으로 나타났다.

그리고 노인이 선호하는 거주형태를 살펴보면 일반 주택이나 아파트에 1인 가구로 생활하고 싶다는 응답이 74.2%로 절대다수를 차지해 거주형태의 인식에 있어서 큰 변화가 있음을 알 수 있다.

다시 말해서, 노인과 자녀 모두에게 부양에 대한 태도 및 가치관이 변화하고 있으며 노인들이 스스로 생활할 수 있는 여력이 있다면 자녀들에게 폐를 끼치지 않고 노인이 독립적으로 거주하는 것을 바람직하다고 생각하고 있으나 건강의 악화, 재정적 어려움 등의 문제가 발생할 경우 노인 1인 거주가 아니라 자녀와의 동거를 희망하고 있음을 알 수 있다. 그러나 앞으로 노인 1인가구의 비율은 계속적

15) 통계청(2015), 2015 고령자통계, 보도자료(2015. 09. 24), p. 20.

으로 늘어날 전망으로 추산된다.

(2) 노인가구의 거처 종류

윤주현(2002)의 연구에서는 노인가구 및 노인을 포함하고 있는 가구의 거처 종류에서는 1인주택의 비율이 압도적으로 높게 나타났다. 노인 1인 가구, 노인부부 가구 및 노인을 포함하고 있는 가구를 비교해 보면, 아파트 거주율은 노인을 포함한 가구에서 가장 높고, 그 다음이 노인부부 가구의 순으로 나타났다.

과거 20년간 노인 1인 기구와 노인부부 가구의 거처의 종류 변화를 살펴보면, 두 집단 모두에서 아파트 증가 경향이 가장 두드러진 변화를 보이는데, 특히 노인 1인 가구에서 아파트 거주 가구의 증가세는 일반 가구나 1인 가구의 상승률보다 높은 수준이다.

또한 집단 가구에 포함되는 노인복지시설에서 생활하는 노인의 수는 노인인구와 노인가구 수에 비교해 볼 때 거의 무의미한 수준으로 나타났으며, 1992년 2,522명에서 2010년 108,129명[16]으로 42배 가량 증가하였지만, 2010년 현재에도 노인 1인 가구 수(1,021,008명[17])의 11%에 못 미치는 낮은 입소율을 보이고 있다.

(3) 노인가구의 주거시설

일반적으로 주거시설의 질은 부엌과 화장실에서 뚜렷이 차이가 나는데, 노인 1인 가구와 노인부부 가구 모두를 일반 가구와 비교해 볼 때 입식 부엌을 사용하고 있는 비율이 상대적으로 낮았으며 목욕 시설과 수세식 화장실 시설 설비 역시 노인가구는 일반 가구에 비해 저조했다(윤주현, 2002).

이를 토대로 고려할 수 있는 사항은 노년기는 주택의 중요성은 높아지는 반면, 경제 활동의 축소로 인해 주택을 유지하거나 보수 및 수리하는 데 필요한 비용을 충당하기 어렵기 때문에 정부의 도움이 필요하며(홍숙자, 2000), 이는 주택의 시설

16) 2011 보건복지통계연보(제57호).
http://www.kocer.re.kr/xe/index.php?document_srl=281573

17) 한국의 보건복지동향, 2012.

및 설비가 노인의 신체적 기능 감퇴를 반영할 수 있도록(최성재, 1992) 적절하고 편리하게 마련되어야 한다는 것이다.

(4) 노인가구의 주거 환경

전통적으로 한국의 문화에서 집이라는 개념은 가족이 생활하는 거주지나 건물뿐만 아니라 가족이나 친족, 이미 사망한 조상까지도 구성 요소로서 포함되는 독특한 의미를 지닌다(최순남, 2000). 다시 말해서, 한국 노인에게 집이라는 개념은 건축물 그 자체만을 의미하는 것이 아니라 거주지를 둘러싼 환경까지도 포함하는 넓은 범위의 주거 공간을 의미한다.

이처럼 노인에게 있어 거주지를 둘러싼 주변 환경이 갖는 의미는 노후의 삶의 질을 결정지을 수 있는 중요한 요인으로 자리매김할 수 있다. 예를 들어 노인은 기능상 이동 거리가 멀리 있는 병원이나 기타 복지서비스 기관은 이용하기 불편하기 때문에 서비스 접근성이 용이하지 못하며, 이는 노인의 신체적 건강 문제를 뒷받침해 줄 의료서비스 및 사회적 역할 감소로 인해 야기되는 여가시간 활용 욕구를 수행해 줄 수 있는 통로가 차단되는 결과를 초래할 수 있다.

노인장기요양보험 운영센터별 자료(2012. 12. 31 기준)에서 대상별 등급 판정 현황에 의하면, 65세 이상 노인 중 일상생활을 위한 동작 수행에 있어 지장을 갖고 있어 도움이 필요한 노인(1~3등급)은 341,788명으로 전체노인 인구(통계청 고령자통계, 5,889,675명)의 5.8%에 이른다고 조사되었다. 또한, 일상생활 동작 수행에 불편함을 갖고 있는 잠재적 수혜자인 등급 외(A,B) 노인도 153,657명 2.6%로 나타났다. 그리고 등급 내 노인 중 일상생활을 위한 동작 수행을 전혀 할 수 없는 노인도 38,262명 11%로 나타났다.

2) 노인주거의 형태[18)]

노인주거의 형태는 다양하게 나누어 볼 수 있으나, 이 장에서는 독립형 주거,

18) 이하의 내용은 유성호 외 3인(2000: 394-399)과 박재간 외(1995: 321-327)를 주로 참고하여 재인용하였음.

반 의존형 주거, 의존형 주거로 분류하여 [그림 6-3]에서 설명한다.

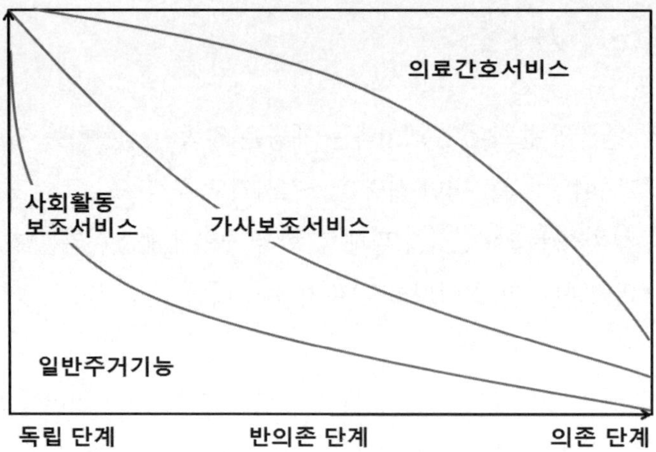

[그림 6-3] 노인주택의 정의

자료 : 박재간 외(1995:317). 노인을 위한 주거 환경.

일반적 주거 기능이 가능한 독립 단계에서 의존 단계로 이동할수록 거동 불편 노인에게 필요한 가사 보조, 의료간호서비스의 필요성이 증대된다. 이와 같이 보호 욕구와 의존도 증대에 따라 독립, 반 의존, 의존의 3단계 보호체계로 노인의 주거가 변하게 된다. 이미 서구 여러 나라에서는 주택정책 및 복지정책적 측면에서 의료서비스가 겸비된 보호시설, 간호 주거, 병원에 부속된 노인주거, 각종 서비스가 조직화된 주거시설, 노인독립주거, 퇴촌 등 노인을 위한 다양한 시설이 개발되고 있다.

(1) 독립형

의존단계 독립형 노인주거로는 기존의 일반 주거와 기존 주거의 질과 경제성을 고려하여 다른 사람의 도움 없이 독립적으로 일상생활을 할 수 있도록 계획된 주거 형태를 모두 포함한다.

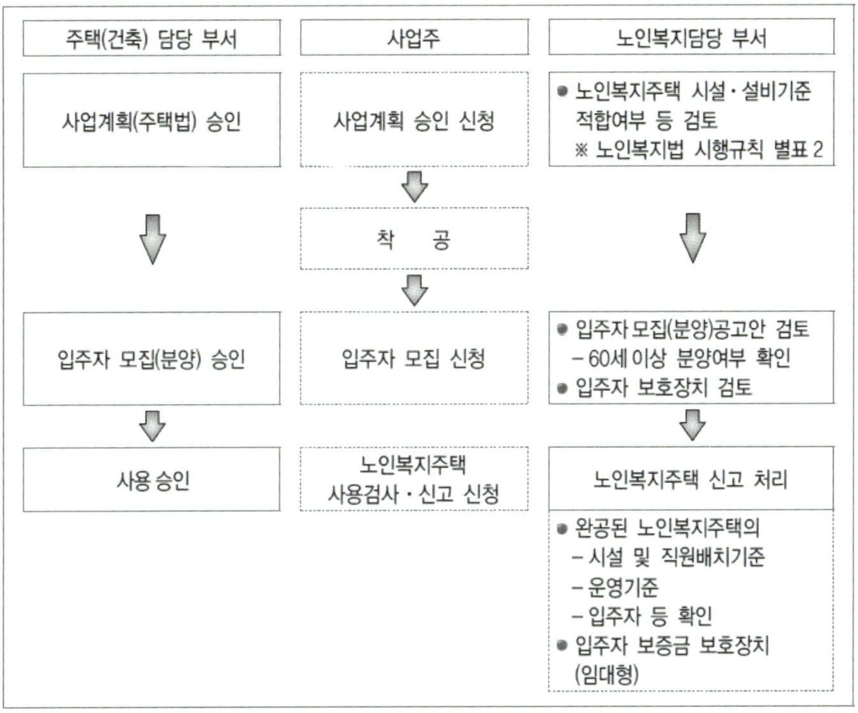

[그림 6-4] 노인복지주택 신고처리 절차

자료 : 보건복지부, 2012 노인보건복지사업안내

여기에는 노인 전용의 대단위 공동 주거 단지인 은퇴촌락(Retirement community), 소규모의 노인을 위한 단독주택, 저소득층 노인을 위해 정부에서 주거비의 일부를 보조하는 노인 전용 아파트, 다른 사람과 공동으로 생활하는 공동 사용 주택(shared housing), 에코(ECHO)주택 등 다양한 형태가 있다.

① 은퇴촌락

우리나라는 은퇴촌락 개념이 가장 많이 알려져 있다. 은퇴촌락은 노인을 위한 의식주 및 문화시설, 기본 의료시설을 구비한 종합 노인주거시설로서 집단이 함께 모여 형성된 형태로서 자녀와 떨어져서 독립된 생활을 향유하는 노인들의 공동생활 공간을 말한다. 소규모의 노인주택들이 친척, 친구, 동창 등을 중심으로 마련되기도 하지만 아직은 일반 주택과 분리된 노인만을 위한 독립형 주거는 많지 않은 실정이다. 노인복지법의 실비 노인복지주택[19], 유료 노인복지주택이 독립형 노인 주거에 해당된다.

주거복지동은 2010년 4월「장기공공임대주택지원법」개정을 통해 도입되었다. 장기공공임대주택 부지를 활용하여 기존 부대시설을 철거한 후, 별도의 동을 증축하고 주택과 복지시설을 설치하는 방식으로 공급된다. 무장애 설계로 건설하여 1·2인 노인 및 장애인을 우선 입주시키고 잔여 물량은 일반저소득 가구에게 공급할 예정이다. 주거복지동은 도심 내 공공임대주택 재고 확대 및 종합적인 복지서비스 제공에 기여할 것으로 전망되며, 현재 서울 영구임대 단지에서 시범사업이 진행 중이다.

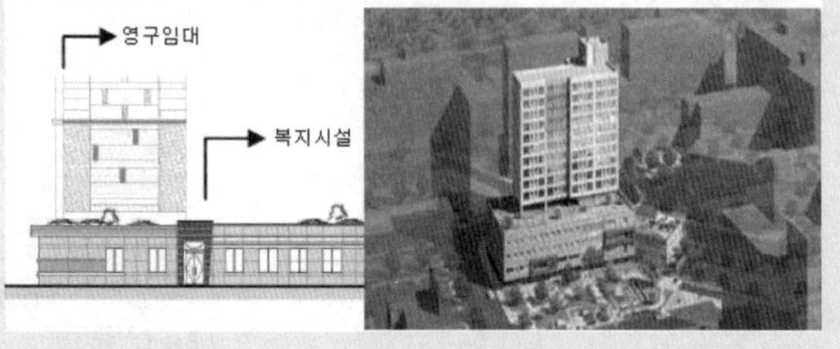

자료 : 이외희 외(2012)

② 에코(ECHO)주택

자녀 세대와 부모 세대가 같은 울타리 내에서 살도록 계획된 가족 지향적인 형태이다. 노인으로 하여금 가족과 가까이 있으면서 독립적으로 살 수 있도록 기존의 주택이 위치한 대지에 노인을 위해 지은, 작고 이동 가능한 일시적인 조립식 주택을 말한다. 즉 이 주택은 자녀들의 집 옆에 조립식 가건물을 세워 자녀들과의 상호 교류가 가능하도록 함으로써 노인들이 신체적·정서적·심리적 측면의 도움을 자녀들로부터 받을 수 있는 주택 형태라고 할 수 있다. 이 같은 주택은 노인과

19) 노인복지주택은 노인을 대상으로 급식, 주거의 편의 등을 제공할 목적으로 민간사업자가 전액 자부담으로 동 시설을 설치하고, 운영비는 입소노인의 본인부담으로 조달하여 운영하는 노인주거 복지시설이다. 노인복지주택은 단독취사 등 독립된 주거생활을 하는데 지장이 없는 60세 이상의 노인(배우자의 경우에는 60세 미만도 가능)에게 주거시설을 분양 또는 임대하여 주거의 편의·생활지도·상담 및 안전관리 등 일상생활에 필요한 각종 편의를 제공함을 목적으로 하는 시설. 2012 노인보건복지사업안내, 보건복지부.

그 가족에게 독립성과 프라이버시 안정성, 경제성 거주성을 제공해 준다.

③ 공동사용주택

2인 이상의 비혈연 관계에 있는 개인이 상호 이익을 위하여 인적· 재정적 자원을 공동 부담하여 주택을 공동 사용하는 것으로, 각 개인은 자신의 개인 침실을 독립적으로 소유하고 거실, 부엌, 식당과 같은 공동 영역을 공동으로 사용하는 형태의 주택이다. 이 형태의 주택은 혼자 사는 노인이나 고독과 소외 등의 어려움을 감당해 낼 수 없을 경우 선택할 수 있는 대안 중의 하나라고 할 수 있다.

(2) 반의존형

반의존형 주거는 독립형과 의존형의 중간 형태이다. 건강 악화로 인해 보호가 필요한 노인들에게 식사 및 집안일, 간호, 개인적 도움 등을 제공하는 주거 형태로 우리나라에서는 노인주거복지시설이 반의존형 주거 유형이다. 우리나라 전국에 노인주거복지시설은 2014년도 현재 총 443개소(양로시설 272개소, 노인공동생활가정 142개소, 노인복지주택 29개소)로 17,270명을 수용할 수 있다(통계청, 2015[20]).

(3) 의존형

의존형 주거는 장기간 보호가 필요한 노인들을 위한 시설로서, 장기요양 노인을 대상으로 하는 종합병원 형태의 재활시설을 갖춘 요양시설, 재활시설이 없는 요양시설 등이 있다. 현재 우리나라에서는 장기간 간호와 숙박 및 기타 서비스를 제공하고 있는 노인의료복지시설이 있는데 총 4,841개소(노인요양시설 2,707개소, 노인요양공동생활가정 2,134개소)가 있다(통계청, 2015[21]).

20) 통계청(2015), 2015 고령자통계, 보도자료(2015. 09. 24), p. 40.
21) 통계청(2015), 2015 고령자통계, 보도자료(2015. 09. 24), p. 40.

표 6-10

시설의 종류(노인복지법 제31조)[22]

종 류	시 설	설 치 목 적	입소(이용) 대 상 자	설 치
노인주거복지시설	양로시설	노인을 입소시켜 급식과 그 밖에 일상생활에 필요한 편의를 제공	○ 다음 각 호의 어느 하나에 해당하는 자로서 일상생활에 지장이 없는 자 가. 「국민기초생활보장법」 제2조에 따른 수급권자(이하 "기초수급권자"라 한다)로서 65세 이상의 자 나. 부양의무자로부터 적절한 부양을 받지 못하는 65세 이상의 자 다. 본인 및 본인과 생계를 같이 하고 있는 부양의무자의 월소득을 합산한 금액을 가구원 수로 나누어 얻은 1인당 월평균 소득액이 통계청장이 통계법 제17조 제3항에 따라 고시하는 전년도의 도시근로자가구 월평균 소득을 전년도의 평균 가구원수로 나누어 얻은 1인당 월평균 소득액 이하인 자(이하 "실비보호대상자"라 한다)로서 65세 이상의 자 라. 입소자로부터 입소비용의 전부를 수납하여 운영하는 양로시설 또는 노인공동생활가정의 경우는 60세 이상의 자	시장·군수·구청장에 신고
	노인공동생활가정	노인들에게 가정과 같은 주거여건과 급식, 그 밖에 일상생활에 필요한 편의를 제공		
	노 인 복지주택	노인에게 주거시설을 분양 또는 임대하여 주거의 편의·생활지도·상담 및 안전관리 등 일상생활에 필요한 편의를 제공	단독취사 등 독립된 주거생활을 하는데 지장이 없는 60세 이상의 자	〃
노인의료복지시설	노인요양 시 설	치매·중풍 등 노인성 질환 등으로 심신에 상당한 장애가 발생하여 도움을 필요로 하는 노인을 입소시켜 급식·요양과 그 밖에 일상생활에 필요한 편의를 제공	○ 노인성질환 등으로 다음 각 호의 어느 하나에 해당하는 자 가. 「노인장기요양보험법」 제15조에 따른 장기요양급여수급자 나. 기초수급권자로서 65세 이상의 자 다. 부양의무자로부터 적절한 부양을 받지 못하는 65세 이상의 자 라. 입소자로부터 입소비용의 전부를 수납하여 운영하는 노인요양시설 또는 노인요양공동생활가정의 경우는 60세 이상의 자	〃
	노인요양 공동생활 가 정	치매·중풍 등 노인성 질환 등으로 심신에 상당한 장애가 발생하여 도움을 필요로 하는 노인에게 가정과 같은 주거여건과 급식·요양, 그 밖에 일상생활에 필요한 편의를 제공		
노인여가복지시설	노 인 복 지 관	노인의 교약·취미생활 및 사회참여활동 등에 대한 각종 정보와 서비스를 제공하고, 건강증진 및 질병예방과 소득보장·재가복지, 그 밖에 노인의 복지증진에 필요한 서비스를 제공	60세 이상의 자	시장·군수·구청장에 신고
	경 로 당	지역노인들이 자율적으로 친목도모·취미활동·공동작업장 운영 및 각종 정보교환과 기타 여가활동을 할 수 있도록 하는 장소를 제공	65세 이상의 자	〃
	노인교실	노인들에 대하여 사회활동 참여욕구를 충족시키기 위하여 건전한 취미생활·노인건강유지·소득보장 기타 일상생활과 관련한 학습프로그램을 제공	60세 이상의 자	〃
재가노인복지시설	방문요양 서비스	가정에서 일상생활을 영위하고 있는 노인으로서 신체적·정신적 장애로 어려움을 겪고 있는 노인에게 필요한 각종 편의를 제공하여 지역사회 안에서 건전하고 안정된 노후를 영위하도록 하는 서비스	○ 장기요양수급자나 심신이 허약하거나 장애가 있는 65세 이상의 자(이용자로부터 이용비용의 전부를 수납받아 운영하는 시설의 경우에는 60세 이상의 자로 한다)로서 다음 각 호에 해당하는 자 가. 방문요양서비스 : 가정에서 보호가 필요한 자 나. 주·야간보호서비스 : 주간 또는 야간 동안의 보호가 필요한 자 다. 단기보호서비스 : 단기간의 보호가 필요한 자 라. 방문 목욕서비스 : 가정에서의 목욕이 필요한 자	〃
	주·야간 보호 서비스	부득이한 사유로 가족의 보호를 받을 수 없는 심신이 허약한 노인과 장애노인을 주간 또는 야간 동안 보호시설에 입소시켜 필요한 각종 편의를 제공하여 이들의 생활안정과 심신기능의 유지·향상을 도모하고, 그 가족		

22) 보건복지부, 2014 노인복지시설 현황.

		의 신체적·정신적 부담을 덜어주기 위한 서비스	마. 재가노인지원서비스 : 가목부터 라목까지의 서비스 이외의 서비스로서 상담 · 교육 및 각종 서비스가 필요한 자	
	단기보호 서비스	부득이한 사유로 가족의 보호를 받을 수 없어 일시적으로 보호가 필요한 심신이 허약한 노인과 장애노인을 보호시설에 단기간 입소시켜 보호함으로써 노인 및 노인가정의 복지증진을 도모하기 위한 서비스		
	방문목욕 서비스	목욕장비를 갖추고 재가노인을 방문하여 목욕을 제공하는 서비스		
	재가노인 지원서비스	그 밖에 재가노인에게 제공하는 서비스로서 상담 · 교육 및 각종 서비스		
노인보호 전문기관	노인보호 전문기관	시 · 도지사가 노인보호전문기관을 지정 · 운영, 노인학대 신고, 상담, 보호, 예방 및 홍보, 24시간 신고 · 상담용 긴급전화(1577-1389) 운영	노인학대행위자에 대한 상담 및 교육 학대받은 노인의 발견 · 상담 · 보호 등 노인학대 예방 및 방지를 위한 홍보	시 · 도지사 지정

4. 우리나라 노인주거보장의 현황과 과제[23)]

1) 노인주거복지정책의 전개

우리나라의 노인주거복지정책은 1981년 제정된 「노인복지법」에서 출발한다. 당시 노인복지법에서는 노인복지시설로서 양로시설, 노인요양시설, 유료양로시설, 노인복지회관을 규정하였는데, '주택'보다는 '시설'의 의미가 컸다. 그 후 1989년 법 개정을 통해 '노인을 입소시켜 저렴한 요금으로 주거의 편의를 제공함을 목적으로 하는 시설'로서 노인복지주택이 노인복지시설의 한 유형으로 등장하였다. 1998년에는 노인복지시설이 주거복지시설, 의료복지시설, 여가복지시설, 재가복지시설로 세분화되면서, 양로시설(무료, 실비, 유료), 노인복지주택(실비, 유료)을 노인주거복지시설에 포함시켰다.

2008년에 접어들면, 노인주거복지시설에 노인공동생활가정이 새로이 포함되었으며, 노인이 현 거주 주택에서 안정적인 생활을 영위할 수 있도록 재가복지서비스

23) 이하의 내용은 '남원석, 「고령화시대의 주거복지정책」, 도시와 빈곤 제98호 2012. 5/6'에서 발췌하여 재인용하였음.

(방문요양서비스, 주야간보호서비스, 단기보호서비스, 방문목욕서비스 등)를 제공하는 재가노인복지시설이 노인복지시설의 하나로 추가되었다. 이후 2010년에는 재가노인지원서비스(재가복지시설)를 신설(2010. 02. 24)하고, 2011년에는 노인전문병원(노인의료복지시설), 노인휴양소(노인여가복지시설)를 동법에서 삭제(2011. 12. 08)하였다.

그리고 국가와 지자체, 비영리법인, 민간 등 다양한 주체가 노인주거복지시설을 설치 · 운영할 수 있으나, 임의조항으로 규율되고 있어 국가, 지자체 등 공공의 의무로서 받아들여지고 있지는 않다. 또한 다음 〈표 6-11〉에서 보는 바와 같이 노인주거복지시설이나 재가노인복지시설이 양적으로 크게 늘어나고 있는 상황은 아니며, 노인주거복지시설이 포괄하고 있는 노인은 2만 명을 넘지 못하고 있는 실정이다.

이는 복지행정상의 노인주거복지정책은 「노인복지법」을 근간으로 시행된 반면, 주택행정상의 노인 주거복지정책은 특정한 법률에 기반하기보다는 필요에 따라 여러 정책 수단들을 활용하는 방식으로 이루어졌다.

이를 좀더 살펴보면, 1982년 국민주택기금 융자와 관련하여 노인을 부양하는 가족에 대한 융자금 할증과 이자율 인하 등의 금융지원이 이루어졌고, 1988년에는 대한주택공사가 3세대 동거형 주택을 개발하여 공급하였으나 주택규모가 협소하고 향후 매각에 어려움이 예상되는 등의 문제점으로 인해 이후 확대 공급되지 못했다(노영학 · 장정민, 2009).

2002년에는 「주택공급에 관한 규칙」을 개정하여 65세 이상의 직계존속 부양자 주택우선공급제도를 신설했다. 이제도에 따라 노인을 부양하는 가구는 국민주택 규모 이하의 주택에 대해 주택 공급량의 10% 범위 내에서 우선 공급받을 수 있게 되었다. 더불어 65세 이상의 직계존속을 1년 이상 부양하고 있는 가구에 대해서는 국민임대주택 입주시 가점을 부여하고 있다.

2004년에는 건설교통부가 장애인, 노약자를 위한 편의시설 설치기준을 마련하였다. 공공임대주택 최초 입주자 중 노인과 장애인이 있는 가족이 14가지 편의시설 중 필요한 시설 설치를 신청하면 대한주택공사 등 사업자가 입주 전까지 해당시설을 무료 또는 원가로 설치토록 하는 제도이다(박신영 외, 2008). 이를 통해 노인가구에 대해 욕실의 단차제거, 타일교체, 출입문 확대, 좌식샤워시설 등의 설치가 이루어졌다. 2005년에는 건설교통부 주도로 노인가구의 안전성과 편리성 제고를 위해 노인 가구 주택개조 기준 및 매뉴얼을 개발하였다.

표 6-11 연도별 노인복지시설 현황

(단위: 개소, 명)

종 류	시 설	2013		2012		2011		2010		2009	
		시설수	입소정원	시설수	입소정원	시설수	입소정원	시설수	입소정원	시설수	입소정원
합 계		72,860	174,592	71,873	167,884	70,643	158,839	69,238	163,136	66,854	130,421
노인주거 복지시설	소 계	435	18,592	416	18,179	414	17,450	397	17,270	360	14,353
	양로시설	285	12,782	285	13,164	303	12,509	300	11,906	285	11,561
	노인공동생활가정	125	1,049	108	887	87	710	75	618	56	438
	노인복지주택	25	4,761	23	4,128	24	4,231	22	4,746	19	2,354
노인의료 복지시설	소 계	4,585	139,939	4,352	133,629	4,079	125,305	3,852	131,074	2,712	99,350
	노인요양시설	2,497	121,774	2,610	118,631	2,489	111,457	2,429	107,506	1,642	82,271
	노인요양공동생활가정	2,088	18,165	1,742	14,998	1,590	13,848	1,346	11,361	1,009	8,504
	노인전문병원							77	12,207	61	8,575
노인여가 복지시설	소 계	64,983		64,077		63,375		62,469		61,065	
	노인복지관	319		300		281		259		237	
	경로당	63,251		62,442		61,537		60,737		59,543	
	노인교실	1,413		1,335		1,557		1,464		1,280	
	노인휴양소							9		5	
재가노인 복지시설	소 계	2,832	16,061	3,003	16,076	2,750	16,084	2,496	14,792	2,696	16,718
	방문요양서비스	1,042		1,113		1,180		1,118		1,228	
	주야간보호서비스	848	14,996	840	15,160	842	15,154	786	14,086	714	12,768
	단기보호서비스	110	1,065	94	916	95	930	67	706	288	3,950
	방문목욕서비스	603		633		633		525		466	
	재가지원서비스	229		323							
노인보호 전문기관	노인보호 전문기관	25		25		25		24		21	

주) 유료노인복지주택 입소정원 : '08 및 '07년에는 시 · 군 · 구 조사자료에 의거 입소정원을 표기하였으나, 현실적으로 주택은 1세대에 1명 또는 여러 명이 거주 가능하므로 입소정원이 없음. 따라서 '09년부터는 노인복지주택의 입소정원을 세대수로 표기함('08년 노인복지주택 세대수는 2,596세대, '07년 2,012세대임).

주) 재가노인복지시설 현황은 노인복지법에 의거 설치 · 신고된 시설 현황자료임.

자료 : 보건복지부(2014), 노인복지시설 현황.

2006년에는 「국민임대주택 건설 등에 관한 특별조치법」에 따라 고령자용 국민임대주택 시설에 관한 기준이 마련되었으며, 고령자용 국민임대주택 시범사업을 시행하여 2010년까지 총 7,240호에 대한 사업승인이 이루어졌다. 2007년에는 한국주택금융공사가 역모기지제도인 주택연금을 도입하여 자가 소유 노인가구가 주택을 담보로 노후 생활자금을 연금형태로 지급받을 수 있게 되었다. 또한 현 정부 들어서는 2010년 5월 고령자용 국민임대주택 시설 기준을 개정한 '고령자용 보금자리주택 설계기준'이 마련되어 장기공공임대주택 공급량의 5%(비수도권 3%) 이상을 고령자용 임대주택으로 공급토록 하였다(국토해양부, 2011).

한편, 2008년에는 노인에 대한 주거지원을 규율하는 법적 근거가 미흡하다는 인식하에 「고령자 주거안정법」 제정이 추진되었다. 그러나 장기간 국회 계류상태를 지속하다가 장애인 주거지원법안과 병합심사를 통해 2012년 2월 「장애인·고령자 등 주거약자 지원에 관한 법률」로 제정되었다. 2012년 8월에 시행되는 동법은 65세 이상 노인과 장애인 등을 주거약자로 규정하고, 국가와 지자체의 의무와 함께 주거지원계획 수립, 주거실태조사, 주거약자용 주택 공급 및 편의시설 설치기준 설정, 주택개조 지원, 주거지원센터 설치 등의 내용을 담고 있어, 그 동안 다소 산발적으로 시행해 온 주택행정의 노인 주거복지정책을 체계화하였다는 의의가 있다.

이상에서 복지행정과 주택행정으로 구분하여 노인 주거복지정책의 전개과정을 간략히 살펴보았다. 대체로 고령화 사회로 접어든 2000년을 지나면서 정책수단이 다양해졌으며, 복지행정보다는 주택행정을 중심으로 다양한 시도가 이루어졌다고 볼 수 있다. 이를 요약하여 정리하면 다음 〈표 6-12〉와 같다.

표 6-12
노인주거복지정책의 변천

구분	2000년 이전	2000년 이후
복지행정	• 노인복지법제정('81) • 노인복지주택 개념 등장('89) • 민간단체나 개인의 유료노인복지시설 설치운영 허용('93) • 노인주거복지시설 개념 등장('98)	• 저출산 고령사회 기본법 제정('05) • 노인주거복지시설에 공동생활가정 포함, 재가노인복지시설 개념 도입('08)

주택 행정	• 노인부양 가족에 대한 국민주택기금 융자 할증 및 이자율 인하('82) • 대한주택공사 3세대 주택공급('88)	• 직계존속 부양자 주택우선공급('02) • 공공임대 편의시설 설치기준 마련('04) • 노인가구 주택개조 기준 및 매뉴얼 개발('05) • 고령자용 국민임대주택 시범사업('05) • 주택연금제도('07) • 고령자용 보금자리주택 공급, 기존 단지에 주거복지동 설치('10) • 주거약자지원법 제정('12)

자료 : 남원석, 「고령화시대의 주거복지정책」, 도시와 빈곤 제98호 2012. 5/6, p. 84.

2) 노인주거보장의 과제

앞서 언급한 바와 같이 우리나라 노인주거보장정책의 출발은 1981년 제정된 「노인복지법」으로 본다면, 정책의 성과를 차치하더라도 30여 년의 역사가 있었다고 할 수 있다. 그러나 고령화 사회진입 이후 우리나라 노인인구는 지속적으로 증가되고 자녀들과 별거하는 노인들도 더욱 많아지고 있다. 그러므로 현재 거의 방치되고 있는 노인의 주거보장이 점차 정책적 과제로 부과될 것이다. 이러한 문제를 해결하기 위해 30년간 전개된 노인주거보장정책을 평가한다면 다음과 같이 몇 가지 사항으로 정리할 수 있다.

첫째, 노인주거복지정책의 목표가 명확히 정립되어 있다고 보기 어렵다. 그 동안의 정책을 돌아보면 특별법에 의존하는 경향이 있어 일정한 정책목표 하에서 일관된 경향성을 보이고 있지 않다. 과연 고령자용 주택을 양적으로 다량 확보하는 것 이상의 철학적 기반이나 문제의식이 있었는지 돌아볼 필요가 있다(남원석, 2012).

둘째, 정부의 기본적인 정책방향은 노인의 가족부양을 장려하는 정책이었다고 할 수 있다. 일차적으로 가족에게 부양부담을 담당토록 하고 가족의 부양이 한계에 다다른 경우 사회보장이 적용되는 식이었다. 노인부양 가족에 대한 우선공급제도나 주거복지시설 중심의 정책이 그 예라고 할 수 있다. 그러나 가족이 점차 핵가족화 또는 점가족화[24] 되고 이혼 등으로 소규모화됨으로써 노인부양 기능이 점차

24) 1인가족.

약화되고 있는 상황을 고려할 때, 가족부양 장려가 전제된 정책방향은 일정부분 수정이 필요할 것이다(남원석, 2012).

셋째, 노인주거복지정책에 대한 담당부처가 보건복지부와 국토해양부로 이원화되어 있다는 문제가 있다. 보건복지부는 노인복지법에 근거하여 주거복지시설과 재가노인복지서비스가 중심을 이루고, 국토해양부는 실제적인 주택공급정책을 담당하고 있다. 그러나 양 부처간의 정책적 연계는 미흡한 실정이다. 이러다 보니 주택과 서비스의 원활한 연계가 어렵고 보다 종합적이고 체계적인 정책수립에 한계를 보이고 있다고 생각된다(남원석, 2012). 앞으로 노인인구의 지속적인 증가를 고려할 때 노인의 주거복지를 위한 종합적이고 독립적인 전담 기구의 구성이 필요하다. 이러한 기구는 기존의 서비스와 프로그램을 종합하거나 조정하는 기능 외에도 노인주거보장의 모든 분야에 정책 자원 지원 · 개발 및 관리 역할을 담당해야 한다(한국임상사회사업학회, 2006, 일부 발췌).

넷째, 2000년 이후 노인을 고려한 주택정책이 국토해양부를 중심으로 다수 등장했으나 주로 공공주택의 신규공급을 통해 대응하려는 경향이 컸다. 이미 언급한 바와 같이 노인은 주거이동보다는 자신이 살던 곳에서 계속해서 독립적인 생활을 더 할 수 있도록 하기 위한 정책수단도 함께 정비될 필요가 있었다고 생각된다. 그러나 기초생활보장제도에 의해 자가 수급자 가구에게 3년마다 제공되는 집수리 사업(현물급여)을 제외하면 노인을 특별하게 고려한 주택개조 프로그램이 없는 실정이다(남원석, 2012).

다섯째, 네 번째 사항의 연장선상에서 현재의 주거복지정책은 노인들의 주거선택의 폭을 확대하는 데까지는 나아가지 못하고 있다. 2000년 이전에는 노인주거복지시설이 중심이 되었고, 2000년 이후에는 노인 전용 임대주택 공급이 강조되었는데, 노인이라는 인구집단이 동질적이라고 볼 수 없기 때문에 개별/하위유형별 특성에 부합하는 적절한 주택과 서비스가 제공될 필요가 있다. 이를 통해 주택과 주거환경에 대한 노인들의 선택지를 다양화해야 할 것이다(남원석, 2012).

마지막으로, 현재의 노인주거복지정책은 주로 노인들이 거주하는 주택에만 초점을 맞춰 왔지만, 주택 외부의 환경이 노인들의 생활과 이동에 적합하지 않다면 이 또한 노인들의 주거복지 수준을 저하시키는 요인이 될 것이다. 교통, 공원, 지역복지서비스 등과 관련한 노인친화적인 주거환경도 노인주거복지정책의 일부로서 사고할 필요가 있다(남원석, 2012).

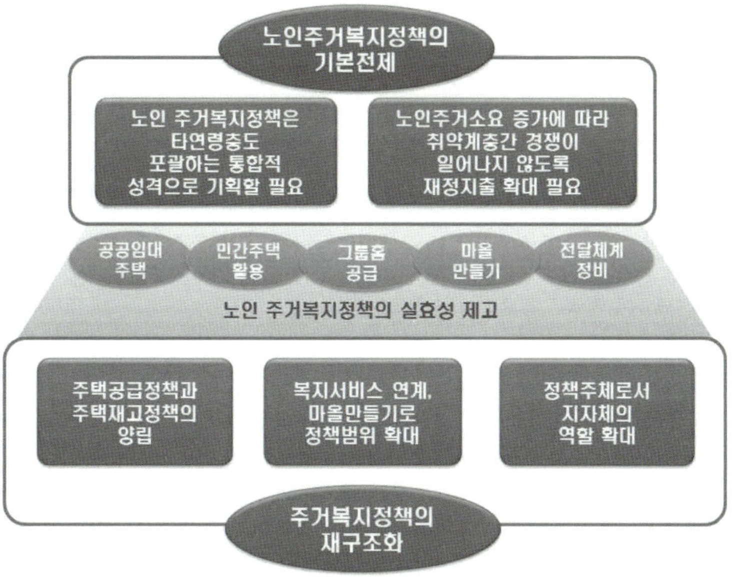

[그림 6-5] 노인주거보장정책을 위한 전개

자료 : 남원석, 2012 「고령화 시대의 주거복지 정책」, 도시와 빈곤 제98호(2012. 5/6).

생각해 볼 문제

1. 노인주거보장의 개념을 설명하시오

2. 노후 생활에서 주거보장이 중요한 이유는 ?

3. 우리나라의 노인주거보장정책은?

4. 노인장기요양보험과 주거보장의 관계는?

제 3 부

노인복지 서비스

제7장

노인케어와 케어 매니지먼트

1. 케어
2. 케어 매니지먼트

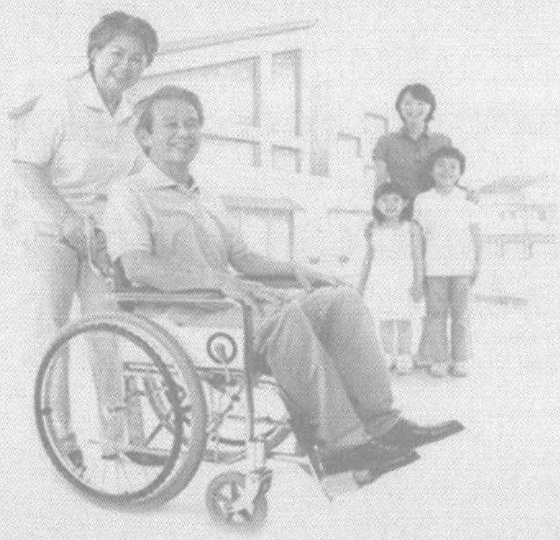

1. 케어

1) 노인케어의 개념

노인케어(care for elderly)는 한 마디로 노인을 대상으로 하는 케어활동을 말한다. 케어(care)는 우리말로 돌봄, 수발, 보호, 간병 등으로 해석될 수 있다.

지금까지 케어와 관련하여 많은 연구들이 있었음에도 불구하고 아직도 그 개념에 대해서 명확하게 합의하거나 확립된 것은 없다. 케어의 개념은 각 사회의 문화적 차이와 가치, 케어를 조직화하는 방식 등에 따라 다르게 정의할 수 있으며 한 사회 내에서도 케어의 사회적 존재 방식과 케어가 존재하는 다양한 영역(개인관계, 가족, 정책, 전문영역)의 변화에 따라 지속적으로 변화해 가고 있다.

일본의 사회복지사전(1974)에서는 케어에 대응하는 말인 개호(介護)에 대하여 “질병, 상해 등의 일상생활에 지장이 있는 경우 개조(介助 : 거동하기 어려운 자에게 식사, 배달, 배설 등의 수발)하는 것과 신변의 원조(취사, 장보기, 세탁, 청소 등을 포함)를 하는 것”이라고 하였으며, 1987년 국가자격증인 ‘개호복지사’ 제도가 만들어지고 난 뒤 케어복지(介護福祉)란 용어가 학술서에 나타나기 시작하였다.

1989년 『介護福祉概論』에서 오카모토(岡本)는 케어를 종래의 단순한 원조수발의 개념이 아닌 신체적 · 심리적 · 사회적 각 수준에 미치는 개념으로 인식하고, 특히 복지의 전문성, 즉 지식, 기술, 가치의 실천이라는 현장을 통해 전개되는 활동이라고 주장하였다. 케어는 종래의 수발이 간병과는 달리 그 사람의 생활 전체에 관심을 갖고 그 사람의 사회적 기능과 사회관계와의 관련 하에 가능한 한 자립의 달성을 목표로 한 일련의 신체적 · 심리적 · 사회적 원조라고 할 수 있다.

일반적인 개념으로 케어를 구분하면 다음과 같다.

좁은 의미의 케어란 케어서비스의 이용자에게 제공되는 식사, 배설, 수면, 청결, 옷 갈아 입히기, 안락한 체위의 확보, 이동동작의 케어 등을 포함하며, 이에 더하여 욕창방지, 사고예방, 심신기능의 저하 방지를 위한 운동, 레크리에이션, 호스피스케어 등의 원조가 포함된다. 넓은 의미의 케어는 다양한 문제에 직면한 사람들을 도와서 문제를 해결하고 인간다운 생활을 영위하게 하는 모든 활동을 포괄적으로 말한다. 즉, 생활기능이 저하되고 일상생활의 영위가 어려워진 경우 본인 만이 아니라 주위 사람들이 이를 도와 가능한 한 자립생활이 가능하도록 원조하는 것을 의미하며, 이러한 의미에서 케어는 복지라는 의미로 파악하여야 한다. 따라서 확대 광의의 케어 범위는 주택개조, 케어 매니지먼트 등의 재가서비스, 시설케어의 이용과 관련한 직·간접적인 케어서비스 전반을 포함한다(이해영, 2003).

케어에는 걸을 수 없는 사람을 휠체어로 이동시키는 '소극적 케어'가 있으며, 잃어버린 기능을 보완하는 '기능적 케어'와 전문가가 판단하여 지시하는 대로 따르는 '보호적 케어'가 있다. 그러나 우리가 추구하고자 하는 케어복지라는 개념은 '적극적 케어'의 의미로써 단순한 간병이나 간호기술을 목표로 하는 것이 아니다. 이용자의 개별화를 존중하고 선택의사를 존중한 자기결정권을 기초로 한 생활 전체에 적극적으로 관련한 가치 개념이며, 이를 구체화하는 전문성을 발휘하는 방법·기술의 총체라는 개념이다. 즉, 케어란 일상생활의 원조 행위로 인간성 존중을 기초로 지식과 기술을 동반한 전문적인 원조 행위이며 자립, 자기실현을 목표로 한 복지서비스로 정의할 수 있다(김현숙, 2008). 노인케어의 실천방법은 노인의 심신에 대한 안녕과 인간다운 삶을 영위할 수 있도록 필요한 서비스를 제공하기 위한 전문적이고 기술적인 실천방법이라 할 수 있다.

2) 케어의 필요성과 배경

전통적으로 돌봄은 가족을 중심으로 하는 사적 영역에 속해 있었다. 돌봄은 가족과 친족이라는 관계를 통해 제공되는 가정 내에 개별적 비지불(unpaid) 서비스와 관련된 것이었으며, 동시에 돌봄이 수행되는 관계에 의해 규정되었다[1]. 이때 돌봄의 성격은 주로 애정이나 이타적 사랑 등 윤리적, 관계적 차원에서 규정되었다. 그러나 현대사회에서 가족기능의 변화와 함께 현대 복지국가에서는 가족이 담당하던 돌봄 기능을 사회화하여 공적 영역에서 이를 수행하도록 하였으며, 이에 따라 유급 돌봄 전문가들이 돌봄을 필요로 하는 노약자들에게 전문적인 서비스를 제공하게 되었다.

심각한 고령화 문제와 가족구조의 급격한 변화, 여성의 사회참여 증가에 따라 사적 영역에서 수행되던 노인에 대한 돌봄은 공적 영역에서 관리가 필요하게 되었다.

표 7-1

65세 이상 노인인구 추계

구분	2010	2018	2026	2030
총인구	48,875	49,340	49,039	48,635
65세 이상	5,357	7,075	10,218	11,811
비율	11%	14.3%	20.8%	24.3%

〈표 7-1〉의 65세 이상 노인인구 추계에서처럼 매년 노인인구는 증가하게 되고 돌봄을 필요로 하는 치매와 와상 노인의 수도 함께 늘어나면서, 돌봄을 필요로 하는 노인이 증가하였다. 이에 따라 노인돌봄시설도 2007년 2,988개소에서 87,812명을 돌보았고, 2011년에는 7,243개 시설에서 158,839명의 노인을 보살피고 있어 돌봄에 대한 보다 전문적인 대책이 요구되어지고 있다.

1) 최희경(2009), 노인에 대한 사회적 돌봄과 돌봄 서비스의 질 보장, 아산재단연구총서 제274집.

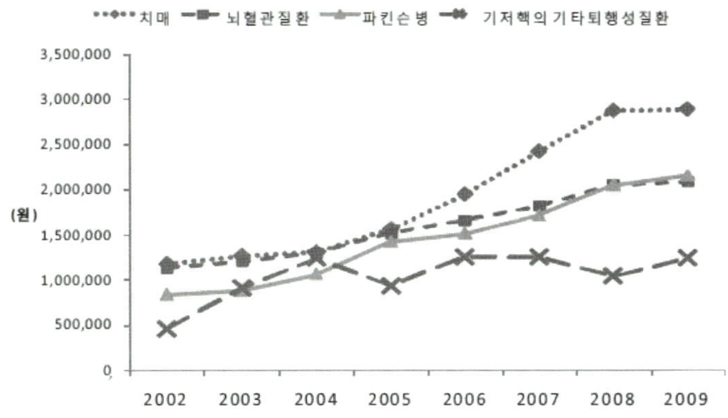

[그림 7-1] 연도별 노인성 질환별 1인당 총진료비 추이(2011년 건강보험통계연보)

위 [그림 7-1]의 연도별 노인성 질환별 1인당 총진료비 추이를 살펴보면, 연도별 진료실 인원은 뇌혈관질환이 가장 많았고, 2002년 대비 2009년 증가율은 치매가 4.51배로 가장 많이 증가하고 있다.

노인성질환의 전체 1인당 진료 이용량은 꾸준히 증가하고 있고, 치매와 파킨슨병의 증가가 두드러지게 나타나고 있다. 특히, 치매 증가폭이 2005년을 기점으로 급격하게 증가하는 것으로 나타나고 있다. 이를 65세 기준으로 대상자를 나눠서 살펴보면, 65세 미만인 자에서 꾸준한 증가 양상을 보인 반면, 65세 이상인 노인에게서는 치매와 파킨슨병이 2005년을 시작으로 급격한 증가를 나타나고 있다.

3) 케어자의 내적 조건 및 윤리

(1) 케어자의 내적 조건

케어자가 질 높은 케어서비스를 제공하려면 인간의 기본적인 욕구를 알아야 하고, 신체적 또는 정신적 문제로 일상생활을 하는데 문제가 있는 대상자의 생활이 가능하도록 과학적이고 기술적인 방법을 익혀야 할 것이다. 존엄을 생각하는 케어를 실천하기 위해서는 이용자의 삶의 에너지를 조금씩 이용하는 것이 아니라 이용 가능한 양의 에너지를 최대한 활용하여야 하며, 도움을 일방적으로 제공하는 것이 아니라 도움을 받는 쪽과 주는 쪽이 같은 존엄의 문화를 공유하지 않으면 안 된다. 이러한 존엄을 생각하는 케어를 실천하기 위해 사회복지사에게 요구되는 내적 조건으로 5H가 있다.

- 따뜻한 마음(Heart)
- 냉정한 두뇌(Head)
- 능숙한 기능(Hand)
- 인간관계(Human Relationship)
- 심신의 건강(Health)

(2) 케어자의 윤리

윤리는 '사람으로 마땅히 지켜야 할 도리'로 정의되며, 어떤 것이 옳고 잘못된 것인지에 관한 것으로 도덕이 포함되어 있다. 또한 무엇을 해야 하고 하지 말아야 하는지에 관한 선택과 판단의 기준이 된다. 선택과 판단은 일반적으로 문화, 종교, 교육 그리고 경험에 기초하는 개인 자신의 가치와 도덕적 규범에 의해 이루어진다. 직업인으로서 케어자에게 일반적으로 적용되는 윤리는 다음과 같다.

① 손해를 초래하지 않을 것

해를 끼치지 않는 케어행위는 대상자의 요구를 단순히 받아들이는 것이 아니라, 생명과 생활의 안녕과 안전을 보증할 수 있는가를 판단의 기준으로 한 행위이다.

② 자기결정의 존중

대상자에게는 '안전의 권리', '알 권리', '선택의 권리', '의견을 알 권리'라는 네 가지 권리가 있다. 대상자는 원조를 구하는 주체로서 자신이 원하는 것을 경청할 권리가 있다.

③ 정의에 근거한 전문성의 획득

케어자는 인간의 생명력, 생활력을 실천의 양식으로 하여 대응해 가는 능동적인 활동이라는 사실에 자부심을 가져야 한다.

④ 최선의 케어방법 추구

경우에 따라서 케어자는 대상자의 오랫동안 잘못되어 온 생활상의 문제를 해결하기 위해, 그리고 생명의 위협을 제거할 목적으로 대상자의 자유를 제약하거나 원치 않는 과제를 부여해야만 하는 경우가 있다. 이러한 경우에 대상자에게 최선이 되는 케어방법을 추구한다.

⑤ 실천을 통한 학습

직업윤리는 생명윤리에서 중요한 과제이며, 현실에서 당연히 확보해야 할 '생활의 질', '인권'을 지향하는 경우에 항상 일어나는 문제다.

⑥ 해서는 안 되는 것과 불가능한 것을 거부하는 용기

케어자의 역할과 책임을 벗어나는 행위는 절대 해서는 안 된다.

⑦ 복지, 의료와 관계되는 여러 직종과의 연계

대상자에게 효율적인 서비스 제공을 하기 위해서는 여러 직종의 전문가들과 제휴가 필요하다.

4) 케어 실천의 원칙과 태도

(1) 대상자를 이해하기 위한 시점(視點)

① 넓은 시야로 대상을 본다. 즉, 신체적, 심리적, 사회적 측면에서 종합적으로 파악한다.
② 인간의 일생을 멀리 바라본다. 즉, 성장 · 발달의 단계와 발달과제를 이해하고, 그 사람의 성장, 자립에 대해 그리고 삶의 보람을 이해한다.
③ 인간의 공통적인 측면과 개인의 차이를 파악한다.

④ 장애의 정도와 개별적 상황을 파악한다.

⑤ 가족과 사회생활의 관련하에 개인을 이해한다.

(2) 케어 실천의 원칙

① 행동을 허용한다.

케어는 상대를 지배하고 명령하고 관리하는 것이 아닌, 어디까지나 생활의 주체자로서 자립을 향한 생활이 가능하도록 원조하는 것이다. 예를 들어 대상자가 고혈압 환자인데 담배를 계속해서 피운다면 금연을 제한할 것이다. 담당자는 건강관리의 책임이 있기 때문에 강제적으로 금지시키기 쉬운데 이용자의 신체 상황을 설명하고 이용자의 자주성을 끌어 내고 존중하는 케어가 되도록 해야 한다. 이용자의 안전과 자유라는 관점에서 케어를 생각하는 자세가 필요하며, 권고는 가능해도 제지는 가능하지 않는 한계에 대해 사회복지사는 늘 고민해야 한다. 따라서 행동을 허용하는 것에 대한 학습이 필요하다.

② 개인의 프라이버시를 지킨다.

케어자에게 특히 주의를 요하는 문제는 목욕원조나 기저귀 교환 등 신체를 보이는 경우 마음까지 벗겨서는 안 된다.

③ 인간의 가치를 존중한다.

인간에 대한 가치의 명확화가 필요하다. 나이가 듦에 따라 신체가 부자유스러워지거나 여러 행태의 수행능력이 떨어지게 되면 결과적으로 사회적 지위가 낮아진다고 하는 가치관이 일반적인 가치의 척도가 되고 있다. 일상생활의 자립이 불가능하게 되면 살아도 별 수 없거나 죽은 편이 낫다고 생각한다. 그러나 인간의 생명은 그 무엇과도 바꿀 수 없으며 신체의 장애와 상관없이 존재하는 그 자체에 의의가 있음을 케어를 통해 배워야 한다.

④ 함께하는 케어가 되도록 한다.

케어가 노인과 장애인의 자립을 손상시켜서는 안 된다. 과도한 간섭이나 요구대로 해 주는 것이 좋은 케어가 아니다. 케어는 자립을 목적으로 하는 것으로 결코 의존심을 증가시키는 것이 아니다. 대상자가 가지고 있는 잔존기능과 의욕을 끌어내어 케어에 함께 참가하고 협조하도록 하는 것이 바람직하다. 아무것도 할 수 없는 사람이라 할지라도 케어를 받는다는 역할을 할 수 있다. 케어를 받는다고 하는 행위를 단순히 수동적 역할로 보는 것이 아니라 그 가운데 능동적인 역할을 하도록 하여 비록 케어를 받지만 케어에 참가하는 것이 자신의 의지로 표현된다면 상대에게 도움이 된다는 자기 유용감을 가질 수 있다. 생활의 주체자라는 의식을 갖도록 케어해야 한다.

⑤ 좋은 인간관계를 확립한다.

무기력하고 늘 같은 행위를 반복하는 노인에 대해 귀찮아하지 않고 반복하여 설명하거나 격려하는 것이 가능한 것인가? 케어 실천에는 수용과 허용이 필요하다. 사람들이 제각기 나름대로 시간을 보낸 것을 허용해야 한다. 단순히 TV 앞에 앉아 있는 것이 별로 보람된 일이 아니라든가, 늘 꾸벅꾸벅 졸고 있는 것은 시간을 낭비하는 것이라는 자신의 가치관으로 이용자의 생활을 판단하지 않도록 해야 한다. 이러한 행위가 그 사람이 시간을 보내는 방법이라고 한다면 이것이 가능한 원조가 되어야 한다. 좋은 인간관계를 형성하기 위해서는 작은 격려와 동의가 좋은 성과를 가져오기도 한다.

⑥ 심리적으로 안정되도록 지지한다.

부드러운 말과 마음의 표현이 안정과 안심감을 주는 매우 중요한 요소이다. 노인들은 불안하면 계속 누군가가 자기 곁에 있어 주기를 바란다. 요양원에서 계속 Callbell을 누르는 할아버지가 계셨다. 이럴 때 화를 내거나 짜증스런 표정이면 그 횟수도 잦아지게 된다. 그럴 때에는 “뭔가 불편하신가 보군요, 무엇을 도와드릴까요?”라며 부드러운 말로 여쭈고 잠시 곁에 있어 주었더니 “마음이 불안해서요……이제는 언제든지 선생님이 올 것이라는 믿음이 생겼어요.”라며 콜벨 누르는 행동이 멈추었다.

사람을 중요하게 여기는 것은 공감의 뜻을 상대에게 전달하는 것이다. 상대가 마음을 이해했다는 것을 확실하게 전해야 비로소 공감이라고 할 수 있다. 이것은 아래 〈표 7-2〉와 같이 커뮤니케이션(communication)으로 이루어진다. 인간은 언어적·비언어적 신호를 많이 사용하면서 커뮤니케이션을 한다. 상대의 생각을 알게 되면 그것을 말로 확인한다. 시선은 맞는지, 상대와의 거리는 어쩐지, 몸짓, 손짓이 말과 모순되지 않는지 등 몸 전체로 표현하며 심리적으로 지지하는 것이 중요하다.

표 7-2

커뮤니케이션 방법으로 신뢰도가 높은 신체순위

순서	신체	태도
1	다리	상대를 향해 발을 한 걸음 내딛으면 친밀감은 몇 배나 커진다.
2	자세	몸의 앞쪽은 받아들인다는 신호이고, 등은 거부 신호이다. 똑바로 마주 보는 것은 기본이다.
3	손짓	의미 없는 손짓이 오히려 신뢰도를 높인다. 예를 들어, 사회복지사가 노인에게 거짓말을 할 때 거짓말이란 것이 손 끝이나 태도에 나타난다.
4	표정	적어도 표정만은 정확히 표현하도록 노력해야 한다.
5	말	상대의 생각을 먼저 알고 말할 수 있다면 케어하는 사람의 능력이 뛰어난 것이다. 생각과 같은 말로 확인하는 것이 중요하다.

⑦ 일상성을 존중한다.

이용자가 장애로 인하여 이전과 다른 사람처럼 행동해야 하는 것이 아니라 지금까지의 생활방식대로 그 사람다운 생활이 되도록 케어하는 것이다. 노년에 신체가 불편하게 되었다는 이유로 인간다운 생활을 못하거나, 시설의 경우 금지규정이 많다면 아무리 좋은 서비스 제공을 한다 하더라도 답답하고 불안해할 것이다. 시설에 입소하게 될 경우, 본인이 친근하게 여기는 물품을 가지고 올 수 있도록 허용하거나 익숙한 환경을 조성하는 것이 바람직하다.

(3) 케어자의 태도

① 기본적으로 갖추어야 할 태도

- 친절 — 대상자는 가족이 아닌 다른 사람의 돌봄을 받아야 하는 것 만으로도 불안하고 두렵기 때문에 안락하고 편안한 응대가 필요하다.
- 성실과 책임감 — 클라이언트와의 약속은 사소한 것이라도 반드시 지켜야 한다. 망(忘), 잊는다는 것은 그 순간 클라이언트에게 집중하지 못함이고 노인은 그 시간을 기다려 줄 시간적 여유가 없기 때문에 자기 업무에 충실하고 책임있게 하여야 한다.
- 협조 — 직업적으로 관련 있는 모든 직업인들과 상호 협조하는 태도를 가져야 한다. 사회복지사는 대상자의 안위를 위해 물리치료사, 간호사, 요양보호사, 작업요법사 등 타 직종과 함께 돌보는 업무의 상호 협조가 필수이다.
- 인사 — 클라이언트를 만나면 먼저 환하게 밝은 표정으로 공손하게 인사를 한 다음 대상자 이름[2]을 확인한 후 무엇을 하러 왔는지 그 목적과 지금부터 케어자가 행할 케어 행위에 대하여 설명을 하여 대상자가 이해하도록 한 뒤 자연스럽게 말을 걸면서 케어를 시작한다.

② 클라이언트와 상호작용시 태도

- 상대에 따라 신중하게 언어를 구별하여 사용해야 한다.
- 적절한 어조의 목소리를 이용한다.
- 클라이언트와 이야기할 때 눈을 맞춘다.
- 클라이언트와 이야기할 때에는 존칭어를 사용하여야 한다. 지나치게 정중한 말씨는 친밀감을 느낄 수 없다. 그러나 친밀감을 강조하기 위하여 반말을 할 경우 무시당했다고 오해를 살 수도 있으므로 주의해야 한다.

---

2) 치매노인이나 와상노인이라 할지라도 자존감은 그대로 남아 있기 때문에 첫 대면을 하거나 프로그램을 제공할 때는 노인이 가장 건강하셨을 때 직함을 이름과 함께 불러 준다면 그냥 "할아버지, 할머니"라고 부르는 것보다 훨씬 적극적인 프로그램 참여가 이루어진다.

- 클라이언트를 대할 때 먼저 클라이언트의 관심을 유도한다.
- 클라이언트가 허락하면 적절한 접촉을 한다.
- 클라이언트의 사회적 지위를 존중한다.
- 클라이언트가 말하는 흥미나 관심에 주의를 기울인다.
- 클라이언트에게 고함을 치거나, 꾸짖거나 무안하게 하지 않는다.

③ 케어 제공시의 적절한 태도

- 일상생활 활동 보조시 가능한 독립적으로 할 수 있도록 하고 위엄을 지킬 수 있도록 도와준다.
- 머리 손질, 수염, 손톱정리, 입을 옷의 선택 등 가능한 클라이언트가 원하는 사생활을 보호해 준다.
- 케어를 제공하는 동안 스크린이나 커튼을 이용하여 가능한 클라이언트의 사생활을 보호해 준다.
- 방문이 있는 경우, 케어 동안 문을 닫아 클라이언트의 사생활을 보호해 준다.
- 클라이언트의 침실에 들어갈 경우, 노크를 하고 들어가도 되는지 묻고 들어간다.
- 클라이언트가 화장실을 이용하는 동안 문을 닫아 준다.
- 클라이언트가 시설에 거주하는 경우, 개인의 사적 공간과 자산을 보호해 준다.
- 클라이언트가 시설에 거주하는 경우, 본인이 원하는 활동 프로그램에 참여할 수 있게 해 준다.

(4) 케어자 자신의 건강관리

케어자가 업무를 수행하려면 먼저 건강하고 강한 체력을 가져야 하며, 클라이언트의 건강을 돌보기 전에 먼저 자신의 건강을 지켜야 한다. 특히 감기나 기타의 질병에 걸려 클라이언트에게 옮기는 일이 없도록 해야 하며 전염병 질환자를 케어할 경우 대상자로부터 감염되지 않도록 주의해야 한다.

5) 장소에 따른 케어

케어복지는 케어서비스가 제공되는 실천 장소에 따라 〈표 7-3〉과 같이 재가, 시설, 병원 등으로 구분을 할 수 있는데, 클라이언트의 신체적 · 경제적 · 사회적 · 정신적 · 영적 여건 및 가족간의 사정에 따라 케어유형을 선택할 수 있다. 클라이언트의 상황에 맞는 최적의 실천 장소를 결정하는 것이 중요한 과제이다.

표 7-3

장소에 따른 케어서비스

구분	재가	시설	병원
주체	클라이언트와 그 가족	시설종사자	의료팀(의사, 간호사, 간병인, 사회복지사, 물리치료사, 영양사 등)
환경적 특성	자율적, 수시변동	공동공간이라는 제약	의료시설
케어팀의 특성	요양보호사, 방문간호사, 클라이언트와 가족	종사자와 체계화된 다양한 서비스	의료팀
기능적 특성	가족케어	집단활동 레크리에이션 활동 등으로 사회성 제고	병원생활(개인, 집단)
내용적 특성	케어자가 모든 업무활동 비정기, 개별성	각 직종의 계획된 역할분담, 획일성, 지속성	진료, 진단, 치료, 재활, 요양

출처 : 이해영 외(2002), 케어복지론 재구성

(1) 재가케어서비스

자신의 가정에서 일상생활을 영위할 수 있도록 그 욕구에 따라 케어서비스를 받는 경우다. 이는 현재 생활하고 있는 그 지역사회에 거주하면서 케어복지서비스를 받을 수 있어 가족 및 친족과 더불어 지역의 이웃들로부터도 클라이언트가 필요로 하는 서비스를 지원받을 수 있다. 클라이언트가 행복하고 건강한 생활을 영위하고 스스로 인간다운 삶을 유지할 수 있도록 도움을 주려고 할 경우에 적절한 케어서비스이다.

〈재가케어의 원칙〉
- 클라이언트 개인의 여러 가지 생활습관과 문화·가치관 등을 존중한다.
- 클라이언트의 자기결정권을 존중한다.
- 클라이언트에게 자립을 하고자 하는 의욕과 동기를 부여한다.
- 클라이언트 가족과의 신뢰관계를 형성한다.
- 클라이언트의 안전성을 확보한다.
- 클리이언트가 사회생활을 할 수 있도록 원조한다.
- 클라이언트가 안락하게 죽음을 맞이할 수 있도록 원조한다.

(2) 시설케어서비스

중증의 치매나 와상으로 24시간 전일제 보호가 필요한 클라이언트를 대상으로 선택하는 경우다. 대부분 재가에서 케어하다가 전문적인 케어가 필요한 경우, 시설로 전환하게 되는데 집중적인 케어, 훈련 등을 통해 자립과 재활에 중점을 두게 되며 케어의 연속성을 가지고 지속적으로 케어할 수 있다.

〈시설케어의 원칙〉
- 생명을 보호하고 건강하고 쾌적한 생활의 장을 제공하도록 한다.
- 개인의 프라이버시와 생활습관과 가치관을 존중한다.
- 자립성을 유지, 확대시켜 나간다.
- 동료애를 통해 생의 보람과 소속감을 갖게 한다.
- 가정과 유사한 분위기를 조성하도록 노력한다.
- 안락한 임종을 맞도록 원조해야 한다.

(3) 병원케어서비스

병원에서의 케어복지서비스는 질환으로 인하여 케어가 필요한 경우 이용하게 되는 서비스를 말한다. 이는 질병의 예방, 치료뿐만 아니라 건강과 체력을 증진시켜

수명의 연장을 도모하고 클라이언트의 심신, 환경적인 측면에서 더욱 건전하고 활동적인 생활을 영위할 수 있도록 하는 케어서비스이다.

〈병원케어의 원칙〉

- 클라이언트와 밀접한 대인관계를 조성하여 클라이언트가 가지고 있는 사회적, 경제적, 심리적 문제를 의사의 진료, 사회복귀를 위한 정보를 제공한다.
- 심리 · 사회적 상담가로서의 클라이언트와 그 가족이 겪는 갈등과 두려움을 제거할 수 있도록 지지한다.
- 경제적인 문제로 인한 어려움을 겪는 클라이언트에게 개입하여 사회보장제도를 알려주거나, 지역 후원단체나 지역사회 공 · 사적인 자원에 연계하거나 동원한다.

2. 케어 매니지먼트

1) 케어 매니지먼트의 개념

케어 매니지먼트(care management)는 다양한 분야에서 다양한 방식으로 수행되고 있으며, 지속적으로 형성되어 가고 변화하는 개념이므로, 단일하게 정의하기가 쉽지 않다. 용어 자체도 사례관리(case management), 케어 매니지먼트 등 다양하게 사용되는데, 북미권에서는 사례관리라는 용어가 보다 보편적으로 사용되는 반면, 유럽과 일본 등에서는 케어 매니지먼트가 보편적으로 사용된다. 영국 보건부에 따르면 관리의 대상이 사람이 아니라 돌봄(care)이라는 점에서 케어 매니지먼트가 보다 타당한 용어라고 하였다. 어떤 나라에서는 케어 코디네이터(care coordinator), 서비스 매니지먼트(service management)라는 용어를 사용하기도 한다.

케어 매니지먼트를 정의한 영국 보건부(Department of Health: DOH, 1994)의 정의에 따르면 "사정과정에서 확인된 개별적인 욕구를 충족시키기 위한 서비스의 맞춤화(tailing)과정이며, 이용자와 가족돌봄자는 서비스가 다른 기관에 의해 제공되는 것을 포함하여 통합적인 패키지 방식으로 돌봄서비스를 받는 것을 기대할 수 있다"고 정의하였다.

내용, 목표, 과정, 대상, 다른 지역사회 기반 서비스와의 차이점, 케어 매니지먼트를 포괄적으로 정의할 수도 있다(Challis, 2003; Challis, Weiner, Darton, Hughes and Stewart, 2001).

- 기능 — 돌봄 서비스의 연계 및 조정
- 목표 — 지속적이고 통합적 돌봄제공, 재가돌봄 기회의 증가, 클라이언트의 복지증진, 자원의 효율적 활용
- 핵심업무 — 사례발굴 및 검토, 사정, 돌봄 계획 작성, 모니터링 및 평가, 사례종결
- 주대상 — 의료·복지 서비스 등 복합적 서비스를 필요로 하는 클라이언트, 장기요양 욕구를 가진 클라이언트
- 주요특성 — 집중적인 개입, 서비스 폭의 확장, 장기간에 걸친 개입, 실천수준의 접근을 연계하는 것

케어 매니지먼트는 광범위한 기능에도 불구하고 기본적으로 재가 돌봄 및 지역사회 돌봄 서비스들을 연결, 조정하기 위한 것이며, 주로 서비스 전달체계의 조직화와 관련된다. 즉, 돌봄을 필요로 하는 개인의 욕구를 만족시키기 위한 포괄적 프로그램들을 포함하되, 분절화된 서비스 전달체계를 연결하고 조정하는 메커니즘으로서의 기능이 중요하다.

그 목표는 클라이언트가 각종 지원과 서비스를 더 잘 이용할 수 있도록 하는 것이며 클라이언트의 복지를 증진함과 동시에 서비스의 효율성을 증진하는데 있다. 이러한 목표들은 개별적 욕구에 맞는 서비스, 서비스 선택권, 서비스 접근성 향상, 독립성과 지역사회 생활증진과 같이 클라이언트와 관련된 부분과, 기관 내부와 기관간의 통합적 반응성의 증진과 돌봄의 연속성 증가, 서비스의 가용성 증진

등 서비스 체계와 관련된 부분, 기관과 지역사회의 자원의 동원과 효율적 활용, 서비스비용 절감 등 자원활용과 관련된 부분 등을 모두 포괄한다.

2) 케어 매니지먼트의 등장배경과 필요성

(1) 등장배경

사회복지 실천방법으로 케어 매니지먼트란 용어가 사용된 것은 1970년대 중반 이후다. 사회복지 비용의 증가로 어려운 시기에 불어닥친 오일쇼크는 각국을 경제적으로 어려운 상황에 직면하게 하였고, 복지비용의 축소라는 문제가 대두되었다. 또한 탈시설화, 정상화, 통합화 개념이 사회복지의 주류를 이루게 되면서 비용이 적게 들면서 효율적인 사회복지 실천방법을 찾게 되었다. 이때 등장한 케어 매니지먼트가 사회복지 실천방법으로 자리매김을 하게 되었다.

우리나라에서도 케어 매니지먼트의 중요성은 점차 증가하고 있다. 아직 사회적 서비스 전달체계의 측면이나 전문직으로서의 사회복지실천의 위상과 발전이라는 관점에서 우리나라는 케어 매니지먼트를 도입하여 실행하기에 충분한 환경이 마련되지 않았으나, 재가복지서비스의 확대와 노인장기요양보험 제도의 실시로 장기요양보호와 관련된 보건, 복지, 의료 등 기존의 노인관련 서비스 프로그램들을 연계, 조정, 통합하는 기능이 어느 때보다 중요해지고 있다.

(2) 필요성

① 탈시설화

지역사회에서 멀리 떨어진 시설에서 집단으로 수용되어 보호되던 시설보호가 점차로 클라이언트가 살던 집, 동네 등 지역사회 보호를 중심으로 하는 탈시설화하고 있다.

② 클라이언트 욕구의 다양화

사회가 복잡해짐에 따라 클라이언트의 욕구도 다양해지고 있다. 따라서 클라이언트의 욕구를 정확하게 파악하여 서비스를 제공할 수 있도록 체계적이고 통합적인 서비스 전달방법이 필요하다.

③ 서비스의 연속성

클라이언트의 다양하고 복합적인 욕구에 대하여 연속적인 서비스가 체계적으로 이루어지기 위하여 케어 매니지먼트가 필요하다.

④ 사회복지 서비스의 지방분권화

지방분권화의 장점을 살리고 효율을 극대화하기 위하여 지역사회 내의 자원개발, 동원, 정보 확보와 분산된 서비스를 통합화하여야 하며, 기관들간에 연계를 통하여 서비스를 효율적으로 조정하여야 한다.

⑤ 사회적 지지 세력과의 연계

사회적인 지지가 필요한 클라이언트들이 오히려 가족, 친구, 이웃들로부터 고립되어 있는 경우가 많다. 따라서 클라이언트의 욕구충족과 사회적인 기능 향상에 장애가 되므로 비공식적인 지원체계를 비롯한 사회적인 관계망이 개발되고 조직되어야 한다.

⑥ 정상화(normalization)

클라이언트의 환경이나 일상생활 조건을 정상화시켜 지역사회 내에서 정상적으로 생활할 수 있도록 함으로써 클라이언트의 인권을 존중함은 물론 개인의 발전에도 도움이 되도록 한다.

⑦ 사회복지 비용의 감소

클라이언트의 증가와 자본주의 경제 성장으로 사회복지 비용은 계속 증가하였다. 그러나 각국은 1970년대의 오일쇼크로 시작된 경제 불황으로 사회복지에 대한 공공 부문의 지출을 축소해야 할 상황에 놓이게 되었다. 따라서 복지비용의 감소 및 클라이언트에 대한 인권보호를 위하여 대규모 시설보호에서 탈피하여 민간부문의 역할을 활용할 수 있는 재가복지를 선호하게 되었고 이들에 대한 체계적인 보호관리가 필요하게 되었다.

3) 케어 매니지먼트의 목적

케어 매니지먼트는 클라이언트와 그 가족의 복합적인 욕구를 충족시키기 위한 것으로서 그 목적을 살펴보면 다음과 같다.

(1) 캐어서비스의 연속성

케어 매니지먼트는 단기적인 케어뿐 아니라 장기적인 케어를 필요로 하는 클라이언트를 대상으로 하기 때문에 변화하는 그들의 다양한 욕구에 대처하기 위해서는 연속적이고 포괄적인 서비스가 제공되어야 한다.

(2) 케어서비스의 접근성

클라이언트들이 신체적 · 경제적 · 사회적으로 심각한 문제를 갖고 있음에도 불구하고 서비스에 대한 정보와 인식의 부족으로 혜택을 받지 못하는 경우가 많다. 특히 노인과 장애인 등을 주대상으로 하는 케어 복지서비스의 경우는 더 심각하다 할 수 있다.

따라서 케어 매니지먼트는 케어매니저를 통해 방문서비스 및 안내와 같은 보다 적극적인 접근방식으로 클라이언트의 접근성을 용이하게 해 주어야 한다.

(3) 케어서비스의 책임성

케어서비스가 클라이언트들의 욕구에 제대로 대응했는가를 평가하고 환류를 통하여 미흡한 부분을 지속적으로 서비스함으로써 클라이언트의 욕구를 충족시킬 수 있는 서비스가 될 수 있도록 책임을 지는 것이다.

그 결과 욕구에 맞는 적절한 서비스의 조정 및 제공의 책임을 케어매니저 혹은 기관에 고정시켜 책임성을 증가시키려는 것이다.

(4) 케어서비스의 통합성

일반적으로 클라이언트의 욕구는 장기적이고 복합적이라고 할 수 있다. 이들 욕구에 대응하기 위해서는 케어서비스가 기관과 전문가들의 팀워크를 통한 통합적인 체계가 되도록 해야 한다.

팀워크를 통하여 케어서비스가 체계적으로 이루어진다면 서비스의 중복이나 누락을 방지할 수 있을 뿐 아니라, 각 영역간의 갈등을 줄이고 상호작용을 통하여 효율적이고 체계적인 서비스를 제공할 수 있을 것이다.

4) 케어 매니지먼트의 기능

(1) 사정기능

케어 매니지먼트의 중심적인 기능으로 클라이언트의 문제 및 주변상황을 파악하는 것이다.

사정을 통하여 클라이언트의 신체적 · 정신적 · 사회적 · 경제적 욕구를 정확하게 파악할 수 있으며 이에 따라 케어계획을 수집한다.

(2) 조정기능

조정기능(coordination)이란 클라이언트의 다양한 욕구를 충족시키기 위하여 공식적 · 비공식적으로 클라이언트와 여러 자원과의 관계를 조정하는 것이다.

즉, 클라이언트에게 적절한 서비스가 일관성 있게 제공될 수 있도록 하는 기능으로서 클라이언트와 기관 간의 조정, 클라이언트와 사회자원 간의 조정, 클라이언트와 가족 간의 조정 등으로 나누어 볼 수 있다.

(3) 자기개발기능

케어 매니지먼트에 있어서 자기개발기능은 사회자원개발기능과 클라이언트의 자기개발기능으로 나누어 생각할 수 있다.

사회자원개발기능이란 케어매니저가 새로운 사회자원을 개발하거나 기존자원을 수정·보완하여 원만한 케어서비스가 이루어질 수 있도록 하는 기능이다.

클라이언트의 자기개발기능은 클라이언트의 잠재된 능력, 주변 환경 등을 활용함으로써 자신의 문제에 대한 대처능력을 개발하게 하는 것이다. 즉, 사회자원인 외적 자원과 자신의 내적 자원을 개발하여 활용함으로써 케어서비스의 효율성을 높이는 것이다.

(4) 평가기능

사회복지 실천에 있어서 평가는 케어서비스의 질을 높일 수 있는 중요한 기능이다.

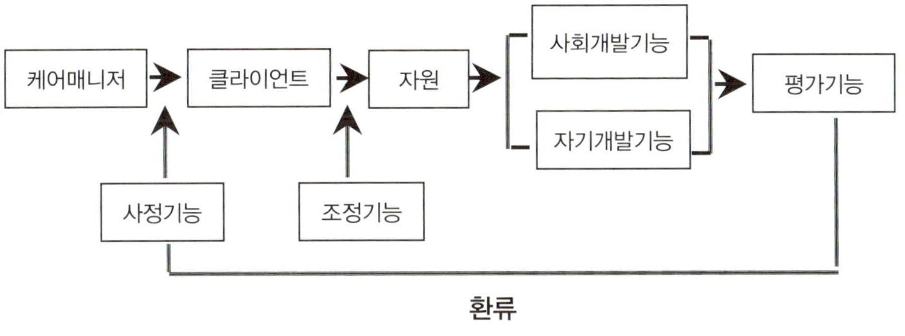

[그림 7-3] 캐어 매니지먼트의 기능

평가를 통하여 케어계획에 따른 목표가 달성되었는가, 문제점은 무엇인가, 클라이언트에게 새로운 욕구가 발생되었는가 등을 파악할 수 있으며, 또한 피드백을 통하여 케어서비스가 좀 더 클라이언트의 욕구에 접근될 수 있을 뿐 아니라 효과적인 발전을 이룰 수 있을 것이다.

5) 케어 매니지먼트의 과정

케어매니저는 다음과 같은 과정을 수행하게 되는데 케어매니저는 클라이언트, 가족, 집단이 가지고 있는 문제점에 대하여 공감하고 사려 깊은 배려는 물론 효과적이고 체계적인 실천계획을 수립해야 한다.

(1) 접수

케어서비스를 필요로 하는 노인이나 장애인 등 클라이언트를 발견한다.

① 사례발견

접수단계에서는 주로 사례발견, 심사접수가 이루어진다.

사례발견이란 사회복지사가 자신의 사회적 관계망 등을 통해 이용자를 어떻게 조기에 발견하는가가 관건이다.

접수단계에서는 원조가 필요한 이용자에 대해 일상생활에서의 어려운 일이나 욕구를 대략적으로 파악한 다음 이용자에게 서비스 제공 내용을 알기 쉽게 상세히 설명하고 이용자가 서비스를 받을 것인가의 여부를 승낙하고 계약하는 것이다.

ⓐ 원조의 목적이나 내용의 설명

ⓑ 서비스를 받을 때 이용자와 제공자의 역할이나 책임을 설명

ⓒ ⓐ와 ⓑ에 대한 이용자의 반응 확인

ⓓ 이용자와 사회복지사가 서비스 개시에 대한 승낙

② 정보의 수집

- 필요한 정보
  - 문제의 정도나 경과를 알 수 있는 자료
  - 상대를 알 수 있는 자료

- 문제의 원인이나 원조방법을 생각하기 위한 자료
- 평가를 하기 위한 자료 등
- 정보는 많이 수집한다고 해서 좋은 것은 아니다.

• 정보수집의 절차
  - 지금까지 수집한 자료를 정리해 본다.
  - 부족한 정보를 생각한다.
  - 왜 그 정보가 필요한지 가설을 세운다.
  - 정보를 모으는 방법을 생각한다.
  - 정보를 얻은 다음 어떻게 할 것인지를 생각한다.

(2) 사정

클라이언트와의 상담을 통하여 욕구를 파악한다. 즉, 클라이언트의 사회생활에서의 문제, 가족상황, 경제력, 정서 · 심리상태, ADL(Activity of Daily Living) 정도 등을 파악한다.

① 사정의 기본적인 목표(Moxley, 1989)

• 이용자의 욕구내용이나 정도를 파악한다.
• 욕구는 대응하는 이용자의 능력을 파악한다.
• 욕구는 대응하는 비공식적 지원의 역량을 파악한다.
• 욕구는 대응하는 공식적 서비스 역량을 파악한다.

② 사정의 일곱 가지 특징(Moxley, 1989)

• 사정은 개개인에 개별화된 욕구를 바탕으로 한다.
• 사정에는 신체적 · 심리적 · 사회적인 여러 가지 영역이 광범위하게 포함되어 있어 전체적(holistic)이다.
• 사정의 내용은 학제적(interdisplinary)이며, 때로는 팀으로 수행하는 경우도 있다.

- 사정은 이용자가 참가함으로써 진행된다.
- 사정은 하나의 과정이며 이용자의 욕구와 사회상황은 시간과 함께 변한다.
- 사정에서는 기준화된 스케일을 사용하기 때문에 체계적이다.
- 사정은 문서화되고 그 자체가 하나의 작품이다.

(3) 케어계획의 작성

사정결과를 바탕으로 케어계획을 작성한다. 클라이언트가 일상생활을 영위하는데 필요한 케어서비스를 제공한다.

여기서 주의할 것은 앞으로의 케어계획은 단순히 클라이언트의 현재 상황에 대한 케어계획뿐 아니라, 클라이언트의 상황을 예측하고 원인을 파악하여 위험을 예방하는 차원까지 확대되어야 한다. 이 때에 모든 욕구들을 동시에 해결할 수 없기 때문에 케어매니저는 우선 순위를 정하여 계획을 작성하여야 한다.

① 목표 설정의 원칙

- 이용자 스스로의 선택에 의해야 하며 동의된 목표를 설정한다.
- 가능한 구체적이고 가시적이며 측정 가능한 목표를 설정한다.
- 실현가능한 범위의 목표를 설정한다.
- 긍정적인 목표를 설정한다.
- 목표는 제공기관과의 기능과 일치해야 한다.

② 케어플랜의 10가지 조건

- 한 사람에게 하나의 계획이 있을 것
- 실행 가능해야 할 것
- 사례회의를 거쳐야 할 것
- 방침과 계획이 결정되어 있어야 할 것
- 서비스 제공 관련자 전원이 이해하고 있어야 할 것
- 구체적이고 이해하기 쉬워야 할 것

- 간결하게 문장화해야 할 것
- 대상자와 가족에게 설명 가능해야 할 것
- 케어 실시 후에 예측이 제시되어 있을 것
- 평가의 기준이 명확히 제시되어 있을 것

③ 케어계획의 순서

- 사정에 따라 정보를 수집하고 공유한다.
- 케어계획의 과제를 제시한다.
- 정보나 검토해야 할 과제에 대해 회의를 연다.
- 서비스 제공방침을 결정한다.
- 구체적인 계획을 작성하고 회의에서 협의·확인하고 결정한다.
- 사전에 평가기준과 체크리스트를 작성한 후 실행한다.
- 실행 후 계획과 실행 결과를 비교·검토하고 계획에 변경이 필요한 경우는 다시 정보나 검토해야 할 과제에 대해 회의를 열고, 그리고 대상자의 상태에 변화가 있으면 사정에 따라 정보를 수집하고 공유하는 것으로 되돌아가는 절차가 필요하다.

④ 케어계획의 기본원칙

- 전 단계에서 실시한 사정에 바탕을 둔다.
- 작성과정에 이용자나 가족구성원 등이 참가한다.
- 이미 결정된 목표를 향해야 한다.
- 영속적인 것이 아니라 특정기관의 계획이다.
- 공식적 서비스와 비공식적 지원 등 모두가 포함된다.
- 이용자나 가족의 부담을 고려해서 작성한다.
- 내용은 표준화된 계획용지로 문서화한다(Barbara Schneider, 1986).

케어계획의 수립은 서비스 제공과 관련된 사람들의 회의가 필요하기 때문에 그 실시 방법과, 시기 혹은 시간 등에 문제가 제기된다. 또한 전문직종마다 각각 다른 계획이 아닌 하나로 통일된 계획이 되어야 하기 때문에 일상의 기록 등도 공유화시키는 노력이 필요하다. 계획은 문서로 작성되어야 하며 '지금까지 실시한 문서'가 아니라, '앞으로 실시할 일에 대한 문서'를 사전에 준비해야 하는 것이다.

케어계획에는 누구에게 누가, 언제, 무엇을, 어디에서, 어떻게 행하는지, 그리고 어떤 효과가 기대되는지를 포함해야 한다.

(4) 케어서비스의 실시

케어계획에 따라 케어서비스를 실시한다. 그러나 여기서 유의할 점은 케어서비스 실시자는 실제 클라이언트와의 접촉에서 개별원조계획을 수립할 수 있다. 사회복지사가 사정을 통해 수립한 케어계획과 실시자의 케어원조계획이 합해졌을 때 더욱 효율적인 케어서비스가 될 수 있을 것이다.

또한 케어서비스 실시자는 실행 중의 모든 것을 기록해야 한다. 이것은 다음 실시 때에 자료가 되어 피드백이 이루어져야 다음 실시자에게 연계되어 원만한 케어서비스가 이루어질 수 있을 것이다.

(5) 평가 및 환류

서비스가 제대로 제공되고 있는지 중간평가와 서비스가 종결되었을 때의 종결평가로 나누어 볼 수 있다.

중간평가에서 케어매니저의 역할은 케어계획대로 서비스가 이루어지고 있는가를 감독하고 조정하는 것이다. 또한 변화하는 클라이언트의 욕구를 파악하여 계획을 수정 · 보완할 수 있도록 점검을 해야 하는데 점검은 자주 할수록 좋지만 보통 3개월이나 6개월을 기준으로 실시하여 여기서 문제가 발견되면 재사정을 해야 한다.

종결평가는 케어서비스를 통해 목표가 달성되었거나 더 이상 케어서비스가 필요하지 않게 되었을 때 실시하게 된다.

주로 장기질환자, 장애자, 노인 등을 대상으로 하는 케어서비스에 있어서 종결은

드문 경우다. 클라이언트의 사망이 아닌 경우 종결 이후에도 클라이언트와 지속적인 정서적 지지를 제공하여 복잡한 상황 변화가 발생하여 케어서비스를 필요로 할 경우 즉시 연결될 수 있도록 이용 편의성을 제공하여야 한다.

생각해 볼 문제

1. 보살핌과 케어의 차이는 무엇일까요?

2. 케어 매니지먼트와 사례관리와는 어떤 상관관계가 있을까요?

3. 사회복지 현장에서 올바른 케어를 실천하기 전에 우리들이 갖추어야 할 덕목은 무엇일까요?

제8장

재가노인복지서비스

1. 재가노인복지사업의 의의
2. 재가노인복지서비스의 필요성
3. 재가노인복지서비스
4. 재가노인복지서비스의 개선방안

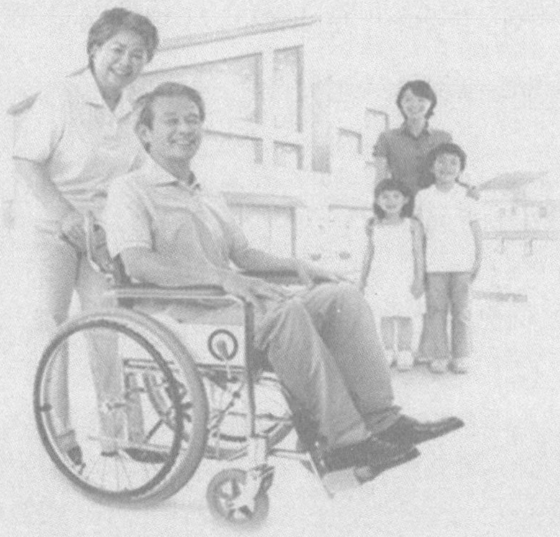

산업화 이전의 전통사회에서의 노인은 높은 지위와 권한 및 가족의 중요한 일원으로, 경험과 지혜를 겸비한 소유자로서 생활의 안정도 함께 찾을 수 있었다.

그러나 현대사회의 노인은 핵가족화 추세로 인해 자녀들이 노부모를 떠나 핵가족을 이루게 되면서 존경하고 권위를 세워 주며 부양을 책임질 자녀가 남아 있지 않게 됨에 따라 사회적 지위가 격하되고, 역할상실, 경제적 빈곤, 건강악화, 소외와 고독감 등과 같은 노인문제가 발생하게 되었다. 이러한 노인문제는 단순한 개인의 문제가 아니라 대다수의 노인들의 문제, 국가적인 문제로 심화되었다.

이를 해결하기 위한 사회제도로서 노인복지제도가 형성되었다. 노인복지란 노인이 인간다운 생활을 유지하면서 자기가 속한 가족과 사회에 적응하고 통합될 수 있도록 필요한 자원과 서비스를 제공하는 것과 함께 이와 관련된 공적 및 사적 차원에서의 조직적 제반활동을 의미한다(장인협 · 최성재, 1987).

여기서 인간다운 생활이란, 노인이 속한 사회의 발전수준에 따라 의식주의 기본적인 욕구를 충족하고 건강하고 문화적인 삶을 사는 것을 뜻한다. 즉 가족과 사회에 적응하고 통합됨으로써 노인이 속한 사회적 조직망에서 사회적 · 심리적으로 소외감을 느끼지 않게 되는 것이다. 자원과 서비스를 제공한다 함은 이용 가능한 인적 · 물적 자원을 찾아 연결시켜 주거나 보충하여 주며, 사회적 적응의 문제를 해결해 주는 것을 말한다(이말희, 2005).

재가복지는 지역복지사업의 핵심이자 날로 고령화되어 가고 있는 추세를 감안할 때 노인복지의 꽃이라고 이야기하기도 한다. 그렇다면 노인복지에서 왜 재가노인복지서비스가 중요하게 다루어지고 어떠한 실천이 필요한지를 살펴본다.

1. 재가노인복지사업의 의의

1) 재가노인의 개념과 재가노인복지사업의 개념과 역사

(1) 재가노인의 개념

일반적으로 사전적인 의미로서의 재가노인이란 가족이나 지역사회의 도움으로 일반가정에서 살아가는 노인을 의미한다. 즉 재가노인이란 지역사회 내의 가정에서 생활하는 노인을 말하며 시설보호노인과 장기입원을 제외한 노인이라 할 수 있다.

원래 재가노인이라는 개념은 성인자녀들과 따로 사는 노인들이 많은 서구에서 노인에 대한 시설보호와 여러 가지 문제점을 개선하기 위하여 1970년대에 탈시설화(deinstitutionalization)[1]와 더불어 지역사회 보호운동이 일어나면서 각광을 받기 시작하였다. 특히 노인의료비의 증가에 대비하고 생활여건의 변화에 따른 노인들의 정서적 안정과 독립성을 보장하기 위하여 낮은 비용으로 노인복지서비스를 실현하고자 재가노인복지서비스를 강화하는 방향으로 나아가고 있다.

재가노인복지사업의 목적은 정신적 · 신체적인 이유로 독립적인 일상생활을 수행하기 곤란한 노인과 노인부양 가정에 필요한 각종 서비스를 제공함으로써 노인이 가족 및 친지와 더불어 건강하고 안정된 노후생활을 영위할 수 있도록 함과 동시에 노인부양으로 인한 가족의 부담을 덜어 주기 위함이라고 정의하고 있다.

1) 탈시설화란 관리적 · 격리적인 사회복지시설의 본연의 자세를 배제하고 지역주민의 일상생활을 시설 입소자에게도 유지시켜 주려는 시설변혁의 이념과 운동을 말한다. 탈시설화는 결코 시설부정론, 시설해체론을 의미하는 것이 아니라 시설의 사회화를 통한 정상화 의미까지 포함하고 있다.

표 8-1

재가노인복지사업 시기별 변천과정

명칭	연도	구분 근거	세부 내용
시작 전기	1990년 이전	노인복지법 2차 개정 이전	– 민간차원에서 가정봉사원파견사업 또는 주간보호사업을 실시하고 정부의 시범사업이 소수기관에서 실시됨
1기	1990~1996년	1989년 말 노인복지법 2차 개정	– 1989년 노인복지법 2차 개정을 통해 가정봉사원파견사업이 노인복지사업으로 규정되면서 재가노인복지사업이 법정사업으로 출발함
2기	1997~2005년	노인복지법 5차 개정	– 노인복지법 5차 개정으로 재가노인복지시설이 노인복지법 내 노인복지시설 유형으로 규정됨
3기	2005년 7월~2008년	노인장기요양보험 1차 시범사업 실시	– 2005년 7월부터 장기요양보험법 1차 시범사업이 실시되면서 본격적 노인장기요양보험 추진
4기	2008년 7월 1일~현재	노인장기요양보험법 실시 재가노인지원 서비스 실시	– 노인장기요양보험법에 의한 재가복지사업 실시 – 2010년 기존의 가정봉사원파견사업이 재가노인지원서비스사업으로 명칭이 변경됨

(2) 재가노인복지사업의 개념과 역사

재가노인에게 제공되는 전반적인 복지서비스를 재가노인복지라고 할 수 있다. 장기요양보험법 이전에는 저소득 독거노인에게 실시하는 가정봉사원파견사업이 가장 보편적인 재가복지사업이었으나, 차츰 보살핌이 필요한 노인인구 수가 증가하고 욕구도 다양하여 제공되는 서비스도 주간보호사업, 단기보호사업으로 확대되었으며, 이제는 예방적 기능의 노인돌봄기본서비스사업과 재가요양사업으로까지 확대되어 선별적 복지에서 보편적 복지로 발전을 하였다.

2) 외국의 재가복지서비스

외국의 재가복지서비스 사례로서 영국, 일본, 미국, 독일의 경우를 살펴보면 다음과 같다.

(1) 영국

영국의 재가노인복지서비스 대상은 커뮤니티케어법(NHS & Community Care Act)2) 에서 정하는 65세 대상 노인이며, 지방정부마다 서비스 대상에 대한 기준이 다르다. 특히 수혜자의 욕구를 철저히 분석하여 서비스 방법을 선정하는 등 수혜자에 대한 명확한 규정을 가지고 있다

① 가정봉사원사업

가정봉사원사업은 중앙정부에서 사회복지서비스의 계획, 예산지원, 지도점검 등을 하고 있으며, 지방정부의 사회복지서비스국에서 사업을 관장하고 있다. 영국에서 실시되고 있는 가정봉사원의 활동은 일상적인 집안 청소, 식사 준비, 세탁, 다림질, 쇼핑서비스 등의 가사적 서비스(household tasks), 목욕, 면도 및 이발, 개인위생, 대 · 소변보기, 치료 또는 처방약의 복용 보조 등 대인적 서비스(personal care), 연금수급, 법규 및 규정 알려주기, 지속적인 취미활동 또는 사회활동 보조, 1차 진료기관과의 연결 등의 사회적 서비스(social care), 자아보호 능력의 유지 및 회복시키기 등의 역할훈련 서비스(training role care)가 있다.

영국의 가정봉사원 서비스는 질병, 노령 또는 건강상의 문제로 어려움에 처해 있는 개인과 가족들을 도우려는 목적으로 운영하고 있으며, 종사자들은 전문적인 자질과 능력을 가지고 있는 사람들로 구성되어 있다.

또한 병원에 입원해야 할 정도는 아니지만 간호를 받아야 하는 경우, 간호사가 파견되어 의사의 처방에 따라 의료처치, 주사 등의 간호를 해 주는 가정간호서비스도 가정봉사원사업에 포함된다.

---

2) '커뮤니티케어'(community care)라는 개념은 영국이 노인을 가급적 시설에 입소시키지 않고 지역사회에 그대로 머물러 살 수 있도록 하자는 취지에서 개발된 개념으로 영국의 재가노인복지정책의 핵심내용이다.

② 주간보호사업(day care service)

영국에서 노인을 위한 주간보호사업으로는 주간병원(day hospital)과 주간보호센터(day center)를 들 수 있다. 주간병원은 장기치료병원 및 노인전문병원과 연계되어 있으며, 주요 서비스로는 진단과 평가, 치료(의료, 간호), 재활치료(물리, 작업, 언어치료) 등의 의료서비스이다. 대상자는 심각한 장애가 있는 환자로 기능적인 수준의 재활을 목적으로 운영하고 있다.

주간보호센터는 요양원 또는 노인복지관과 연계되어 있으며, 주요 서비스로는 사회적 상호작용, 최소한의 지도 · 감독, 식사, 목욕 및 작업치료 등의 사회적 서비스다.

대상자는 초기 장애가 있는 환자로 현 기능의 유지 및 악화의 예방을 목적으로 운영하고 있다.

③ 전달체계

영국의 복지서비스는 중앙정부에서 입법, 의료서비스 재정지원, 지방정부보조, 사회보장 행정관리, 민간이 운영하는 노인보호시설 및 요양원의 지원범위 결정, 서비스의 계획, 지도 · 점검을 실시하고 있으며, 지방정부에서는 개인사회서비스 재정지원 및 관리, 노인을 위한 주택관리, 노인보호시설 재정 및 서비스 제공 등을 담당하며, 가정간호는 지역보건당국이 담당하고 있는 이원화된 체계다.

④ 재정

영국 재가노인복지서비스의 재원은 공공재정과 사용자 부담 등에 의하여 조달된다. 공식적 가정봉사원서비스기관의 재정은 80%가 일반조세로 충당되고, 공공의 가정간호를 위한 재정은 국가의 조세에 의해 충당되며, 지역보건담당국이 담당하고 있는 가정간호서비스는 중앙정부의 일반조세에 의하여 재정이 충당되며 수익자의 부담은 없다.

(2) 일본

일본의 재가노인복지서비스 대상은 65세 이상의 노인으로 되어 있으며, 65세 미만자 중 치매에 해당하는 사람들도 포함되어 있다. 가정봉사원파견사업은 신체적 · 정신적 장애가 있는 저소득층 노인(65세 이상)을 대상으로 일상생활을 도와주고 있으며, 주간보호사업의 주요 대상자는 65세 이상의 신체 장애인으로 일상생활에 지장이 많은 노인들로 허약노인이나 와상노인에게 통원서비스를 제공하고 있고, 단기보호사업은 심신장애가 있는 65세 이상의 와상노인으로 수발자가 질병, 출산, 관혼상제 등의 이유로 일시적으로 간병을 할 수 없게 된 경우, 그 노인을 단기간 특별양호 노인홈 등에서 보호함으로써 가족들의 수발 부담을 경감하는 역할을 한다.

① 가정봉사원파견사업

가정봉사원파견사업은 1962년부터 실시되었는데 신체적 · 정신적 장애가 있는 저소득층 노인을 대상으로 하며, 신체적 보호 서비스로 식사, 용변보기, 탈의 목욕 등에 필요한 서비스를, 가사원조 서비스로 식사준비, 세탁, 관계기관과의 연락 서비스, 상담 및 조언 서비스를 하고 있다. 시 · 정 · 촌에서 특별양호 노인홈과 민간업자에게 위탁하여 시행하고 있으며, 처음에는 저소득 노인에게만 무료로 제공하던 것을 1982년부터 가정봉사원을 필요로 하는 모든 노인들에게 유료로 서비스를 제공하게 되었다.

② 주간보호사업

일본의 주간보호사업은 허약노인이나 와상노인에게 교통편의를 제공하는 통원서비스와 생활지도, 일상행동훈련 등의 기본서비스 및 노인의 가정을 방문하여 입욕, 세탁 등의 서비스를 제공하는 방문사업이 실시되고 있으며, 주요 대상자는 65세 이상의 신체 장애인으로 일상생활에 지장이 많은 노인들이다. 가족이 집에 없거나 노인이 혼자 사는 경우에는 주간보호서비스를 제공하고 있으나, 노인이

혼자 남아 가족의 보호를 받을 수 없는 경우, 센터에서 수발을 제공하여 24시간 보호를 받을 수 있는 나이트 케어(night care)도 운영하고 있다. 또한 주간보호센터에서는 개호복지사 등의 재택개호지도원을 배치하여 지역의 관계자와 자원봉사자와의 연계를 추진하고 있다.

③ 단기보호사업

단기보호사업은 수발자가 질병, 출산, 관혼상제 등의 이유로 심신장애가 있는 65세 이상의 와상노인을 일시적으로 간병할 수 없게 된 경우, 단기간 특별양호 노인홈이나 양호 노인홈에 입소·보호하는 제도다. 원칙은 7일이지만 특별한 사유가 있는 경우 연장이 가능하며 단기숙박, 식사, 목욕, 기능훈련 등의 서비스를 제공하고 있다.

④ 전달체계

일본의 공적노인복지서비스는 후생성 → 노인보건복지국 → 도도부현 → 동경도(사회과, 복지과) / 도도부현(사회과, 복지과) → 도도부현 복지사무소 → 시·정·촌 복지사무소 → 가정봉사원파견사업, 주간보호사업, 단기보호사업 → 대상노인에게 전달된다. 이용 절차는 이용노인(파견·개호권 신청) → 시·정·촌(자격요건심사 및 파견결정, 납입통지) → 이용노인(이용대금 지급) → 금융기관(영수증 발급) → 이용노인(영수증 제시) → 시·정·촌 및 소개기관(민간 가정봉사원, 파견지시 및 소개협정) → 이용노인(개호권 제출) → 공적가정봉사원 및 민간가정봉사원 → 이용노인에게 서비스 비용이 지급된다.

⑤ 재정

일본의 재가노인복지 재정은 중앙정부, 도도부현, 시·정·촌이 부담하는 방식과 이용 노인이나 그 부양가족이 부담하는 방식으로 운영된다. 가정봉사원 파견서비스, 주간보호서비스, 단기보호서비스는 중앙정부가 재원의 50%, 도도부현, 시·정·촌이 각각 25%씩을 부담하게 되며, 개호보험은 50%는 공적부담(중앙정부 25%, 도도부현 12.5%, 시·정·촌 12.5%), 50%는 피보험자가 부담하게 된다.

표 8-2

일본의 개호보험

구 분	내 용
운영주체 및 피보험자	* 운영주체 : 구 · 시 · 정 · 촌(정부, 도는 운영지원) * 피보험 : 제1호가입자(65세 이상)/ 제2호가입자(40~64세)
서비스 이용가능자	요개호상태의 원인이 된 심신의 장애가 초로기 치매나 뇌혈관 질환 등의 노화에 기인하는 16종류의 특정 질환에 해당하는 제2호가입자 또는 65세 이상 가입자
서비스 대분류	* 지역지원사업의 개호예방사업 * 예방급부 * 개호급부
예방급부(재택서비스)	* 개호예방 * 치매대응형 * 공동생활개호 등 3종류
개호급부(재택서비스)	* 방문개호 *방문간호 * 통소개호 * 단기입소 생활 등 13종류
예방급부 (지역밀착형서비스)	* 개호예방 * 치매대응형 * 공동생활개호 등 3종류
개호급부(재택서비스)	* 방문개호 * 방문간호 * 통소개호 * 단기입소 생활개호 등 13종류
시설서비스	* 개호노인복지시설 * 개호노인보건시설 * 개호요양형 의료시설
지역밀착형 서비스	* 야간 대응형 방문개호 * 치매대응형 공동생활개호 등 6종류

자료 : 도쿄도 홈페이지, 첨부자료 참고.
도쿄도 홈페이지, Available:http//www.kaya..metro.tokyo.jp, 2011.

(3) 미국

미국의 재가노인복지서비스 대상은 65세 이상의 노인, 60세 이상의 저소득층 노인으로 서비스가 필요하다고 인정되는 노인, 유료서비스를 이용하는 노인들로 무료서비스 대상과 유료서비스 대상으로 구분된다. 퇴행성 만성질환 노인, 일상생활에 도움이 필요한 노인 등은 재가봉사원서비스의 대상이며, 독거노인, 가족부양자, 재향군인, 장애노인, 치매노인, 정신질환자 등은 주간보호서비스를, 80세 이상 노인인구, 노인부부, 자녀와 동거하는 노인은 단기보호서비스의 대상이 된다.

① 가정봉사원제도

미국의 가정봉사원제도는 출산이나 질병으로 인하여 어려움을 겪고 있는 여성과 아이들을 돌보던 가사지원서비스에서 출발하였으며, 급식서비스, 치료적 서비스, 간호방문, 물리치료, 작업치료 및 약 배달 등 의료서비스, 혈압검사 등 건강보조, 물리치료보조서비스, 약물복용지도 등의 간병서비스, 가사, 음식준비, 세탁서비스 등의 가정봉사서비스로 제공된다. 서비스를 제공하는 종사자 중 간호사와 치료사는 자격증이 있어야 하며, 가정간호사의 경우는 반드시 자격 있는 의료전문가의 지시 · 감독을 받아야 한다. 사례관리의 구성원은 간호사, 영양사, 정신의료 사업가 등 전문가와 가정봉사원, 가사보조원 등 비전문가가 한 팀으로 운영되며 전문가의 비율이 70~80%로 높아 양질의 서비스가 제공되고 있다.

② 주간보호서비스

미국의 주간보호서비스는 퇴행성 만성질환과 신체기능 저하의 노인에게 간호, 물리치료, 건강진단, 작업치료에 따른 의료서비스, 치과서비스 등을 제공하는 건강지향적 서비스와 혼자 사는 노인으로 심신기능이 저하되어 일상생활 능력에 제한을 가진 노인들에게 교통편의 제공, 급식, 미용 및 이발, 가족부양자를 위한 휴식보호서비스를 제공하는 사회적 주관 서비스, 재향군인, 뇌성수족마비환자, 치매노인, 급성면역결핍증후군, 정신질환의 중증 환자 같은 특별한 유형의 노인들에게 필요한 특수 서비스를 제공하는 특수질환자를 위한 서비스로 구분된다. 주로 낮 시간대에 제공되어 가족구성원들에게 시간을 제공함으로써 경제활동을 할 수 있다는 장점과 더불어 시설화에 대한 가장 실현 가능한 대안으로 사업이 추진되었으나, 운영에 따른 소요비용이 과다하여 큰 성과는 거두지 못하였다.

③ 단기보호서비스

단기보호서비스는 일상생활수행능력에 장애가 있는 노인을 돌보고 있는 가정에 단기적으로 필요한 휴식을 제공하여 부양부담에서 오는 피로와 스트레스를 해소해 주는 사업으로 이용대상자의 대부분은 80세 이상의 고령자, 노인부부 등이다. 보호기간은 짧게는 2~3시간에서 길게는 4~6주까지다. 병원, 요양원, 재활원 등에서 장애노인에 대하여 대인 및 요양서비스를 제공하는 의료시설 프로그램, 성인보호센터와 위탁가정에서 휴식보호를 받을 수 있는 이용시설 프로그램, 노인도우미,

파출부, 간호사 등이 노인의 가정을 방문하여 서비스를 제공하는 가정보호 프로그램이 있다.

④ 전달체계

미국의 재가노인복지 전달체계는 보건후생성 → 인간개발서비스사무소 → 노인복지청 → 복지국/주단위 노인복지사무소 → 시 · 군 · 공사립 서비스기관 → 대상노인으로 전달된다. 연방의 노인청에서는 노인복지정책서비스의 정책 검토 및 평가, 예산관리, 프로그램의 개발 및 지원 등의 업무를 하고 있으며, 노인위원회는 노인복지서비스 프로그램의 권고 및 노인복지 대변 활동을 하고 있다. 각 주의 노인담당부서에서는 연방 및 주 예산 할당지원 및 지역노인기관 감독 및 평가업무를, 지역노인기관에서는 비영리기관으로 사례관리 체계 개발에 중점을 두고 있고 지역의 서비스 개발, 조정, 지원 업무를 하고 있다.

⑤ 재정

재가노인복지서비스에 필요한 재정은 정부와 민간재원에 의하여 충당되고 있다. 재정지원의 규모, 수혜의 자격조건, 급여의 종류와 시간 등은 주정부 및 지방정부의 우선순위와 재정형편에 따라 다르다.

(4) 독일

독일의 재가노인복지서비스 대상은 6개월 이상 요양이 필요한 전국민으로, 법정질병보험 가입자는 연간 총수입 일정(2004년 € 3,862.5) 미만인 근로자와 일정기준의 임의가입자이며 공무원 및 고소득자는 민간보험에 가입해야 한다.

① 재가수발서비스

독일의 재가수발서비스제도는 수발담당자를 지원하고 수발의 질을 개선하기 위해서 수발보험회사에서는 수발강좌를 제공하며, 수발의 수월함과 개선을 위한 지식과 상담을 중재하기도 한다. 또한 현금과 현물급여를 선택할 수 있고 필요에 따라서는 수발담당 요원이 휴가나 그밖에 정신적 안정을 위해 단기간 그 일을 할 수 없을 경우 대체수발 요원을 활용할 수 있으며, 수발보험사는 이 경우 대체수발요원에게 해당되는 현금을 연 4주까지 부담하도록 되어 있다.

② 주간보호서비스

독일의 주간보호서비스는 직업생활을 하는 가족들이 노인을 계속해서 보살피길 원하는 경우, 평일 낮 동안 보호의 필요성이 있는 노인들을 맡아서 수발을 들어주는 서비스로 가정에서 수발을 전담하는 가족들이 생계를 위해 일을 해야 할 때 그 시간 동안 맡아 돌보아 주는 시설이다. 더욱이 대부분 주간보호시설은 주간클리닉 혹은 주간수발시설의 역할도 함께 하고 있다.

물론 꼭 일 때문이 아니라도 낮 동안 클라이언트가 의학적 치료나 물리치료 또는 상담을 위해 체류하게 되는 것이 주간 클리닉의 주된 업무라 할 수 있다. 따라서 낮 동안 지속적인 관찰과 수발 및 보호가 필요한 노인들을 위해 대부분 치매와 같은 신경 및 정신적 장애를 얻은 노인들에게 서비스도 개입된다.

③ 단기보호서비스

단기보호서비스는 휴가나 여행 등 단기간 집을 비워야 할 때 수발을 대신 맡아 줄 수 있는 시설을 말하며, 일시적인 재가수발이나 부분수발이 불가능할 경우에도 단기수발시설에 위탁할 수 있다. 특히 가정에서 수발을 담당하는 가족들의 정신적 · 육체적 부담을 덜어 주기 위해 수발보험사에서 연 4주간 단기간 휴가프로그램을 제공하기도 한다. 이용자는 주로 혼자 사는 독거노인이나 그밖에 병 뒤치레가 필요한 퇴원 환자들이다.

독일은 16개 주로 형성된 연방공화국으로서 우리나라와는 달리 중앙정부의 역할이 큰 비중을 차지하지 못하며 각 주의 특성이 다양하다. 국가 최고의 권력기관인 연방정부는 사회보장, 의료에 관련된 입법권을 가지고 있고, 노인을 위하여 제공되는 보호서비스에 소요되는 경비를 직접 지원해 주고 있으며, 주정부에서는 노인들에게 외래환자서비스와 재가노인복지서비스를 제공하는 시설에 대하여 자금을 지원해 주고, 지역정부에서는 직접적으로 외래환자서비스와 재가노인복지서비스를 제공하는 모든 공공시설 및 사회복지 경비를 지원하고 있다.

④ 재정

독일의 재가노인복지서비스의 재정은 보험료 부과 방식으로 되어 있다. 보험료는 총소득의 1.7%로 되어 있으며 숙박비, 식비, 수발보험 한도액 초과 부분에 대하여는 본인이 부담하도록 되어 있다. 1995년 수발보험제도 시행부터 1998년까지는 흑자로 운영되었으나, 그 후 고령화에 따른 수발대상자의 증가, 경제상황 악화(실업률 증가 · 수입 감소), 서비스 가격 인상, 시설입소자 증가 등으로 매년 적자를 나타내고 있으며, 제도 도입 초기의 흑자 분으로 당기 적자를 보존하고 있는 상태다. 이를 극복하기 위해서 '2010년도 아젠다(Agenda) 10개년 계획'을 통하여 전반적인 사회경기 회복을 통해 보험 부담 능력을 향상시키고자 노력하고 있으며, 시설입소자의 재가서비스 전환 유도, 재가서비스의 제공 횟수 제한, 시설서비스의 이용 제한 등의 조치를 취하고 있다.

2. 재가노인복지서비스의 필요성

고령화 사회의 도래로 노인인구의 급격한 증가와 함께 만성질환 노인과 와상노인이나 치매성 노인 등 장기요양이 필요한 요보호 노인이 급증하게 되었다. 대가족제도에서는 보살핌, 수발, 보호는 가정 내 여성이 담당하는 역할이었지만, 현대산업사회의 발달로 핵가족화되고 산업화와 도시화의 사회변화 과정에서 여성의 교육기회의 확대로 여성경제 활동 증가 등으로 가족은 구조적, 기능적 측면에서 큰 변화를 가져오게 되었으며, 노인부양 의식과 가치관에도 많은 변화를 초래하게 되었다. 이러한 급격한 사회 여건의 변화로 인해 가족의 노인부양 기능은 크게 약화되었으며, 이는 앞으로 더 심화될 것으로 예측된다.

따라서 노인부양은 더 이상 전통적인 가족이 해결하기에는 역부족이고 사회적 돌봄이 필요하다.

그 동안 노인복지서비스는 생활력이 없는 무의탁노인, 요보호노인을 일정한 시설에 입소시켜 돌보아 주는 시설중심이었으나, 소득의 유무와 상관없이 보살핌이 필요한 노인인구가 증가하여 가족은 노인으로부터 더 멀어지는 현상이 발생하였다.

따라서 생활시설이 아닌 가정에서 생활하는 허약한 노인, 장애노인 등 일상생활에 어려움이 있는 노인들이 자신의 집에서 생활하면서 필요한 서비스의 지원 등 지역사회 차원의 재가노인복비서비스가 필요하게 되었다.

1) 수명연장과 고령인구의 증가

65세 이상 인구는 1960년 73만 명(2.9%)에서 지속적으로 증가, 2010년 현재 545만 명(11%), 2030년 1,269만 명(24.3%), 2060년 1,762만 명(40.1%) 수준으로 성장한다고 예측하고 있다. 갈수록 75세 이상 후기 고령인구의 증가는 부양부담의 악화와 더불어 경제적 어려움이 클 것으로 전망된다.

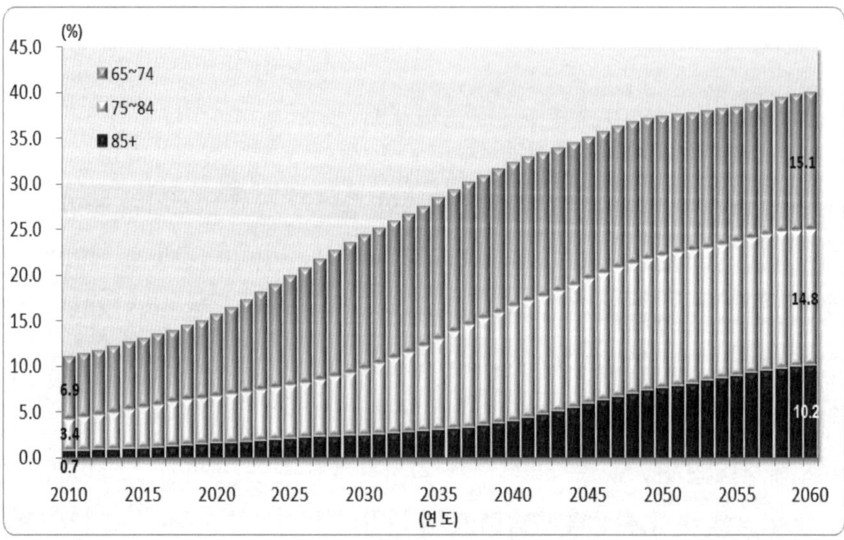

[그림 8-1] 총 인구대비 연령계층별 고령인구 구성비(2010~2060)

출처 : 2011 통계청 장래인구추계

표 8-3

인구성장률과 노인부양비

내용＼연도	2015	2020	2025	2030	2035	2040
인구성장률	0.1	-0.2	-0.3	-0.4	-0.6	-0.9
인구(명): 0~14세	6,770,456	5,998,667	5,313,689	4,780,905	4,398,231	3,977,308
인구(명): 15~64세	36,747,370	36,081,630	34,171,703	31,704,016	29,044,967	26,313,465
인구(명): 65세 이상	6,497,376	7,743,675	9,727,581	11,783,388	13,502,269	14,876,428
총 부양비	36.1	38.1	44	52.2	61.6	71.7
유소년부양비	18.4	16.6	15.5	15.1	15.1	15.1
노년부양비	17.7	21.5	28.5	37.2	46.5	56.5
노령화 지수	96	129.1	183.1	246.5	307	374

2) 기능장애노인의 증가

노인에게 있어 일상생활의 수행은 가정에서 독립적인 삶을 가능케 함으로써 여생을 즐겁게 보낼 수 있도록 하기 때문에, 그 정도를 평가하여 자율적으로 생활하도록 돕는 것은 성공적 노화과정에 있어 매우 중요하다(김정선, 1998). 하지만 65세 이상 노인의 일상생활과 관련된 기능이 적절히 작동하지 못하는 비율은 다른 연령대보다 5배가 높다.

또한 노년 전기보다 노년 후기가 2~3배 이상 기능 저하 현상이 나타나는 것이 일반적(김명희, 2009)이므로, 노인관련 접근에 있어서 일상생활 수행능력에 대해 보다 많은 관심을 가져야 한다.

일상생활의 동작 정의를 살펴보면 노유자와 김춘길(1995)은 '독립적인 삶에 있어 꼭 필요한 활동을 수행할 수 있는 능력으로써 신체적 능력 및 생활수단 활용능력과 관련된 내용으로 일상생활 능력'으로 정의 내리고 있다. 그리고 이현심과 남희수

(2010)는 '노인의 일상생활 수행능력을 자립생활이 가능한 기능수준'으로 보고 있으며, 유호신(2001)은 일상생활에 있어 활동가능 정도와 관련된 개념으로 일상생활 활동과 도구적 일상생활 활동으로 구분하여 살펴볼 수 있다. 즉 일상생활 활동(activities of daily living)은 목욕이나 의복착용, 화장실 이용, 이동, 배설, 식사 등이 포함되는 것이며, 도구적인 일상생활 활동(instrumental activities of daily living)은 이보다는 높은 수준으로 요리, 세탁, 청소, 전화사용, 시장보기, 가사활동, 투약, 대중교통 이용의 활동을 의미하는 것으로 볼 수 있다(민경진 · 황진수, 2007). 하지만 대부분의 연구들에서는 이 두 가지의 하위 개념이 명확히 구분되기보다는 혼합되어 전반적인 일상생활 활동으로 개념화되어 있다.

보건사회연구원의 조사에 의하면 기능장애가 있는 노인 중에서 가족들의 부양을 받고 있는 노인의 비율은 전체 장애노인의 37.3% 정도이고, 나머지 62.8%는 필요한 도움을 제대로 받지 못하고 있는 것으로 나타났다. 특별히 혼자 사는 노인의 88%가 그리고 노부부만 따로 사는 노인들의 간호 수발이 심각한 문제로 대두되고 있으며, 심지어 자녀와 함께 살고 있는 노인들 중에서도 54% 이상이 필요한 서비스를 제대로 받지 못하고 있어 이들을 위한 재가노인서비스 제공이 요구되고 있다.

3) 가족 부양기능 약화

우리나라는 전통적으로 가족이나 친척, 이웃이 노인을 보호하는 비공식적인 노인보호 기능이 대부분을 차지하였지만, 급속한 노인인구 증가와 산업화, 핵가족화로 인하여 가족 내 부양이 한계를 드러내게 되었다. 예전의 부모님의 병원 간병은 당연히 자녀의 몫이었으나 요즘은 병원에 계시면 간병인을, 그리고 바로 장기요양 등급신청을 하는 모습을 볼 수 있다.

특히나 저출산으로 인하여 평균 가족원 수는 감소하고 맞벌이와 학업으로 인한 1인 가구 수가 증가하면서 가족의 부양기능은 더욱 약화됨을 알 수 있다.

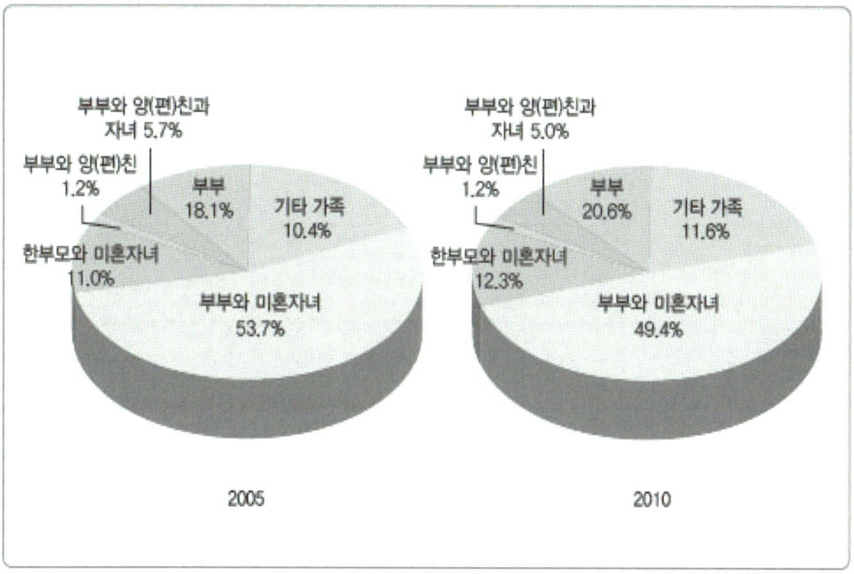

[그림 8-2] 가족형태별 가구도표

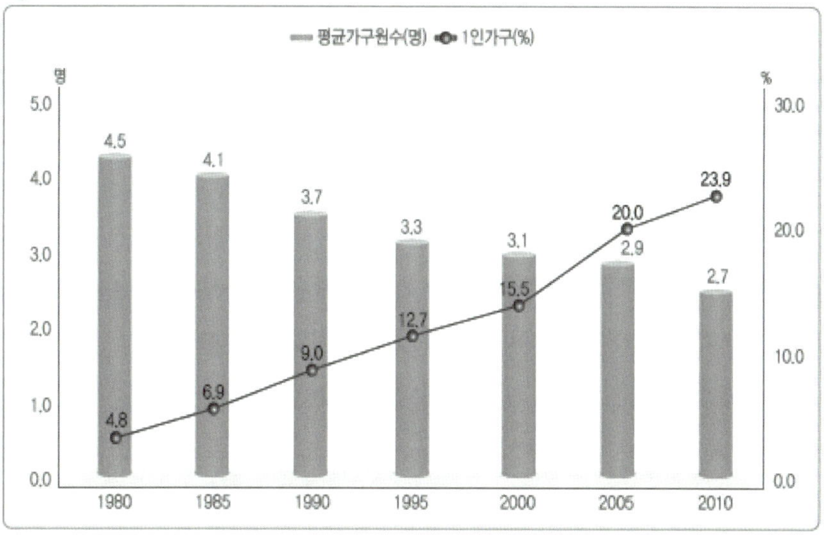

[그림 8-3] 평균 가구원수 및 1인 가구 비율

통계청이 발표한 2010 한국의 지표에 따르면 우리나라 일반가구 중 1인 가구의 비중은 1990년 9.0%에서 2010년 23.9%로 증가하였으며, 가구 구성원은 부부 또는 학령기 자녀와 동거 세대는 많으나 노인과 함께하는 세대 수는 갈수록 대폭 줄어드는 것을 확인할 수 있다.

3. 재가노인복지서비스

2010년 전에 시행되었던 재가노인복지서비스는 가정봉사원파견사업, 주간보호사업, 단기보호사업, 가정봉사원 교육시설로 나누어졌었다. 사업의 규모는 단순하게 보이지만 저소득 노인들에게 가족의 기능을 다하고, 지역사회의 좋은 자원을 순환하게 하는 자원봉사 활동을 활발하게 하는 초석이 되었다.

특히 가정봉사원 파견을 통해 일상생활 지원은 물론 독거노인의 어려움을 ONE-STOP으로 해결하는 중요한 활동이었다.

그러나 장기요양보험법이 도입되면서 재가노인복지사업의 양상도 크게 달라졌는데, 요보호 대상노인이 자신의 익숙한 환경에서 생활하면서 필요한 서비스를 지원, 제공받거나 때로는 지역사회 노인복지시설을 이용함으로써 정상적 가정생활을 유지하도록 원조받을 수 있도록 하였다. 그 동안은 저소득 중심의 선별적인 서비스 전달체계였으나 장기요양보험을 통해 노인이면 누구나 양질의 서비스를 지원받아 가족은 부양부담에서 벗어나고 노인은 삶의 질이 높아지는 계기가 되었다.

재가노인복지시설의 종류로는 방문요양서비스, 주야간보호서비스, 단기보호서비스, 방문목욕서비스, 재가노인지원서비스이다.

재가노인복지시설을 이용하고자 할 수 있는 대상자는 다음과 같다.

① 장기요양급여수급자

② 장기요양급여 수급자 이외의 자(등급외자) 중 기초수급권자 및 부양의무자로 적절한 부양을 받지 못하는 자로서 혼자서 일상생활을 영위하기 어려워 재가서비스의 제공이 필요한 자

③ 2008. 7. 1일 이전에 국가 및 지방자치단체로부터 운영비를 지원받는 시설을 이용하고 있는 등급외자 중 "기초수급권자" 및 "실비이용자"

재가노인복지시설 이용 절차는 〈표 8-4〉와 같다.

※ 노인보호전문기관에서 학대피해 노인으로 입소의뢰를 받은 노인포함

표 8-4

재가서비스 이용 절차

대상자 유형	시 · 군 · 구	시 · 군 · 구	장기요양 기관	장기요양 기관
① 기초생활 수급노인 ② 기타 의료급여 수급자 →	급여신청 (장기요양 인정서 첨부) →	장기요양기관에 이용의뢰 (공단, 본인 통보) →	이용대상자 확인(*) ↓ 수급자와 급여제공계약서 작성 →	장기요양급여 계약내역서 공단통보 ↓ 서비스 실시
③ 일반노인		→		

※ 입소를 위한 사전절차 : 장기요양 인정신청(공단 지사) → 방문조사 → 등급판정위원회 → 장기요양인정서 수령 → 아래 입소 절차에 따라 이용

※ 기초생활수급 노인이나 기타 의료급여수급자에 대한 급여비용은 입소이용 신청일부터 인정하며, 장기요양기관에서는 반드시 기초생활수급 노인이나 기타 의료급여수급권자에 대한 입소이용 의뢰서를 확인한 후 수급자와 계약을 체결하여야 함

※ 기초생활수급 노인이나 기타 의료급여수급권자에 대한 서비스 제공시 시 · 군 · 구청장이 이용 의뢰하지 않았거나 이용의뢰서가 공단으로 통보되지 않은 자에 대한 서비스 비용은 수급자가 전액 본인 부담

1) 방문요양서비스

(1) 장기요양보험법에 의한 방문요양서비스

가정에서 일상생활을 영위하고 있는 노인으로서 신체적 · 정신적 장애로 어려움을 겪고 있는 노인에게 지역사회 안에서 건전하고 안정된 노후를 영위하도록 장기요양요원(요양보호사)이 가정을 방문하여 신체활동 및 가사활동 등 필요한 각종 서비스를 제공하며 이용 대상은 장기요양급여 수급자(1~3등급)로 심신이 허약하거나 장애가 있는 65세 이상의 자(이용자로부터 이용비용의 전부를 수납받아 운영하는 시설의 경우에는 60세 이상의 자)로서 가정에서의 보호가 필요한 자가 된다.

※ 단, 노인돌봄서비스, 가사간병도우미, 독거노인생활지도사 등 타 서비스를 제공받고 있는 자는 대상에서 제외한다.

서비스 내용에는 신체활동지원서비스, 가사활동지원서비스, 개인활동지원서비스, 정서지원서비스로 구성된다. 이때, 장기요양에 의한 방문요양서비스는 국민건강관리공단이 운영주체로서 장기요양기관은 서비스 시간에 따라서 공단으로부터 85% 대상자로부터 15%의 서비스에 관한 급여를 청구하여 수가를 받아 시설을 운영하게 된다.

(2) 노인복지법에 의한 방문요양서비스

노인복지법에 의한 방문요양서비스는 개인이 영리를 목적으로 운영하는 재가장기요양기관이 아닌 사회복지법인이나 지방자치단체에서 운영하는 기관에서 제공하는 서비스다. 2008년 7월 이전에 가정봉사원 파견서비스를 운영하던 기관에서 서비스 명칭을 방문요양서비스로 변경하고, 서비스 대상 및 인력기준을 변경하되 서비스 내용은 유지하였다. 2010년 3월 31일을 기준으로 재가노인지원서비스를 신설하여 방문요양(재가노인복지시설)과 분리하여 서비스 내용을 분리한다.

※ 구. 가정봉사원 파견시설, 방문요양, 재가노인지원서비스의 변화

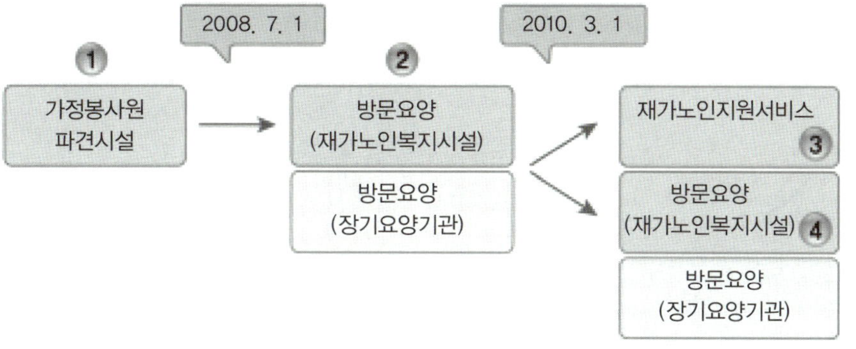

※ 2008. 7. 1 : 가정봉사원 파견시설에서 방문요양(재가노인복지시설)로 전환 서비스 대상 및 인력기준 변경, 서비스 내용 유지

※ 2010. 3. 1 : 방문요양(재가노인복지시설)과 재가노인지원서비스(신설)로 분리 서비스 내용 분리, 인력기준 변경('10. 2. 24)

※ 2013. 8. 29 : 2010. 2. 24 개정된 인력기준 시행 당시 종전의 규정에 따라 설치 신고한 방문요양(재가노인 복지시설 및 재가장기요양기관)기관은 2015. 5. 28까지 헌행기준에 적합하게 하여야 함

※ 2010. 2. 24개정 : 요양보호사 3명(농어촌 2명) → 15명(5명) 이상, 상근 20%(3명) 이상

[그림 8-4] 방문요양서비스

2) 주야간보호서비스

주간노인복지시설 이용대상자(만 65세)로서 보호기간은 1일로 한다. 시간은 08:00~22:00으로 하되, 시설의 운영여건 및 이용노인과 그 가정의 형편에 따라 2시간 이내에서 신축성 있게 운영하며, 이용 대상은 장기요양 수급자이다. 서비스 종류에는 생활시설생활지도 및 일상생활동작 훈련 등 심신의 기능 회복을 위한 서비스로 일상생활지원 중 취미, 오락, 운동 등 여가생활서비스가 있고, 일상생활동작 훈련으로 이동, 체위변경, 물리치료적 훈련, 작업치료적 훈련, 원예치료적 훈련, 인지재활 훈련, 언어치료적 훈련 등을 하는 기능훈련도 있다. 몸청결, 머리감기, 얼굴 씻기, 손씻기, 구강관리, 몸단장, 옷 갈아 입히기, 배설, 식사도움을 통한 영양관리 및 신체 청결을 지원하고 주간보호서비스에서는 보호기간이 1일이므로 매일 송영서비스를 실시하여 이용 가족들의 편리를 도모하고 있다. 특히 노인 가족에 대한 교육 및 상담을 통해 노인에 대한 수발 부담을 덜어 주고 가족화합을 지원한다. 치매노인과

뇌졸중 질환으로 거동이 불편한 노인과 함께 프로그램을 운영할 때는 각 대상자마다 특성이 다르므로 보다 세심한 주의가 필요하다.

주야간보호서비스사업에는 시설기준과 인력기준을 갖추어야 한다.

표 8-5

보건복지부 –주야간서비스 시설기준–

구분	생활실	사무실	의료/간호사실	프로그램실	물리(작업)치료실	식당/조리실	화장실	세면장/목욕실	세탁장/건조장
이용자 10명 이상	○	○		○		○	○	○	
이용자 10명 미만	○	○		○		○	○		

주야간서비스를 제공하기 위해서는 이용자의 편의와 안전을 고려하여 생활시설에 준하는 일정한 공간의 확보와 안전손잡이, 미끄럼방지 바닥 등 배리어프리(barrier free) 환경을 갖추어야 한다.

표 8-6

주야간서비스 인력기준

구분	시설장	사회복지사	간호사(조무)	물리(작업)치료사	요양보호사	사무원	조리원	보조원 운전사
이용자 10명 이상	1명	1명 이상	1명 이상		이용자 7명당 1명 이상(1급)	필요수	필요수	필요수
이용자 10명 미만	1명	–	1명 이상			–	필요수	필요수

주야간보호서비스를 제공하는 인력은 신체적 서비스를 제공하기 때문에 1급 요양보호사여야 하고 이용자 7인당 요양보호사 1명이 배정된다. 예를 들어 등급자 6명과 등급외자 1명이 이용하면 요양보호사 1명, 등급자 6명과 등급외자 2명, 8명이면 요양보호사 2인이 필요하다.

예시) ○○○주간보호센터 프로그램3)

[그림 8-5] 카드를 활용한 언어인지훈련

[그림 8-6] 가베를 활용한 인지훈련

3) 단기보호서비스

단기보호서비스의 목적은 부득이한 사유로 가족의 보호를 받을 수 없어 일시적으로 보호가 필요한 심신이 허약한 노인이나 장애노인을 보호시설에 단기간 입소시켜 보호함으로써 노인 및 노인가정의 복지증진을 도모하기 위한 서비스 제공을 말한다.

이 사업대상자 또한 장기요양등급 인정을 받고 월 1일 이상 15일 이하 단기간 보호가 필요한 자로 한다.

서비스 내용은 신체활동지원, 기능회복훈련, 그 밖의 일상생활에 필요한 편의를 제공하고 그 밖에 노인요양시설 또는 노인요양공동생활가정의 사업에 준하는 서비스를 제공한다. 단기보호서비스에서는 이용 노인이 생활시설이라는 거부감을 느끼지 않도록 각별한 보살핌이 필요하며, 가족으로부터 분리되는 불안감을 느끼지 않도록 하는 편안한 서비스 제공이 필요하다.

보호기간으로는 월 1일 이상 15일 이하, 다만, 시장·군수·구청장은 중증질환이 있는 노인, 연고가 없는 노인, 취학·생계곤란 등의 사유로 인하여 부양능력이 없는 부양의무자로부터 부양을 받지 못하는 피부양 노인에 대하여는 1개월에 15일

3) 국민건강보험공단(2012), 이용노인의 기능수준 향상을 위한 '주야간보호 프로그램 안내'를 발간하여 다양한 프로그램 제공과 평가지표가 마련되어 있다.

을 초과하여 이용일수를 연장할 수 있다. 요양보호사는 1급이며 이용 노인 4명당 1명이 배치되어야 한다.

4) 방문목욕서비스

1995년 서울 성내종합사회복지관에서 시작한 방문목욕서비스는 와상 상태에 있는 노인에게 목욕이 단순한 위생만 강조하는 것이 아니라 전신을 이완시키고 정서적 지지를 포함한 토탈케어(total care)라고 볼 수 있다. 특히 목욕탕이 부재한 농어촌에서는 방문목욕사업이 상당히 좋은 반응을 얻었는데, 이것은 사회복지공동모금회나 기업 사회공헌 사업단에서 차량을 적극적으로 지원한 영향도 있다. 하지만 장기요양보험이 도입되면서 그 동안 자원봉사자를 활용한 무료 목욕지원이 유료화되면서 자기부담금을 내지 못하는 경우나, 등급을 받지 못하는 경우가 발생하게 되어 복지 사각지대가 발생할 우려가 높다.

방문목욕서비스의 기본은 이동형 욕조 또는 이동목욕 차량을 구비해야 한다. 이동목욕 차량이란 욕조, 급탕기, 물탱크, 펌프, 호스, 릴 등을 갖춘 차량으로 자동차등록증의 차량 용도(차명)에 "이동용목욕"으로 표기되어 있는 차량이거나 자가용 또는 사업용으로 등록된 일반 차량을 이동목욕용으로 구조 · 변경하여 자동차등록증의 구조 · 변경사항에 해당 내용이 표기된 차량을 의미한다.

※ 이동용 욕조란 통상 실내에서 목욕이 가능하도록 만든 욕조(예를 들면 공기주입식 욕조)

이동 목욕시 주의 사항은 다음과 같다.

① 욕조 이동시 낙상에 대한 대책을 세워야 하고,

② 집안이나, 차 안에서 목욕을 하기 때문에 온도변화에 따른 대책을 세워야 하고,

③ 목욕시 발한으로 인한 수분손실을 고려하여 목욕 전후 수분공급을 반드시 실시하고,

④ 신체활력증 후에 대한 변화가 없는지 꼼꼼하게 살피는 주의가 필요하다.

5) 재가노인지원서비스

경제적 · 정신적 · 신체적인 이유로 독립적인 일상생활을 영위하기 어려운 노인과 복지 사각지대 노인들에게 방문요양 일상생활 지원을 비롯한 각종 필요 서비스를 제공함으로써 지역사회 내에서 건강한 생활을 영위하는 데에 어려움이 없도록 예방적 복지 실현 및 사회 안전망 구축을 위하여 제공하는 서비스를 말한다.

(1) 이용대상자

① 장기요양급여 수급자(방문요양 · 방문목욕 · 주야간보호 · 단기보호서비스 외의 서비스를 필요로 하는 자)

② 장기요양급여 수급자 외의 자 중 기초수급권자 및 부양의무자로부터 적절한 부양을 받지 못하는 자로서 혼자서 일상생활을 수행하기 어려워 서비스의 제공이 필요하여 시 · 군 · 구청장이 의뢰한 자

③ '08. 7. 1 이전에 국가 및 지방자치단체로부터 운영비를 지원받는 시설을 이용하고 있는 등급외자 중 기초수급권자 및 실비 이용자

④ 기타 자연재해 등으로 긴급지원이 필요한 노인(장기요양서비스 이용자 포함)

※ 시설장은 방문요양 및 노인돌봄, 가사간병, 안전서비스 등 유사서비스 대상자와 가급적 중복되지 않도록 함(동일 서비스 내용 중복 불가)

※ 시설 간 정보교류를 통해 한 노인이 여러 시설에서 동일서비스를 받지 않도록 해야 함

(2) 정원 및 실적관리

① 정원

- 정원규정 없이 지역사회 서비스가 필요한 노인에게 서비스 제공
- 대상자가 서비스 내용의 중분류(프로그램)에 해당되는 세부서비스를 다양하게

받을 수 있도록 서비스 제공

② 실적관리

- 관리대상자 수 산출 – 관리 대상자 ○○○명

  ※ 관리대상자 중 중점관리 대상자 50명 이상 확보해야 함

  ※ 중점 관리대상자란 위기 상황 또는 건강상태 악화가 예측되는 대상자로 정기적인 사례관리를 통해 서비스 제공내역 및 대상자의 상태를 수시로 파악하고 있는 대상자를 말함(유급, 무급 봉사원 파견대상자 포함)
- 정기적인 사례관리
  - 최소 반기별 1회 이상의 사례회의를 통한 제공서비스 점검 실시
  - 사례관리 기본 절차 및 양식은 책자 별도 송부
- 서비스별 제공 실적 산출 – 제공된 서비스별 실적을 산출하여 연간 제공하고 있는 서비스의 종류와 양을 수치로 나타낼 수 있도록 함
- 시설장은 사례관리를 통한 서비스 제공계획을 수립하여, 관리대상자 일부에게 서비스가 집중되는 것을 방지하고 다수의 대상자에게 서비스가 제공될 수 있도록 함

③ 기타

관리대상자 수 및 서비스 제공 내용과 이에 따른 실적이 차년도 재가지원서비스 제공기관 유지에 영향을 미칠 수 있으므로 실적관리를 철저히 하여야 한다.

(3) 서비스 내용 : 방문요양서비스 내용과 중복 불가

① 예방적 복지와 안전망 구축을 실현하기 위하여 영역별 프로그램(중분류) 계획을 수립하고 프로그램 안에서 다양한 서비스(소분류)를 개발하여 제공하는 것을 원칙으로 한다.

② 긴급지원사업은 필요시 장기요양서비스 및 노인돌봄서비스 여부와 관계없이 제공이 가능하다.

※ 지역조직망, 전산기기 등을 활용하여 긴급 상황을 신속하게 파악할 수 있는 시스템 구축을 권장한다.

※ 정기적·일상적으로 제공되는 서비스는 긴급지원 사업으로 간주될 수 없다.

③ 서비스 내용 중 교육지원 프로그램은 이용대상자, 보호자 및 지역주민(자원봉사자 포함)을 대상으로 다양한 내용으로 실시하여 안전망 및 긴급지원 네트워크 구축에 활용한다.

④ 재가노인지원서비스센터에서는 지역협의체 구성 및 사례관리를 통하여 서비스의 중복을 방지하고, 필요 서비스의 즉각 지원을 도모한다.

표 8-7 재가지원서비스 내용(예시)

대분류 (사업)	중분류 (프로그램)	소분류(서비스) ※ 하단의 서비스 내용은 각 영역별로 제공할 수 있는 서비스 내용을 예시한 것임 ※ 다양한 서비스 제공을(자원봉사활동 등) 위한 각 시설에서 추가로 서비스를 개발하여 제공할 수 있음	
예방적 사업 (직접서비스)	일상생활지원 (※ 방문요양 서비스 내용 제외)	• 무료급식 및 밑반찬서비스 • 행정지원서비스 • 김장서비스	• 이·미용서비스 • 명절·생신서비스 • 차량이송서비스 • 장보기서비스
	정서지원	• 심리지지서비스	
	주거환경 개선지원	• 도배서비스 • 장판교체서비스 • 전기수리서비스 • 방역서비스	• 보일러수리서비스 • 변기수리서비스 • 편의시설 개보수(문턱 제거 등) • 집수리서비스
	여가활동지원	• 나들이서비스	• 문화체험서비스
	상담지원	• 상담서비스	
	지역사회지원 개발	• 후원·결연서비스	• 지원연계서비스
사회안전망 구축사업 (간접서비스)	연계지원	• 안전확인서비스 • 생활교육서비스 • 노-노케어서비스 • 보청기, 틀니제작 의뢰서	• 개안수술서비스 • 건강검진서비스 • 의료연계서비스 • 전·월세자금지원서비스

		비스 • 장수사진서비스 • 노인장기요양보험	• 노인돌봄기본 • 노인돌봄종합
	교육지원	• 임종교육 • 보호자교육 • 응급처치교육 • 낙상예방 • 치매예방	• 사기예방 • 대인관계기술 • 자살예방 • 이성교육
	지역사회 네트워크지원	• 지역재가협의체 구성	• 사례관리
긴급지원 사업 (긴급서비스)	긴급지원	• 위기지원서비스 • 무선메이징서비스	• 응급호출서비스 • 화재, 가스유출감시서비스

※ 공동주택의 경우 「집합건물법」 제5조에 의거 공동주택에 재가장기요양기관을 설치하기 위해서는 다른 구분소유자의 동의를 얻어야 함.

(4) 시설 및 인력기준

① 인력기준

시설장	사회복지사	사무원
1명	1명	1명

- 시설장 ─ 사회복지사자격증, 의료인면허증 소지자로 상근하는 자
  ※ 재가노인복지시설에서 병설하여 운영하는 경우 시설장 겸직가능
- 사회복지사 ─ 사회복지사자격증 소지자
  ※ 재가노인복지시설에 병설하는 경우 사회복지사 외의 직원은 사업에 지장이 없는 범위 내에서 당해 재가노인복지시설의 직원이 겸직 가능하나, 시설장을 포함한 2인 이상의 직원을 겸직으로 할 경우 사회복지사를 추가 배치하여야 함
- 노인결연(500인 이상)시, 전담직원 1인 별도 배치(해당사업기관에 한함)

② 시설설치 기준

- 전용면적 33㎡(연면적 기준) 이상

사무실	상담실	교육실	자원봉사자실
○	○	○	○

- 통신설비, 집기 등 사업에 필요한 장비를 갖추어야 함
- 다른 재가노인복지서비스(방문요양, 방문목욕, 주야간보호, 단기보호)와 시설 공용 불가
- 다른 재가노인복지서비스 및 장기요양서비스를 동시에 제공하는 재가노인복지시설의 경우, 재가노인지원서비스의 사무실 면적(33㎡)을 추가로 확보한 경우에만 같은 공간 활용이 가능하되, 각 시설(사무실, 상담실, 교육실, 자원봉사자실)의 용도에 맞게 시설을 사용할 수 있도록 해당 설비를 갖추고, 용도별로 구획하는 등의 조치를 취해야 함

(5) 경과규정

종전의 규정에 따라 설치신고를 하여 상담 및 교육에 관한 사항, 노인결연에 관한 관련 사업을 수행하던 방문요양서비스를 제공하는 재가노인복지시설(구, 가정봉사원 파견시설)은 재가노인지원서비스를 제공하는 재가노인복지시설로 본다.

(6) 행정사항

① 방문요양서비스(구, 가정봉사원 파견시설)의 재가노인지원서비스 제공 시설로 전환한다.

- 방문요양서비스와 재가노인지원서비스를 동시에 제공하고자 할 경우 노인복지법 시행규칙 별지 제21호의 2서식의 '변경신고서'에 재가노인지원서비스 추가를 기재한 후 설치 신고에 준하는 서류를 제출한다.
- 방문요양서비스 제공을 하지 않고 재가노인지원서비스만 제공할 경우 노인복지법 시행규칙 별지 제21호 서식의 '폐지 · 휴지 신고서'를 제출하여 방문요양

서비스 제공기관을 폐지하고, 재가노인지원서비스 신규 설치를 신고한다.

② 방문요양서비스(구, 가정봉사원 파견시설)를 제공하지 않던 재가노인복지시설의 경우 재가노인지원서비스 신규 설치를 신고한다.

(7) 운영비 지원

① 재가노인지원서비스센터의 운영비 지원기준은 지자체의 재정상황, 서비스 이용자 수 등을 종합적으로 고려하여 자체적인 기준을 수립하여 시행하되, 전년도보다 재가노인지원서비스가 위축되지 않도록 하여 사각지대 발생을 방지한다.

② 지자체의 재량에 따라 서비스 제공인력 및 대상자를 확대 · 조정할 수 있으며 이를 위한 운영비를 추가 지원할 수 있다.

표 8-8

가정봉사원 파견시설, 방문요양 및 재가노인지원서비스의 비교

구분	가정봉사원파견시설 ('08. 7. 1 이전)	방문요양 (재가노인복지시설) ('08. 7. 1 이후)	재가노인지원서비스 ('10. 3. 1 이후)	방문요양 (장기요양기관)
서비스 대상	① 일상생활 수행능력에 지장이 있는 자 ② 노인성 질환 또는 노쇠로 심신의 장애가 있는 자 ③ 일반질환으로 일시적인 서비스가 필요한 자 ④ 독거노인으로 일상생활 서비스가 필요한 자 ⑤ 기타 복지실시기관장이 서비스가 필요하다고 인정한 자	① 장기용양급여 수급자 ② 장기요양급여 수급자 이외의 자 중(등급 외 자) 기초 수급권자 및 부양의무자로부터 적절한 부양을 받지 못하는 자로서 재가서비스 제공이 필요한 자(시 · 군 · 구청장이 의뢰한 자) ③ '08. 7. 1 이전 운영비를 지원받는 시설을 이용하고 있는 등급 외 자 중 기초 수급권	① 장기요양급여 수급자 ② 장기요양급여 수급자 이외의 자 중 기초수급권자 및 부양의무자로부터 적절한 부양을 받지 못하는 자로서 서비스 제공이 필요한 자(시 · 군 · 구청장이 의뢰한 자) ③ '08. 7. 1 이전 운영비를 지원받는 시설을 이용하고 있는 등급외 자 중 기초 수급권자 및 실비이용자	① 장기요양급여 수급자 ② 이용자 본인이 전액 부담하는 자

		자 및 실비이용자 ④ 이용자 본인이 전액 부담하는 자	④ 기타 자연재해 등으로 긴급지원이 필요한 노인	
서비스 내용	신체수발, 일상생활 지원, 노화·질병 및 장애관리 상담 및 교육 복지자원 발굴 및 네트워크 구축(결연사업, 봉사자 발굴 등)	방문요양, 상담 및 교육, 노인결연 등 ('10. 3. 1 이후) 방문요양만 제공: 신체수발, 일상생활 지원, 정서지원 등	일상생활 지원, 노인생활 및 신상에 관한 상담, 재가노인 및 보호자의 교육, 무의탁 노인 후원을 위한 결연 및 연계지원, 여가활동 지원, 주거환경 개선 지원	신체수발, 일상생활 지원, 정서지원 등
인력 기준	시설장 1인 사회복지사 1인 사무원 1인 보조원 또는 운전기사 1인 무급봉사원 및 유급급봉사원	시설장 1인 사회복지사 1인 요양보호사 3인 사무원, 보조원 또는 운전사는 필요수 ('10. 2. 24 이후) 시설장 1인 요양보호사 15인 사무원, 보조원 또는 운전사는 필요수	시설장 1인 사회복지사 1인 사무원 1인	시설장 1인 요양보호사 3인 사무원, 보조원 또는 운전사는 필요수 ('10. 2. 24 이후) 시설장 1인 요양보호사 15인 사무원, 보호원 또는 운전사는 필요수
운영비 지원 (등급 외 자)	'08년 상반기: 67,850천원	'08년 하반기 : 50,000천원 '09년: 100,000천원 '10년: 지자체에서 결정	지자체에서 결정	없음

4. 재가노인복지서비스의 개선방안

지역복지의 핵심사업인 재가복지사업은 사회복지서비스가 필요한 클라이언트를 시설로 격리시키지 않고 예방, 재활, 사회통합을 위해 지역사회의 보통 사람들과 보편적 생활을 가능하도록 정상화(normalization)의 이념에 입각한 복지서비스의 조직화가 요구된다는 사회복지 패러다임의 변화가 반영되기 시작하면서 재가복지사업이 강조되기 시작했다. 물론 여기에는 기존의 보호시설로는 사회인구학적 변화를 탄력적으로 적응할 수 없을 뿐 아니라, 보호가 필요한 사람들을 모두 포괄하기 어렵게 되었다는 점도 재가복지서비스를 강조하게 된 사회적 배경이다. 여기에다 대상자들의 욕구가 다양해지고 복잡해져 화폐적 욕구[4] 대응으로는 한계에 봉착, 비화폐적 욕구가 크게 증가하고 있다는 점도 재가복지를 중요시하게 된 요인이라 할 수 있다.

지난 1992년 '제7차 경제사회발전 5개년계획'에서 제시된 사회복지서비스 분야의 기본 방향을 보면, 시설보호에서 재가보호서비스 확충, 선별적 서비스 중심에서 보편적인 서비스 제공 그리고 사후 치료적인 서비스에서 사전 예방적인 서비스 강화 등으로 설정되었다. 같은 해에 전국에는 재가복지봉사센터가 설치되어 운영되면서 재가복지사업이 강조되었다.

이러한 재가복지사업은 그 동안 지역사회 내 조직화, 전문성, 그리고 투입인력 및 예산 부족 등 현실적인 한계로 인해 적잖은 문제점을 야기했다. 특히 2008년 7월 1일부터 시행된 장기요양보험사업과 맞물린 재가복지사업은 어떠한 문제점을 안고 있으며 개선점은 또 무엇인가를 살펴보기로 한다.

재가복지를 찾아 나서는 복지라 해서 기존 복지서비스나 또 프로그램을 전달하는 수준에 그쳐서는 안 되며, 무엇보다 이용자 욕구에 대한 재가복지서비스가 적절한지를 유의해야 한다. 또한 서비스의 내용(프로그램)의 적용과 발전성 여부를 면밀히 검토해야 한다. 나아가 재가복지를 실천하는데 있어서 성공 여부는 주민들의 자발적인 참여와 조직화가 뒷받침되어야 담보해 낼 수 있다. 더불어서 공공기관 및 민간단체 간의 협력이 절대적으로 이루어져야 한다.

4) 화폐적 욕구는 현금이나 현물에 관한 욕구, 비화폐적 욕구는 현금이나 현물 외 사회적 서비스 욕구를 말함.

1) 서비스의 전문성과 체계적 관리

그 동안 지역사회 내에서 전개된 재가복지사업은 사회복지사와 요양보호사, 그리고 자원봉사자를 축으로 전개되어 왔다. 사실 이 3개의 축 중 복지사나 요양보호사들에 대한 보수교육이 이루어져 전문성 확보에 노력하고 있지만, 문제는 자원봉사자들에 대한 교육이다. 특히 요양 등급을 받은 클라이언트에 대한 재가복지서비스는 일정한 교육을 받은 복지사와 요양보호사가 맡기 때문에 다소의 우려감에서 벗어날 수 있다. 그러나 등급을 받지 못한 클라이언트들에 대한 복지서비스는 대부분 자원봉사자들에게 의존할 수밖에 없는 실정이다.

장기요양보험 실시 이후 재가복지 현장은 등급을 받은 선별적 대상들에게 서비스가 치중되어 가고 있는 것이 사실이다. 이러한 상황이 더욱 고착화될 경우 등급을 받지 못한 클라이언트들에 대한 사회복지서비스는 사각지대로 내몰리면서 반쪽의 재가복지로 전락할 수밖에 없다.

이에 따라 복지사와 요양보호사들에 대한 보수교육이 내용이나 체계 면에서 더욱 전문적으로 또 다른 서비스 축을 담당하고 있는 자원봉사자들에 대한 교육과 함께 체계적 관리가 이루어져 3자의 조화로운 결합을 통한 통합서비스 체계가 갖추어져야 할 것이다.

2) 사전예방 프로그램 강화 및 대상자 선정의 확대

종전의 재가복지서비스는 사후 치료적 서비스에 치중함으로써 대상자들의 재활 등 재가복지서비스의 근본적 목적을 달성하는 데는 한계가 있다는 시각이 대부분이었다. 사실 노인성 질환은 일단 발병하게 되면 치료가 쉽지 않고 회복 가능성 역시 조기진단에 의한 치료가 이루어질 때 가능성이 높다할 것이다.

따라서 노인성 질환은 발병 이후 접근하기보다는 예방적 차원의 사전 접근이 사회적 비용을 절감시키고 지역사회 복지 활동의 효율성을 높일 수 있을 것이다.

이미 일본의 경우 개호보험에서 예방급여 대상자에 대한 프로그램을 운영하고 있는 것은 그만큼 사후 치료적 접근이 많은 사회적 비용을 유발함으로써 재정적 부담감을 줄이기 위한 것으로 판단된다. 장기요양보험 실시 이후 등급 판정 여부에 따라 극명하게 갈라지는 재가복지서비스의 추진 방향을 깊이 고려해 봐야 할 대목이다.

대상자 선정에 있어서도 과거에는 저소득 계층에 초점을 두고 있었다. 그러나 이러한 정책은 재가복지서비스의 보편화라는 시대적 흐름과 맞지 않는 기준이다. 이런 점을 고려해서 소득을 기본으로 하는 현재의 서비스 대상자 선정방식과 서류중심의 선정방식에서 탈피해 클라이언트 욕구 조사에 바탕을 둔 대상자 선정방식으로 전환되어야 한다. 다시 말해서 소득의 유무와 상관없이 욕구중심으로 대상자를 선정해야 한다는 것이다. 여기에는 많은 시간과 비용이 소요됨으로 정부차원의 개입이 절대적으로 필요하다 하겠다.

3) 재가복지서비스 제공 인력의 확대와 처우개선

재가복지서비스에 있어서 사례관리는 아무리 강조해도 무리가 아니다. 그러나 문제는 인력이다. 앞서 지적했듯이 인력의 전문성도 중요하지만 대상자들에게 직접적으로 서비스를 제공해야 하는 인력이 더욱 확대되어야 한다. 자원봉사자들의 역할도 중요하지만 재가복지서비스 관리는 복지사와 요양보호사가 중심이 되어야 하며, 자원봉사자는 사업 추진의 도우미 역할 및 자원봉사를 통한 학습과정 정도로 여겨져야 한다. 처우개선은 비단 급여의 현실화에만 국한된 것이 아니라 근로조건의 이러한 문제가 해결될 때 재가복지의 핵심이라고 하는 사례관리 전담인력도 배치되어 지역의 복지를 활성화시키는데 큰 역할을 할 것이다.

4) 기관 간, 프로그램 간 서비스 체계 연계 구축

장기요양보험이 실시되면서 재가복지 현장은 상당한 변화를 야기했다. 그 중 가장 두드러진 변화는 등급을 받지 못하신 분들의 서비스가 크게 줄어들 수밖에 없는 변화이다. 특히 홀로 사시는 어르신이 서비스 사각지대에 놓일 경우 고독사 혹은 고립사 등으로 인한 사회적 충격이 되풀이될 것이다. 이러한 문제를 개선하기 위해서는 지역사회 내에서 제공되는 다양한 재가복지사업을 연계하여 제공함으로써 클라이언트들의 만족도를 높이고 지역복지 활성화에 대한 시너지 효과를 높여 나가야 한다.

생각해 볼 문제

1. 갈수록 늘어나는 독거노인에 대한 재가노인복지정책에 대하여 파악하고 논의해 봅시다.

2. 앞으로 필요한 재가복지사업은 무엇이 있을까요?

3. 장기요양 등급판정 안에 들어 가지 못하고 보살핌이 필요한 노인에 대한 지역사회에서 할 수 있는 일은 무엇일까요?

제9장

노인사회활동(노인일자리) 지원사업

1. 노인사회활동(노인일자리) 지원사업의 개요
2. 노인사회활동(노인일자리) 지원사업의 유형 및 사업 내용
3. 노인사회활동(노인일자리) 지원사업의 현황 및 변화
4. 노인사회활동(노인일자리) 지원사업의 성과 및 과제

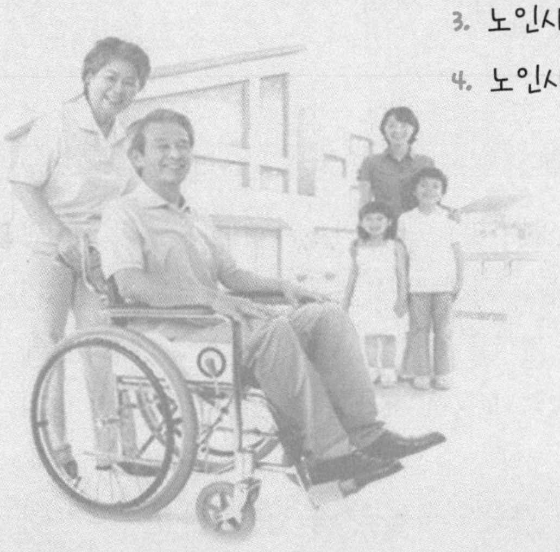

노인일자리 사업은 참여정부의 '노인복지 4대 핵심국정과제'로 대두되면서 본격적으로 논의되기 시작하였다. 고령사회를 대비하여 노인의 능력과 특성에 맞는 일자리를 창출 · 제공하여 노인복지 향상과 더불어 사회적 부양부담 경감 및 국가경쟁력 강화 기틀을 마련하고자 함을 목적으로 2004년부터 시작되어 2016년은 그 사업 연수가 13년째가 되는 해이기도 하다. 우리나라 산업화의 근간을 이룬 노인들의 노후 준비가 제대로 안된 현실에서 노인들에게 절실하게 필요한 사업으로 그간 질적으로 양적으로 지속적으로 발전되어 온 노인복지사업으로 볼 수 있다. 이에 노인일자리 사업에 대한 개요와 사업내용 및 현황을 살펴보고 이 사업의 성과 및 향후 과제에 대해 논의해 보고자 한다.

** 노인일자리 사업은 나눔활동의 성격을 추가하여 2015년 노인사회활동(노인일자리) 지원사업으로 사업명이 변경되었다.

1. 노인사회활동(노인일자리) 지원사업의 개요

1) 노인사회활동(노인일자리) 지원사업의 개념

노인사회활동(노인일자리) 지원사업은 참여정부 이후 노인복지 핵심국정과제 중 하나로 선정되어 2004년부터 추진되어 왔으며, 그 중요성이 지속적으로 강조되고 있다. 노인사회활동(노인일자리) 지원사업은 참여노인들의 능력과 성격에 맞고 시간적 연속성과 공간적 실체를 갖는 활동으로, 한 부분에 국한된 활동내용 중심의 일거리와 구분된다. 노인들의 일자리 기회를 마련해 주는 것은 노인 개개인에게 노후의 보충적 소득보장을 통해 경제적 도움을 제공할 뿐 아니라 노인의 삶의 질을 향상시키고, 노인에 대한 가족과 부양 부담을 경감시킬 수 있는 효과가 있다. 특히 이것은 사회참여의 기회가 낮고 사회적 비생산계층으로 사회적 부담을 더 가중시키는 노인들에게 사회적 차원에서의 노인일자리를 제공하는 것을 뜻한다.

2) 노인사회활동(노인일자리) 지원사업 실시배경

노인일자리 사업이 도입된 배경으로는 먼저, 우리나라가 저출산 및 평균수명 연장으로 인해 노인인구가 급속하게 증가되었으며 이러한 인구고령화의 전전으로 노인부양에 대한 사회부담이 점차 가중되었으나 우리나라의 사회보장제도는 미비한 상태이기 때문이다, 또한, 일하고자 하는 노인인구 증가와 길어진 노후 기간에도 불구하고 노인 취업률이 매우 낮아 노인의 경제적 어려움 뿐 아니라 삶의 질 전반에 걸친 문제가 매우 중요한 사회적 이슈로 대두되었기 때문이다. 아울러 그간 정부에서 노인의 취업을 촉진하기 위해 실행하였던 여러 정책들이 실효를 거두지 못한 것도 실시배경 중의 하나이다.

3) 노인사회활동(노인일자리) 지원사업의 의의 및 목적

노인사회활동(노인일자리) 지원사업은 노인이 활기차고 건강한 노후생활을 영위할 수 있도록 다양한 사회활동을 지원하여 노인복지 향상에 기여함에 그 의의가 있다고 볼 수 있다. 일자리(취업 · 창업 등), 공익활동, 재능나눔 등을 통한 적극적 사회참여, 소득보충 및 건강증진 등으로 노인문제 예방 및 사회적 비용을 절감하고, 참여노인을 통한 노노케어, CCTV 상시관제, 보육교사 도우미 등 유용한 공익활동 확대로 공공서비스의 질적 수준을 제고하고자 하는데 목적을 두고 있다.

4) 노인사회활동(노인일자리) 지원사업 법적 근거

노인사회활동(노인일자리) 지원사업은 「노인복지법」과 「저출산 · 고령사회기본법」에 근거하여 시행되고 있다.

노인복지법	○ 제23조 : 노인에게 적합한 직종의 개발과 그 보급을 위한 시책을 강구하며 근로 능력 있는 노인에게 일할 기회를

	우선적으로 제공하도록 노력하여야 한다. ○ 제23조의 2 : 국가 또는 지방자치단체는 노인의 능력과 적성에 맞는 일자리의 개발 · 보급과 교육훈련 등을 전담할 기관을 설치 · 운영하거나 그 운영의 전부 또는 일부를 법인 · 단체 등에 위탁할 수 있다.
저출산고령사회기본법	○ 제11조 : 노인에게 적합한 일자리창출 등 안정된 노후생활을 할 수 있도록 필요한 조치를 강구하여야 함. ○ 제14조 : 국가 및 지방자치단체는 자원봉사 등 노인의 사회활동 참여를 촉진하는 사회적 기반을 조성하여야 한다.

5) 노인사회활동(노인일자리) 지원사업 추진체계 및 주체별 역할

노인사회활동(노인일자리) 지원사업의 추진체계는 보건복지부, 한국노인인력개발원, 한국노인인력개발원 지역본부, 광역자치단체, 사업수행기관으로 나누어진다. 추진체계 및 주체별 역할을 살펴보면 [그림 9-1]과 같다.

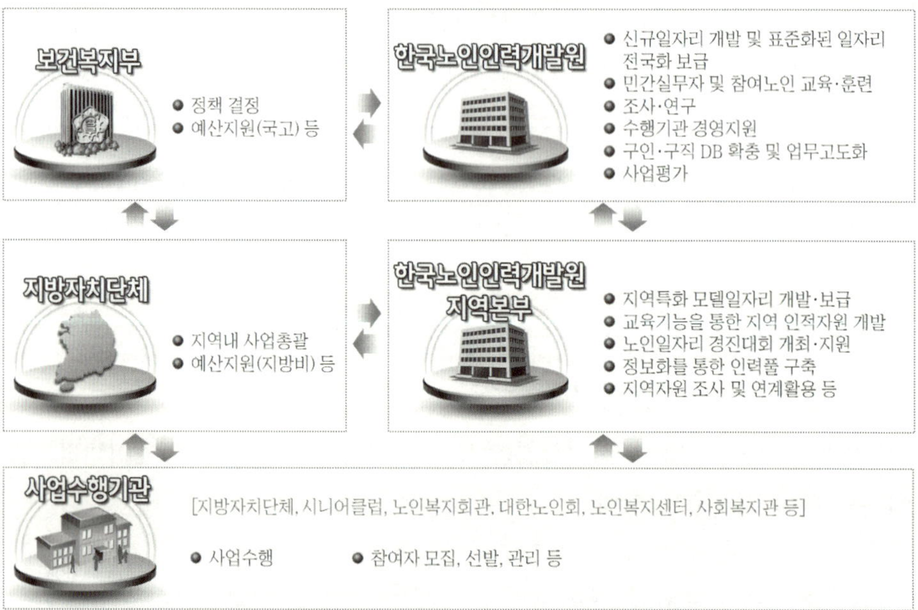

[그림 9-1] 노인사회활동(노인일자리) 지원사업의 추진체계 및 주체별 역할
출처 : 보건복지부, 2015

2. 노인사회활동(노인일자리) 지원사업 유형 및 사업 내용

1) 노인사회활동(노인일자리) 지원사업 유형

노인일자리 사업은 2015년 명칭이 노인사회활동(노인일자리) 지원사업으로 명칭이 바뀌었으며, 사업 유형 또한 해마다 변화가 있다. 15년 변경된 사업 유형은 공익활동, 재능나눔, 취업·창업, 경력유지, 자원봉사로 구분된다.

2) 노인사회활동(노인일자리) 지원사업 유형별 사업내용

노인사회활동(노인일자리) 지원사업은 유형별로 사업목적과 사업내용 그리고 운영방법이 각기 다르다. 유형별 사업의 정의와 일자리 예시를 정리하면 〈표 9-1〉과 같다.

표 9-1 노인사회활동(노인일자리) 지원사업 유형별 사업내용

구분	유형	설명	근무시간	비고
공익 활동	전국형 (지원봉사활동)	노인사회활동 지원 예산에서 참여 노인 활동비와 부대 경비를 전액 지원	월 30시간 이상 12개월, 9개월 활동 월 20만원	노노케어사업
	지역형 (표준프로그램)		월 30~35시간 9개월 활동 월 20만원	초등학교 급식도우미사업, 1-3세대 강사파견사업, 보육교사도우미사업 및 스쿨존지원사업 등
재능나눔활동		노인사회활동 지원 예산에서 참여 노인 활동비를 전액 지원	월 15시간 이상 6개월 활동 10만원	노인상담, 학대예방사업 등

창업활동	공동작업형	노인사회활동 지원 예산에서 일정기간 사업비 또는 참여자 인건비를 일부 보충지원하고 추가 사업소득으로 연중 운영	사업단 운영규정에 의함	식품제조 및 판매사업, 공동작업장운영사업, 아파트택배사업, 지하철택배 및 지역영농사업, 공산품제작 및 판매사업, 세차 및 세탁사업 등
	제조판매형			
	고령자 친화기업			
취업활동	인력파견형	기업 등 노인인력 활용 업체에서 인건비를 지급하고 노인사회활동 지원 예산에서 부대경비, 사업비, 운영비 등을 지원	해당 기업체 운영규정에 의함	가정도우미 파견사업, 지역일손도우미 파견사업, 주유원 파견사업, 경비원 파견사업, 청소 및 미화원 파견사업 등
	시니어 인턴십			
경력유지활동	시니어 직능클럽			

출처 : 보건복지부(2015).

3) 노인사회활동(노인일자리) 지원사업 예산지원

노인일자리 사업비는 서울의 경우 국비 30%, 시비 35%, 구비 35%, 지방의 경우 국비 50%, 도비 25%, 시비 25%로 운영되고 있다. 노인일자리 사업 예산지원은 사업유형에 따라 다소 차이가 있다.

4) 노인사회활동(노인일자리) 지원사업 모집 및 선발

(1) 노인사회활동(노인일자리) 지원사업 모집

지방자치단체는 지역신문 등을 활용하여 일괄적으로 노인사회활동(노인일자리) 지원사업 공고를 실시한다. 수행기관은 노인사회활동(노인일자리) 지원사업 참여자 모집 시 각종 게시판, 지역신문, 홈페이지 등에 모집 공고를 하는 등 공개로 모집함이 원칙이다. 전국형, 지역형 사업은 기초연금수권자에 한해 참여가 가능하다.

(2) 노인사회활동(노인일자리) 지원사업 참여자 선발기준

노인사회활동(노인일자리) 지원사업 참여대상은 건강한 자로서 당해 연도 만 65세 이상인 자이다. 건강상태는 활동할 수 있는 건강 정도면 모두 가능하다. 세대주 형태는 노인독신가구 및 경제무능력자와 동거하는 노인가구가 우선이 된다. 담당자 상담 의견을 반영하게 되는데 이는 적극성 및 수행능력 등이 해당된다. 사업수행기관은 모든 신청자에 대한 개별상담을 통해 "참여자 선발기준표"를 작성하여 고득점자 순으로 선정한다.

5) 노인사회활동(노인일자리) 지원사업 사례 소개

(1) 공익형 사례

① 사업명

자전거 보관소관리 및 수리 일자리사업

② 사업내용

65세 이상 신체 건강한 어르신들에게 저탄소 녹색성장산업인 전국자전거도로 네트워크 구축사업과 연계하여 지자체에서 설치한 자전거보관소 관리 및 자전거 수리를 하는 공익형 일자리사업이다.

③ 필요성

대기환경오염, 교통체증, 주차난 등 사회적 문제 해소방안으로 정부 녹색뉴딜사업 전국자전거도로 네트워크 구축사업과 연계하여 그 후 획기적으로 자전거 주차시설이 전국적으로 확대될 전망이며 이이 따른 자전거보관소, 청결유지, 보관관리 및 자전거 수리 등의 일자리 창출이다.

④ 사업 주요내용
- 지하철 주변 자전거보관소 관리 도우미
- 자전거 터미널 관리 및 무인대여 이용 도우미
- 거점 아파트 방문 자전거 수리 도우미

⑤ 기대효과
- 행정안전부 전국일주 자전거 도로망 14천km 구축을 통해 2만 8천 명 일자리 창출
- 새로운 노인일자리 사업모델 제공 및 녹색뉴딜정책 수행
- 자동차 배출 매연에 따른 대기환경오염, 교통체증, 주차문제 등 사회문제 해소 및 자전거 이용에 따른 국민건강 증진

(2) 노인적합형 일자리 아이템 공모전 당선작

한국노인인력개발원에서는 사회적으로 유용하고 가치 있는 일자리를 창출하고자 하는 목적으로 노인적합형 일자리 아이템을 공모한 바 있다. 공모된 일자리 가운데 하나를 소개하고자 한다.

≪노인적합형 일자리 아이템 공모전 당선작≫

■ 사업명 : 「주민자치센터 · 지역노인정과 함께하는 친환경생활용품 제조 및 판매사업」
■ 사업개요
– 주민자치센터, 지역 노인정과 함께 관공서, 아파트 등에서 환경오염을 유발하는 버려지는 쌀뜨물과 폐식용유를 수거, 친환경생활용품을 생산, 판매하는 사업
■ 사업 확대 가능성 및 기대효과
– 지역 주민자치센터가 주민들과 함게하여 미생물 발효액으로 친환경생활용품(비누, 주방세

제, 섬유유연제, 탈취제 등)을 만드는 일로 단순인력이 많이 필요하고 생산이 어렵지 않아 노인이 하기에 적합

- 친환경생활용품은 일상생활 필수품으로 소비량이 많아 생산적 가치가 아주 높으므로, 환경 개선 도모

출처 : 한국노인인력개발원, 2008.

3. 노인사회활동(노인일자리) 지원사업의 현황 및 변화

1) 노인사회활동(노인일자리) 지원사업의 현황

(1) 참여자 현황

① 사업유형별 · 성별 참여자 현황

노인사회활동(노인일자리) 지원사업 참여노인의 성비를 살펴보면 남성이 106,710명(32.3%), 여성이 223,457명(67.7%)으로 여성 노인의 참여율이 높음을 알 수 있다. 유형별 참여자를 살펴보면 공익형이 201,089명(61%), 복지형 62,617명(19.0%), 교육형 36,183명(10.9%), 시장형 19,764명(6.0%), 인력파견형 10,514명(3.2%) 순으로, 공익형 참여자가 가장 많음을 알 수 있다. 성별 · 유형별 참여자를 살펴보면 인력파견형은 남성(58.1%)이 주로 참여하고 있으며, 복지형은 여성(80.7%)이 주로 참여하고 있는 것으로 나타났다.

표 9-2

2014년 사업유형별 · 성별 참여자 현황(누적)

(단위: 명, %)

구분	참여인원(누적)	공익형	교육형	복지형	시장형	인력파견형
합계	330,167 (100.0)	201,089 (60.9)	36,183 (10.9)	62,617 (19.0)	19,764 (6.0)	10,514 (3.2)
남성	106,710 (32.3)	67,775 (33.7)	14,445 (40.0)	12,060 (19.3)	6,297 (31.9)	6,114 (58.1)
여성	223,457 (67.7)	133,314 (66.3)	21,729 (60.0)	50,547 (80.7)	13,467 (68.1)	4,400 (41.9)

출처: 보건복지부(2015).

② 참여자의 평균연령 추이 및 유형별 평균연령

노인사회활동(노인일자리) 지원사업 참여노인의 평균연령은 점차 높아져서 '14년 참여자의 평균연령은 73.0세이다. 70세 미만의 참여율은 계속 감소하고, 70세 이상 참여율은 계속 증가하는 현상에 있다.

표 9-3

참여자의 평균연령

구분	'07년	'08년	'09년	'10년	'11년	'12년	'13년	'14년
평균연령	70.8세	71.0세	71.2세	71.6세	72.4세	72.9세	72.5세	73.0세

출처 : 보건복지부 (2015).

표 9-4

참여자의 유형별 평균연령

구분	평균연령	공익형	교육형	복지형	시장형	인력파견형
2014년 총계	73.0	74.0	70.7	72.7	70.6	66.6

출처 : 보건복지부 (2015).

사업유형별 연령을 살펴보면 공익형 사업의 참여자 평균연령이 74.0세로 가장 높고, 인력파견형 참여자의 평균연령이 가장 낮은 것으로 나타났다.

③ 참여자의 학력

2014년 참여자의 학력을 살펴보면 초졸이 41.3%로 가장 많고 그 다음이 무학 22.0%로 나타나 참여자의 63.3%가 초졸 이하의 학력임을 알 수 있다. 고졸 이상 참여자는 20.4%를 나타내고 있다.

표 9-5 참여자의 학력

학력	무학	초졸	중졸	고졸	전문대졸 이상	알 수 없음	계
명 (%)	72,774 (22.0)	136,283 (41.3)	53,680 (16.3)	41,924 (12.7)	16,760 (5.1)	8,746 (2.6)	330,167 (100.0)

출처 : 보건복지부(2015).

(2) 노인사회활동(노인일자리) 지원사업 운영 실적

노인사회활동(노인일자리) 지원사업의 2004년부터 2011년까지의 운영실적을 연도별 계획 목표와 사업 종료 후 실적으로 구분해 살펴보면, 사업시행 초기 25,000개의 일자리 창출을 목표로 운영한 결과 35,127개의 일자리를 창출하여 1.4배의 실적을 달성하였고 점차 확대되어 2011년까지 220,346개의 일자리를 창출하였다. 사업유형별로는 공익형 일자리 사업이 창출목표 대비 가장 높은 실적을 나타내고 있으며, 사업 초기 대비 2011년 현재 복지형 사업이 10배로 가장 높은 증가율을 나타내고 있으며 그 다음으로는 시장형 사업이 약 6배, 공익형 사업이 4.5배 증가하였다. 연도별 창출목표 및 실적과 이를 유형별로 구분하여 살펴보면 〈표 9-6〉과 같다.

표 9-6 노인사회활동(노인일자리) 지원사업 창출목표 및 실적

구분		2004년	2005년	2006년	2007년	2008년	2009년	2010년	2011년
창출목표		25,000	35,000	80,000	110,000	117,000	196,000	189,183	196,999
창출실적	전체	35,127	47,309	83,038	115,646	126,370	222,616	216,441	220,346
	공익형	28,373	31,101	47,195	57,015	61,732	134,975	126,894	129,066
	교육형	3,800	7,063	8,708	13,240	14,493	16,523	17,480	20,317
	복지형	–	4,581	17,809	33,160	34,164	44,299	47,302	45,097
	시장형	1,748	3,633	7,459	9,378	11,530	17,141	15,373	10,380
	인력 파견형	1,206	931	1,867	2,601	4,451	9,061	8,781	14,967
	창업 모델형	–	–	–	252	–	616	611	591

출처 : 한국노인인력개발원, 2012.

(3) 노인사회활동(노인일자리) 지원사업 참여 이유

노인사회활동(노인일자리) 지원사업 참여 노인들의 참여 이유를 살펴본 바, '경제적 도움'을 목적으로 참여하는 노인이 공익형 92.9%, 복지형 88.8%, 인력파견형 77.3%, 시장형 77.2%, 교육형 54.0%로 '경제적 도움'을 위해 참여하는 이유가 압도적으로 높음을 알 수 있다. 참여 이유는 유형별로 차이를 보이고 있는데 교육형의 경우 타 유형에 비해 '경제적 도움'의 비중이 낮고(54.0%), '사회참여'(24.5%), '자기발전'(13.8%)을 위해 노인사회활동(노인일자리) 지원사업에 참여한다는 비중이 높은 편으로 나타났다.

표 9-7 노인사회활동(노인일자리) 지원사업 참여이유

(기준: 2014. 12. 31, 단위: %)

구분	공익형	교육형	복지형	인력파견형	시장형
경제적 도움	92.9	54.0	88.8	77.3	77.2
사회참여	2.5	24.5	5.1	7.4	7.7

자기발전	1.2	13.8	2.3	5.2	5.5
시간활용	1.1	3.2	1.5	2.2	5.3
건강증진	1.1	2.6	1.3	0.8	2.6
기타	0.4	0.8	0.4	0.6	0.8
자원봉사	0.1	0.5	0.1	0.2	0.1
알 수 없음	0.8	0.5	0.5	6.3	0.7
합계	100.0	100.0	100.0	100.0	100.0

출처 : 보건복지부(2015).

2) 노인사회활동(노인일자리) 지원사업의 변화

(1) 사업유형과 사업의 변화

노인사회활동(노인일자리) 지원사업의 유형변화를 살펴보면 초기 연도에 공익형, 교육형, 시장형으로 시작하였으나 2008년에는 공익형, 복지형, 교육형을 사회공헌형으로 통합하였으며, 2010년에는 크게 공공분야와 민간분야로 나누며 공공분야는 사회공헌형(공익형, 교육형, 복지형)과 인큐베이터형, 시장형(시장형 I, II)으로 구분된다. 민간분야는 인력파견형과 소득창출사업단형(시장 III)으로 구분되는 등 시간의 흐름에 따라 사업 유형이 다양해지고 있음을 알 수 있다.

표 9-8 노인사회활동(노인일자리) 지원사업 유형의 변화

연도	사업유형	
2004	공공참여형, 공익강사형, 시장참여형, 인력파견형	
2005/2006	공익형, 교육형, 복지형, 시장형, 인력파견형	
2007	공익형, 교육형, 복지형, 시장형, 인력파견형 ,*초기투자비시범사업	
2008	공공분야	사회공헌형(공익형, 교육형, 복지형) 인큐베이터형(시장 I · II형)
	민간분야	인력파견형, 소득창출사업단형(시장 III형)
2009/2010	공공분야	사회공헌형(공익형, 교육형, 복지형)

	민간분야	시장참여형(시장형, 인력파견형, 창업모델형)
2011/2012	공공분야	사회공헌형(공익형, 교육형, 복지형)
	민간분야	시장참여형(시장형, 인력파견형)
2013	사회공헌형	공익형, 교육형, 복지형(연중 일자리 포함)
	시장진입형	인력파견형, 시장형
2014	사회공헌형	공익형, 교육형, 복지형
	시장진입형	공동작업형, 제조판매형, 인력파견형
2015	공익활동	전국형(자원봉사활동), 지역형(표준프로그램)
	재능나눔활동	
	창업활동	공동작업형, 제조판매형, 고령자친화기업
	취업활동	인력파견형, 시니어인턴십
	경력유지활동	시니어직능클럽
	자원봉사활동	

출처 : 박준기(2012) 참고로 재구성.

(2) 일자리 수와 재정의 변화

일자리 수도 2004년도에는 2만 5천개의 일자리 창출을 목표로 시작했지만, 2005년 3만 5천개를 거쳐 2006년에는 8만개, 2007년 11만개, 2008년 11만 7천개, 2009년도 19만 6천개, 2010년도 18만 9천개, 그리고 2011년도에는 24만 2천개로 늘었다. 첫해인 2004년도에 비해 7년 만에 약 10배가량이나 증가하였다. 2012년에는 24만 8천개, 2013년도에는 26만 2천개, 2014년도에는 33만 6천개의 일자리를 창출하였다. 이에 따라 사업예산도 2004년 292억 원, 2008년은 1,778억 원, 2009년 3,237억 원, 2010년 3,094억 원, 2011년 3,116억 원으로 약 11배의 성장세를 보이는 등(한국노인인력개발원, 2010) 꾸준히 늘어나고 있는 추세이다.

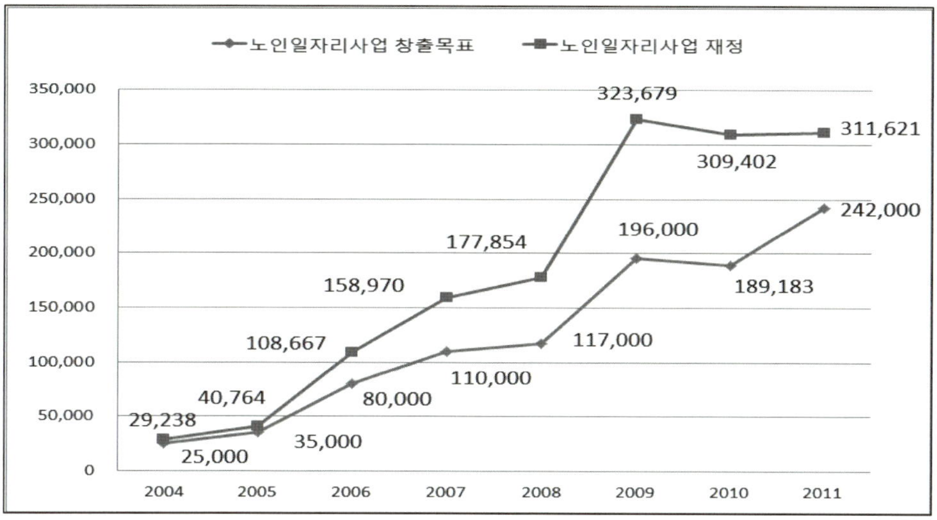

[그림 9-2] 노인일자리 수와 사업예산의 변화
출처 : 박준기(2012).

(3) 노인사회활동(노인일자리) 지원사업 수행기관 및 사업단 변화

노인사회활동(노인일자리) 지원사업 수행기관은 2004년 시작 당시 336개로 시작하였으나 2007년 915개, 2014년에는 1,220개로 약 4배 증가하였으며, 사업단 수 역시 2004년 시작 당시 750개에서 2014년 6,438개로 8배 이상 증가하였다. 수행기관별 평균사업단 수는 2007년 2.8개에서 5.3개로, 수행일자리 사업량 역시 2007년 115,646개에서 2014년에는 299,522개로 증가하였다. 이와 같이 점차 규모가 증가하는 노인사회활동(노인일자리) 지원사업 수행을 위하여 2007년부터 전담인력제[1])를 도입하여 업무를 수행하게 하고 있다

1) 전담인력은 16개 시 · 도 당 1명씩 배정되고 사업수행기관별로 전담인력이 참여 노인 120명당 1명이라는 기준에 따라 별도로 배치되고 있다. 인건비 수준은 2007년은 월 60만원씩 7개월간 지원되었으나 2012년에는 월 100만원 씩 9개월로 조정되었으며, 2015년에는 11개월 116만 7천원으로 상향 조정되었다.

표 9-9 노인사회활동(노인일자리) 지원사업 수행기관 및 사업단수(연도별)

(단위: 개, %)

구분	2007년	2008년	2009년	2010년	2011년	2012년	2013년	2014년
수행 기관수	915	976	1,115	1,136	1,214	1,219	1,221	1,220
사업단수	2,547	3,009	4343	4,441	5,014	5,513	5,909	6,438
평균 사업단수	2.8	3.1	3.9	3.9	4.1	4.5	4.8	5.3
수행 일자리 사업량	115,646	126,370	222,616	216,441	220,346	243,249	255,521	299,522

출처 : 보건복지부(2015).

(4) 업무 전담기관 및 업무내용 변화

2004년 노인사회활동(노인일자리) 지원사업을 처음 전담한 기관은 국민연금관리공단 내 노인인력운영센터다. 이 센터에서는 총괄지원과 신규 노인일자리 개발 및 보급, 사업유지 및 관리, 교육훈련, 사업평가, 관련시설 · 단체 연계조정, 조사연구, 노인인력 D/B 구축 등의 역할을 수행하였다. 이 센터가 2005년까지 주관한 노인사회활동(노인일자리) 지원사업은 2006년 이후부터 한국노인인력개발원에서 업무를 주관하게 되었다. 한국노인인력개발원은 2010년부터 노인사회활동(노인일자리) 지원사업 통합정보시스템(새누리시스템)을 구축하여 운영하고 있으며, 2011년도에는 노인을 참여자로 하는 '일자리 사업 모니터링 사업단' 운영을 통해 사업의 개선방안을 모색하면서 사업 참여자의 욕구를 반영하려는 노력을 기울이고 있다. 또한 '노인일자리 서포터즈'를 구성하여 사업수행 초기와 중기, 단계별로 평가 자문도 지원하고 있다. 2011년부터 노인 대상자 선정에 변화가 생겨 공익형과 복지형 사업의 경우 저소득층 노인에게 사업 참여의 우선권을 주었다. 아울러 참여자 선발에 기초연금 수급여부와 같은 객관적 기준들을 마련하였다. 사업 9년째를 맞이하는 2012년에는 일자리 사업의 사회적 유용성을 강화하기 위해 단순작업 위주의 획일적 일자리를 폐지하거나 심사요건을 강화하였다. 또한 전략 아이템사업을 육성하여 공동브랜드 사업을 추진하고, 노인생산품 판매 경로 확대를 위해 온라인 매장을 마련하고 쇼핑몰 홍보를 강화하는 한편, 오프라인 매장 입점도 지원하고 있다. 이와 같이 사업의 양과 내용면에서 많은 변화를 보였는데, 연도별 주요 변화 내용은 〈표 9-10〉과 같다.

표 9-10
연도별 노인사회활동(노인일자리) 지원사업의 주요 변화 내용

연도	주요 변화 내용
2005	사업유형 변경 및 유형별 전담기관 선정
2006	사업기관 연장 및 복지형 사업 육성
2007	사업수행기관 전담인력 배치 시장형 초기사업비 지원 시범사업실시
2008	공익형, 복지형, 교육형을 사회공헌형으로 통합운영
2009	노인욕구에 맞는 맞춤형 노인일자리 창출 · 확대
2010	통합정보시스템(새누리시스템) 구축 · 운영
2011	노인일자리 모니터링 운영, 노인일자리 서포터즈 운영 공익형과 복지형 사업은 저소득 노인 위주로 선발
2012	일자리 사업의 사회적 유용성 강화 전략아이템사업 육성을 통한 공동브랜드 사업 추진 온라인 매장 및 오프라인 매장 입점 지원
2013	노인사회활동(노인일자리) 지원사업의 상시관리체계 강화
2014	노인사회활동(노인일자리) 지원사업 관리 효율화(신청자 정보조회 및 평가방식 변경 부적정 참여 방지)
2015	재능나눔을 통해 노인 권익증진, 다수 노인 고용을 위한 고령자 친화기업 육성

출처 : 박준기(2012). 참고로 재구성.

(5) 노인사회활동(노인일자리) 지원사업 정책의 변화

2004년부터 실시되어 온 노인사회활동(노인일자리) 지원사업은 1기(2004~2007)[2)]

2) 한국노인인력개발원에서는 '노인일자리 사업 중장기 발전전략 연구'에서 1기(2004-2007), 2기(2008-2012), 3기(2013-2017), 장기(2018 이후)로 구분하였다. 이 구분은 정권의 교체, 정책 환경의 변화 등과 관련되었다.

를 지나 2012년 2기(2008~2012)를 마감하게 되며, 2013년부터는 새로운 단계인 3기(2013~2017)에 접어들게 된다. 노인사회활동(노인일자리) 지원사업은 참여정부의 「저출산 · 고령사회 대응을 위한 국가 실천전략 aKorea[3] 2008 Action Plan」이 발단이 되어 추진되어 왔다. 그 후 노인사회활동(노인일자리) 지원사업은 국가 중 · 장기계획인 '새로마지 플랜 2010'에 반영되어 '고령사회 삶의 질 향상 기반 구축'이라는 추진 과제 달성을 위한 세부 추진과제로 '안전하고 활동적인 노후생활보장'의 영역에서 진행되었다(한국노인인력개발원, 2008). 그러다가 이명박 정부 들어 복지 정책의 노선이 '능동적 복지'로 방향을 돌리면서 대대적인 정책변화를 거쳤다. 변화 성격을 보자면 이명박 정부의 노동과 생산성 강조 성향과 맞물리며 다소 보수적이고 시장친화적 · 자유주의적인 면모를 띤다.

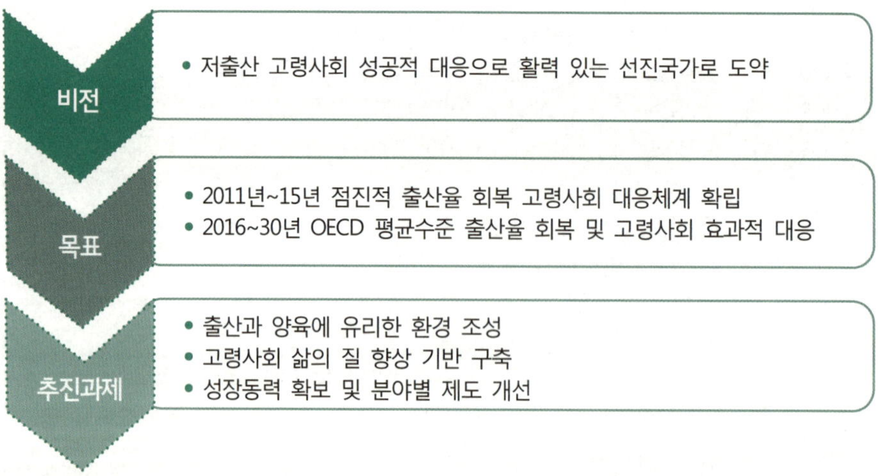

[그림 9-3] 새로마지플랜 2015 추진방향

출처 : 보건복지부(2011). 제2차 저출산 · 고령사회 기본계획: 새로마지플랜 2015.

'능동적 복지론'에서의 노인일자리 사업의 위치는 '경제성장과 함께 하는 보건복지'의 부문에서 '일을 통한 복지'를 강조하기 때문이다. 참여정부에 비해 이명박 정부의 두드러진 차이라면 '시장'에 대한 강조이다.

3) aKorea에서 'a'는 ① aged(고령사회), ② a=first(국정최우선 과제), ③ advanced(성숙되고 발전된 사회), ④ all aged(세대간 통합된 사회), ⑤ amenity(총체적으로 쾌적한 사회), ⑥ active aging(활동적이며 생산적인 사회) 등 여섯 가지의 앞 글자를 의미한다.

4. 노인사회활동(노인일자리) 지원사업의 성과 및 과제

1) 노인사회활동(노인일자리) 지원사업의 성과

제1기('04~'07) 노인사회활동(노인일자리) 지원사업의 주요 성과는 '노인도 일할 수 있다'는 사회적 공감대 확산과 노인사회활동(노인일자리) 지원사업의 양적 성장 및 안정화, 기본적인 수행 인프라의 구축 등으로 볼 수 있다. 제2기의 정책방향을 소득강화 지향을 통해 성공적 노후 보장에 역점을 두는 쪽으로 방향을 잡고, 수요대비 45%를 충족하는 30만개의 좋은 노인일자리 창출을 목표로 한 후. 이를 위해 공공서비스 증진 중심의 사회 공헌형 일자리 확대하였으며, 나아가 단계적으로 참여 기간을 연장하고 임금을 인상(현행 20만원 7개월을 최대 30만원 10개월)하였을 뿐 아니라, 교육형 일자리를 자원봉사형 일자리로 전환하여 사회참여를 유도한 점들을 성과로 볼 수 있다.

2) 노인사회활동(노인일자리) 지원사업의 사회 · 경제적 효과 분석

2009년 서울대에서 실시한 노인사회활동(노인일자리) 지원사업의 사회 · 경제적 효과 분석 연구 결과에 의하면 첫째, 1일 유급 고용시간이 18%에서 24%로 6% 증가하였으며, 신문, TV 시청 등 소극적 여가활동 축소로 생산적 활동적 생활패턴으로 변화되었다. 둘째로는 참여노인 78.3%가 경제적 보탬이 된다고 응답하였으며 빈곤율이 64.1%에서 58.0%로 6.1% 감소하는 효과가 있는 것으로 나타났다. 세 번째로는 연간 188천원의 의료비가 절감되었으며, 2006년에서 2008년까지 3년간의 의료비 절감액은 399억원으로 전체 사업운영예산의 6~16%에 달하는 비용이 회수되었음을 의미한다. 끝으로, 참여 전 유지했던 사회관계는 유지하면서 각종 단체, 종교, 여가활동 등 다양한 사회활동이 증가하는 등 참여자의 사회관계가 개선되는 효과가 있는 것으로 나타났다.

3) 노인사회활동(노인일자리) 지원사업의 과제

노인사회활동(노인일자리) 지원사업은 노후의 보충적 소득보장을 통해 경제적 도움을 제공할 뿐 아니라, 신체적 · 정신적 건강을 유지키고, 노년기의 생산적 활동을 통해 노인의 역할수행에 대한 자부심과 유용감 및 자아정체감 등을 갖게 해준다. 이로써 소위 노인이 안고 있는 四苦(빈곤, 질병, 소외, 역할상실)를 해결해 줄 수 있는 사업이라고 볼 수 있다. 이러한 노인사회활동(노인일자리) 지원사업을 보다 활성화시키기 위해서는 다음의 과제들을 수행해 나갈 필요가 있다

첫째, 노인사회활동(노인일자리) 지원사업의 적극적인 홍보 및 정보제공 기능 강화를 통해 일하고자 하는 노인이 정보를 접하지 못해서 참여할 기회를 얻지 못하는 일이 없이 보다 많은 노인이 참여할 수 있도록 해야 하며, 둘째, 괜찮은 일자리 좋은 일자리 마련으로 참여자의 욕구를 충족시킴이 필요하다. 현재는 노인이 원하는 일자리보다는 마련된 일자리에 참여노인이 맞추어지고 있을 뿐 아니라, 일부는 취로사업이나 공공근로사업과 유사한 일자리들이 있는 현실이어서 일자리의 질적 성장이 요구된다. 끝으로, 노인사회활동(노인일자리) 지원사업 참여노인의 사회적 가치 창출에 대한 인식을 고취시킴이 필요하다. 노인사회활동(노인일자리) 지원사업은 노인복지 사업의 일환으로 시작되었기 때문에 참여자를 복지 시혜적 시각으로 보는 경향이 많다. 그러나 노인사회활동(노인일자리) 지원사업은 지역사회의 부족한 재화와 서비스를 보충해 줄 뿐만 아니라 지역사회 문제를 해결하는 등의 사회적 가치를 창출하고 있음에 의미를 부여하여 참여자의 생성감을 높이는 것이 필요하다고 본다.

생각해 볼 문제

1. 노인사회활동(노인일자리) 지원사업의 질적 향상 및 괜찮은 일자리 확보 방안에 대해 생각해 봅시다.

2. 베이비 부머들의 전문직 일자리 개발 방안에 대해 생각해 봅시다.

3. 여성노인 및 고령노인을 위한 일자리 확보 방안에 대해 생각해 봅시다.

제 4 부

노인문제에 관한 주요 이슈

제10장

치매의 이해

1. 치매의 이해
2. 치매의 증상과 진단
3. 치매노인의 케어
4. 치매가족의 부양부담

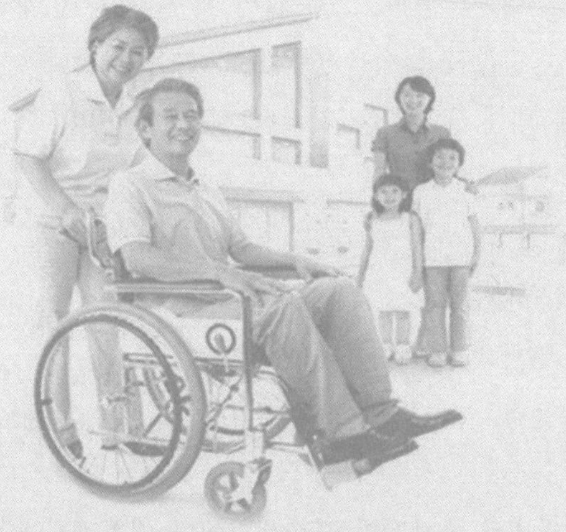

1. 치매의 이해

1) 치매의 개념

치매(癡呆)의 한자적 의미는 '어리석다'는 것을 의미한다. 또한 치매(dementia)는 라틴어 dement에서 유래한 말로서 '없다'라는 'de'와 '정신'이라는 'ment'가 합해져 '제정신이 아니다', '정신이 나갔다(out of mind)'는 의미를 지니고 있다.

치매는 거의 만성이며 대부분 비가역적이다. 주로 노인에게 나타나므로 과거 오랫동안 사람들은 '노망(老妄)'이라고 부르면서 나이를 먹게 되면 피할 수 없이 필연적인 것으로 생각해 왔었다. 그러나 치매는 정상적으로 성숙된 뇌가 후천적인 외상이나 질병 등에 의해서 기질적으로 손상되거나 파괴되어 지능과 시간 · 공간능력, 학습능력, 언어능력, 지남력 등의 인지기능과 인격장애, 판단력, 추리력 등 고도의 정신기능이 점진적이고 비가역적으로 손상되며, 이로 인하여 사회적, 직업적 기능 또는 타인과의 관계를 유지하는 능력을 상실하는 복합적인 임상증후군이다(O'Shea & Reily, 2000; 강임옥 외 2005: 25; 민성길, 2009: 203). DSM-Ⅳ의 치매 진단기준에서 감별진단(differential diagnosis)을 위한 임상적 특성을 살펴보면 다음과 같다.

- 치매는 뇌의 질병, 손상, 변형에 의해 발생하는 기질적 정신질환이다.
- 치매는 후천적으로 나타나는 현상이다.
- 치매는 주로 노년기에 발생한다.
- 치매의 원인과 증상은 매우 다양하다.
- 치매는 정신기능 뿐 아니라 삶 전체의 황폐화를 초래한다.
- 치매는 의식장애가 동반되지 않는다.

그러므로 치매는 의식이 청명한 상태에서 통상적인 사회생활이나 대인관계에 장애를 초래할 정도로 기억을 비롯한 여러 인지기능의 장애가 있는 상태로 정의되며 성격변화, 불면, 망상, 행동장애 등도 흔히 동반된다.

2) 치매의 유병률

치매는 인구의 고령화에 따라 그 문제가 더욱 크게 드러난 불청객이라고 할 수 있다. 치매는 점진적으로 진행되는 만성퇴행성 질환으로 연령의 증가에 따라 그 유병률이 높아진다. 60~65세의 경우 1~2%의 유병률을 보이다가 매 5년마다 약 2배씩 증가하여 85세 이상이 되면 약 47%의 노인이 치매에 이환된다고 한다(보건복지부, 2008).

우리나라의 치매유병률을 살펴보면 2008년 42만여 명(8.4%)에서 2020년 75만 명(9.74%), 2030년 114만 명(9.61%), 2050년에는 213만 명(13.17%)으로 증가할 것으로 추정되고 있다(보건복지부, 2008). 이에 따라 치매로 인한 진료비도 2002년 561억 원에서 2009년 6,211억 원으로 급증하고 있으며(건강보험공단, 2011) 중고령 인구의 증가에 따라 향후 더욱 증가할 것으로 예상되고 있다.

우리나라의 치매유병률은 9.6%이고, 61.2만 명으로 추산, '50년 271만 명(전체 노인의 15%)까지 증가를 예측한다.

표 10-1 치매유병률 조사('12)

(단위: 천명, %)

구 분	'10년	'13년	'14년	'15년	'20년	'24년	'30년	'50년
노인인구	5,425	6,138	6,386	6,624	8,084	9,834	12,691	17,991
치매노인인구	474	576	612	648	840	1,008	1,272	2710
치매유병률(%)	8.7	9.4	9.6	9.8	10.4	10.2	10.0	15.1

* 자료 : 「2012년 치매유병률 조사, 분당서울대학교병원 2013년.

○ 최근 9년간('06~'14년) 의료기관에서 진료받은 치매환자는 67.6만 명(사망자 제외)으로, 이 중 65세 이상은 63.1만 명(전체 노인의 9.9%)이었다.

* 이 중 65세 미만 초로기 치매환자는 44,543명으로 전체 치매환자의 6.6%를 차지하고 있는 것으로 나타났다(보건복지부(2016), 제3차 치매관리종합계획, pp. 16~20).

3) 치매의 원인 질환

치매의 원인 질환으로는 약 70가지 이상이 알려져 있으나, 국제질병분류 제10판(ICD-10)에서는 알츠하이머형 치매, 혈관성 치매, 기타 질병에 의한 치매, 불분명한 치매로 구분하고 있다(WHO, 1993; 권중돈, 2012: 148). 치매의 원인 질환별 분포는 나라마다 다르게 나타나지만 대체로 알츠하이머 치매가 가장 많고 다음으로 혈관성 치매, 그리고 기타 치매의 순서로 나타난다. 우리나라의 경우에도 알츠하이머형 치매가 70.5%로 가장 많고, 혈관성 치매 24.4%, 루이체 파킨슨병에 의한 치매 1.4%, 알코올성 치매 0.8%, 전두엽 치매 0.4%, 기타 치매 2.4%로 나타났다(보건복지부, 2008).

(1) 알츠하이머형 치매(demential of the Alzheimer's type)

1911년 독일의 알로이 알츠하이머 박사가 처음으로 보고하였으며, 치매를 일으키는 가장 흔한 퇴행성 질환이다. 알츠하이머형 치매는 정상적 기능을 수행하던 뇌에서 신경세포 소실로 인해 뇌위축이 일어나면서 기억력을 포함한 인지기능이 점진적으로 감퇴하며, 성격변화, 대인관계 위축, 사회활동의 제한을 유발하며, 심해지면 기본적 일상생활조차 어렵게 만드는 퇴행성이다.

이 병은 매우 서서히 발병하여 점진적으로 악화가 진행되는 경과가 특징이다. 초기에는 기억력 장애로 인해 일상생활의 수행능력이 조금 늦거나, 대화의 초점을 잊어버리는 정도여서 노년기 건망증으로 잘못 판단할 수 있다. 중기에 들어서면서 지각장애가 두드러지게 나타나며 행동이나 인격이 더 명확히 영향을 받으면서 실언, 지남력 장애, 배회, 야간착란, 망상 등의 증상이 나타난다. 후기에는 고도의 인지장애가 수반되어 지적 능력의 상실과 인격 및 행동의 변화가 나타나면서 인격이 황폐화된다. 발병부터 사망까지는 약 10~15년이 걸린다(민성길, 2009).

(2) 혈관성 치매

알츠하이머형 치매보다 드물지만 보다 일찍 발병한다. 흔한 원인은 동맥성 고혈압이며, 뇌출혈, 뇌경색 등 뇌혈관 질환에 의해 뇌조직이 손상을 받아 발생한다. 작은 혈관들이 막히는 경우 처음에는 특별한 증상을 보이지 않지만 누적되면 다발경색성 치매로 진행된다.

발병 초기에는 지적 기능의 부분적 황폐화로 어떤 기능은 영향을 받고 어떤 기능은 그렇지 않은 양상을 보인다. 특징적으로 기억력, 추상적 사고, 판단력, 충동조절 및 인격장애가 나타나고 국소 신경학적 증세도 보인다(민성길, 2009). 뇌혈관성 치매는 조기에 원인 치료로 회복될 수 있는 대표적인 치료 가능한 치매이다.

(3) 특정 뇌질환 또는 전신성 질환에 의한 치매

특정 뇌질환으로 파킨슨씨병, 픽병, 헌팅턴병, 정상뇌압수두증, 알코올중독, 크로이츠펠트 야곱병, 루이소체병, AIDS, 중금속과 화학물질에 의한 중독, 두부외상에 의한 뇌출혈 등에 의해서도 치매가 발생할 수 있다. 이외에 저산소증, 저혈당, 요독증, 갑상선 기능저하증의 대사성 장애나 티아민, B_{12}, 엽산 등 비타민 부족 등에 의해서도 치매가 발생할 수 있다.

2. 치매의 증상과 진단

1) 치매의 증상

치매의 증상들은 원인과 정도에 따라 매우 다양하게 나타나는데 가벼운 기억장애에서부터 매우 심한 행동장애에 이르기까지 범위가 매우 넓다. 치매환자들은 기억장애 외에도 사고력, 추리력, 및 언어능력 등의 영역에서 어느 정도의 장애를 같이 보이게 된다. 치매가 점차 진행됨에 따라 인격장애, 성격의 변화와 비정상적인 행동들도 나타나게 된다. 말기에는 언어상실이나 와상, 실금 등을 경험하게 된다. 치매노인의 증상들을 살펴보면 다음과 같다.

(1) 인지장애

인지기능은 인간이 환경을 이해하는데 필요한 기능이다. 인지장애에는 기억력, 지남력, 계산능력, 언어이해력 및 대화능력, 판단력 장애 등이 있다(고바야시 토사코, 후쿠나가 토모코, 2011).

① 기억력 장애

최근 기억부터 시작하여 과거에 대한 기억을 점차로 잃어버린다.

② 지남력 장애

날짜와 장소 사람을 인식하지 못한다(시간, 장소, 인물 순으로 장애가 진행된다).

③ 계산능력 장애

정도의 차이는 있지만 계산능력이 저하된다. 이에 따라 물건을 구매할 수 없게 된다.

④ 언어이해력 및 대화능력 저하

대화의 의미를 이해할 수 없게 된다. 간단한 문장을 천천히 이야기하면 어느 정도 이해할 수 있다. 치매가 진행되면서 스스로 말하는 횟수가 줄어들고 말의 앞뒤가 맞지 않으며, 혼자서 중얼거리다가 점차로 언어능력을 잃게 된다.

- 실어증 — 언어의 의미를 이해하지 못하여 엉뚱한 대답을 하거나 말의 두서가 없다. 단어가 기억나지 않아서 ‘이’, ‘그’, ‘거시기’ 등으로 말하기도 한다.
- 동어반복 — 같은 말을 되풀이하여 말하기도 한다.

⑤ 판단력 장애

내 것과 남의 것을 구분하지 못하며 더러워진 옷을 벗지 않는다. 상황에 맞지 않는 행동을 하거나 TV의 내용과 현실을 구분하지 못한다.

(2) 일상생활 기능장애

① 집안일을 할 수 없다. 시작한 일을 끝까지 마무리하지 못하게 된다. 조리할 때 가스불을 끄지 않는 등으로 위험하며, 쌀을 씻거나 설거지를 제대로 하지 못하며, 빨래나 주변 청소 등 청결을 유지할 수 없게 된다.

② 금전관리, 약품관리 등을 하지 못한다.

③ 옷입고 벗기, 세수하거나 머리감기, 목욕을 혼자서 수행하지 못한다.

④ 배변, 배뇨 장애, 즉 화장실이 아닌 곳에 용변을 보거나, 용변 시에 옷을 내리는 것을 잊기도 하며, 용변 후 뒤처리를 하지 못한다.

⑤ 식사를 혼자서 하지 못한다. 늘 먹을 것만 찾는다. 골고루 먹지 않고 한 가지 음식만 먹는다. 먹어서는 안 되는 물건을 먹기도 한다.

⑥ 보행능력이 저하된다. 배회가 심해지면서 보행자세가 구부정해지거나 종종걸음으로 걷기도 한다. 사람마다 개인차가 있지만 치매가 초기에서 중기로 넘어갈 때부터 이러한 장애로 인해 치매노인은 혼자서 생활하기가 어려워진다(고바야시 토사고, 후쿠나가 토모코, 2011).

이외에 다양한 심리행동증상(BPSD: Behavioral and Psychological Symptoms of Dementia)들이 나타난다.

2) 치매의 진단

치매는 예방할 수 있는 확실한 방법이 제시되지 않고 있기 때문에 무엇보다도 조기에 발견하여 적절한 치료와 조치를 취하는 것이 노인은 물론 가족에게도 가장 바람직한 치매 대응방법이라고 할 수 있다.

치매의 진단과정은 크게 두 단계로 나눌 수 있다. 첫째는 진짜 치매가 있는가를 판단하는 방법이고, 둘째는 치매의 원인이 무엇인가를 밝히는 것이다. 치매의 진단에서 가장 우선적으로 이루어져야 하는 것은 치매노인 본인, 가족, 가까운 친구나 친척이 가능한 한 자세하게 치매를 의심하게 된 시점과 주된 증상, 진행과정 등과 같은 병의 내력을 상세하게 설명하는 것이다. 가능하면 구체적 사건의 예를 들어 설명하는 것이 좋으며 과거의 질병, 직업, 가족력에 대한 내용을 설명하는 것도 도움이 된다.

초기단계에서 치매의 조기발견을 위해 우선 가정에서 자가진단을 해 보는 것이 도움이 된다. 한국판 간이정신상태 검사(MMSE-KC)는 보건소나 병원 등에서 실제 치매의 진단에 실제 사용되고 있는 치매 조기진단 체크리스트이다(표 10-1). 이 검사는 인지기능 상태를 평가하기 위해 개발된 도구로 연령과 교육수준에 따라 영향을 받는다. 또한 치매를 정확하게 진단할 수는 없으므로 정확한 진단을 위해서는 전문의를 찾아 정밀검사를 받아야 한다.

치매의 정밀검사로 기억력, 계산력, 추리력, 집중력, 시공간 지각력, 지남력 등의 인지기능을 부분별로 측정하여 평가하는 신경심리검사가 있다. 이 검사에서 치매로 나타나면 원인질환을 알아보기 위해 의학적으로 다양한 검사를 받아야 한다. 혈액검사, 소변검사, X선 검사, 신경정도 검사, 근전도 검사, 컴퓨터 단층 촬영(CT), 뇌자기공명영상(MRI), 뇌파검사, 뇌혈관 조영술, 자기공명 혈관조영술, 뇌척수액 검사 등을 실시한다.

치매를 정확히 진단받기 위해서는 신경과, 정신과, 노인 전문의를 찾는 것이 좋다. 그러나 어떤 환자는 진단을 받는다는 것 자체를 꺼리거나 거부하는 경우가 있다. 이러한 문제를 극복할 수 있는 가장 효과적인 방법은 두통이나 시력감퇴 같이 환자가 병원에 가는 것에 쉽게 동의할 수 있는 질병이나 장애를 들어 건강진단을 받아야 한다고 설득해 보는 것이다. 무엇보다도 중요한 것은 치매로 의심되는 사람을 안심시키고 차분하고 사려 깊은 태도로 환자의 걱정과 두려움을 덜어 주는 것이다.

표 10-1

치매의 중증도별 현황

최경도 (17.4%)	경도 (41.4%)	중등도 (25.7%)	중증 이상 (15.5%)
CDR 0.5	CDR 1	CDR 2	CDR 3, 4, 5
– 경미한 건망증 – 사회활동, 가정생활 및 취미, 개인관리 등에 약간의 장애있음 – 개인관리는 혼자서 충분히 수행	– 최근의 일에 대한 기억력 감퇴 – 사회활동, 가정생활 및 취미, 등에 장애 있음 – 개인관리는 격려와 관심 필요	– 중증의 기억력 감퇴 – 사회활동, 가정생활 및 취미 등 독립적 수행 곤란 (단순한 일만 수행) – 개인관리에 타인의 도움 필요	– 중증의 기억력 감퇴 – 사회활동, 가정생활 및 취미 등 수행 곤란 (특별한 활동 없음) – 개인관리에 더 많은 타인의 도움 필요
▸ 치매임상평가척도(CDR: Clinical Dementeia Rating): 기억력 · 지남력 · 판단 및 문제해결 · 사회활동 · 가정생활 및 취미 · 개인관리 6개 영역에 대해 채점 (0=치매아님, 0.5=최경도, 1=경도, 2=중등도, 3=중증, 4=심각한 치매, 5=말기치매)			

* 자료 : 「2012년 치매유병률 조사」, 분당서울대병원.

표 10-2

한국판 간이정신상태 검사 : 치매선별검사지(MMSE-KC)

"지금부터 ○○○님의 기억과 집중력을 알아보기 위해 몇 가지 질문을 드리겠습니다. 질문 중 몇 가지는 쉽지만 몇 가지는 어려울 수도 있습니다."하는 말로 검사를 시작한다.	틀림	맞음
1. 올해는 몇 년도 입니까?	0	1
2. 지금은 무슨 계절 입니까?	0	1
3. 오늘은 며칠 입니까?	0	1
4. 오늘은 무슨 요일 입니까?	0	1
5. 지금은 몇 월입니까? [*피검자가 음력을 사용하면 음력으로 묻는다.*]	0	1
6. 우리가 있는 이곳은 무슨 도/ 특별시/ 광역시 입니까?	0	1
7. 여기는 무슨 시/ 군/ 구 입니까?	0	1
8. 여기는 무슨 읍/ 면/ 동 입니까?	0	1
9. 우리는 지금 이 건물의 몇 층에 있습니까?	0	1
10. 이곳의 이름은 무엇 입니까?	0	1
11. 지금부터 제가 세 가지 물건의 이름을 말씀드리겠습니다. 끝까지 다 들으신 다음에 세 가지 물건의 이름을 모두 말씀해 보십시오. 그리고 몇 분 후에는 그 세 가지 물건의 이름을 다시 물어 볼 것이니 들으신 물건의 이름들을 잘	0 0 0	1 1 1

문항	점수
기억하고 계십시오. '나무, 자동차, 모자' 이제 ○○○님께서 방금 들으신 세 가지 물건의 이름을 모두 말씀해 보십시오.	
12. 지금부터 제가 ○○○님께 다섯 글자로 된 단어 하나를 말씀해 드릴 것이니 따라 해 보십시오. *[필요하다면 이 단어를 몇 차례 반복하여 말해 줄 수 있다.]* **'삼 천 리 강 산'** 잘 하셨습니다. 이번에는 이 단어를 맨 뒤 글자부터 거꾸로 말씀해 보십시오.	0 1 0 1 0 1 0 1 0 1
13. 조금 전에 제가 기억하라고 말씀 드렸던 세 가지 물건의 이름이 무엇인지 말씀해 주십시오. *[자발적으로 회상하는 단어에 대해 1점씩]* 나무, 자동차, 모자	0 1 0 1 0 1
14. *[열쇠를 보여주며]* 이것을 무엇이라고 합니까? *[도장을 보여주며]* 이것을 무엇이라고 합니까?	0 1 0 1
15. 제가 하는 말을 끝까지 듣고 따라 해 보십시오. 한 번만 말씀드릴 것이니 잘 듣고 따라 하십시오. *[한 번만 말해 주고 반복하지 않는다.]* 간장공장공장장	0 1
16. 지금부터 제가 말씀 드리는 대로 해 보십시오. 한 번만 말씀드릴 것이니 잘 들으시고 그대로 해 보십시오. 제가 종이를 한 장 드릴 겁니다. 그러면 그 종이를 오른손으로 받아서(1점), 반으로 접은 다음(1점), 무릎 위에 올려놓으십시오(1점). *[지시를 끝낸 후에 종이를 건네 준다. 지시를 반복하거나 옆에서 도와주면 안 된다.]*	0 1 0 1 0 1
17. *[별지의 오각형 그림을 가리키며]* 여기에 그림이 하나 있습니다. 이 그림을 아래 빈 곳에 그대로 그려 보세요. 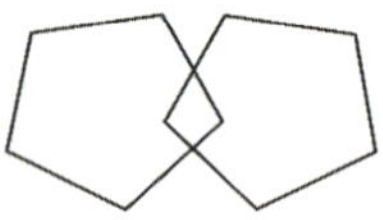	0 1
18. 옷은 왜 빨아서 입습니까?	0 1
19. 다른 사람의 주민등록증을 주웠을 때 어떻게 하면 쉽게 주인에게 되돌려 줄 수 있겠습니까?	0 1
계 (총점 30점)	

- **24점 이상 : 인지적 손상 없음** (NCI : no cognitive impairment)
- **18~23점 : 경도 인지기능장애** (MCI : mild cognitive impairment)
- **0~17점 : 분명한 인지기능장애** (SCI : severe cognitive impairment)

3) 치매의 예후

치매는 증상을 보이기 전에 뇌세포의 변화가 일어나는 시점을 정확히 알 수 있는 방법이 없으므로 언제 시작되는지 파악하기가 어렵다. 일반적으로 50~60대에 발병해서 5~10년에 걸쳐 점차 악화되어 결국 죽음에 이르게 된다(민성길, 2009). 알츠하이머형 치매의 경우 짧게는 발병 후 3년 길게는 20년까지 생존한다(Larson, et al., 1992; 강임옥 외, 2005: 26).

치매는 약 10~15%에서는 조속한 원인 규명 및 적절한 치료를 통해 회복될 수 있지만 대부분의 경우 점진적으로 진행된다. 치매의 정도와 경과는 환자의 질병 이전의 지능, 성격, 건강상태, 교육정도, 발병양상 및 원인질환 등 다른 정신병리와 신경계증상의 유무 등에 따라 달라질 수 있다. [그림 10-1]에서 보는 바와 같이 알츠하이머형 치매는 점진적 악화과정을 거치는 반면 혈관성 치매의 경우에는 단계적 악화과정을 거친다.

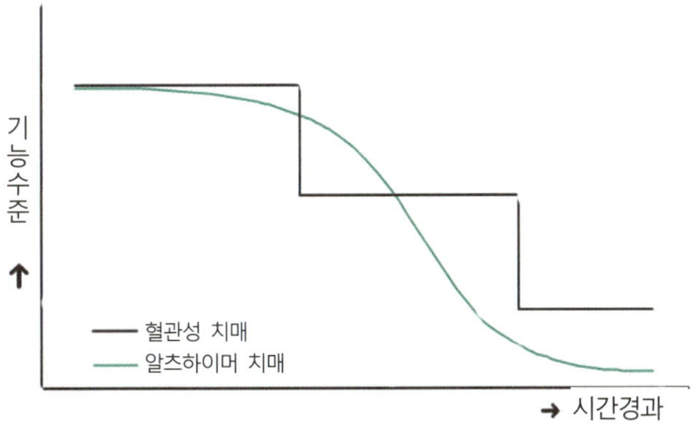

[그림 10-1] 혈관성 치매와 알츠하이머형 치매의 진행과정
자료 : 권중돈(2012).

4) 치매의 치료와 예방

(1) 치매의 치료

치매는 치료가 불가능하다는 생각으로 치료를 포기하는 경우가 많다. 그러나 치매의 10~15%는 원인질환을 적절히 치료함으로써 완치가 가능하며, 조기에 치료하면 지연이 가능한 혈관성 치매를 비롯하여 통제 가능한 치매를 합해 최대 25%까지는 효과를 거둘 수 있다. 그러나 뇌세포는 일단 손상되면 재생이 되지 않으므로 치료가 가능한 원인을 발견하였을 경우 근본적인 질환을 치료하는 것이 우선이다.

알츠하이머형 치매의 경우 지금까지 완치할 수 있는 방법은 알려져 있지 않다. 그러나 조기에 뇌세포의 혈액순환을 원활하게 하고, 기억력을 향상시켜 주는 약물을 공급하여 치매의 진행을 늦추도록 노력하고 마지막까지 자신의 힘으로 최소한의 생활을 영위할 수 있도록 도와야 할 것이다.

① 약물치료

치매노인에 대한 약물치료는 인지기능에 관한 약물과 정신증상을 완화시키는 약물로 구분할 수 있다.

인지기능을 유지시키는 약물에는 Donepezil, Rivastigmine, Galantamine, Memantine 등이 있다(윤종철, 2008). 행동심리학적 증상을 치료하는 약물에는 항정신성 약물, 항불안제, 기분조절제, 항우울제, 수면제 등이 있다. 정신증상이나 문제행동(행동심리증상, Behavioral and Psychological Symptoms of Dementia: BPSD)은 의심, 망상, 환각, 배회, 초조, 공격성, 정동장애 등을 말하며, 치매환자와 보호자를 가장 괴롭히는 증상으로 치매 가족이 환자의 간호에서 어려움을 겪는 이유가 된다. 이러한 정신증상과 문제행동을 조절하기 위해서는 주변 환경 또는 신체질환 등의 발생 요인을 교정해 주는 것이 중요하며 필요한 경우 약물로 치료한다(윤종철, 2008).

② 정신사회적 치료

치매노인은 자신의 인지기능 장애가 진행되면서 이전에는 별다른 어려움이 없이 해오던 일들은 이제는 더 이상 하기 어렵다는 것을 느끼게 되어 자아존중감과 자아정체성에 심한 타격을 받게 된다. 때로는 이러한 정서적인 문제가 심각하여 뇌손상 환자에게 나타나는 파국적 반응, 즉 심한 정서적 공황상태가 나타나기도 한다. 정신치료는 이러한 환자의 부정이나 투사 등을 통한 심리적 적응과정을 적절하게 도와주는 것이라고 할 수 있으며 치매노인의 기능을 극대화하고 삶의 질을 개선하기 위하여 사용한다.

정신사회적 치료에는 다음과 같은 몇 가지 원칙이 강조되고 있다(권중돈, 2012).

첫째, 자아존중감을 잘 유지할 수 있도록 도와준다.

둘째, 특징적인 방어기제를 평가하여 그것을 건설적으로 사용할 수 있도록 한다.

셋째, 지남력 장애를 극복하기 위하여 달력을 가까이 두도록 하거나 기억력 장애에 따른 불편을 줄이기 위해 기록을 하게 하고, 일일계획표를 짜게 한다던가 하는 것처럼 인지기능의 한계성을 보완하는 방법을 찾아 주고 규칙적인 생활을 할 수 있도록 한다.

넷째, 부정적인 관계를 줄임으로써 환자의 자아존중감을 지지해 주는 새로운 방식의 관계를 가질 수 있도록 가족을 도와주는 것이다.

정신사회적 치료의 종류는 네 가지로 분류할 수 있다.

첫째, 행동지향적 치료는 문제행동의 유발요인과 결과를 평가하고 치료적 개입으로 환자의 능력에 맞는 조치를 하거나 환경을 변화시킨다.

둘째, 감정지향적 치료는 과거에 대한 감정적 매듭을 조정하여 자신의 가치를 회복시키는 지지적 정신치료나 회상치료 등과 사회적 고립감과 연관된 문제행동을 줄이기 위한 모의 존재치료 등이 있다.

셋째, 인지지향적 치료는 현실지남력과 기술훈련을 포함하며 인지적 결손을 교정한다.

넷째, 자극지향적 치료는 오락치료와 예술치료를 통하여 문제행동을 줄이고 감정을 개선시키는 것이다

(2) 치매의 예방

치매의 원인이 매우 다양하고 아직까지 정확한 원인이 밝혀지지 않은 치매가 많으므로 확실한 치매예방법은 찾기 어렵다. 일차적 예방은 뇌를 적극적으로 사용하고 고혈압, 심장병 등을 잘 관리하며 적극적으로 사회활동에 참여하여 뇌의 건강을 유지 · 증진하는 것이다. 이차적 예방은 정기적인 검진으로 치매를 조기에 발견하고 조기치료를 하는 것이 있다.

다음은 일차적 예방으로 뇌를 건강하게 하는 방법이다.

① 머리를 많이 쓰고 적극적으로 생활하기(일과 취미활동, 친구와의 대화).

② 스트레스를 피하고 편한 마음을 갖기

③ 규칙적으로 운동하기(생활습관 개선)

④ 균형잡힌 음식 섭취와 잘 씹어 먹기

⑤ 금연과 절주

⑥ 머리를 다치지 않도록 보호하기

⑦ 만성질환 등 신체건강을 관리하기(고혈압, 당뇨병, 콜레스테롤, 비만, 심장병 등)

⑧ 우울증을 치료하기

5) 치매의 진행과정

치매는 진행단계에 따라 경도인지장애, 경도치매, 고도치매로 분류할 수 있으며 진행단계에 따라 증상이 다르게 나타난다.

경도인지장애 상태는 치매는 아니지만 치매로 진행될 가능성이 높다. 흔히 전문가, 친척, 친구 등 주위 사람들이 '나이가 들어서'라고 무심코 지나치는 경우가 많다.

경도치매로 진행하면서 언어장애, 최근 기억 상실, 시간 지남력 장애, 판단력 장애, 의욕상실, 우울증이나 공격적 행동, 취미활동에 대한 흥미 상실 등이 나타나는 것을 흔히 볼 수 있다(권중돈, 2012: 157). 치매 초기에는 기억력에 문제가 있다는 것을 스스로 느끼는 경우가 많으며, 특히 새로운 것을 잘 기억하지 못한다는 것을 깨닫고 여러 가지 방법으로 문제를 해결하려고 노력하기도 한다. 이 단계에서 우울증이나 초조, 도둑망상 등의 정신증상이 나타난다.

고도치매로 진행되면 지남력 장애가 나타나면서 사회생활이나 가정생활에 적응하지 못하는 사람이 많아진다. 일상생활에서도 불을 부주의 하게 다루거나 식사를 자주 거르고, 의류 등을 잘 관리하지 못하게 된다(고바야시 토사코, 후쿠나가 토모코, 2011).

다음은 치매를 의심해 볼 수 있는 10가지 경고증상이다(국가정보포털, 2011).

① 일상생활에 지장을 초래할 정도로 최근 일에 대한 기억력 상실이 있다.
② 언어사용이 어려워졌다.
③ 시간과 장소를 혼동한다.
④ 판단력이 저하되어 그릇된 판단을 자주 한다.
⑤ 익숙한 일을 처리하는데 어려움이 있다.
⑥ 돈 계산에 문제가 생겼다.
⑦ 물건 간수를 잘 못한다.
⑧ 기분이나 행동에 변화가 왔다.
⑨ 성격에 변화가 있다.
⑩ 자발성이 감소되었다.

중등도 치매는 문제의 증상이 눈에 띄게 나타나며, 혼자서 살 수 없을 정도로 일상생활에 어려움을 겪게 된다.

① 새로운 것을 기억하지 못하여 금방 일어났던 일을 기억하지 못하거나 지나치게 많이 먹게 된다. 또한 과거기억을 떠올릴 수 없게 되어 사람의 이름을 기억하지 못한다.
② 타인에 대한 의존적 경향이 상당히 강해진다.
③ 장부정리, 청소, 요리, 장보기 등을 할 수 없다.
④ 기본적 위생관리도 타인의 도움을 받아야만 한다.
⑤ 조리있게 말하는 것이 힘들어진다.
⑥ 시간지남력 저하로 밤에 활동하고 낮에 자거나, 계절에 맞지 않는 옷을 입는다. 장소지남력의 저하로 집 안이나 밖에서 방향을 찾지 못하며, 외출했다가 집을 찾지 못한다.
⑦ 안절부절 못하고, 배회하는 등의 비정상적 행동을 나타낸다.
⑧ 이유 없이 다른 사람을 헐뜯거나 의심하는 행동을 한다.
⑨ 일부는 환각을 경험하기도 한다.

고도치매가 되면 현재와 과거의 대부분의 기억이 희미해지고 남아 있는 기억도

파편처럼 낱낱이 흩어져 연속성을 잃게 된다. 그리고 인물지남력에 장애가 생겨서 주위 사람을 알아보지 못하게 되며 언어를 통한 의사소통이 어려워진다.

① 음식을 먹는데 어려움을 겪고, 의식주를 스스로 해결하기 곤란하다.
② 상황에 대한 이해나 분석능력이 전혀 없다.
③ 가족, 친척, 친구 등 사람을 알아보지 못한다.
④ 자신이 아끼고 자주 쓰던 물건도 잘 알아보지 못한다.
⑤ 대·소변을 제대로 가리지 못한다.
⑥ 사람들 앞에서 이상한 행동을 한다.
⑦ 일상생활과 신체활동이 제한되어 휠체어를 타거나 와상상태에 이르게 된다.
⑧ 초조, 흥분, 편집증적 망상 등과 같은 문제행동을 하게 된다.
⑨ 음식을 제대로 삼키지 못하거나 누운 채 생활하는 경우가 많다.

3. 치매노인의 케어

1) 치매노인 케어의 원칙

치매노인은 자신의 욕구를 언어로 표현할 수 없으므로 케어자는 노인의 평소 행동이나 습관을 잘 관찰하여 어떤 욕구가 해결되고 있지 않은지 미리 파악하여 대처할 수 있어야 한다. 특히 일상생활의 변화, 신체적 질병으로 인한 긴장, 피로, 부적절한 자극, 과다하고 불필요한 요구라는 다섯 가지 기본적인 자극요인을 제거해 주어야 한다(권중돈, 2010).

또한 기억력 등 인지능력은 없어도 어른으로서의 자존심과 감정은 남아 있으므로 자존심이 상하지 않도록 치매노인이 생각하는 현실을 있는 그대로 인정해 주고 지지적인 태도로 대하는 것이 중요하다(N. Feil, 1993).

(1) 기본적 욕구의 충족

식사, 배설, 수면, 청결, 통증 등 살아가는데 기본적인 욕구를 충족시켜야 한다.

(2) 자존심의 존중

치매가 진행되어도 감정은 유지하고 있으므로 바람직한 감정교류가 이루어져야 한다.

(3) 지지적 태도로 부드럽게 대한다.

기분 좋고 알기 쉬운 말로 천천히 말하고 마음이 통하도록 배려한다.

(4) 잔존능력을 살린다.

간단한 역할을 부여하여 의욕을 가지고 생활할 수 있도록 돕는다. 할 수 있는 일, 단순한 일, 반복적인 일을 선택하며, 역할수행에 대해 지지적으로 대하고 좋은 평가를 하며 감사의 말을 한다.

(5) 행동을 도출하는 동기를 부여한다.

행동을 실수할 때 우선 수용하고 다음에 올바른 방법을 유도해서 보여 준다. 기억을 유도할 수 있는 힌트를 미리 제공한다.

(6) 스트레스를 경감시킬 수 있도록 돕는다.

치매노인은 스트레스를 스스로 피하거나 제거할 수 없으므로 원인을 찾아 경감을 도모한다(신체적 · 정신적 · 환경적 요인을 모두 고려한다).

(7) 노인 중심의 생활

치매의 정도는 매시간 변하므로 아무것도 이해할 수 없다는 선입견을 갖지 않는다.

(8) 급격한 환경의 변화를 피한다.

사고의 위험을 예방하기 위해 보호적 환경을 제공한다. 급격한 환경변화는 치매 증상을 악화시킨다.

(9) 고독감 해소

치매노인을 오랫동안 혼자 있게 두면 문제행동과 사고의 원인이 될 수 있다. 자극이 없는 일상생활은 치매의 진행을 빠르게 한다. 일상생활 속에서 노인에게 말을 걸거나 무엇인가 함께하는 활동을 통해 소외감을 주지 않도록 한다.

(10) 계획적인 케어를 한다.

치매노인의 케어는 장기간에 걸쳐 이루어지므로 일일 및 주간계획표를 만들어서 행동하도록 한다.

(11) 역할을 분담한다.

치매노인의 케어를 혼자서 담당하게 되면 케어자는 신체적 · 정신적으로 소진된다. 따라서 가족, 요양보호사 및 시설 직원 등이 모두 협력하여 각각의 역할을 분담한다.

2) 치매노인의 심리적 특성

치매노인은 인지기능 장애가 진행되면서 이전에는 별다른 어려움 없이 해오던 일들을 더 이상 하기 어렵다는 것을 느끼게 되어 자아존중감과 자아정체감에 심한 타격을 입게 된다. 병이 진행되면서 수반되는 불안과 이를 언어로 표현하기 어려운 안타까움에 대해 케어자는 공감적인 태도로 대하는 것이 중요하다.

대부분의 사람들은 자신의 기억력에 병적인 문제가 있다는 것을 눈치채면 불안해한다. 따라서 치매 초기에는 가벼운 우울증처럼 불안한 상태가 되기도 하며, 가족들과 떨어지지 않으려 하는 사람도 있으며 감정기복이 심해진다. 치매가 진행되면 감정변화가 거의 없거나 멍한 상태로 있을 때가 많아지며, 혈관성 치매는 감정의 기복이 매우 심하게 나타나다가 말기가 되면 점차로 감정변화가 사라진다.

(1) 만성적인 불쾌감

생각나지 않는 불쾌감으로 본인이 자각할 경우 초조감이 격화된다. 더하여 자신의 실수에 대해 어린 사람에게 교육받아야 한다는 사실이 불쾌하다. 치매노인은 기억장애를 직면하려 하지 않고 감추려 한다.

(2) 불안, 초조

생활의 연속성이 없게 되고 단편적인 생활을 해야 하므로 매일 불안하다. 치매가 경도에서 중도로 진행하면서 불안과 초조감은 더욱 강해져서 반복해서 질문하거나 따라다니기도 한다. 치매노인에게 귀찮아하는 대응을 하면 더욱 악화된다.

(3) 자발성의 저하나 우울

기억장애를 자각하거나 사람들로부터 실수를 지적당하면 자신감을 잃고 우울해진다.

(4) 혼란

장소와 시간에 대한 판단력이 없어지면 주변에서 일어나는 일들을 이해하거나 수행하는 일이 어려워져서 정신적으로 혼란 상태에 빠지게 된다. 자신은 이유가 있는 행동을 하고 있지만 다른 사람들은 문제행동으로 느껴진다.

(5) 감정변화

기억력 장애, 판단력 장애, 혼란, 불안, 초조 등으로 지속적인 스트레스를 받으므로 사소한 문제에도 과민반응을 하고, 화를 내거나 공격적 언동을 하기도 한다.

(6) 피해의식

치매노인은 기억이 나지 않는다는 사실을 직면하거나 인정하기보다 회피하거나 다른 사람에게 그 책임을 돌리려 하며, 기억력 장애에 의한 착각으로 피해의식에 빠지기 쉽다. 피해의식은 도둑망상, 부정망상, 피해망상으로 나타나게 된다.

(7) 의욕저하

치매초기에는 자발성이나 뭔가를 하려는 의욕이 저하된다. 뭔가 해 보려고 의욕적으로 시작하지만 마무리를 하지 못하고, 또 다른 일을 하기 위해 하루 종일 돌아다니다가 결국 무엇을 하고 있는지 모르게 되는 경우도 있다. 이럴 때는 신경질적이 되기도 한다.

3) 치매노인의 성격변화

치매가 진행되면서 성격이 변하는 사람도 있다. 치매 초기에는 젊었을 때의 성격적 특성이 강해지지만 치매가 진행되면 거의 변화가 없게 되거나 오히려 젊었을 때와 정반대의 성격이 나타나기도 한다. 중등도 이상으로 진행되면 노인의 개성은 약해지고 감정장애 등이 나타나면서 인격이 붕괴되기도 한다(고바야시 토사코, 후쿠나가 토모코, 2011).

4) 치매노인과의 의사소통

(1) 의사소통의 기초

의사소통을 위해서는 먼저 치매노인을 이해해야 한다. 이를 위해 그 사람이 살아온 배경, 신체상태 및 심리상태를 정확하게 파악하고 치매노인이 원하는 도움을 제공하는 것을 기본으로 해야 한다.

- 관심을 전달하기
  - 정면으로 마주한다.
  - 열린 자세를 취한다.
  - 치매노인에게 몸을 약간 기울인다.
  - 적절하게 눈맞춤을 한다.
  - 편안하게 이야기를 한다.
- 안심시키기 — 상냥한 미소로 부드럽게 말을 건넨다. 피부접촉을 조심스럽게 사용한다.
- 치매노인을 좋아하기
- 공감하고 이해하기
- 이야기를 잘 들어주기 — 치매노인은 자신의 기분을 알아달라는 생각에서 여러 가지 호소를 하기 때문에 어떤 호소도 무시하지 말고 이해하려는 태도를 보여야 한다.
- 치매노인의 기분을 받아들이고 생각을 전하기 — 노인이 진정으로 느끼고 생각하는 것을 이해하고 이해한 바를 다시 노인에게 전달하는 것으로 수용이라고 할 수 있다(한국치매협회, 2009).

(2) 치매노인과의 의사소통

치매노인은 인지기능의 저하뿐 아니라 언어장애까지 동반되므로 일반인과는 다른 의사소통방법을 활용해야 한다(권중돈, 2010: 166).

① 대화를 하기 전에 먼저 주의를 집중시킨다.

② 환자의 말을 경청하고 존중하도록 한다.

③ 환자가 혼자 있게 하지 말고 자주 대화를 나누되 환자의 페이스에 맞추도록 한다.

④ 소란스럽거나 산만한 분위기에서 대화를 하지 않는다.

⑤ 얼굴을 마주 보고 눈접촉을 유지하며, 언어 이외에 문자, 그림, 사진 등의 상징을 이용하거나 피부접촉(skinship)을 통하여 의사를 전달하도록 한다.

⑥ 발병 이전에 환자가 자주 사용하던 용어를 사용하고, 환자가 쉽게 알아들을 수 있는 말을 사용한다.

⑦ 공격성이 없는 경우에는 1m 이내의 가까운 거리에서 대화를 하도록 한다.

⑧ 부양자 자신을 소개하고 치매노인의 이름이나 존칭을 부름으로써 대화를 시작한다. "저를 알겠어요?" 등의 기억력 테스트를 하는 듯한 대화는 피한다.

⑨ 과거를 회상하도록 하되 시간, 장소 등 기본적인 현실상황을 인식시키도록 한다.

⑩ 배고픔, 배변이나 배뇨 욕구 등 기본적인 생활상의 욕구가 충족되지 않아 불안해하는지를 잘 관찰하고 이를 충족시켜 주도록 한다.

⑪ 짧고 분명하며 익숙한 단어를 사용하고, 정보는 간단한 문장으로 전달하고 천천히 그리고 낮은 목소리로 부드럽게 이야기하여야 하며, 명령조로 이야기하지 않는다.

⑫ 환자와 대립하기보다 먼저 인정하고 받아들이는 것이 좋다. 환자가 어떤 실수나 문제행동을 했을 때 화를 내거나 말다툼을 하기보다 가벼운 웃음으로 넘길 수 있도록 한다.

⑬ 환자가 위축되어 있거나 초조한 징후를 보이면 대화를 중단하도록 한다.

⑭ 한 번에 한 가지씩 질문하거나 지시하며, 환자에게 질문을 한 경우에는 대답을 기다리고, 반응이 없을 경우에 다시 반복하여 질문하도록 한다.
⑮ 천천히 움직이고, 환자의 주의를 집중시키기 위하여 얼굴표정이나 손동작을 활용하도록 한다.
⑯ 환자에게 이야기할 수 있는 충분한 시간을 주고, 환자와 간호자가 교대로 이야기하도록 한다.
⑰ 환자가 적합한 단어를 생각해 내지 못하는 경우에 비슷한 말을 하거나 관련된 단서를 제공하도록 한다.
⑱ 언어적 칭찬과 같은 즉각적인 보상을 해 주거나 재확인하도록 한다.
⑲ 환자의 말이 사실과 다르더라도 환자가 표현한 감정을 수용하고 중시하도록 한다.
⑳ 환자와의 약속은 꼭 지켜야 하며, 지키지 못했거나 잊어버렸을 경우 정중하게 사과를 하도록 한다.

(3) 문제행동에 대한 케어

① 치매경과별 행동심리증상

문제행동(Behavioral & Psychological Symptoms in Dementia: BPSD)이란 치매노인에게 생기는 비현실적 생각, 조절되지 않는 감정, 현실에서는 존재하지 않는 사물에 대한 지각과 여러 가지 부적절한 행동들을 말하는 것으로 가족과 부양자에게 가장 큰 부담을 주는 증상이며, 환자와 타인의 안전을 위협하고, 환자의 기능과 삶의 질을 저하시키게 된다.

치매 초기에는 자신에게 문제가 있다는 것을 깨닫고 우울함이나 초조감, 절망감, 의욕저하, 무관심 등이 나타난다. 또한 기억력 저하에 따라 도둑망상, 질투망상이 나타나거나 주변사람들에게 우울한 이야기를 반복하게 된다. 수면과 각성 리듬이 깨져서 불면을 호소하는 경우가 많고 섬망이 나타나기도 한다.

중간단계에서는 포만감을 느끼지 못하거나 큰 소리를 지르고 폭력을 휘두르거나 배회하는 등 행동증상이 많이 나타난다. 감정실금이나 다행증(euphoria)도 나타나기 쉽다. 또한 마음대로 이야기를 꾸며 내거나(작화), 사리에 맞지 않는 이야기를 반복해서 중얼거리거나, 불결 행위 등이 나타난다.

중증단계가 되면 언어 이해력이 떨어지고, 이식행동과 실금이 빈번해지며 대변을 만지는 등 불결행위가 증가한다. 또한 시야가 좁아지고 집중력이 저하되어 자주 넘어지게 된다.

말기단계가 되면 움직임이 둔해져서 결국 와상상태가 된다. 수저의 사용 등 일상생활에 필요한 동작을 할 수 없게 되며, 대상을 인지할 수 없고(실인), 말을 이해하지 못하며 발음장애가 나타나기도 한다(고바야시 토시코, 후쿠나가 토모코, 2011: 65~70).

② 문제행동에 대한 케어

치매노인의 행동에는 이유가 있다. 행동의 이유를 이해하지 못하고 무조건 중단시키려고 하면 노인은 혼란 상태가 되거나 흥분하게 된다. 문제행동 관리를 위한 지침은 다음과 같다.

- 문제행동을 일으키는 원인과 욕구를 찾아 적절히 대응하여 노인의 안정을 도모한다. 생리적 욕구를 반영하는 것은 아닌가? 또 다른 이유는 없는지 세밀하게 관찰한다.
- 이상행동을 금지하는 이유를 논리적으로 설명하기보다 환자를 납득시킬 수 있어야 한다.
- 개별화가 필요하다. 환자들의 잔존능력, 기억, 욕구는 모두 독특하기 때문이다.
- 행동을 유발하는 욕구를 감소시킬 수 있도록 환경을 구조화하며, 배회로처럼 행동을 허용할 수 있는 환경을 조성한다.
- 케어자의 의지와 능력을 노인의 일상적 욕구에 적합하도록 맞추어 나가는 것이 필요하다.

4. 치매가족의 부양부담

1) 부양부담의 정의

만성적이고 점진적으로 진행하면서 그 증상이 더욱 심해지며, 스스로 독립적인 생활을 할 수 없을 뿐 아니라 예측할 수 없는 문제행동으로 인해 치매노인을 부양하는 가족은 심리적 · 신체적 · 경제적 스트레스로 인해 가족의 기능저하를 초래하게 된다. 심한 경우 가족체계가 분열되면서 사회 전체의 문제로 확산된다.

부양부담감에 관한 정의는 학자에 따라 다양하게 정의된다.

Zarit(1980)는 가족구성원이 질병에 이환되었을 때 가족의 일원이 간호를 담당하면서 인지하게 되는 정서적 · 신체적 · 사회적 · 경제적 고통 정도를 의미한다고 하였다.

Montgomery(1985)는 "가족원이 환자를 돌보면서 막연하게 느끼는 어떤 두려움이나 죄책감"이라고 하였고 부담감을 객관적 부담감과 주관적 부담감으로 구분하였다. 주관적 부담감은 부양자 자신의 주관적인 감정으로 부양과정에서 경험하는 정서적 반응, 즉 긴장이나 불편감, 당혹감, 분개, 올가미를 쓴 느낌 등으로 표현될 수 있다. 객관적 부담감은 부양자의 생활에서 일어난 변화 및 파괴 정도와 관련된 것으로 노인을 부양하는데 드는 시간, 과업의 수, 재정적 긴장으로 인해 사회적 · 오락적 활동에 미친 부정적인 변화 정도를 말한다(김수민, 2004; 강임옥 외, 2005: 49).

2) 치매노인 가족의 부양부담

치매환자는 시간이 지남에 따라 상태가 호전되기보다는 오히려 악화되는 경우가 더 많고 심지어는 혼자서는 아무 일도 할 수 없게 된다. Wilson(1989)은 치매노인을 돌보는 가족이 느끼는 스트레스를 단계적으로 설명하는데 돌보는 역할을 맡은 초기에는 역할의 모호성을 느끼다가 역할을 수행하면서 일상생활의 패턴이 깨어지고 가족 간의 갈등이 생기고 재정 압박이 심해지면서 피로감, 생활의 불안정감, 신체적 · 정신적 소진을 경험하고 마지막으로 돌보는 역할을 남에게 이양하고 싶다는 욕구를 느낀다고 한다. 이렇듯 치매환자를 돌보는 일은 시간이 지남에 따라 더 힘들어지는 것이 보통이다. 치매환자의 부양자를 제2의 치매희생자 또는 숨겨진 환자라고 부르는 이유도 여기에 있다(Fengler and Goodrich, 1979; 홍영수, 2007: 169).

(1) 부양자 현황

가족 부양자는 치매환자를 위해 비공식적 보호를 제공하기에 가장 적합한 사람이다. 가장 일차적으로 비공식적 보호를 제공하는 사람은 대부분 여자이다(권중돈, 1994; 조남옥, 1996). 치매노인의 성에 따라 주부양자가 달라지는데 남성의 경우 아내가 많으며 여성의 경우 며느리나 딸인 경우가 많다(한동희, 1994). 주부양자는 문화에 따라 다르다. 치매노인의 배우자가 있는 경우 세대간 독립지향적인 서구에서는 배우자가 주로 부양책임을 맡는다(Anderson et al., 1984; Enright, 1991; 최외선 외, 2007 재인용). 자녀의 경우 서구에서는 딸인 경우가 대부분이나(Albert, 1991; 최외선 외, 2007 재인용) 우리나라에서는 며느리인 경우가 가장 많아 약 40~50%에 이른다(권중돈, 1994; 조남옥, 1996).

(2) 부양내용

부양자의 부양업무는 노인의 증상상태, 부양 장소, 노인의 능력 영역에 따라 다르다(Albert, 1991; 최외선 외, 2007: 215).

첫째, 신체적 장애노인의 부양가족은 수면, 전화사용, 간단한 일 등 일상생활동작능력에 대한 원조가 많은 반면 인지 및 정서장애 노인의 경우 기억문제 다루기, 함께 있기, 부적절한 행동의 설명, 사기 돋구기, 배회 및 문제행동 관리하기, 경청하기, 기분 변화 다루기 등의 부양과업을 많이 수행한다.

둘째, 가정 내 노인부양가족은 신체적, 정서적, 인지적 부양을 위한 과업을 주로 담당하며, 가정밖 노인부양가족은 재정관리, 서비스 준비, 의사방문 돕기, 친구방문 돕기 등 부양관리 업무를 주로 담당한다.

셋째, 무능력한 노인의 부양가족은 보호적 부양과업을, 다소 능력이 있는 노인의 경우는 노인의 자율을 촉진시키는 과업과 능력을 유지시키는 과업을 많이 수행한다(최외선 외, 2007: 215).

(3) 부양문제

치매노인의 부양문제는 부양자의 과도한 수발부담과 이에 따른 가족해체 그리고 노인학대로 요약될 수 있다.

① 신체적 · 정신적 건강 부담

치매노인 부양자의 경우 절반 이상이 치매노인을 부양한 이후 신체 및 정신적 질환에 걸린 것으로 나타났다(이성희 · 권중돈, 1993). 특히 만성적인 피로감과 몸의 고달픔으로 가장 많은 고통을 받는다(Rabins, 1982; 권중돈, 1994; 이경자, 1995; 최외선 외, 2007: 218).

② 정서적 · 심리적 부담

정서적 부담은 부양 역할에 따른 주부양자의 부정적인 감정인 우울, 분노, 불안과 같은 정서적 긴장으로 나타난다. 힘든 상황에 대해 짜증을 많이 내고, 성격적으로 급해지고, 우울해 하며 또한 노인에 대한 비난과 분노를 표현하며, 관계의 단절이나 좌절감 같은 복잡한 감정을 경험한다(김태연 · 전길양, 1996). 그 외에 죄의식, 허무감, 무력감, 좌절감, 구속감, 소외감 등을 경험하게 된다(권중돈, 2012).

③ 사회적 활동 제한

부양자는 개인적 시간과 자유를 가질 수가 없고 친구를 만날 수 있는 시간을 내지 못하며 치매노인이 의심하는 증상이 있는 경우에는 전화 접촉조차도 불가능하게 된다. 또한 정신질환에 대한 낙인을 두려워하고 치매노인의 증상이나 문제행동으로 인하여 이웃에 피해를 입힐 까봐 염려하게 됨으로써 자연히 이웃과의 접촉

기회도 줄어들게 된다. 그 결과 부양자들은 사회적 관계망과의 접촉, 사회적 역할수행에 필요한 개인적 시간과 자유를 가질 수가 없게 되어 사회적 활동에 많은 제한을 받게 되고, 이것은 스트레스를 야기하게 된다.

④ 재정 부담과 경제활동 제약

치매가족은 환자의 치료와 간호비용으로 인해 가계 운영에 압박을 받게 된다. 그리고 경제활동에 참여하는 부양자는 부양과 경제활동에 따르는 요구를 동시에 충족시켜야 하기 때문에 역할긴장을 경험하며 부양으로 인하여 경제활동 시간의 단축 재교육 및 훈련기회 상실, 잦은 결근과 외출 부양에 대한 염려로 인한 업무방해, 경제활동의 중단, 승진기회 상실 등의 부담을 겪게 된다.

⑤ 치매노인과의 갈등

치매노인의 경우 가족에게 의존하게 됨으로써 자신이 쓸모없는 존재가 되었고 할 수 있는 일이 없다는 등의 부정적 감정을 갖게 되고, 가족이나 부양자에 대해서는 죄의식, 배신감 등의 부정적 감정을 경험하는 경향이 있다. 부양자는 환자를 대할 때 긴장감, 분노감, 조작당하는 느낌과 같은 부정적 감정을 경험하고 환자의 지나친 요구와 의존성으로 인하여 불편을 경험하는 등의 부정적 관계 변화를 겪게 되어 양자 간의 관계가 악화될 가능성이 높아진다.

⑥ 전체 가족간의 갈등

치매노인 발생으로 가족원들간의 역할, 시간, 자원 등의 적절한 조정이 이루어지지 못해 가족은 갈등과 위기를 경험한다. 또한 치매 정도의 판정, 치매노인에 대한 부양 전략에 대한 가족들 간의 의견 차이 등으로 가족갈등이 일어난다. 가장 흔한 갈등은 형제 자매간의 갈등이다(Strawbrige & Wallhagan, 1991; 최외선 외, 2007: 219). 부부간의 갈등은 부양자 부부간에 필요한 시간을 가지지 못하는 것, 배우자의 요구에 적절히 대응하지 못하는 것, 배우자의 무관심, 비협조 때문에 일어난다. 특히 우리나라의 경우 남편이 2차 부양자로서의 역할을 제대로 이행하지 않는 경우가 많다. 주부양자인 여성들이 24시간의 보호 · 수발 등으로 극도의 신체적 · 정신적 피로와 긴장에 시달리면서 이혼, 가출 등 가족해체로까지 이행될 수 있다.

⑦ 노인학대

치매노인 부양에 따르는 과중한 부담은 노인학대를 초래하는데 2010년 한 해 발생한 학대사례 중 치매를 앓고 있는 학대피해 노인은 577명으로 전체 학대피해 노인 3,068명 중 18.8%를 차지하고 있다(보건복지부 중앙노인보호전문기관, 2010). 2010년 한 해 동안 발생한 학대사례 2,731건 중 학대발생 원인을 가족-환경 측면에서 보면 학대피해 노인-학대행위자 갈등이 51.6%(1,409건)로 가장 높게 나타났고, 가족구성원간의 갈등(자녀간, 형제간, 친족간)이 25.8%(704건), 가족의 경제적 어려움 22.6%(618건)로 나타났으며, 노인의 부양문제로 인한 학대피해 노인 주변의 갈등은 정서적, 신체적 학대 및 방임의 결과를 초래함을 보여 준다(보건복지부 중앙노인보호전문기관, 2010).

과중한 수발부담이 노인학대의 주요 원인이 되고 있음을 고려할 때 노인부양에 관한 사회적 지원시스템의 구축이 시급하다는 것을 알 수 있다.

3) 치매가족의 부양부담 경감을 위한 사회적 지원

사회적 지원은 사람들을 연결하는 사회망 속에서 일어나는 긍정적인 상호작용을 말하며, 정서적 · 의사소통적 · 물질적 · 관계적 측면을 포함한다. 치매노인 가족의 적응은 그들이 사용할 수 있는 사회적 지지에 따라 영향을 받으며 외부도움의 양과 질에 따라 스트레스 경험이 달라진다(Scharlach et al., 1991; 최외선 외, 2007: 225). 치매노인과 부양가족을 위한 사회적 서비스의 확충 정도는 부양부담의 해소에 매우 중요하다.

치매가족의 부양부담을 경감할 수 있는 방법은 여러 가지가 있을 수 있으나 가장 일차적인 방법은 부양자를 대상으로 한 직접적 개입방법이다. 현재 치매관련 기관이나 협회에서는 치매가족의 부양부담을 경감하기 위하여 교육 · 지지집단 프로그램, 치매가족 상담과 치료, 휴식서비스, 치매가족 자조모임 등 다양한 직접적 개입프로그램을 실시하고 있다.

4) 우리나라의 치매예방관리 사업 및 관련 사업

우리나라에서는 치매의 예방관리를 위하여 60세 이상의 치매환자 및 가족을 대상으로 다음과 같은 사업을 하고 있다(보건복지부, 2010).

(1) 치매상담센터

치매상담센터에서의 사업내용은 다음과 같다.

① 치매노인 등록 및 관리사업

첫째, 치매상담 전문요원이 치매선별검사 후 치매진단검사가 필요한 경우 거점병원에서 진단검사를 받을 수 있도록 조치하며, 저소득 치매노인에게 치매치료관리비를 지원하고 사례관리를 실시한다.

둘째, 치매노인 및 보호자에 대한 상담 및 지원을 하며 치매노인 가족모임을 활성화하고, 배회가능 어르신에게 인식표를 보급한다.

셋째, 치매예방 및 치매노인 간병요령 등에 관한 교육을 실시한다.

넷째, 재가 치매노인에 대한 방문관리 및 주간보호시설이나 노인전문요양시설 등을 이용할 수 있도록 안내한다.

② 치매조기검진사업

치매환자를 조기에 발견 관리하기 위하여 저소득층에게 치매 진단검사비를 지원한다.

③ 치매치료관리비 지원 사업

치매를 조기에 치료하여 치매증상을 호전시키거나 증상 심화를 방지하기 위하여 저소득층 치매환자가 치매치료약을 복용할 경우 치료비를 지원하고 사례관리를 실시한다.

(2) 실종노인 찾기 사업

실종노인 상담지원센터에서는 실종노인 사례접수 등록 및 가족 상담을 하며 실종노인의 조속한 발견을 위한 지원방안을 마련한다.

정부는 치매로 인한 여러 가지 노인문제와 사회문제가 발생하고 있어 적극적인 정책을 추진하는데 제3차 치매관리종합계획을 수립하여 변화를 꾀하고 있다.

제3차 치매관리종합계획 수립 후 달라지는 점

① 50만 치매 파트너즈를 양성하여 치매에 대한 부정적 인식을 개선하고 지역사회 봉사활동 수행

수립 전('15)		수립 후('20)
치매에 걸리면 모든 기억을 잃고 망상, 배회, 폭력성 등 문제행동을 일삼고 부양부담으로 인해 가족이 해체 된다는 **막연한 불안감이 만연**	➡	치매 질환정보와 돌봄방법에 대해 기본적 교육을 받은 일반 대중들이 **치매에 대한 부정적 인식과 두려움 해소** (치매 파트너즈 50만 명)
지역사회에서 치매예방과 인식개선, 치매환자와 가족을 도울 **자원봉사 인력 부족**		치매 관련 심화교육을 받은 주민들이 지역사회 치매예방 · 인식개선 활동에 참여하고 치매환자 · 가족을 위한 **봉사활동 수행** (치매 파트너즈 플러스 5만 명)

② 치매환자가 지역사회 주민들의 도움을 받으며 안심하고 생활할 수 있는 치매안심마을 조성

수립 전('15)		수립 후('20)
지역사회 주민들이 치매에 대해 생소하여 치매환자가 배회하거나 실종되어도 **대처방법을 잘 알지 못하거나 무관심함**	➡	**지역사회 주요 업무 담당인력** (소방관, 경찰관, 우체부, 종교인, 버스운전사, 마트주인 등)이 **치매에 대한 정보를 충분히 제공받아 치매환자 발견 시 적절히 대처** (각 광역별 치매안심마을 3개 이상 지정)

③ '건강한 노인'의 인지건강관리 및 치매예방실천 지원

수립 전('15)		수립 후('20)
이미 치매가 발병한 사람들을 대상으로는 인지활동형 프로그램을 제공하기 시작했으나(장기요양 5등급 도입), **건강한 노인을 위한 인지훈련 컨텐츠 부족**	➡	**건강한 노인**들이 **인지활동 컨텐츠(예: 두근두근 뇌운동)를 꾸준히 활용**함으로써 **반복적 인지훈련 및 치매예방 실천**
열심히 운동과 사회활동을 하고 있는 것 같기는 하나 **자신이 제대로 치매 예방을 실천하고 있는 것인지 알기 어려움**		치매예방실천지수(Dementia-free Index) (식습관, 운동, 생활습관병 관리, 사회활동 등 치매예방수칙 실천여부를 종합적으로 고려하여 산출)를 통해 **체계적인 인지건강 관리 및 치매예방** 실천 모니터링

④ 치매 고위험군(독거노인, 치매진료중단자 중 의료급여수급자 등) 중심의 치매 조기발견 및 관리

수립 전('15)		수립 후('20)
주로 건강한 어르신이 모여있는 경로당, 노인복지관 등에 **분기별로 방문**하여 **치매조기검진을 반복 실시**하여 **치매검진의 효과성이 낮음**	➡	**75세 이상 독거노인, 국민건강검진 인지저하결과자** 등 치매 고위험군 중심으로 치매조기검진을 실시하여 **치매검진의 효과성 제고**
치매진단 이후 (치매진료관리비 지원 외) **꾸준한 치료 · 관리를 위한 지원체계 부족**		건강보험공단 치매진료기록을 활용하여 **치매진료 중단자** (특히 **의료급여수급자 13,131명**)가 **꾸준히 치매진료를 받도록 사례관리 지원**

⑤ 치매가족상담수가 신설

수립 전('15)		수립 후('20)
가족이 치매진단을 받았지만 도시의 큰 대학병원에 가지 않고서는 동네 어디에서 진료를 받아야 할지 어떻게 대처해야 하는지 막막함	➡	치매환자를 돌보는 가족이 지역사회의 치매 관련 전문의의 꾸준히 상담과 교육을 받아서 치매 질환특성과 증상을 잘 이해하고 지속적으로 치료 · 관리하게 됨

⑥ 치매전문병동을 통한 전문적 치매치료 · 관리

수립 전('15)		수립 후('20)
배회, 망상, 폭력성 등 행동심리증상이 특히 심한 환자는 가정에서 돌보기 힘들고, 요양병원에서도 **전문치료를 받기 어려움** **장기요양등급을 받지 못한 치매환자는 증상과 관계없이 요양병원**에 **장기간 입원**함으로써 **삶의 질 저하**	➡	**치매전문병동**에서 치매환자의 **행동심리증상**을 효과적으로 치료 · 관리하면서 **신체적 합병증**도 치료 행동심리증상과 신체적 합병증이 완치되면, **지역사회로 퇴원**

⑦ 중증 치매환자 24시간 방문형 단기보호서비스 제공

수립 전('15)		수립 후('20)
치매환자를 단기간 낯선 시설에 입소시키려고 하지 않는 경향이 있어 치매가족휴가제(시설단기보호) 이용 저조	➡	**요양보호사 등이 치매환자의 가정에 방문하는 단기보호서비스 이용 가능 (1년 6일 이내)**

⑧ 요양시설, 주야간보호센터 내 치매 유니트 설치 · 운영

수립 전('15)		수립 후('20)
장기요양시설에 치매와 비치매 환자가 혼재하는 경우 치매환자에 대한 맞춤형 케어뿐 아니라 비치매환자에 대한 서비스도 제공 곤란	➡	치매환자를 비치매환자와 분리하고, 인력기준을 강화한 시설환경 등을 통해 **치매노인 맞춤형 요양서비스 이용 가능**

⑨ 저소득 · 독거 치매환자 대상 공공후견제도 도입검토

수립 전('15)	수립 후('20)
저소득 · 독거 치매환자는 재산처리, 의료 · 요양서비스 이용 시 민법상 후견인 선임이 필요하나 자력으로 이에 필요한 절차 · 비용을 충당하지 못함	**저소득 · 독거 치매환자는 민법상 후견인 선임에 따른 절차와 비용을 지원받아,** 재산(복지급여)처리, 의료 · 요양서비스 등 **특정한 사무**에 대한 **결정 지원**

⑩ 치매환자가족 온라인 자가 심리검사체계 구축

수립 전('15)	수립 후('20)
치매환자를 모시는 가족이 우울감이 매우 높지만 병원에는 가고 싶지 않아 가슴이 답답한 채로 지냄	중앙치매센터 홈페이지에 있는 온라인 자가심리검사를 해 보고 검사결과에 따라 집 근처에 있는 정신건강증진센터에서 상담을 받음

⑪ 치매환자가족 문화 · 여가생활 지원 확대

수립 전('15)	수립 후('20)
치매환자를 돌보는 가족은 문화 · 여가생활이나 여행을 가기 어려워 간병으로 인한 스트레스를 적절하게 해소하기 어려움	치매환자 가족이 비용을 지원받아 치매환자와 함께 여행을 떠나 간병 스트레스를 해소함

생각해 볼 문제

1. 치매가 사회적 문제로 대두되는 이유를 생각해 봅시다.

2. 치매의 진행경과에 따른 증상의 변화를 생각해 봅시다.

3. 치매노인의 심리적 특성을 생각해 봅시다.

4. 치매노인의 가족들이 경험하는 어려움을 생각해 봅시다.

제11장

노년기의 사회활동

1. 노년기 사회활동
2. 노년기 사회활동의 현황
3. 노년기 사회활동의 저해요인
4. 노인의 사회참여 증진을 위한 향후 정책적 과제

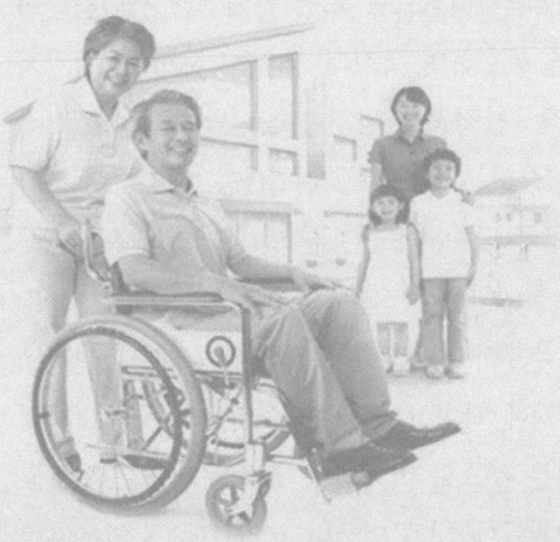

노년기의 사회활동 참여는 노년기에 겪는 4가지 고통 가운데 하나라고 할 수 있는 역할상실로 인한 소외감과 고독감에서 벗어나 자신감과 유용감을 얻게 하고, 사회적 활동을 통해 질병 및 빈곤의 문제를 해결함으로써, 삶의 만족도 향상 등을 기대할 수 있다. 따라서 평균수명의 연장으로 인해 길어진 노년기를 어떻게 유용하게 보내느냐가 노후의 삶의 질을 좌우하고 성공적 노후를 결정한다고 볼 수 있다.

1. 노년기 사회활동

1) 노년기 사회활동의 정의

사회활동에 대한 사전적 정의는 '공동생활을 하는 사람들이 조직화된 집단에서 일정한 성과를 거두기 위해 어떤 일을 활발히 움직이는 것'을 말한다. 일반적으로 사회활동은 사회참여라는 용어와 혼용하여 사용되고 있으며, 이들에 대한 정의도 학자마다 견해의 차이를 보이고 있다. 박정은(1994)은 사회참여를 협의 개념과 광의의 개념으로 나누어 설명하고 있다. 협의의 개념으로 보았을 때 "한 사회집단이 그 필요와 요구를 나타내고 공동이익을 옹호하며 특정의 경제적, 사회적, 정치적 목적을 달성하기 위하여 공공기관에 직·간접적으로 영향력을 발휘하는 조직적 활동"이라고 정의하는 한편, 광의의 개념으로 사회참여에 '취업활동, 지역사회 조직 및 단체활동 등'을 포함시키고 있다. 윤종주(1994)는 노인 개개인이 개인적 차원에서 직업이나 사회봉사와 같은 사회활동에 참여하는 것으로부터, 복수의 노인들이 조직화된 집단적 차원에서 그들의 권익을 추구하고 옹호하기 위하여 행정부나 관련단체와 제기된 문제들을 협의하고 정책결정에 참여하며, 나아가 노인의 권익을 쟁취하기 위하여 이른바 노인운동을 전개하는 것으로 이해되는 포괄적 개념으로 보고 있다. 노인복지법상에서도 노인의 사회활동에 대해 언급하고 있는데, 노인복지법의 기본 이념을 제시하고 있는 제2조의 2항에서 "노인은 그 능력에 따라 적당한 일에 종사하고 사회적 활동에 참여할 기회를 보장받는다"라고 규정되어 있다. 또한 제23조 1항에는 "국가 또는 지방자치단체는 노인의 사회참여 확대를 위하여 노인의 지역봉사 활동기회를 넓히고 노인에게 적합한 직종의 개발과 그 보급을 위한 시책을 강구하며 근로능력이 있는 노인에게 일할 기회를 우선적으로 제공하도록 노력하여야 한다"고 명시되어 있다. 이상과 같이 살펴보았을 때 노년기의 사회활동에 대한 정의는 좁게는 개인의 취업활동이나 종교활동에서부터 사회집단의 공동이익을 위한 활동, 더 넓게는 자원봉사활동, 정치활동 및 노인의 권익활동에 이르기까지 광범위한 영역을 포괄하는 것으로 볼 수 있다.

2) 노년기 사회활동의 필요성과 효과성

노년기 사회참여의 필요성 및 효과성에 대해서는 많은 연구들을 통해서 증명되고 있다.

Leitner & Leitner라는 학자는 사회참여를 통해 ① 신체적 건강이 증진되고, ② 사회적 접촉기회를 제공하며, ③ 노후 삶에 대한 사기 및 만족감을 증진시키고, ④ 자신에 대한 신념과 자기 신체에 대한 자신감을 부여하고, ⑤ 자기 유용감과 자기 가치성을 확인하며, ⑥ 재미있고 즐거운 삶 등을 얻을 수 있다고 하였다. 유럽 11개국의 50세 이상 중장년층을 대상으로 사회참여 노인과 비참여노인의 주관적 건강상태를 살펴본 연구 결과 사회참여 노인이 주관적인 건강상태에 대해 더 긍정적인 평가를 하고 있는 것으로 나타났다.

노인의 사회참여로 인해 우울이 감소되며 심리적 불안감과 스트레스를 경감시킨다는 연구결과(Kondo et al., 2008) 등으로 미루어 노인의 사회참여가 노인의 건강에 매우 긍정적인 영향을 미치고 있음을 알 수 있다. 이석원 · 임재영(2008)은 노인의 사회참여 활동이 의료비를 절감시키는 데에도 효과가 있다고 밝히고 있다. 이근홍(2001)은 노인의 사회참여는 자기 성장과 자아실현을 가져올 뿐 아니라, 더 나아가 지역사회 발전에 기여하는 것으로까지 볼 수 있다고 하였다. 이상과 같이 살펴보았을 때, 노인의 사회참여는 노후에 경험하는 고통 중 하나로 언급되는 사회로부터의 고립과 무위를 완화해 줄 수 있으며, 노인의 경제활동 참여를 통한 소득욕구의 충족, 취미생활을 포함한 여가활동을 통한 여가욕구의 충족, 교육활동을 통한 교육 욕구의 충족 등을 통해 노인의 심리적 안정과 생활만족에 긍정적인 결과를 가져옴을 알 수 있다. 또한 사회참여를 통하여 노인의 건강이 증진되고 사회적 통합을 가져오며, 자아존중감을 높여 주고, 사회적 연계망의 축소를 완화시키고 다양한 사회적 지원을 기대할 수 있는 자원을 확보할 수 있다는 점에서 노인의 삶의 만족도를 증대시킨다고 할 수 있다.

3) 노년기 사회참여에 관한 이론

(1) 분리이론

노인은 그 전단계의 활동수준을 저하하고 수동적인 역할을 찾고 자신의 내부의 삶에 몰두함으로써 자신의 정체성을 유지하려고 한다고 보며, 이러한 과정을 개인적인 수준이나 사회적 수준에서 모두 바람직한 것으로 간주한다.

(2) 지속이론

인간은 성인기를 통하여 형성한 특성을 유지하려는 성향을 갖고 있으며, 삶의 만족도는 자신의 인생 경험과 비슷한 활동을 얼마나 유지하는가에 달려 있다고 본다.

(3) 활동이론

노인이 활동적인 삶을 유지함으로써 후기 삶에 있어 자신의 지위를 유지하고자 노력한다고 본다.

(4) 역할이론

한 사회는 주어진 연령대의 사람들이 어떤 일을 할 수 있거나 해야만 한다는 믿음체계인 연령규범을 갖고 있으며, 나이와 관련된 역량과 제한을 가정하고 있다고 본다. 노화에 잘 적응하는 것은 이후 여생의 역할변화를 어떻게 잘 받아들이는가에 달려 있다고 간주한다.

(5) 상징적 상호작용론

노인들이 경험하는 노화과정에 중요하게 영향을 미칠 수 있는 요인으로 환경, 개인, 그리고 이 둘 간의 관계간의 상호작용이라고 본다.

(6) 사회교환이론

사회적 철회와 고립은 체계적 욕구나 개인적 선택의 결과가 아니라 한 사회 내 노인과 다른 구성원들 간 교환과정으로, 노화에 따른 자원의 축소가 사회참여의 저하를 초래할 수 있다.

4) 노년기 사회활동의 유형

노년기 사회활동 참여의 유형 구분도 연구자마다 견해를 달리하고 있다. 좁게는 타인과의 관계, 생산적 활동 지속에서부터 넓게는 종교, 취미, 사교, 자원봉사, 권익운동, 정지활동까지 포괄적으로 포함하기도 한다. 이를 정리하면 다음의 〈표 11-1〉과 같다.

표 11-1 연구자에 따른 사회참여 유형

연구자	사회참여 유형
Rowe & Kahn(1998)	타인과의 관계, 생산적 활동 지속

Stoll & Rochon(1998)	정치, 경제, 집단권리, 문화, 공동체, 사적 이익집단, 사회 · 레저모임
이근홍(2001)	취업을 포함한 경제활동, 취미 · 교육 · 운동, 단체활동을 포함한 여가활동, 정치활동, 종교활동, 자원봉사활동
조추용(2003)	취업을 포함한 경제활동, 취미활동, 교육활동, 운동활동, 단체활동, 정치활동, 종교활동, 자원봉사활동, 노인권익신장운동
이소정 외(2007)	직업, 종교, 문화, 운동, 사교, 정치, 교육, 자원봉사, 경로당
보건복지부(2011)	경제활동, 여가문화활동, 교육활동, 사회단체활동(동호회 클럽, 친목단체, 정치사회단체), 자원봉사활동

2. 노년기 사회활동의 현황

노인의 사회참여는 직업 및 경제활동을 포함한 각종 단체활동, 교육활동, 자원봉사 등 다양한 분야를 포괄하는 것으로 이해할 수 있다. 여기에서는 노년기 사회활동 현황을 2011년 보건복지부에서 실시한 전국노인실태조사를 통해서 나타난 경제활동, 여가문화활동, 교육활동, 사회단체활동(동호회 클럽, 친목단체, 정치사회단체), 자원봉사활동의 사회활동으로 구분하여 살펴보고자 한다.

1) 경제활동 현황

(1) 경제활동 참여 현황

노인은 경제적인 노후 보장이 이루어지지 않은 세대로 소득보장에 대한 욕구가 기타 복지적 욕구에 비해 높다고 할 수 있다. 노년기의 경제활동은 노후의 소득을 보충할 수 있는 주요한 수단이 됨과 동시에 사회참여를 통하여 자신의 능력을 발휘할 수 있다는 이중적 기능을 지닌다는 점에서 그 중요성이 더욱 크다. 경제활동 현황을 참여현황과 참여자의 특성(지역, 성, 연령)별로 살펴보면 〈표 11-2〉와 같다.

표 11-2 경제활동 참여 현황

(단위: %, 명)

특성		하고 있다	한 경험 있으나 현재는 하지 않는다	평생 일을 하지 않았다	계(명)
전체		34.0	56.7	9.3	100.0 (10,544)
지역	동부	23.8	63.7	12.5	100.0 (7,150)
	읍 · 면부	55.5	42.1	2.4	100.0 (3,395)
성	남자	43.0	56.6	0.4	100.0 (4,548)
	여자	27.2	56.8	16.0	100.0 (5,997)
연령	65~69세	46.4	45.6	8.0	100.0 (3,149)
	70~74세	38.3	53.4	8.3	100.0 (3,228)
	75~79세	26.9	63.6	9.5	100.0 (2,390)
	80~84세	17.0	69.7	13.3	100.0 (1,162)
	85세 이상	7.3	80.2	12.5	100.0 (615)

출처 : 보건복지부, 2011.

65세 이상 노인의 34.0%가 경제활동에 참여하고 있는 것으로 나타났으며, 56.7%는 과거 경제활동을 하였으나 지금은 하고 있지 않은 것으로 나타나 노인의 대부분인 90.7%가 일을 한 경험이 있으며, 9.3%만이 평생 일을 한 경험이 없는 것으로 조사되었다. 이 가운데 도시지역에 거주하는 노인에 비해 읍 · 면부에 거주하는 노인들이 현재 경제활동을 하는 비율이 55.5%로 높음을 알 수 있으며, 남자노인 43.0%가 현재에도 일을 하고 있는 반면, 여성노인의 경우 그 비율이 27.2%에 불과하다. 연령별로는 연령이 낮을수록 현재 일을 하고 있는 비율이 높게 나타났다. 65~69세의 연령군의 절반 정도(46.4%)가 현재에도 경제활동에 참여하고 있는 것으로 조사되었다. 노인이 일을 하는 주요 이유는 생계비 마련으로 79.4%에 달하고 있다. 현재 일을 하지 않고 있는 노인의 미취업 이유는 건강이 좋지 않아서가 32.8%, 더 이상 일을 하고 싶지 않아서가 29.1%, 나이가 많아서 받아 주는 곳이 없어서가 18.4% 순이다.

(2) 향후 경제활동 참여 의사

현재 일하고 있는 노인의 88.8%는 현재 하고 있는 일을 계속할 의향을 갖고 있으며 일을 완전히 그만두고 싶은 사람은 9.6%에 불과함으로 볼 때 우리나라 노인들의 경제활동에 대한 강한 의지를 확인할 수 있다.

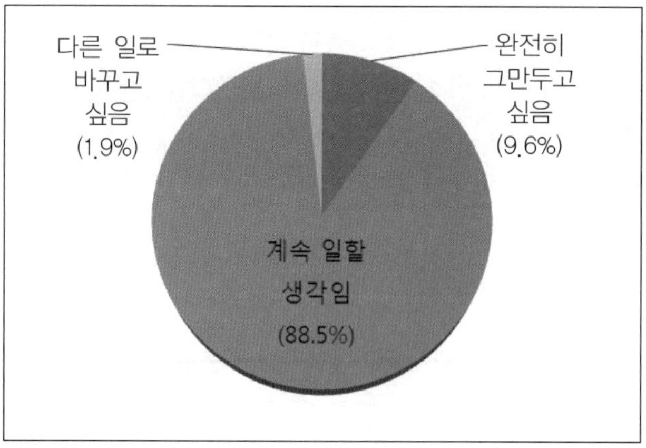

[그림 11-1] 향후 경제활동 참여 의사
출처 : 보건복지부, 2011.

2) 여가문화활동 현황

노인의 여가문화활동은 그 범위가 매우 넓고 다양하다. 노인에게 있어 가장 보편적인 여가활동은 TV로 노인의 99.0%가 TV를 시청하였고, 평균 TV시청 시간은 3.8시간으로 많은 시간을 소극적 여가 활용으로 시간을 보내고 있음을 알 수 있다. 반면, 노인의 컴퓨터 및 인터넷 사용 가능 응답자는 12.8%에 불과하여 정보화

수준은 매우 낮은 것으로 판단된다. 핸드폰 소유실태는 일반 핸드폰 71.3%, 스마트폰 0.4%로 전체 노인의 2/3 이상이 핸드폰을 소유하고 있는 것으로 나타났다. 노인의 여가문화활동 현황을 살펴보면 〈표 11-3〉과 같다.

여가문화활동의 장소로는 집(33.4%), 경로당(27.3%), 근린공원 · 산 · 바다 등(18.5%) 순으로 나타났다. 도시지역 노인들은 집(37.2%), 경로당(27.3%), 근린공원 · 산 · 바다 등(23.1%) 순이나, 읍 · 면부 지역은 경로당(50.8%), 집(26.4%), 근린공원 · 산 · 바다 등(10.0%) 순으로 지역에 따라 차이가 있음을 알 수 있다. 또 성별에 따른 여가문화활동 장소를 살펴보면 남자는 근린공원 · 산 · 바다 등(28.3%), 집(29.3%), 경로당(18.6%) 순으로 나타났으나 여자는 집(37.1%), 경로당(35.2%), 근린공원 · 산 · 바다 등(9.9%) 순으로 나타나 도시지역 노인과 여자노인이 집에서의 여가문화활동을 하는 비율이 높음을 알 수 있다. 연령별로 살펴보았을 때는 연령이 높을수록 집이나 경로당에서의 여가문화활동 비율이 높아지는 것으로 나타났다.

표 11-3 노인의 지역 · 성별 여가문화활동 장소

(단위: %, 명)

구분	전체	지역		성	
		동부	읍 · 면부	남자	여자
집	33.4	37.2	26.4	29.3	37.1
경로당	27.3	27.3	50.8	18.6	35.2
노인(종합)복지관/(종합)사회복지관	7.3	7.3	4.5	6.9	7.6
대한노인회의 노인대학/노인교실	0.4	0.4	0.5	0.4	0.5
교회, 절, 성당 등 종교기관	2.1	2.1	0.6	1.3	2.8
대학부설 평생교육관 · 사회문화교실	0.1	0.1	0.1	0.1	0.1
시 · 군 · 구민 회관/동 · 읍 · 면 주민자치센터	1.4	1.7	1.1	0.7	2.2
문화예술회관/문화의 집/문화원/청소년회관	0.5	0.4	0.8	0.4	0.7
도서관, 박물관	0.2	0.3	0.0	0.3	0.1
사설문화센터(백화점, 신문사, 방송사 등), 학원	1.0	1.2	0.5	1.0	0.9

구분	전체	지역		성	
		동부	읍·면부	남자	여자
근린공원, 산, 바다 등	18.5	23.1	10.0	28.3	9.9
동호회 사무실 등	1.0	1.3	0.5	1.9	0.3
기타	6.7	8.0	4.2	10.8	3.0
계(명)	100.0 (2,875)	100.0 (1,874)	100.0 (998)	100.0 (1,353)	100.0 (1,522)

출처 : 보건복지부, 2011.

이러한 전반적인 여가활동에 대한 만족도를 살펴보면 매우 만족한다 4.4%, 만족한다 33.6%, 그저 그렇다 31.9%, 만족하지 않는다 22.8%, 전혀 만족하지 않는다 7.2%로 38.0%는 긍정적이고 30.0%는 부정적인 태도를 보였다. 지역별로는 큰 차이가 없으나 남자노인(41.9%)이 여자노인(35,1%)보다 만족도가 높음을 알 수 있다.

표 11-4 노인(65세 이상)의 일반특성별 여가문화활동 만족 정도

(단위: %, 명)

특성		매우 만족한다	만족한다	그저 그렇다	만족하지 않는다	전혀 만족하지 않는다	계(명)
전체		4.4	33.6	31.9	22.8	7.2	100.0 (10,523)
지역	동부	4.6	33.4	32.2	22.3	7.5	100.0 (7,131)
	읍·면부	4.0	34.2	31.3	23.9	6.6	100.0 (3,392)
성	남자	4.7	37.2	30.1	21.9	6.1	100.0 (4,538)
	여자	4.2	30.9	33.2	23.5	8.1	100.0 (5,985)

출처 : 보건복지부, 2011.

3) 교육활동 현황

노인의 교육활동(평생교육 프로그램) 참여 현황을 살펴보면, 전체 노인의 6.7%가 현재 참여하고 있는 것으로 나타났다. 지역별로는 도시지역(7.7%)이 읍·면부 지역(4.6%)보다 높으며 여자노인(7.6%)의 경우가 남자노인(5.5%)에 비해 약간 높은 수준이

다. 연령이 낮을수록 평생교육 참여율이 증가함도 알 수 있다. 교육참여 빈도를 살펴보면 주 2~3회가 45.0%로 가장 많으며 주 1회 36.8%, 주 4회 이상 13.8%, 월 1회 2.1% 순임을 알 수 있다.

표 11-5 교육활동 현황

(단위: %, 명)

특성		평생교육 참여율	교육 참여 빈도						
			주 4회 이상	주 2~3회	주 1회	2주 1회	월 1회	월 1회 미만	계(명)
전체		6.7	13.8	45.0	36.8	2.0	2.1	0.3	100 (705)
지역	동부	7.7	15.0	46.7	35.9	0.9	1.5	0.0	100 (548)
	읍·면부	4.6	9.6	39.1	39.7	5.1	5.1	1.3	100 (156)
성	남자	5.5	15.8	48.2	28.7	2.4	4.5	0.4	100 (247)
	여자	7.6	12.7	34.5	41.1	1.5	0.9	0.2	100 (457)
연령	65~69세	7.1	13.5	57.8	23.3	2.2	2.7	0.4	100 (233)
	70~74세	7.7	9.7	50.8	37.1	0.8	1.2	0.4	100 (248)
	75~79세	7.0	21.6	28.1	46.7	3.0	0.6	0.0	100 (167)
	80~84세	4.5	9.6	25.0	53.8	3.8	7.7	0.0	100 (52)
	85세 이상	2.3	7.7	15.4	61.5	0.0	15.4	0.0	100 (13)

출처 : 보건복지부, 2011.

이용하는 평생교육기관을 연령별로 살펴보면 65~69세의 경우 시·군·구민회관/동·읍·면 주민센터의 비율이 26.3%로 높으며, 80세 이상의 고 연령층은 종교기관에서 실시하는 프로그램에 참여하는 비율이 상대적으로 더 높은 것으로 나타났다. 현재 참여하는 평생교육 프로그램 영역을 살펴보면 여가 및 취미 프로그램이 43.3%로 가장 많으며, 그 다음은 일반교양 교육이 20.6%, 건강관리·운동 관련 교육이 20.1%, 정보화교육 12.8%, 기타 3.2% 순으로 나타났다.

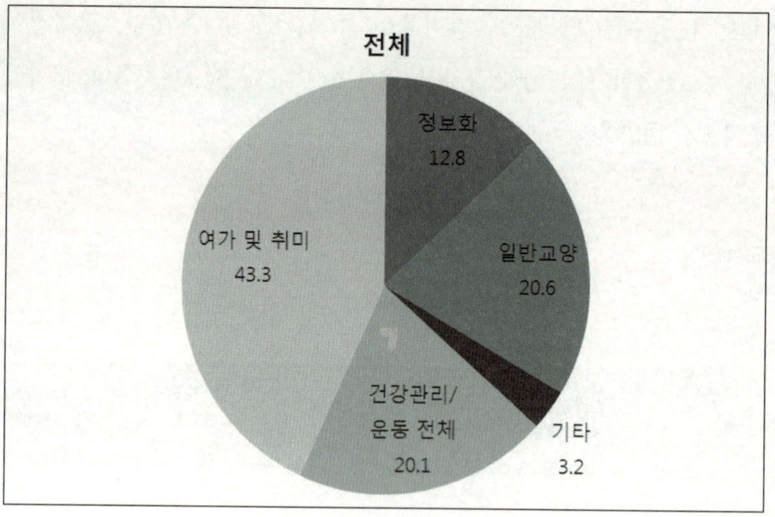

[그림 11-2] 현재 참여하는 평생교육 프로그램 영역
출처 : 보건복지부, 2011.

4) 사회단체활동 현황

노인의 사회단체활동 현황을 살펴보면, 참여율이 친목단체활동은 37.4%인데 비하여 동호회(클럽)활동(3.8%)과 정치사회단체(0.7%) 참여는 매우 낮은 수준으로 나타났다. 지역별 참여율을 살펴보면 도시지역(43.0%)이 읍 · 면부(39.2)보다 높으며, 남자노인(55.1%)이 여자노인(31.8%)보다 높음을 알 수 있다. 연령에 따른 참여율은 연령이 높아질수록 참여율은 낮아지는 것으로 나타났다.

표 11-6 노인의 단체활동 현재 참여율 및 향후 참여 희망률

(단위: %, 명)

특성		현재 참여율			향후 참여 희망률			대상자수
		동호회 클럽	친목 단체	정치 사회단체	동호회 클럽	친목 단체	정치 사회단체	
전체		3.8	37.4	0.7	4.3	37.5	0.8	(10,544)
지역	동부	4.0	38.3	0.7	4.6	38.5	0.9	(7,150)
	읍 · 면부	3.2	35.5	0.5	3.5	35.4	0.6	(3,394)

성	남자	6.7	47.2	1.2	7.4	46.9	1.5	(4,548)
	여자	1.5	30.0	0.3	1.9	30.3	0.3	(5,997)
연령	65~69세	5.5	51.9	0.7	6.9	52.6	1.1	(3,150)
	70~74세	3.9	41.2	0.6	4.1	41.1	0.7	(3,227)
	75~79세	3.1	29.0	0.6	3.1	28.9	0.6	(2,389)
	80~84세	1.8	19.4	1.1	1.9	19.6	1.1	(1,162)
	85세 이상	0.5	9.1	0.3	0.5	8.3	0.2	(615)

출처 : 보건복지부, 2011.

5) 자원봉사 현황

노년기 자원봉사활동은 노년기에 직면하는 다양한 문제를 예방하고 노후생활에 대한 적응력을 제고하며, 사회발전에 기여함으로써 생산적이고 활발한 노후생활의 기회를 제공한다. 또한 노인의 자원봉사 참여는 노인에 대한 사회적 인식을 높이고 노인차별주의 의식의 약화, 사회적 생산성 제고, 복지인력의 보완, 사회적 연대감과 사회통합의 촉진 등 많은 긍정적 효과를 지닌다(권중돈, 2010). 또한 개인적으로 삶의 안정감과 만족감을 갖도록 하며 자아실현을 이룰 수 있다(김희년, 2010). 그러나 자원봉사활동 참여율은 그리 높지 않은 편이다. 현재 자원봉사를 하고 있는 노인은 3.9%에 지나지 않으며, 한 적이 있는 노인이 9.2%, 평생 한 적이 없는 노인이 86.9%를 차지하고 있다. 이를 지역특성으로 살펴보면 읍·면부보다는 동부지역 노인의 참여율이 높음을 알 수 있다. 성별로는 남성노인이, 연령별로는 65~69세의 참여율이 높은 것으로 나타났다. 자원봉사 참여활동 빈도를 살펴보면, 주 1회(24.3%)가 가장 많고, 월 1회(23.5%), 주 2~3회(18.3%), 월 1회 미만(15.0%) 순으로 나타났다. 9.9%의 노인만이 향후 자원봉사활동 참여 의향을 갖고 있다. 노인은 노인 자원봉사활동 활성화를 위하여 가장 필요한 것이 자원봉사활동에 대한 홍보라는 응답이 47.0%로 가장 많고, 그 다음으로 자원봉사를 할 수 있는 장소 등에 관한 정보제공 25.3%, 다양한 노인 자원봉사활동 프로그램 개발 18.9%, 노인 자원봉사자 지원 확대 8.7% 순으로 나타났다.

표 11-7
자원봉사활동 참여 경험

(단위: %, 명)

특성		현재 하고 있음	한 적은 있으나 현재는 하고 있지 않음	평생 한 적이 없음	계 (명)
전체		3.9	9.2	86.9	100.0 (10,544)
지역	동부	4.6	10.3	85.1	100.0 (7,150)
	읍 · 면부	2.3	7.0	90.7	100.0 (3,394)
성	남자	5.2	10.2	84.6	100.0 (4,548)
	여자	2.9	8.5	88.6	100.0 (5,996)
연령	65~69세	6.0	11.9	82.1	100.0 (3,150)
	70~74세	3.0	9.2	87.8	100.0 (3,227)
	75~79세	3.9	7.8	88.3	100.0 (2,389)
	80~84세	2.2	6.2	91.6	100.0 (1,163)
	85세 이상	0.2	7.2	92.7	100.0 (615)

출처 : 보건복지부, 2011.

이근홍(2001)은 노인의 사회참여 형태 중에서 가장 대표적인 분야라 할 수 있는 노인의 자원봉사를 활성화시키기 위해서는 첫째, 노인자원봉사에 대한 인식을 긍정적 측면으로 전환시키고, 둘째, 노인자원봉사 프로그램을 흥미를 가지고 계속적으로 활동할 수 있는 분야로 개발 · 보급시켜야 하며, 셋째, 노인자원봉사 조직을 통합 일원화하며, 넷째, 노인자원봉사자에 대한 보호 보상제도를 확립해야 하는 등의 과제를 실현해야 한다고 밝히고 있다.

본인의 노후 향후 방법으로는 건강유지를 하면서 보내고 싶다는 응답이 52.3%로 가장 높고, 그 다음은 건강이 허락하는 한 소득창출을 위한 일을 하면서 보내고 싶다 19.6%, 편안하게 쉬면서 보내고 싶다 14.6%, 종교 활동에 전념하면서 보내고 싶다 5.8%, 젊어서 하지 못한 취미활동을 하면서 보내고 싶다 4.1%, 자원봉사와 같은 의미 있는 일을 하면서 보내고 싶다 2.5%, 학습과 같은 자아개발을 위한 활동을 하면서 보내고 싶다 1.1% 등의 순이었다. 즉, 노후 건강 유지와 소득창출에 대한 욕구가 강함을 알 수 있다. 지역이나 성별에서는 차이를 보이고 있지 않고 있으나 연령이 많아질수록 소득창출을 원하는 비율은 낮아지고 건강유지에 대한 비율은 높아지는 것으로 나타났다.

표 11-8 본인의 노후(여생)를 보내고 싶은 방법

(단위: %, 명)

특성		취미활동	자아개발	자원봉사	종교활동	소득창출	건강유지	편히쉰다	계(명)
전체		4.1	1.1	2.5	5.8	19.6	52.3	14.6	100.0 (10,536)
지역	동	4.7	1.4	3.2	7.2	15.4	53.6	14.3	100.0(7,143)
	읍·면부	2.9	0.5	0.9	2.8	28.2	49.6	15.1	100.0(3,393)
성	남자	4.4	1.4	2.6	3.2	27.5	48.8	12.1	100.0(4,543)
	여자	3.9	0.9	2.4	7.8	13.6	55.0	16.4	100.0(5,992)
연령	65~69세	6.2	1.6	3.8	6.2	28.9	43.5	9.9	100.0(3,149)
	70~74세	4.3	1.2	2.3	5.3	21.7	51.4	13.9	100.0(3,225)
	75~79세	2.9	0.8	2.1	5.9	14.9	58.3	15.1	100.0(2,389)
	80~84세	2.2	0.3	1.6	6.6	6.8	62.0	20.4	100.0(1,159)
	85세 이상	1.1	0.7	0.5	4.4	2.9	61.1	29.3	100.0(615)

출처 : 보건복지부, 2011.

3. 노년기 사회활동의 저해요인

Hooyman & Kiyak(1999)는 서구사회 노인들의 사회활동에 저해가 되는 요인으로 건강문제, 경제상태의 악화, 교통수단의 제한, 고립된 주거환경 등을 제시하고 있다. 이금룡(2002)은 우리나라 노인들의 노년기 사회활동 부진에 대한 진단을 함에 있어 삶의 과정에서 형성된 여가 부정적인 가치관(전통적인 가족주의와 수동적 경향), 노년기 사회활동에 대한 사회적 인식부족, 노인복지에 대한 정부지원의 미비 등을 문제점으로 지적하고 있다. 이소정 외(2007)는 노인들이 사회참여를 하지 않는 이유를 노인의 사회참여를 위한 사회적 제도의 미비라고 밝히고 있다. 낮은 수준의 사회적 제도로 인해 노인의 사회참여에 대한 인식수준, 즉 노인의 사회참여에 대한 부정적 이미지를 초래하며, 이는 사회참여에 대한 롤 모델(role-model)의 부재로 연결되고, 사회참여의 의지는 있으나 자원의 부족과 제도적 제약으로 인해 사회참여가 좌절된다고 하였다.

4. 노인의 사회참여 증진을 위한 향후 정책적 과제

노인의 사회참여 증진을 통해 노인의 삶의 만족도를 높이기 위해 제언될 수 있는 정책적 과제는 다음과 같다.

첫째, 사회참여와 관련된 노인의 욕구에 대한 체계적 조사가 필요하다.

둘째, 노인의 사회참여를 위해 특화된 사회적 인프라를 구축할 필요가 있다. 즉, 노인이 다양한 사회활동을 할 수 있도록 필요한 교육, 상담에서부터 다양한 공공 및 민간 네트워크를 연결하고 자원을 제공하는 등의 역할을 수행하는 기구를 설립할 필요가 있다.

셋째, 현존 사회 인프라가 가지고 있는 부정적 이미지를 제거하고 시설 인프라 이외에도 교통시스템 등 노인의 사회참여를 촉진시킬 수 있는 관련 사회 인프라 전반에 대한 개선의 필요성이 제기된다.

넷째, 노인을 위한 체계적인 노후 재교육 시스템을 개발함으로써 생애를 거쳐 누적된 심리적 피로를 해소하고 역량을 강화시킬 수 있는 기간을 제도적으로 보장해야 한다.

다섯째, 적극적인 노후 준비 프로그램의 필요성이 제기된다(이소정 외, 2007).

생각해 볼 문제

1. 노년기 사회참여의 필요성 및 효과성에 대해 생각해 봅시다.

2. 신노년기 문화에 대하여 생각해 봅시다.

3. 노년기 사회 통합에 대하여 생각해 봅시다.

4. 성공적 노화는 어떻게 이루어지는가 생각해 봅시다.

5. 노년기 사회활동에 대하여 생각해 봅시다.

제12장

노년기의 성

1. 노년기 성의 이해
2. 노년기 성생활의 좋은 점
3. 노년기의 재혼
4. 노년기 성과 재혼문제의 과제

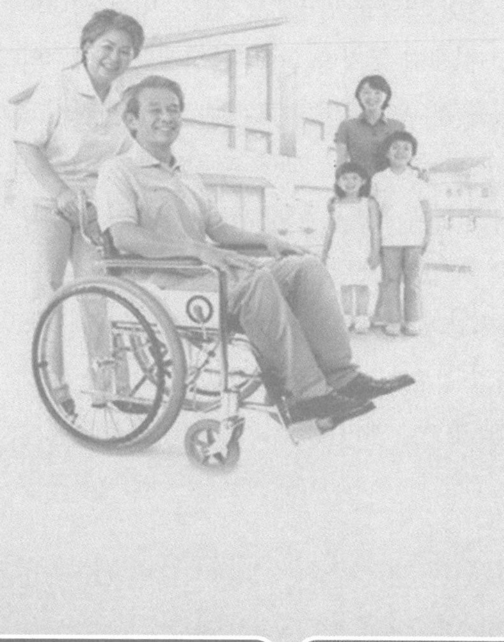

1. 노년기 성의 이해

1) 노년기 성생활의 필요성

경제 수준의 향상과 의학의 발달은 인구고령화를 초래하게 되었다. 우리나라 인구의 고령화가 진행됨에 따라서 노인층 인구 중 65세 이상 비율이 1970년 3.1%에서 2000년 7.2%, 2017년 14%로 변하면서 2026년에는 20.8%로 인구 10명 중 2명은 노인이 된다는 것이다(통계청 「장래인구추계」, 2010).

이처럼 우리나라는 세계에서 유례를 찾아볼 수 없을 정도로 빠른 속도로 인구의 고령화 현상이 나타나고 있다.

의학과 영양상태의 발달로 인해 백세시대가 도래하는 요즘 노년기의 삶은 단순히 오래 산다는 생명 연장 측면이 아니라 노인층의 다양한 욕구를 충족시켜 노년기의 삶을 질적으로 향상시키는 쪽으로 그 관심이 높아지고 있고 노인 건강과 질병에 대한 의학적 관심도 상대적으로 높아지고 있다. 최근 노화 방지와 노인병 치료 등 노인의학이 주목을 받는 것도 이런 시대 변화를 반영한 것이다. 이런 시대의 변화에도 불구하고 사람들은 노년의 성에 대해 무지한 편이다. 실제로 상당수의 노년층은 성기능을 온전히 보존하고 있을 뿐 아니라 즐기고 싶은 욕구를 가지고 있다. 미국에서 65세 이상 1,600명을 대상으로 한 연구 결과에 따르면 그 중 70%가 성생활을 지속하고 있다고 한다. 노인의 전화에 걸려오는 상담 내용 중 가장 많은 수를 차지하는 주제가 바로 이성 교제라고 한다. 또한 보건복지부의 위탁을 받아 노인성 상담실을 운영하는 인구보건복지협회의 지난해 상담 사례(3,036건)에서도 상담내용의 21%가 성기능에 관한 것이었다. 이는 노인의 행복한 삶을 위해 성이 적극적으로 고려되어야 한다는 것을 보여주는 예이다.

2) 노년기 성생활의 실태

경기도가족여성연구원 안태윤 연구위원은 '노인 성생활 실태와 정책지원 방안 연구'를 경기도에 거주하는 65~84세 남녀 각각 200명씩, 총 400명을 대상으로 2011년 3월 8일부터 21일까지 노인의 성에 대한 인식과 실태를 심층면접조사와 설문조사를 병행하여 실시하였다. 안태윤 연구위원의 설문조사 결과에 따른 자료에 의하면 65~84세 남녀 400명 중 남성은 50%가 여성은 26%가 성생활을 하고 있는 것으로 나타났다.

또한 2011년 보건복지부의 '노인층 성생활 실태조사'에서 응답자 전체 500명 중 66.2%인 331명이 '현재 성생활을 한다'고 응답하여 3명 중 2명 가량이 성생활을 하고 있는 것으로 나타났으며, 노인 남성의 70%가 나이 들어서도 성관계를 하는 것이 건강유지에 도움이 된다고 응답하였으며 노년기의 삶의 만족을 위해 성생활이 중요하다고 응답한 비율 역시 70%로 나타났다.

성생활 빈도는 남성의 경우 1개월에 1~2번이 40.9%였고,여성은 17.1%로 나타났다. 지난 소비자원이 조사한 바에 따르면 우리나라의 80대 노인은 10명 가운데 4명꼴로 성생활을 하는 것으로 나타났다.

한국소비자원이 60세 이상 노인 500명을 조사한 결과를 보면 80~84세 노인의 36.8%가 성생활을 한다고 답했다. 다른 연령층의 성생활 비율은 60~64세 84.6%, 65~69세 69.4%, 70~74세 61.9%, 75~79세 58.4% 등이다. 또한 성생활을 하는 60대 이상 노인의 56.1%는 배우자 외에 이성과 성관계 경험이 있었다고 응답했다.

소비자원은 '60세부터 나이가 들면서 성생활 비율이 낮아지기는 하지만 우리나라 국민의 평균 수명에 해당하는 80세까지 20년 동안 전체 노인의 60%가 성생활을 하는 사실을 확인했다'고 말했다.

또한 성생활 만족도에 대한 조사 결과에서는 전체 노인의 43.9%가 만족한다는 응답을 하고 있으며 남성이 여성보다 만족도가 높음을 알 수 있다.

성생활을 하는 노인 중 '불만족하다'는 응답을 한 대상으로의 이유를 알아본 결과, 신체기능 약화(61.2%), 상대가 원치 않음(22.5%), 상대가 없음(9.8%), 주변 사람의 시선이 신경쓰임(1.3%) 등으로 나타났다.

이와 같이 여러 연구결과가 말해 주듯 성은 나이와 상관없이 인간의 기본적인 욕구로 성생활은 젊은 사람 못지않게 노년의 삶에서 중요한 의미가 되고 있음을 알 수 있다.

노인들이 건강하고 자연스러운 이성교제를 통해 좀 더 질 높은 삶을 누릴 수 있도록 성적인 부분에도 사회적 관심과 제도적 개입이 필요할 때이다.

임춘식 한남대 사회복지학과 교수는 노인의 성과 관련한 책인 「성은 늙지 않는다」에서 '노년의 성'을 무시하는 것은 인권침해이며 노인의 성문화가 자연스럽게 확산되는데 있어서 가장 큰 장애물은 '사회적인 편견'이라고 주장하고 있다.

2. 노년기 성생활의 좋은 점

크리스찬 건강카페에 의하면 노년기 성생활의 좋은 점 6가지를 다음과 같이 설명하고 있다.

1) 노년기 부부관계가 건강에 좋은 이유

지난 7월 1일, 미국 MSNBC 인터넷 사이트가 '성관계도 여타 운동처럼 노화를 방지하는 데 도움이 될 수 있다'고 보도했다. 이 보도는 킨제이연구소의 정보부 책임자인 제니퍼 바스의 말을 빌려 '건강한 사람이 성생활을 활발하게 즐길 수 있다는 것은 분명한 사실'이라고 전제하면서, 우울증 완화 등 6가지 측면에서 부부관계가 건강에 좋은 이유를 분석했다.

(1) 우울증과 스트레스 완화 효과가 있다.

제니퍼 바스는 '성행위를 통해 우울증과 스트레스 완화 효과를 기대할 수 있다는 것은 확실하다'고 강조했다. 성관계를 통해 오르가슴을 느끼고 나면 마음이 안정되고 그에 따라 숙면을 취할 수 있기 때문이다. 특히 뉴욕주립대학교 학생들을 대상으로 실시했던 한 연구결과에 따르면, 남성의 정액이 우울증 완화에 기여한다는 사실도 추론할 수 있다.

이 연구에서는 콘돔을 사용하지 않고 관계를 맺었던 여성들이 피임도구를 사용하거나, 혹은 성행위를 하지 않은 여성들에 비해 우울증 증세가 덜한 것으로 나타났기 때문이다. 이는 정액에 포함되어 있는 각종 성분들이 여성의 질을 통해 흡수되어 유익한 작용을 했기 때문인 것으로 추측된다. 실제 남성의 정액에는 칼슘과 단백질, 그리고 칼륨 등이 함유되어 있다.

(2) 오르가슴을 통한 통증 완화 효과가 있다.

오르가슴을 느낀다는 것은 그 자체만으로도 통증을 적게 느끼는 효과를 기대할 수 있다. 이러한 효과는 여성의 경우 절정의 순간과 그 직전에 수치가 급격히 높아지는 자궁수축 호르몬과 관련이 있는 것으로 추정되며, 엔도르핀 성분과 연관되어 있기도 하다. 실제 미국 럿거스대학의 베벌리 교수는 '여성이 오르가슴을 느낄 때에는, 통증에 대한 인내력이 약 75% 정도 증가한다'는 연구결과를 발표하여 이러한 주장을 뒷받침하기도 했다.

(3) 혈압 및 혈관계통 건강 증진 효과가 있다.

남성의 정액은 혈압을 낮춰 주는 효과를 가져오기도 한다. 최근의 한 연구결과에 따르면 오럴섹스(구강성교)를 한 여성들은 임신중독증의 일종인 자간전증(子癎前症: 임신 중 혈압이 급격히 상승하는 증세)에 대한 위험이 크게 낮아지는 것으로 나타났다.

이 외에도 원만한 부부관계를 통해 정신적인 스트레스를 방지하면 뇌졸중 등 발작의 위험도 감소될 수 있다.

(4) 전립선암 예방 효과가 있다.

섹스는 남성들의 전립선암 예방에도 기여할 수 있다. 얼마 전 의학 분야의 3대 저널 중 하나로 꼽히는 미국 의학협회지에도 이러한 연구결과가 보고되었다. 남성이 절정의 쾌감에 도달하여 사정하는 행위가 전립선암의 위험성을 줄일 수 있다는 내용으로서, 자위행위와 이성간의 성관계에 관계없이 사정을 하는 행위 자체가 남성의 건강에 유익한 영향을 끼치는 것이라는 몇몇 연구결과들이 이러한 의견을 뒷받침하고 있다.

(5) 상처를 빠르게 치유하는 효과가 있다.

성관계를 통해 육체적인 상처를 조금 더 빨리 치유할 수 있다는 증거도 제기되고 있다. 몇몇 실험 결과들이 이러한 가설을 뒷받침하고 있는데, 여성이 오르가슴을 느낄 때, 혹은 그 직전에 분비되는 자궁수축 호르몬이 몸 속의 세포를 재생시켜 당뇨병으로 생긴 고질적인 상처 치유에 도움을 주었다는 실험결과도 있다.

(6) 노화방지 효과가 있다.

성관계를 갖게 될 경우 자연스럽게 칼로리를 소모하게 되고, 이는 결국 운동을 한 것과 비슷한 효과를 가져다 준다. 실제 섹스 시 소모되는 칼로리의 양은 육상이나 수영 등 격렬한 유산소 운동만큼은 아니더라도, 웬만한 운동 시 소모되는 칼로리의 양보다 더 높은 것으로 알려져 있다. 전문가들이 노인들에게 부부관계를 하도록 권하는 것도 바로 그러한 이유 때문이다.

2) 노년기의 삶이 보람 있게 유지되기 위한 요소들

노년기의 삶이 보람있게 유지되기 위해서 대체로 다음과 같은 요건들이 충족되어야 한다.

가족이나 배우자를 통한 애정욕구의 만족, 몸과 마음의 건강, 경제적 안정, 좋은 말상대, 취미나 자신의 일 ,다른 사람에게 도움이 되는 역할 수행, 쾌적한 주택, 적당한 성적인 만족이 중 노년기의 성생활은 육체적 만족뿐 아니라 정서적 만족감과 더불어 삶에 대한 자신감을 주어 행복한 노년생활에 기여한다.

미국 플로리다대학 아드리엔 잭슨(Adrienne Jackson) 교수는 노년기의 섹스가 결혼생활을 행복하게 해 준다는 연구결과를 2004년 「The Gerontological Society of America」에 발표했다. 교수는 한 달에 한 번 이상 성생활을 하는 노인의 60%가 한 번도 성생활을 하지 않은 노인들에 비해 삶이 행복하다고 느낀다고 밝히며 “연구결과는 나이와 상관없이 성생활과 행복한 결혼생활이 서로 연관되어 있음을 보여준다”고 말했다.

하지만 노년의 성은 자손의 번식을 위한 생식행위로 여기는 우리나라의 전통적 생활 관념으로 인해 욕구를 억압당하거나 은폐되어 왔으며 신체적 노화의 과정에서 성기능이 감퇴하는 것은 사실이지만 노년기에 접어들었다 해서 어느 순간 성 능력을 모두 잃어버리는 것이 아님에도 불구하고 노인을 탈(脫) 성적 존재로서 단정하여 버리는 사회적인 편견으로 인해 성적 욕구를 무시당해 왔다. 하지만 노인의 성에 관한 일련의 연구들은 노인들 역시 성에 대한 기본적 욕구를 가진 존재임을 밝히고 있다.

3. 노년기의 재혼

1) 황혼기 이혼 현황

“늦었지만 남편(아내)과 헤어져 편안하게 살겠다.” 노후에 따뜻하게 서로를 보듬고 살아야 할 많은 노인 부부들이 갈라서고 있다. 30대 이하 젊은 층의 이혼 건수는 줄어드는 데 반해 황혼이혼은 해마다 지속적으로 늘어나고 있다. 노인 부부들의 극단적인 선택은 지금도 수백만 명에 달하는 독거노인을 더욱 빠르게 늘리는 결과를 낳아 향후 중요한 사회문제로 부각될 전망이다. 이혼을 개인의 문제라고 치부하는 이들도 있다. 하지만 우리 사회의 황혼이혼 문제는 곧 닥칠 베이비부머 은퇴시점과 맞물려 점점 더 빨리 굴러가는 거대한 수레바퀴로 변하고 있다.

통계청의 '2010년 이혼통계' 자료에 따르면, 50세 이상 남성의 이혼 건수는 2000년 1만 5,500건에서 2011년 3만 3,200건으로 10년 만에 두 배 넘게 늘어났다. 이혼 남성 가운데 50세 이상 남성이 차지하는 비율도 같은 기간 13%에서 28.3%로 높아졌다.

여성도 상황은 마찬가지다. 50세 이상 여성의 이혼 건수는 같은 7,500건에서 2만 900건으로 늘어났고, 전체 여성 이혼 건수에서 차지하는 비중도 6.3%에서 17.8%로 3배 가까이 높아졌다. 남녀 모두 50세 이상 이혼 건수는 2004~2005년 소폭 감소했다가 2006년부터 지난해까지 지속적으로 늘어났다. 2009년과 지난해 이혼 건수를 비교하면, 모든 연령대 중에서 50대 이상 부부만 유일하게 이혼 건수가 증가했다. 황혼이혼이 늘어나면서 평균 이혼연령도 급상승했다. 2000년 평균이혼 연령은 남성이 40.1세, 여성이 36.5세였지만 지난해는 남성이 45세, 여성은 41.1세였다. 중년 이상 부부가 이혼하는 이유는 비교적 다양하지만 최근에는 실직 등의 경제적인 이유로 인한 마찰이 중요한 원인으로 대두되고 있다. 한국가정법률상담소가 지난해 상담 통계 자료를 분석한 결과 60대 이상 여성이 호소한 이혼사유는 민법 제840조 6호(기타 사유), 1호(외도), 3호(폭력) 등의 순으로 나타났다. 6호 사유 가운데는 '경제적인 갈등'이 가장 많았고 '불신'과 '주벽'(酒癖)이 뒤를 이었다. 2009년 6호 사유로 60세 이상 여성이 상담한 건수는 총 70건으로 전체 60세 이상 여성상담 건수의 32.9%를 차지했다. 지난해는 96건(37.8%)으로 급증했다. 상담소 측은 "남성들은 경기침체로 인한 조기퇴직과 사업실패에 불안감을 호소하면서 아내가 전업주부로만 살고 있는 것에 불만을 표시하고, 여성은 남편이 구직 의욕 자체를 상실한 채 음주 등에 몰두하고 어떤 일도 하지 않는 불성실한 태도에 불만감이 크다고 호소한다."고 설명했다.

이혼에 대한 부정적인 인식이 점차 완화되고, 핵가족화로 인해 남성 중심의 가족 문화가 점차 희석되면서 과거에는 생각지도 못했던 이혼을 고려하는 여성이 점차 늘어나고 있는 추세다. 과거에는 여성들이 주변의 부정적인 눈길 때문에 다소 갈등이 있어도 참고 살았다면 최근에는 "아이만 다 키우면 이혼해서 혼자 사는 것이 편하다."고 생각하는 사례가 많아졌다. 자녀들이 부모의 이혼을 오히려 지지하거나 여성이 남편에게 의지하지 않고 경제적으로 자립하는 사례가 많아지면서 황혼이혼이 급증하고 있다는 분석도 나온다. 앞으로가 더 큰 문제다. 전문가들은 특별한 사회적인 변화가 없다면 가까운 미래에 황혼이혼이 지금보다 훨씬 더 빠른 속도로 늘어날 것이라고 입을 모은다. 그 중심에는 '베이비붐 세대'가 있다. 노인 부부의 갈등은 역설적으로 남편과 아내가 함께 지내는 시간이 많아지면서 촉발되는 경우가 많다. 인생의 대부분을 직장에서 보낸 남편들은 갑자기 아내와 함께 지내야 하는 상황이 부담스럽기만 하다. 아내도 마찬가지다. 노년에 서로 마주치지 않기 위해 각방을 쓰거나 심하면 대화를 전혀 하지 않고 쪽지로 의사소통하는 부부도 있다. 남편의 '일 중심의 이데올로기'와 아내의 '가정 중심의 이데올로기'가 노년이 되면서 서로 충돌하는 것이다.

해방 이후 남성의 직장 정년은 소폭 늘어나거나 오히려 줄어들었지만 의술의 발달로 수명은 급격하게 늘어나면서 남편과 아내가 노후에 함께 할 시간은 크게 늘어났다. 베이비붐 세대(1955~1963년 출생자)인 중년 남성들이 아내와 함께 지내야 하는 시간은 그만큼 많아질 수밖에 없다.

전문가들은 늘어나는 황혼이혼을 막으려면 우리 사회가 추구하는 가치를 변화시키는 것이 가장 중요하다고 지적한다. 일과 가정이 따로 움직이는 현재의 상태에서는 황혼이혼이 늘어나는 추세를 막기 어렵다는 지적이다. 이화여자대학교 함인희 교수는 "황혼이혼을 단순히 개인의 문제로 치부해서는 안 된다."면서 "유럽과 같이 일에 목숨 거는 사회가 아닌 가정에도 균형 있게 가치를 두는, 전 사회적인 패러다임의 전환이 필요한 시점"이라고 강조했다(출처 : 서울신문, 2012. 04. 01). 황혼결혼이 크게 늘어난 것은 황혼이혼의 급증과 무관치 않다는 분석이다. 50세 이상 남성의 이혼 건수는 1990년 3384건에서 2000년 1만 5517건, 2010년 3만 3116건으로 증가했고, 50세 이상 여성도 같은 기간 1415건, 7481건, 2만 852건으로 늘었다.

고령화가 심화하면서 노인 인구가 증가하고, 노년기 결혼에 대한 사회의 부정적 인식이 완화한 것도 영향을 미친 것으로 해석된다. 통계청 관계자는 황혼이혼이 늘어난 이유가 "한 사람과 백년해로해야 한다"는 결혼에 대한 고전적 관념이 변화한 결과라고 하였다.

2) 황혼기의 재혼

황혼이혼이 크게 늘면서 노년기에 배우자를 만나 새 삶을 시작하는 '황혼결혼'도 급증하고 있다. 2012년 통계청에 따르면 지난해 50세 이상 남성의 결혼 건수는 1만 8791건으로 역대 최대치를 기록했다. 20년 전인 1990년 5014건의 3.7배, 10년 전인 2000년 8928건보다 2.1배 수준이다.

전체 혼인 건수 중 50세 이상 남성이 차지하는 비중도 1990년 1.3%에서 2000년 2.7%, 2010년 5.8%로 높아졌다. 60세 이상 결혼 건수도 같은 기간 각각 1570건, 2291건, 4812건으로 크게 늘었다.

노년기에 배우자를 만나 새 삶을 시작하는 황혼결혼 급증 현상은 남성뿐 아니라 여성에게서도 똑같이 나타났다. 50세 이상 여성 혼인 건수는 1990년 2081건에서 2000년 4145건, 2010년 1만 956건으로 큰 폭의 증가세를 보였다. 전체 혼인 건수 중 비중은 각각 0.5%, 1.2%, 3.4%로 늘었다. 60세 이상 혼인 역시 같은 기간 394건, 758건, 1857건으로 증가했다. 이처럼 "황혼이혼에 대한 부담이 예전 보다 줄어든 것처럼 황혼결혼도 자유롭게 선택할 수 있다는 가치관이 확산된 것 같다"고 말했다. 50세 이상 남성의 이혼 건수는 1990년 3384건에서 2000년 1만 5517건, 2010년 1만 8791건으로 늘어났고, 50세 이상 여성의 이혼 건수도 2081 건, 4145 건, 1만 956건으로 크게 증가했다. 이는 고령화 사회로 접어들면서 노인 인구가 증가하고 노년기 결혼에 대한 사회의 부정적 인식이 완화됐기 때문으로 해석할 수 있다.

다만 성별로 볼 때 여전히 여성의 황혼결혼 건수는 남성에 못 미치고 있다. 이 같은 현상은 여성들이 상대적으로 사회 · 경제적인 제약을 더 받고 있기 때문인 것으로 보인다.

최근 급증하고 있는 황혼이혼과 맞물려 50대 이상의 황혼결혼도 크게 늘고 있는 것으로 조사됐다. 고령화 사회 진입 이후 급변하는 사회 · 경제적 환경이 결혼 문화에 크게 영향을 미쳤다는 분석이다. 통계청에 따르면 지난해 50세 이상 남성의 결혼 건수는 1만 8791건으로 관련 통계를 작성한 1990년 이후 역대 최대치를 기록했다. 20년 전인 1990년 5014건보다 3.7배, 10년 전인 2000년 8928건보다 2.1배 늘어났다. 전체 결혼 건수 중 50세 이상 남성이 차지하는 비중은 1990년 1.3%에서 2000년 2.7%, 2010년 5.8%로 높아졌다. 60세 이상 결혼 건수도 같은 기간 각각 1570건, 2291건, 4812건으로 크게 늘었다.

"황혼이혼에 대한 부담이 예전보다 줄어든 것처럼 황혼결혼도 자유롭게 선택할 수 있다는 가치관이 확산된 것 같다."고 평가했다.

어떤 재혼 전문 결혼정보업체에 따르면 전체 회원 중 30% 이상이 5, 60대를 차지하고 있다고 하면서 이제는 적극적으로 배우자를 찾는 노년층이 늘어나고 있다고 설명하고 있다.

"노년층 고객이 꾸준히 증가하고 있다." 지난해 결혼한 50세 이상 남성은 1만 9천여 건으로 역대 최대치를 기록했으며, 자연히 50세 이상 여성의 결혼도 급증했다고 한다.

이처럼 노년기에도 자신의 행복을 위해서 재혼하는 황혼결혼이 크게 늘어난 것은 노인인구가 증가한 가운데 지난 20년 사이 10배 가까이 급증한 황혼이혼과 무관하지 않은 것으로 보인다. 또한 노년기 결혼에 대한 사회의 부정적 인식이 많이 줄어든 것도 황혼결혼이 늘어난 요인으로 분석된다. 이처럼 배우자와 이혼이나 사별한 뒤 가족과 주변의 시선을 의식해 혼자 여생을 보내는 노인은 점차 감소할 것으로 보인다.

우리나라 노인들의 경우 재혼을 원하는 이유는 '외로움을 달래기 위해서'가 남자노인 38.5%, 여자노인 15.0%로 가장 많이 나타났으며, '몸시중을 원해서'라는 이유는 남자노인에게만 15.5%, 그 밖에 '성적 만족'이나 '경제적 보탬'의 이유는 남녀 모두 낮게 나타났다. 그리고 L결혼상담센터에서는 전체 재혼상담의 30% 정도가 60~70대이며 이들은 특히 노년에 병이 들 경우 자식들에게 귀찮게 여겨지거나 버림받을까봐 재혼을 하는 사람이 많다고 하였다. 특히 남자노인의 경우 '늙을수록 배우자가 필요해서', '효자가 악처만 못하기 때문'이라고 토로하고 있으며, 여자노인의 경우 가치관이 다른 며느리와 살면서 겪는 '며느리 시집살이'가 괴로워서, 그리고 경제적으로 어려워서 이의 탈출 수단으로 재혼을 하기도 한다.

노인들의 경우 주변의 재혼에 대한 편견이나 재산문제 등 경제적 부담감으로 인한 자녀들의 반대로 재혼을 쉽게 이루지 못하기 때문에 대안적인 형태로 비밀리에 동거를 하기도 한다. 그러나 동거 역시 사회적인 규범의 일탈로 인식되고 있기 때문에 서로의 합의와 자녀들의 동의가 있다면 노인들도 동거보다는 합법적인 재혼을 선택한다고 생각된다.

노인 자신의 전통적인 성 도덕관에서 오는 주변 사람에 대한 체면이 노년기 재혼에 있어 문제가 된다. 심리적인 고독은 뒤로 하더라도 노인의 성적인 욕구는 70세가 넘도록 건재함에도 불구하고 성에 관한 한 점잖아야 하고, 손자나 돌보고 취미생활에 몰두하는 것이 가장 존경받을 수 있는 노인상으로 보고 있기 때문이다.

뿐만 아니라 홀로 오랫동안 자식을 키워온 미망인일 경우에는 재혼이란 자식에 대한 배신행위이며 자식에게 지금까지 쏟았던 애정과 공로가 수포로 돌아갈지도 모른다는 생각이 노년기 재혼의 저해요인으로 작용할 수 있다. 의학기술의 발달로 수명이 연장됨에 따라 노년기 생활 자체에도 변화가 일고 있다. 노인이라고 하면 단순히 힘이 없고 가정을 지키는 허수아비라는 인식에서 이제는 그 권익을 찾고 제2의 황금기라는 칭호를 붙이며 또 다른 삶을 살아가고 있는 노인인구가 늘고 있다.

노년기 결혼의 가장 큰 장애물은 자식들의 반대이다. 돌아가신 부모 일방에 대한 의리, 세인의 전통적인 관념에 대한 체면, 또 부모를 모셔야 할 경우 정서적 · 경제적인 부담, 그리고 유산배당의 감소에 대한 불만 등이 노혼의 장애요인이 되고 있다. 예를 들어 노년에 재혼한 남편의 사망 시 새로운 동반자를 둘러싼 재산문제로써 아내는 법적 상속분(균등비율의 상속분에 5할 가산)을 받으나 새가족법은 계모자 관계를 모자 관계로 인정하지 않으므로 계모가 아버지의 재산을 상속한 후 세상을 떠나면 그 재산이 자녀에게 상속되지 않고 계모의 친정 식구들에게 가기 때문에 문제가 복잡해진다.

현대사회에서 자식들은 부모의 반대에도 결혼하는 예가 많으나, 노인들은 양성의 합의가 있어도 자식의 허락이 있어야만 가능하다. 이렇게 자식들이 자신들만을 위해 존재하는 부모로만 생각하고, 한 사람의 남성과 여성이라는 입장을 이해하지 못하기 때문이다. 노인 자신들이 노혼에 대한 기대가 너무 크기 때문에 재혼에 장애가 되는 경우가 있다. 즉 과거에 결혼 생활이 행복했던 노인들은 재혼에 대해 그전처럼 행복한 결혼 생활을 유지하려는 기대가 있고, 과거에 결혼 생활이 불행했다고 느끼는 노인은 결혼 생활에서 느끼지 못한 행복한 생활을 기대하게 된다. 이러한 기대는 미혼인 처녀 총각들이 기대가 너무 높아 혼기를 놓치는 것처럼 노인에게 있어서도 그러한 노인 재혼의 장애물이 되고 있는 경우가 많다.

4. 노년기 성과 재혼문제의 과제

1) 노년기 성과 과제

(1) 노년기 성생활의 장애요인

노년기에는 젊은 층과 비교하여 성생활에 어느 정도 문제가 발생하게 된다. 노인들의 성생활에 영향을 미치는 요인은 노인들이 처한 개인적 상황에 따라 매우 차이가 많아 한 마디로 정의하기는 어렵지만 일반적으로 다음과 같은 요인들이 주로 거론되고 있다.

남성노인의 성생활 장애요인은 신체적인 기능저하로 인한 발기문제이다. 발기문제는 성기능 만족 및 성생할 만족도와 가장 밀접한 관계가 있다(Schiavi, Mandell, and Schreiner-Engel, 1994; 임춘식 외, 2007, 재인용). 여성노인의 성생활 장애요인은 성생활을 유지할 수 있는 이성, 즉 배우자와 파트너 부재이다. 또한 남성노인의 성생활의 장애요인으로 심리적 요인도 많이 지적되고 있다. 남성들은 '하다가 실패하면

마누라가 싫어할 것 같기도 하고, 자신있는 말만 하게 되지. 욕구는 있지만 실패할까 봐 두렵기도 하다. 자신도 많이 없어지고……'(오진주, 1998).

〈표 12-1〉은 Bretschneider와 McCoy(1998) 노년기 성생활의 장애요인 중 남성노인의 심리적 요인이 가장 중요한 요인임을 나타내고 있다. 남성노인의 성생활 장애요인으로 심리적 요인인 '성생활을 성공적으로 할 수 없다는 걱정' 37%, '발기유지 불능' 33%로 가장 많이 거론되었으며, 여성노인의 경우 '오르가슴을 자주 못 느낌', '파트너의 발기불능', '질분비가 안됨'이 각각 30%를 차지하였으며, 성파트너를 만날 기회 부족을 성생활 장애요인으로 지적한 응답자는 남녀노인 각각 23%, 25%로 나타나 홀로된 노인들의 경우 성파트너의 부재가 성생활의 주요 장애요인으로 조사되었다(임춘식 외, 2007).

표 12-1

노인들의 성생활 장애 요인(복수 응답)

남성(n=43)	%	여성(n=43)	%
성생활을 성공적으로 할 수 없다는 걱정	37	오르가슴을 자주 못 느낌	30
발기유지 불능	33	파트너의 발기불능	30
오르가슴에 도달하지 못함	28	질분비가 안됨	30
발기불능	28	섹스 외 다른 문제에 대한 걱정	25
성파트너를 만날 기회 부족	23	성파트너를 만날 기회 부족	25
성교시 파트너의 질 통증	23	섹스에 대한 욕구 부족	25

* Bretschneider & McCoy, 1998; Masters et al., 1995; 임춘식 외, 2007 재인용.

또한 사회적 및 환경적인 요인도 노년기 성생활의 장애요인으로 지적되고 있다. 사회적 요인은 노년기 성에 대한 사회의 부정적 인식 때문에 노인 스스로가 성생활을 자제하거나 포기하는 것이며, 또한 배우자 사별이나 이혼, 건강상의 이유로 배우자가 입소시설에 입소하였을 경우 등 성생활을 유지할 수 없는 특수한 상황 등이 환경적 요인으로 작용하고 있다(임춘식 외, 2007).

다음은 남성 갱년기의 진단에 대한 설명이다. 남성 갱년기 진단은 비교적 간단하여 의사의 문진과 혈액검사를 포함한 몇 가지 검사로 쉽게 이루어진다. 기본적으로 생식기 검사(고환 용적 측정)를 통하여 이상 유무를 검사하고 호르몬 검사를 시행하는데 테스토스테론은 하루 중 아침에 가장 높게 측정이 되므로 아침에 시행하는 것이 좋다. 문진은 아래와 같은 점을 중점으로 물어 보게 되며 설문지를 통한 자가 진단도 가능하다. 설문지 내용은 다음과 같다.

<설문지>

1) 성욕이 감퇴하였다. 예 / 아니오
2) 힘이 딸리는 것을 느낄 때가 많다. 예 / 아니오
3) 근육의 힘이 빠지고 오래 견딜 수 없다. 예 / 아니오
4) 키가 작아졌다. 예 / 아니오
5) 인생의 즐거움이 줄어들었다. 예 / 아니오
6) 괜히 우울해질 때가 많다. 예 / 아니오
7) 음경의 발기가 안 되거나 약해졌다. 예 / 아니오
8) 과거부터 해온 운동실력이 줄어들었다. 예 / 아니오
9) 저녁식사 후 졸려서 바로 자게 된다. 예 / 아니오
10) 전에부터 해온 일을 수행하기 힘들다. 예 / 아니오

* 출처 : 삼성병원

위의 질문에서 3개 이상 '예'라는 대답이 나오면 남성 갱년기를 앓고 있을 가능성이 높으므로 전문의와 상담이 필요하다.

(2) 노년기 성문제와 과제

노인 관련시설은 올바른 성지식과 성적 태도, 성 윤리관에 대한 다양한 성교육프로그램을 운영하고 사회적으로도 은폐된 노인의 성생활을 공론화하여 건전한 성생활에 대한 긍정적 인식의 전환이 필요하며 독신 노인들의 소외감과 외로움을 해소하기 위한 다양한 이성교제의 여건과 다양한 프로그램이 필요할 때다.

경기도가족여성연구원 안태윤 연구위원과 연구진은 심층 면접조사와 전문가 자문회의, 정책 토론회와 일반인 의견수렴을 거쳐 노인의 건강한 성생활을 위한 정책 방안으로 다음과 같은 방안을 제시했다.

① 노인층의 양성평등한 성교육 지원과 성상담 확대

② 노인 성교육 전문가 및 상담사 육성 지원

③ 노년기 부부관계 프로그램의 개발과 지원

④ 노년의 성과 재혼에 대한 사회적 인식 제고

⑤ 노인층 주도의 건전한 성문화 운동의 지원

노년의 성생활은 자아 존중감, 자아 성취감, 현실만족감 등 정서적인 만족감을 느끼게 해 주어 삶의 만족도를 높여 주고 외로움과 소외감을 해소시키는 긍정적 역할을 하고 있다. 이에 노인의 성에 대한 무지와 편견을 버리고 보다 큰 관심과 이해를 가져야 할 것이다(자료 출처 : 경기도 가족여성연구원).

2) 노년기 재혼문제의 과제

노년기 재혼이 행복하기 위해서는 우리의 의식 속에 남아있는 남녀 차별적 관행과 문화를 바꾸어 가는 양성평등 의식이 필요하다고 할 수 있다, 남존여비 사상이 사회적으로 희미해졌고 상황에 따라서는 옳고 그름이 판단되는 것도 어렵지만 양성평등 인식의 부재로 인한 문제가 분명하게 나타나고 있다. 고령화 사회가 가속화되어 부부가 함께 하는 시간은 늘었지만 여전히 남녀 불평등 의식이 심각해 갈등관계는 쉽게 해결되고 있지 않으며 일부에서는 황혼이혼의 증가도 이와 무관하지 않다는 의견까지 제기하고 있다. 많은 노인들이 그 이전까지 익숙해 왔던 성 역할 고정관념에서 벗어나지 못하고 있어 본인뿐 아니라 결국 가족구성원 사이에 문제를 불러일으킬 수 있으며 부부 사이에도 심각한 영향을 줄 수 있다. 즉, 가사분담의 경우 남성이 은퇴한 후 노년기에는 가정의 가사분담이 기존과 달리 양성평등의 양상을 나타나게 되는데, 성 역할 고정관념이 여전히 자리잡고 있어 부부간에 마찰을 빚을 수 있다. 더불어 전체 노인 중 여성노인의 비율이 높다는 점도 간과해서는 안 된다. 우리나라 여성노인의 경우 남존여비 사상으로 인해 교육 부족과 경제적 자립 능력 부재, 삶의 주체가 되어 본 경험 등이 부족해 자아 존중감이 낮다고 보고되고 있다. 뿐만 아니라 대가족 사회가 아닌 노인 단독 가구의 비율이 증가하며 세대간 소통이 부족하게 되면서 젊은 층과의 괴리를 더욱 넓히는 원인으로 작용할 수 있다. 이에 따라 우리나라의 여성의 지위가 향상되고 법제도 등이 발전됐지만 아직도 의식과 실천 사이에는 괴리가 있어 일상생활 속에 남아있는 남녀 차별적 관행과 문화를 바꾸어 가는 양성평등 의식 확산이 필요하다. 지금의 젊은이들과는 다른 시기를 보낸 노인들에게 남녀평등이라는 주제는 낯설게 다가올 수 있지만 여성의 권리가 높아지고 있는 지금 가정이 화목하기 위해서는 남성들의 가부장성이 얼마나 많이 없어지느냐에 달려 있으므로 양성평등 의식이 필요한 때이다. 노년에 행복한 부부생활을 하기 위해서는 부부가 종교활동이나 봉사활동 등 여가생활을 함께 하면서 서로가 상대의 입장을 이해하려고 노력하고, 본인의 의사를 감추지 말고 적극적으로 표현하고, 배우자에게 감사하다는 표현도 아끼지 말고 자주 표현하면서 함께 노력해 가는 자세가 필요하다.

생각해 볼 문제

1. 노년기의 성생활과 관련된 바람직한 사회복지적 개입 방안을 생각해 봅시다.

2. 노년기 재혼문제와 관련하여 바람직한 개입전략을 생각해 봅시다.

3. 노년기의 삶이 보람 있게 유지되기 위한 요소들에는 어떤 것들이 있는지 생각해 봅시다.

제13장

노인학대

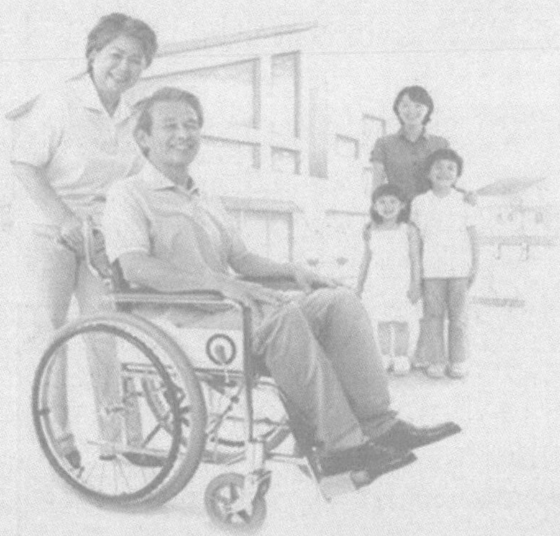

1. 노인학대의 개념과 유형
2. 노인학대의 실태와 그 발생 원인
3. 노인학대 관련 규정
4. 노인학대 예방과 과제

1. 노인학대의 개념과 유형

1) 노인학대의 개념

노인학대에 대한 정의는 문화적 차이에 따라 국가마다 다를 수 있으며, 학자들 간에도 다르게 정의되고 있다. 노인학대에 관한 연구를 살펴보면 학자에 따라서 좁게는 신체적 학대에서부터 방임이나 부적절한 처우, 심리적 학대, 넓게는 자기학대, 자기방임까지도 포함하고 있다. 노인복지법 제1조 제4호에 따르면, 노인학대라 함은 노인에 대하여 신체적, 정신적, 성적 폭력 및 경제적 착취 또는 가해행위를 하거나 방임을 하는 것을 말한다.

2) 노인학대의 유형

노인학대의 유형은 발생 공간에 따른 분류와 노인학대 행태적 분류로 나눌 수 있다. 발생 공간에 따른 분류로는 가정학대, 시설학대를 들 수 있으며, 노인학대 행태적 분류로는 신체적 학대, 정서적 학대, 성적 학대, 경제적 학대, 방임, 유기 등을 들 수 있다. 노인학대의 유형에 따른 정의를 정리하여 제시하면 〈표 13-1〉과 같다.

표 13-1 노인학대의 유형 및 정의

구 분		정 의
발생 공간에 따른 분류	가정학대	노인과 동일가구에서 생활하고 있는 노인의 가족구성원, 또는 노인과 동일가구에서 생활하지 않는 부양의무자 또는 기타 사람들에 의해 행해지는 학대
	시설학대	노인에게 비용을 받고 제공하는 요양원 및 양로원 등의 시설에서 발생하는 학대

	기타	가정 및 시설 외의 공간에서 발생하는 학대
행태적 분류	신체적 학대	물리적 힘 또는 도구를 이용하여 노인에게 신체적 혹은 정신적 손상, 고통, 장애 등을 유발시키는 행위
	정서적 학대	비난, 모욕, 위협 등의 언어 및 비언어적 행위를 통하여 노인에게 정서적으로 고통을 유발시키는 행위
	성적 학대	성적 수치심 유발행위 및 성폭력(성희롱, 성추행, 강간) 등의 노인의 의사에 반하여 강제적으로 행하는 모든 성적 행위
	경제적 학대	노인의 의사에 반(反)하여 노인으로부터 재산 또는 권리를 빼앗는 경제적 착취, 노인 재산에 관한 법률 위반 등 경제적 권리와 관련된 의사결정에서 통제하는 행위
	방임	부양의무자로서의 책임이나 의무를 의도적으로 거부, 불이행 혹은 포기하여 노인의 의식주 및 의료를 적절하게 제공하지 않는 행위
	자기방임	노인 스스로가 의식주 제공 및 의료처치 등의 최소한의 자기보호 관련행위를 의도적으로 포기 또는 비의도적으로 관리하지 않아 심신이 위험한 상황이나 사망에 이르게 하는 행위
	유기	보호자 또는 부양의무자가 노인을 버리는 행위

출처 : 노인중앙보호전문기관(2012).

3) 노인학대 유형별 구체적 행위

노인학대 유형별 구체적 행위를 살펴보면 다음과 같다.

표 13-2 노인학대의 유형별 구체적 행위

유형	학대의 구체적 행위	나타나는 징후
신체적 학대	▪ 때린다. ▪ 꼬집는다. ▪ 물건을 집어 던진다. ▪ 흉기로 위협한다. ▪ 강하게 붙잡는다. ▪ 난폭하게 다룬다.	▪ 치료를 받지 못한 상처(잘린 상처, 찔린 상처, 생채기, 출혈, 골절 등) ▪ 신체부상 (얼굴, 목, 가슴, 복부, 골반, 팔, 다리) ▪ 머리카락이 뽑힌 흔적이나 머리부분에 출혈한 흔적

	■ 무리하게 먹인다. ■ 감금(가둠)한다. ■ 의자나 침대에 묶어 둔다. ■ 담배 등으로 화상 입힌다.	■ 화상(담배불이나 질산 혹은 로프나 체인의 마찰로 야기된 화상 등) ■ 영양부족 상태 또는 질병과 관계없는 탈수상태 ■ 이상한 체중 감소
정서적 학대	■ 말로 욕을 퍼붓는다. ■ 노인에게 고함을 지른다. ■ 말로 (양로원 등의 시설로 보내겠다) 협박한다. ■ 노인이 수치심을 느끼게 하는 모욕적인 말을 한다. ■ 유아처럼 다룬다. ■ 외출시키지 않는다. ■ 노인에게 말을 걸지 않는다. ■ 무시하고 대답하지 않는다. ■ 노인만 따로 식사를 먹게 한다. ■ 노인의 일상적인 사회활동이나 종교활동을 노골적으로 방해한다.	■ 반응하려고 하지 않는다. ■ 질문을 해도 '네' '아니오'라는 짧은 답변 외에는 응답이 없다. ■ 표정이 없다. ■ 정서상태 : 우울, 공포, 혼돈상태, 부정, 분노, 흥분, 수동성 ■ 말하기를 꺼려하거나 주저한다. ■ 고개를 숙이고 있다. ■ 웃는 모습이 아니다. ■ 눈물을 머금다, 운다, 절망이나 동요를 보인다. ■ 대화에 참가하지 않는다. ■ 가족을 피하려고 한다. ■ 집에 돌아가려 하지 않는다.
성적 학대	■ 노인이 성적수치심을 갖게 하는 성관련 언어표현 및 행위 ■ 폭행한 후 강제적으로 성행위 및 강간하는 것 ■ 물건이나 흉기를 사용하여 강제적으로 성폭행하는 것 ■ 원치 않는 성행위 및 강간	■ 걸을 때 혹은 앉을 때의 어려움 ■ 외부성기 부분이나 항문부위의 타박상이나 하혈 ■ 성병 ■ 우울, 사회관계의 단절 ■ 수면장애 ■ 분노 또는 수치심
경제적 학대	■ 노인의 유언장을 허위로 작성하거나 노인이 작성한 유언장을 노인의 동의 없이 수정한다. ■ 노인의 허락 없이 부동산(재산)을 사고 판다, 빌린다. ■ 노인의 허락 없이 노인 금전에서 돈을 빌려 준다. ■ 노인의 허락 없이 노인 명의의 은행계좌에서 돈을 인출한다. ■ 노인에게서 빌린 돈이나 물건을 돌려주지 않는다. ■ 노인의 값나는 물건을 빼앗는다.	■ 자신의 생활이나 보호를 위한 충분한 돈을 가지고 있지 않다. ■ 필요한 물건을 살 수 없다. ■ 체납된 공과금 및 세금서가 발견되고 있다. ■ 은행계좌의 현저한 혹은 비적절한 거래가 있다 ■ 노인의 서명이 아닌 노인의 서명과 유사하게 서명된 수표나 서류가 있다. ■ 개인 소지품이 없어졌다. ■ 노인의 재산이 타인의 명의로 갑자기 전환되었다.

방임	■ 식사와 물을 주지 않는다. ■ 치료를 받게 하지 않는다(병원에 데리고 가지 않는다). ■ 청결유지를 태만히 한다(옷 갈아입기, 기저귀교환, 손톱깎기, 산발, 목욕 등). ■ 거동이 불편한 노인을 장기간 혼자 있게 둔다. ■ 노인 방만 청소하지 않는다. ■ 와상 시 몸의 위치 변경을 태만히 한다.	■ 오물, 대 · 소변 냄새, 노인 주변환경에 있어서 건강이나 안전에 관련되어 위험한 증후가 있다. ■ 욕창이 있다. ■ 악취가 난다. ■ 영양실조나 탈수상태에 있다. ■ 필요한 의료를 받지 않거나 필요한 약을 먹지 않고 있다. ■ 의복을 착용하지 않았다. ■ 오물로 침대나 이불이 더렵혀져 있다. ■ 기저귀가 교환되지 않고 있다.
자기 방임	■ 노인 스스로 할 수 있음에도 불구하고 신변의 청결, 건강관리, 가사 등을 포기하거나 관리하지 않아 심신의 문제가 발생한다. ■ 자기의 신변청결, 건강관리, 가사 등을 본인이 할 능력이 부족하거나 어떤 이유로 노인도 모르는 사이에 심신의 문제가 발생한다.	■ 스스로 식사와 수분을 섭취하지 않음 ■ 필요한 치료와 약복용을 중지 또는 이로 인한 건강상태 악화 ■ 의도적으로 죽고자 하는 모든 행위
유기	■ 노인을 낯선 장소에 버린다. ■ 거동이 불편한 노인을 시설에 맡기고 연락을 두절한다. ■ 노인을 강제적으로 반감금 형태 시설에 보내 집으로 돌아오지 못하게 한다.	■ 노인이 낯선 장소에서 오랜시간 배회하며 자신의 주거지 및 연락처를 알지 못한다. ■ 자녀들이 전혀 연락이 되지 않으며, 주거지를 옮기거나, 이민을 떠났다. ■ 노인의 신상에 대한 정보를 전혀 알 수가 없다.

출처 : 노인중앙보호전문기관(2012).

2. 노인학대의 실태와 그 발생 원인

1) 노인학대의 실태

노인학대의 실태를 정확하게 파악하는 것은 쉬운 일이 아니다. 지금까지 이루어진 노인학대 실태조사에 관한 연구나 조사들이 지역적으로 한정되어 있거나 표본의 수가 적거나 하여 제한된 범위 내에서 이루어졌기 때문에 조사자와 조사지역에 따라 노인학대에 대한 연구결과들이 서로 일치하지 못하고 있다. 여기에서는 2013년 한 해 동안 전국 24개 노인보호전문기관[1]에 신고접수 및 상담이 진행된 상담사업 사례 3,520건을 분석하여 노인학대의 유형 및 실태와 그 발생원인 등을 살펴보고자 한다.

(1) 학대유형

① 노인학대 사례유형(중복포함)

전체 학대사례 3,520건 가운데 여러 유형의 학대가 동시에 발생하는 중복 노인학대는 5,832건으로 나타났다. 이를 노인학대 유형별로 구분하여 보면, 정서적 학대가 38.3%(2,235건)로 가장 높게 나타났고, 신체적 학대 24.5%(1,430건), 방임 18.6%(1,083건), 재정적 학대 9.0%(526건) 순으로 나타났다.

표 13-3 노인학대 사례유형

(단위: 명, %)

구분	신체	언어 · 정서	성	재정	방임	자기방임	유기	계
건수	1,430	2,235	90	526	1,083	375	89	5,832
비율	24.5	38.3	1.5	9.0	18.6	6.4	1.5	100

출처 : 노인중앙보호전문기관(2014).

② 노인학대 발생 장소

노인학대 발생 장소는 가정 내 학대가 2,925건(83.1%)을 차지하여 가장 높게 나타났으며, 생활시설 251건(7.1%), 기타 장소 143건(4.1%), 병원 107건(3.0%) 순으로

1) 노인학대예방사업의 법적 근거(2004. 1. 29 노인복지법 개정) 마련으로 설치되었으며, 노인학대 등 노인권익 침해문제에 대해 전문적이고, 체계적으로 대처하여 노인인권에 대한 국민인식 제고와 노인권익 증진을 통해 노인의 삶의 질 향상 도모를 목적으로 한다. 노인학대 상담전화(1577-1389)를 24시간 운영하며, 전국 24개 노인보호전문기관이 있다.

나타났다. 가정 내에서 노인학대가 발생하는 비율이 가장 높게 나타났지만, 노인장기요양보험의 시행으로 생활시설이나 이용시설이 증가되면서 시설노인학대도 증가될 것으로 예견된다. 따라서 시설에서 발생할 수 있는 노인학대에 대한 개입 절차 및 방법을 마련할 필요가 있다.

표 13-4
노인학대 발생 장소

(단위: 명, %)

구분	가정 내	생활시설	이용시설	병원	공공장소	기타	계
건수	2,925	251	42	107	86	109	3,520
비율	83.1	7.1	1.2	3.0	2.4	3.1	100.0

출처 : 노인중앙보호전문기관(2014).

③ 노인학대 발생 빈도

노인학대 사례 중 노인학대 발생 빈도를 살펴보면 '1주일에 한번 이상' 학대가 발생하는 빈도가 1,333(37.9%)으로 가장 높으며, '매일' 학대를 당한다는 응답이 930건(26.4%), '1개월에 한번 이상'이 682건(19.4%) 으로 나타났다. 반면, 학대 발생 빈도 '3개월에 한번 이상 147건(4.2%), '6개월에 한번 이'상 120건(3.4%), '일회성' 308건(8.8%)으로 낮게 나타났다. 이를 통해 노인학대의 절반 이상은 일회성이 아닌 지속적 · 반복적으로 일어나고 있음을 알 수 있다.

표 13-5
노인학대 발생 빈도

(단위: 명, %)

매일	1주일에 한번 이상	1개월에 한번 이상	3개월에 한번 이상	6개월에 한번 이상	일회성	계
930	1,333	682	147	120	308	3,520
26.4	37.9	19.4	4.2	3.4	8.8	100.0

출처 : 노인중앙보호전문기관(2014).

(2) 노인학대 현황

① 학대피해 노인 성별 및 연령

학대피해 노인의 성별을 살펴보면 여성노인 71.6%(2,522명), 남성노인 28.4%(998명)로 나타나 여성노인이 남성노인보다 2.5배 이상 높은 것을 알 수 있다. 노인인구의 성별 비율을 고려하면 비율의 차이가 줄 수 있으나, 현대사회에서 여성노인은 여전히 신체적, 경제적으로 약자인 경우가 많아 남성노인에 비해 학대에 노출될 위험이 높다고 볼 수 있다. 학대피해 노인 성별에 의한 연령 분포를 살펴보면, 남녀 모두 70대(42.1%)에 가장 학대를 많이 당하는 것으로 나타났다. 그 다음으로 80대(32.1%), 60대(19.3%) 순임을 알 수 있다. 70대 이상에서 발생하는 노인학대 비율이 81.2%로 노인학대가 70대를 기점으로 고령이 될수록 학대 발생 가능성이 높아지고 있음을 시사하고 있다. 일반적으로 대부분의 연구에서도 신체적 · 정신적 상태가 좋지 않은 노인, 일상생활 수행능력에 어려움이 있거나 인지장애가 있는 노인이 부양자에게 더 의존하게 되고 부양 스트레스를 더 유발시켜 학대의 대상이 될 경우가 높은 것으로 나타나고 있다.

표 13-6 학대피해 노인 성별 및 연령

(단위: 명, %)

연령/성별	59세 이하	60~69세	70~79세	80~89세	90~99세	100세 이상	계
남	5	215	472	257	48	11	998 (28.4)
여	7	436	1,009	875	187	8	2,522 (71.6)
계	12 (0.3)	1651 (18.5)	1,481 (42.1)	1,132 (32.1)	235 (6.7)	9 (0.3)	3,520 (100.0)

출처 : 노인중앙보호전문기관(2014).

또한, 학대피해 노인 연령별 노인학대 유형을 살펴보면, 정서적 학대는 모든 연령대에서 가장 발생률이 높은 유형임을 알 수 있으며, 신체적 학대는 연령 초기에는 정서적 학대에 이어 높은 발생률을 보이나 고령화될수록 그 비율이 완만하게 줄어드는 반면, 방임의 경우는 연령이 높아질수록 그 비율이 높아지는 경향이 있다. 즉, 노인학대 유형에서 정서적 학대는 연령과 상관없이 높은 발생률을 나타내며, 신체적 학대는 연령과 반비례로, 방임은 연령과 정비례로 발생하는 경향을 보이고 있음을 알 수 있다.

② 신고현황

노인학대 사례 신고자를 살펴보면 관련기관(지킴이단, 경찰관, 119구조대원, 사회복지시설종사자, 기타 관련기관 종사자)이 32.4%(1,142건)로 가장 높게 나타났으며 학대피해 노인 본인이 23.9%(842건), 신고의무자 18.3%(645건), 친족(배우자, 아들, 며느리, 딸, 사위, 손자녀, 친척 등) 16.8%(592건)) 순으로 나타났다. 신고의무자를 비롯한 관련기관 등의 공적기관 신고(18.3%)보다 학대피해 노인과 학대행위자, 그리고 친족 및 타인 등 사적 영역의 신고가 81.72%를 차지하고 있음을 알 수 있다. 신고의무자 18.3%(645건)를 유형별로 살펴보면 노인복지시설종사자 311건, 사회복지전담공무원이 263건으로 제일 많고, 그 다음으로 노인복지시설종사자 207건, 가정폭력상담원 및 보호시설 종사자 90건 순이며, 의료인이 43건으로 노인학대 응급상황을 자주 접할 기회가 많은 이들의 신고비율은 낮은 편임을 알 수 있다.

표 13-7 노인학대 신고현황

구분	신고 의무자	비신고의무자						계
		피해노인 본인	학대행위자 본인	친족	타인	관련 기관	소계	
명	645	842	7	592	292	1,142	2,875	3,520
(%)	(18.3)	(23.9)	(0.2)	(16.8)	(8.3)	(32.4)	(79.2)	(100.0)

출처 : 노인중앙보호전문기관(2014).

③ 학대행위자 연령

학대행위자 연령을 살펴보면 50대가 29.9%(1,201명)로 가장 많고, 40대가 25.5%(1,022명), 70세 이상 19.8%(794명), 60대 14.5%(580명) 순으로 나타났다. 학대는 부모님이 고령이 되는 시기인 50대의 학대가 가장 많으나, 학대행위자 5명 가운데 1명은 70대 이상인 점을 생각해 보면 초기 노인이 후기 노인을 학대하는 老-老학대 사례가 많음을 시사한다.

표 13-8
학대행위자 연령

(단위: 명, %)

연령	10~19세	20~29세	30~39세	40~49세	50~59세	60~69세	70세 이상	파악 안됨	계
계	31 (0.8)	75 (1.9)	310 (7.7)	1,022 (25.5)	1,201 (29.9)	580 (14.5)	794 (19.8)	0 (0)	4,013 (100.0)

출처 : 노인중앙보호전문기관(2014).

④ 학대행위자와 학대피해 노인과의 관계

학대행위자와 학대피해 노인과의 관계는 아들이 40.3%(1,619명)로 가장 높은 것으로 나타났으며, 배우자 13.7%(551명), 딸 13.0%(519명) 순으로 나타나 학대행위자가 배우자, 아들, 딸, 며느리 등 친족인 경우가 77.0%로 절대 다수를 차지하고 있음을 알 수 있다. 특히 학대행위자 가운데 아들의 비율이 높은 경향은 노부모가 아들에게 부양부담 및 의존을 기대하는 문화적 배경과도 연관성이 있다고 볼 수 있다. 또한 배우자의 학대행위도 13.7%를 차지하고 있는데, 이는 의학의 발달로 노인의 평균수명이 높아지고 배우자와의 삶의 기간이 연장됨에 따라 배우자 학대와 이에 따른 부양문제가 대두되어 나타나는 현상으로 볼 수 있다.

표 13-9 학대행위자와 학대피해 노인과의 관계

(단위: 명, %)

피해 노인 본인	친족								타인	기관	계
	배우자	아들	며느리	딸	사위	손자녀	친척	소계			
375	551	1,619	240	519	28	81	54	3,092	253	293	4,013
9.3	13.7	40.3	6.0	13.0	0.7	2.0	1.3	77.0	6.3	7.3	(100.0)

출처 : 노인중앙보호전문기관(2014).

〈신문기사 사례〉

〈사례 1〉

충북 노인학대 급증…배우자 학대 '심각'

"더 이상 못살겠어요. 얼마 전 목발로 때려 도망 나왔어요. 더는 이렇게 못 살아요." 노인전용쉼터에서 생활하는 박모(64 · 여)씨의 넋두리는 끝이 없었다. 지체장애가 있는 남편을 대신해 바깥 일까지 하며 돈을 벌었지만 수십 년을 '매맞는 부인'으로 살아왔다고 했다(청주=연합뉴스 2012. 7. 31).

〈사례 2〉

"화장실 가겠다"는 80대 환자 팔 · 다리 끈으로 묶은 간호사 벌금

서울 도봉구의 한 요양병원에 근무하던 박씨는 2011년 12월 이 병원 중환자실에 입원한 박모(여 · 80)씨를 감금 · 학대한 혐의로 기소됐다. 같은 해 11월 23일 척추염으로 병원에 입원한 환자 박씨는 스스로 몸을 가누기 어려워 침대에서 내려올 때 도움이 필요한 상태였다. 간호사 박씨는 환자가 "화장실을 가겠다"며 침대에서 자주 내려오자, 환자 박씨에게 기저귀를 채우고 기저귀에 소변을 볼 것을 강요한 것으로 드러났다. 또 천으로 된 끈으로 양팔과 다리를 침대 귀퉁이에 묶었으며 이를 풀어 달라는 환자의 요청을 무시했다(조선일보, 2013. 1. 29).

⑤ 학대자와 피학대 노인의 특성

위에서 살펴본 내용을 근거하여 학대자와 피학대 노인의 특성을 살펴보면 다음과 같이 정리할 수 있다. 학대자의 특성은 가난하여 부모에게 경제적으로 의존하고,

알코올 또는 마약에 중독되어 있고, 자기 자신에 대한 자부심이 없고, 젊고, 과거나 현재 부모와의 관계가 원만하지 않으며, 피학대 노인의 특성은 신체적 · 정신적 건강상태가 나쁘고, 경제적으로 어렵고, 후기 고령자이고, 부양자에게 신체적 · 정신적 · 경제적으로 지나치게 의존하고, 피부양자에게 공격적이고 무절제한 행동을 하고, 배우자 외의 다른 가족과 함께 생활하고 있다.

2) 노인학대의 발생 원인

노인학대는 매우 복잡하고 다양한 요인이 얽혀서 발생하므로 관련 요인을 정확히 규명하는 것은 매우 어려운 일이다. 여기에서는 학대를 가하는 가해자 관련 요인, 학대를 유발시키는 피해노인 관련 요인, 가해자와 피해자의 상호작용 요인, 가정환경적 요인, 사회환경적 요인으로 구분하여 살펴보고자 한다. 그러나 이러한 요인들은 독립적으로 작용을 하는 것이 아니라 서로 복합적이고 역동적으로 영향을 미치고 작용하여 발생하게 된다. 이를 요약하면 다음과 같다.

표 13-10 노인학대의 발생 원인

구 분	내 용
① 가해자 요인	- 가해자의 개인적 특성(성격, 정신장애, 알코올중독, 약물중독 등)
② 학대피해자 요인	- 노인의 개인적 특성(성격, 정신장애, 알코올중독, 무기력감 등) - 노인의 의존성(장애, 질병, 치매 등)
③ 가해자와 피해자와의 상호작용 요인	- 부양자의 부양스트레스(신체적 · 정신적 스트레스, 부양미숙, 부양 능력의 결여 등) - 세대 간의 학대의 전이 - 피해자와 가해자의 불화
④ 가정환경적 요인	- 경제적 문제, 가족 간의 불화, 재산문제, 힘의 갈등 등
⑤ 사회문화적 요인	- 노인차별, 가치관의 변화, 사회보장 및 노인복지서비스의 결여 등

3) 노인학대 관련 이론

노인학대는 다양한 이론적 관점에서 접근할 수 있는데, 이러한 노인학대 관련 이론은 노인학대를 분석하고 해석하는데 많은 도움을 준다. 뿐만 아니라 이러한 이론들은 노인학대의 예방과 치료를 위한 전문적 개입의 방향과 방법에 대한 시사점을 제공해 줌으로써 노인학대 현상을 통합적으로 이해할 수 있게 한다. 노인학대 관련 이론은 여러 학자들에 의해서 언급되고 있는데 여기에서는 사회학습이론, 상징적 상호작용이론, 교환이론, 스트레스이론에 대해 살펴보고자 한다.

(1) 사회학습이론

노인에 대한 폭력과 공격성은 본능에 의한 것이 아니라 학습의 결과라고 보는 견해이다. 개인은 다른 사람의 폭력행위를 관찰, 모방함으로써 해로운 공격행동의 기술을 습득하고 또한 공격행위에 대한 금지해제를 일으켜 양심의 가책이나 죄의식 없이 폭력을 사용하게 된다고 본다. 부모로부터 학대를 경험한 성인 자녀들이 현재 그들의 부모에 대하여 유사한 형태의 폭력을 사용한다고 주장하는 이론이다.

(2) 상징적 상호작용이론

상징에 대한 의미는 소유하고 있는 자원과 관련되어 있기 때문에 상징적 상호작용이론은 자원이론에 따라 의사 결정과 행위를 결정하게 된다고 보는 견해이다. 예를 들어 부양을 제공하는데 있어 성인 자녀들이 이용할 수 있는 자원이 많으면 많을수록 스트레스와 폭력이 적게 나타난다고 볼 수 있다. 이는 개인이 처해진 한정된 상황, 자아개념, 다른 사람들의 반응에 따라 다르게 행동할 수 있음을 의미한다.

(3) 교환이론

사회적 상호작용을 행위자간에 가치 있는 물질적, 비물질적 보상을 주고받는 교환과정으로 보는 견해이다. 즉, 어느 행위자가 상대방에게 어떤 호의를 베풀면

후자 역시 그에 해당하는 보답을 전자에게 해야 한다는 호혜성의 원리로 설명할 수 있다. 예를 들어 "노부모를 모시는 것은 나의 책임이다," "나의 어머니이니까", "나의 시부모이니까"라는 언급에서 경제적, 사회·정서적·육체적 부담은 과중하게 부담되는 비용이지만 여기에는 자식의 도리에 대한 보상이 깔려 있다고 볼 수 있다.

(4) 스트레스이론

노인학대를 일으키게 하는 특정한 스트레스 요인으로 인해서 노인학대가 발생된다고 본다. 이 스트레스의 요인은 개인의 환경 변화에서 오는 대체 능력의 부족, 부양자에게 과도하게 요구되는 정신적, 물질적 비용 등이 있는데, 스트레스를 일으키는 원인은 한 요소가 아니라 서로 복잡하게 엉켜진 요소들이 대부분이다.

3. 노인학대 관련 규정

우리나라에서는 2004년 1월 노인복지법 개정을 통해서 노인학대의 금지, 노인학대 예방을 위한 긴급전화(1389)의 설치, 노인보호전문기관(노인학대예방센터)이 각 시·도에 1개씩 총 16개소가 설치, 노인학대 신고 및 응급조치의무, 보조인의 선임 등의 노인학대 관련 조항을 신설함으로써 보다 적극적으로 법적·사회적으로 대응할 수 있게 되었다. 노인복지법의 노인학대 관련 조항은 다음과 같다.

1) 노인학대의 정의

제1조의 2 (정의)

3. "노인학대"라 함은 노인에 대하여 신체적·정신적·성적 폭력 및 경제적 착취

또는 가혹행위를 하거나 유기 또는 방임을 하는 것을 말한다.

2) 노인학대 신고의무와 절차

제39조의 6 (노인학대 신고의무와 절차)

① 누구든지 노인학대를 알게 된 때에는 노인보호전문기관 또는 수사기관에 신고할 수 있다.

② 다음 각 호의 1에 해당하는 자는 그 직무상 노인학대를 알게 된 때에는 즉시 노인보호전문기관 또는 수사기관에 신고하여야 한다.

1. 의료법 제3조 제1항의 의료기관에서 의료업을 행하는 의료인
2. 노인복지시설의 장 및 그 종사자
5. 노인복지상담원, 사회복지사업법 제14조의 규정에 의한 사회복지전담공무원

③ 신고인의 신분은 보장되어야 하며 그 의사에 반하여 신분이 노출되어서는 아니 된다.

3) 응급조치 의무

제39조의 7 (응급조치 의무 등)

① 제39조의 6의 규정에 의하여 노인학대 신고를 접수한 노인보호전문기관의 직원이나 사법경찰관리는 지체 없이 노인학대의 현장에 출동하여야 한다.

② 제1항의 규정에 의하여 현장에 출동한 자는 학대받은 노인을 노인학대행위자로부터 분리하거나 치료가 필요하다고 인정할 때에는 노인보호전문기관 또는 의료기관에 인도하여야 한다.

4) 보조인의 선임

제39조의 8 (보조인의 선임 등)

① 학대받은 노인의 법정대리인, 직계친족, 형제 자매, 노인보호전문기관의 상담

원 또는 변호사는 노인학대 사건의 심리에 있어서 보조인이 될 수 있다. 다만, 변호사가 아닌 경우에는 법원의 허가를 받아야 한다.

5) 금지행위

제39조의 9 (금지행위) 누구든지 다음 각 호의 1에 해당하는 행위를 하여서는 아니 된다.

1. 노인의 신체에 폭행을 가하거나 상해를 입히는 행위
2. 노인에게 성적 수치심을 주는 성폭행 · 성희롱 등의 행위
3. 자신의 보호 · 감독을 받는 노인을 유기하거나 의식주를 포함한 기본적 보호 및 치료를 소홀히 하는 방임행위
4. 노인에게 구걸을 하게 하거나 노인을 이용하여 구걸하는 행위
5. 노인을 위하여 증여 또는 급여된 금품을 그 목적 외의 용도에 사용하는 행위

6) 조사

제39조의 10 (조사 등)

① 보건복지부장관, 시 · 도지사 또는 시장 · 군수 · 구청장은 필요하다고 인정하는 때에는 관계공무원 또는 노인복지상담원으로 하여금 노인복지시설과 노인의 주소 · 거소, 노인의 고용 장소 또는 제39조의 9의 금지행위를 위반할 우려가 있는 장소에 출입하여 노인 또는 관계인에 대하여 필요한 조사를 하거나 질문을 하게 할 수 있다.

② 제1항의 경우 관계공무원, 노인복지상담원은 그 권한을 표시하는 증표를 지니고 이를 노인 또는 관계인에게 내보여야 한다.

4. 노인학대 예방과 과제

노인학대는 피해학대 노인 측면, 가해자 측면, 가정환경적 측면, 사회문화적 측면 등 여러 요인들이 복합적이고 역동적인 상호작용으로 발생하므로 노인학대 문제를 예방하고 해결하기 위해서는 학대노인과 학대행위자 차원에서 접근해야 하며, 사회적 차원과 정책 차원도 함께 고려되어야 한다.

1) 피학대 노인 차원

(1) 노인을 대상으로 한 노인학대 인식교육

노인들은 학대 사실이 알려진 후 또 다른 학대를 받을 것이라는 두려움으로 인해 피해 사실을 숨기며, 한편으로는 가족이 해를 당할까봐 밝히기를 꺼려하기 때문에 노인학대 사례를 발견하기 조차 어렵다. 뿐만 아니라 학대를 당해도 그것이 학대인줄 인식하지 못하는 경우도 많으며 외부의 원조를 어떻게 구해야 하는지도 모르는 노인이 많다. 따라서 학대노인이 가해 가족원에 대하여 능동적 · 적극적으로 대처해 나갈 수 있도록 노인을 대상으로 노인학대에 대한 인식교육을 강화함이 필요하다.

(2) 노인의 의존성을 줄이기 위한 자기관리 강화

노인은 일상생활 수행능력이 떨어지거나 치매, 뇌졸중과 같은 중증질환을 앓게 되면 부양자에 대한 의존성이 높아지기 마련이다. 이는 부양자에게 부양부담을 주고, 부양자의 스트레스를 가중시키게 되어 노인학대를 유발하는 요인이 될 수 있다. 따라서 노인 스스로 자신의 건강을 관리하여 신체적 · 정신적 기능의 저하를 막음으로써 의존성을 줄이고 자립능력을 제고하는 등의 자기관리를 강화함이 필요하다.

2) 학대행위자 차원(가족차원)

(1) 가족지원서비스 실시

노인학대의 가해자가 주부양자인 직계가족, 특히 주로 아들과 며느리, 딸 등으로 나타남을 볼 때 노인 부양자가 동시에 학대행위자가 됨을 알 수 있다. 학대 원인에서 노인에 대한 부양자의 부양스트레스가 큰 원인으로 나타남을 볼 때, 부양가족의 부양스트레스를 경감시킬 수 있는 가족지원서비스가 필요하다. 가해자의 개인적 특성으로 노인학대가 발생하는 경우, 그에 대한 대책으로는 개인적 성격이나 스트레스가 원인이라면 이에 대한 가족상담이나 가족치료 프로그램을 통해서 부양에 대한 부담을 경감시킬 수 있도록 함도 필요하다. 또한 직업이 없거나 경제적 어려움이 원인이라면 이에 대한 서비스를 모색해 주는 접근도 필요하다.

(2) 노부모 이해교육

노인학대 가족에 대해서는 노인과 동거하는 가족들이 노년기 특성 및 노인의 심리적 특성 교육을 통해 노부모를 이해할 수 있도록 함이 필요하다. 뿐만 아니라 일상생활 수행능력이 떨어지는 의존성이 높은 노인에 대한 수발방법이 미숙하여 부양의 어려움을 겪는 가족에게는 적절한 수발, 간호와 문제행동에 대한 적절한 대처방법 등과 같은 노부모 수발방법에 대한 교육이 필요하다.

3) 사회적 차원

(1) 노인학대를 사회문제로의 인식

우리사회에서는 노인학대 사건을 은폐하려는 경향이 많다. 그러나 노인학대를 개인의 문제 또는 가족의 문제로만 방치하지 말고 사회 전체의 문제로 인식하여 국가 사회적인 대책이 모색되도록 해야 한다. 노인학대의 사회문제로의 인식 전환이 이루어지기 위해서는 복지, 의료 등의 노인관련 전문가에 대한 교육과 홍보가 이루어져야 한다. 또한 신문이나 방송 등의 대중매체를 통한 사회 이슈화 작업이 필요하다.

(2) 피학대 노인에 대한 사회적 지원체계 확립

노인학대에 대한 서비스 체계는 피해자가 급박한 위험에 처했을 때, 현실적 안정을 제공할 응급보호소, 의료서비스를 말한다. 학대받은 노인에 대한 의료서비스를 제공하고, 필요하다면 일시적으로 가해자로부터 격리하여 일시보호시설에 보낼 수 있는 응급보호서비스가 필요하다.

4) 노인학대 예방을 위한 정책지원

노인학대 사례를 조기 발견하고 전문기관에 의뢰할 수 있는 제도 마련이 필요하다. 이를 위해서는 노인과 일상적으로 접하는 지역사회 통·반장이나 사회복지 전담 공무원, 노인복지기관과 노인복지시설의 종사자, 의사, 간호사, 물리치료사, 약사 등의 의료인력, 계량기 검침원이나 아파트 관리인, 경찰관 등을 노인학대 옴브즈맨으로 위촉하여 활동하도록 하는 방법도 모색함이 필요하다. 또한, 노인가정을 수시로 방문하여 재가서비스를 제공하는 노인돌보미, 요양보호사, 방문간호사 등을 노인학대 파수꾼으로 활용하는 방안을 적극적으로 검토함도 검토할 필요성이 있다(황진수 외, 2011).

생각해 볼 문제

1. 노인의 인권에 대하여 생각해 봅시다.

2. 노인학대 예방과 과제에 대하여 생각해 봅시다.

3. 노인학대 해결방안에 대하여 생각해 봅시다.

제14장

노인의 죽음과 호스피스

1. 노인과 죽음
2. 노인과 호스피스
3. 죽음준비교육

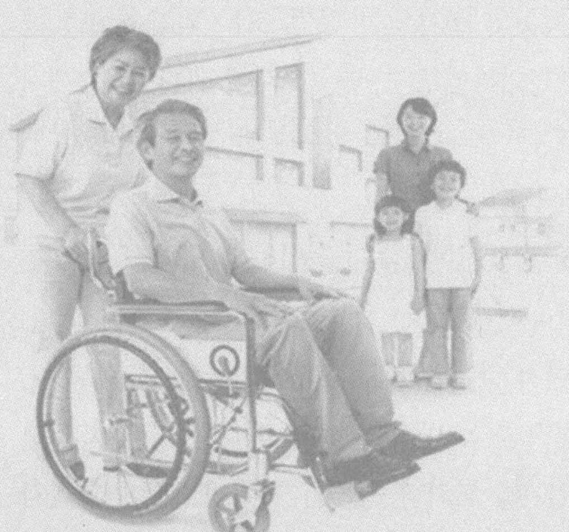

1. 노인과 죽음

1) 죽음의 개념과 정의

임종(dying)은 생명이 끝나가는 것, 죽음이 임박한 것, 점차 소멸되는 것이라 하고 죽음(death)은 생명활동이 정지되어 다시 원상태로 돌아오지 않는 생물의 상태로서 생(生)의 종말을 말한다.

죽음의 유형에는 신체적 죽음(임상적 죽음, 생물학적 죽음, 뇌사)과 심리적 죽음, 인간이 사회 환경에 더 이상 적응될 수 없는 상태로서 현실세계로부터 완전히 위축된 경우를 의미하는 사회적 죽음이 있으며, 편안한 죽음과 편안치 못한 죽음, 긍정적인 죽음과 부정적인 죽음의 원인으로는 자연사, 병사, 돌연사 등이 있다.

죽음에 대한 세계보건기구(WHO)의 정의를 보면 "소생할 수 없는 삶의 영원한 종말"이라 하였고, 한국의 경우 대한의학협회 내 '죽음의 정의위원회'에서는 1983년에 죽음을 "심장기능 및 호흡기능과 뇌반사의 불가역적인 정지 또는 소실"이라고 정의하였다가, 1989년에는 심장, 폐 기능의 불가역적 정지 또는 뇌간을 포함한 전뇌기능의 불가역적 소실이라 하여 재정의하였다. 1993 〈뇌사에 관한 선언〉에서는 "사망은 심폐기능의 정지인 심폐사 또는 전뇌기능의 소실인 뇌사로서 판단한다."고 하여 뇌사를 '죽음'으로 확고히 정의하고 있다.

Kastenbaum은 죽음의 개념에 대하여 다음과 같이 정의하고 있다.

첫째, 죽음의 개념은 항상 연계적이라는 것이다. 즉 발달수준과 관계가 있다.

둘째, 죽음의 개념은 아주 복합적이어서 한두 마디로 설명하기에는 불충분하다.

셋째, 죽음의 개념은 계속적으로 변화한다. 다시 말해서 특정한 시간에 어떤 사람이 죽음에 대한 개념을 정의하였을 때, 이러한 정의가 지속적으로 변화하지 않는 사실이라고 인정할 수 없다.

넷째, 죽음의 개념은 환경의 영향을 받는다.

다섯째, 죽음은 체계적인 발달을 하지 않으며 항상 계속해서 발달하고 있다.

2) 노년기와 죽음

많은 연구에 의하면 노인들은 다른 연령대의 집단보다 죽음에 대해 덜 불안해한다고 한다. 죽음에 대해 공포와 불안감을 갖기도 하지만 한편으로는 죽음의 불가피성을 인지하고 그것을 수용하려고 한다. 하지만 노년기에 접어들면서 죽음을 더 실제적으로 지각하게 되어 죽음불안이 더 심화되고 있고, 사회적인 여러 가지 상황으로 드러낼 수 없어 잠재적인 현상으로서 노인들에게 죽음은 피할 수 없는 가장 두렵고 보편적인 공포로 나타나고 있다.

일반적으로 사람들은 노인은 '죽을 준비가 되어 있다'고 생각하고 또 노인에게 죽음은 당연하고 자연스러운 일이라고 하지만 실제로 노인들도 다른 어떤 연령과 마찬가지로 불안하고 분노하고 부정하기도 한다. 노인의 죽음불안은 늙어가면서 경험하게 될 자신과 타인의 죽음에 대해 그리고 죽어가는 과정에서 발생하는 두려움과 불안이라 할 수 있다. 노인의 경우 죽음에 대하여 수용적이고 긍정적인 태도를 갖지 않고 부정적인 태도를 취하게 되면 노년기 삶 자체가 불안해지고 불만족스러워질 수 있으므로 긍정적이고 적극적인 자세로 죽음의 의미를 추구하고 받아들이는 노력이 필요하다.

3) 노인이 인식하는 좋은 죽음

최근 웰빙(well-bing)과 함께 죽음에 대한 부정적인 시각이 긍정적으로 변하면서 '언제', '어떻게' 죽는 것이 좋은지에 관한 사회적 관심이 증가하고 있다. 웰빙(well-being)=웰다이닝(well-dying)이라고도 한다. 잘 살아 간다는 것은 생을 의미 있게 잘 마무리한다는 의미일 것이다.

그 동안 죽음과 관련된 연구의 결과는 주제는 죽음불안, 죽음에 대한 태도, 죽음준비교육 프로그램 등에 관심이 집중되어 있다.

김미혜 등(2004)의 한국노인의 성공적 노후에 대한 경험 연구는 65세 이상 노인 40명을 대상으로 하여 '좋은 죽음'의 의미에 대한 질적 연구를 하였는데 '복 있는 죽음'이라는 주제어를 찾아냈다.

한나영 등(2002)은 65세 이상 35명을 대상으로 한 질적 연구(좋은 죽음에 대한 노인들의 인식)에서 좋은 죽음의 조건으로 적절한 수명, 고통이나 질병이 없는 죽음 등이 있었다.

'좋은 죽음'에 대한 인식은 개개인의 입장과 문화에 따라 다르고 맥락적 상황에 의해 영향을 받는다(Benoliel, 1991). 즉, 죽음의 개념은 사회 문화적 배경과 시대에 따라 다르며 개인의 가치관, 철학, 삶에 대한 태도에 따라 다르게 정의될 수 있다(김미혜 외, 2004).

〈Debate of Age Health and Care Study Group(1999) 좋은 죽음의 원리〉

① 자신이 죽는다는 것과 앞으로의 일을 예상할 수 있을 것
② 앞으로 일어나는 일들에 대한 조절력을 가질 것
③ 존엄성과 사생활을 보호받을 것
④ 고통 완화와 다른 여러 증상들에 대해 적절한 통제력을 가질 것
⑤ 어디서 임종할 것인지 선택할 수 있는 것
⑥ 어떤 내용이든 필요한 경우 전문가로부터 정보를 얻을 수 있는 것
⑦ 영적 그리고 정서적 지지를 받을 것
⑧ 병원에서 뿐만 아니라 어느 곳에서든지 호스피스 간호를 받을 것
⑨ 임종 시 함께 할 사람을 선택할 수 있는 것
⑩ 생명연장술 사전 선택을 통해 본인의 바램이 존중받는 것
⑪ 주변사람들과 이별할 시간을 갖는 것
⑫ 무의미한 생명 연장을 하지 않는 것

아직 좋은 죽음의 의미에 대한 학문적 합의는 찾아 내지 못하였지만 김윤정(2012)의 연구에 따르면 341명에게 '좋은 죽음은 무엇이라고 생각하십니까?' 질문에 다음

〈표 14-1〉과 같은 결과를 도출했다.

표 14-1 노인이 인식하는 좋은 죽음

범주	하위범주	빈도	퍼센트
주변사람을 배려하는 죽음	배우자와 비슷한 시기에 함께 하는 죽음	8	2.3
	어느 누구에게 폐끼치지 않는 죽음	40	11.7
	다른 사람에게 좋은 사람으로 기억되는 죽음	5	1.5
천수를 누리는 죽음	적당한 수명을 누리는 죽음	8	2.3
	명을 다하는 죽음	12	3.5
내 집에서 맞이하는 죽음	내 집에서 맞이하는 죽음	4	1.2
편안한 모습으로의 죽음	평온한 죽음	24	7.0
	잠자는 듯한 죽음	60	17.6
	아프지 않고 맞이하는 죽음	94	27.6
	임종 과정이 길지 않은 죽음	33	9.7
준비된 죽음	준비된 죽음	6	1.8
원하는 삶을 누리다 가는 죽음	삶의 최선을 다하고 맞이하는 죽음	18	5.3
	삶을 즐기고 맞이하는 죽음	12	3.5
	베풀고 가는 삶을 살고가는 죽음	6	1.8
	신앙 속에서의 죽음	8	2.3
	자손이 잘 되는 것을 보고가는 죽음	3	0.9
총 계		341	100

출처 : 김윤정(2012), 한서대학교 박사학위논문.

(1) 주변사람을 배려하는 죽음

노인은 죽는 순간까지도 자녀와 가족을 생각하는 모습을 볼 수 있다. 배우자와 함께 하는 죽음은 배우자와 뜻 깊은 삶, 행복한 삶을 살다가 비슷한 시기에 가는 것, 배우자와 여생을 보내다가 배우자 옆에서 잠자듯이 맞이하는 죽음, 남편이 내 앞에 죽고 며칠 후에 따라 가는 것 등 노년기에 배우자와 함께 하는 죽음을 좋은 죽음으로 여기고 있다. 노년기 부부의 경우 배우자는 자신에게 유일한 수발자이자 친구이며, 자녀에게 부담을 주지 않는 삶을 살기 위해 필요한 존재이다. 노년의 부부에게 배우자는 자신의 나이 듦으로 인해 자녀에게 부담을 주지 않는 삶을 위해 필요한 존재로 보았다. 또한 노년에 예상할 수밖에 없는 사별에 있어 서로 측은한 존재로 바라보았으며 자신의 죽음으로 인해 배우자의 삶이 측은해 지지 않도록 자신이 남겨지길 원했다고 하였다.

어느 누구에게 폐끼치지 않고, 다른 사람에게 좋은 사람으로 기억되는 것을 좋은 죽음이라 하였는데 이것은 자식, 배우자에게 부담을 주지 않고 죽은 뒤까지도 주변을 배려하는 모습을 볼 수 있다.

(2) 천수를 누리는 죽음

적당한 수명을 누리고 자신이 가지고 나온 자신이 명을 다하는 것을 좋은 죽음이라고 보고 있다. 호상(好喪)이라는 것은 오래살고 복을 누리다가 자신의 명을 다하는 것을 말하는데 이는 자연에 순응하는 죽음, 죽음에 인위적 행위가 가해지지 않는 것으로 본다.

(3) 내 집에서 맞이하는 죽음

집 밖에서 죽으면 객사(客死)라는 문화적인 영향도 있겠지만 가족들의 보살핌 속에서 운명을 다한다면 그 보다 더 좋은 죽음이 어디 있겠는가.

(4) 편안한 모습으로 죽음

대부분의 노인들은 죽음에 직면하여 어떤 형태로든지 고통을 받는 것에 두려움을 가지고 있다. 이러한 두려움을 느끼지 않고 자는 듯이, 아프지 않게 임종과정이 길지 않은 죽음을 좋은 죽음이라 여긴다.

(5) 준비된 죽음

할 일 다해 놓고 정리 다하고 자식에게 남겨 줄 것 다 남겨 주고 정리하고 편히 가는 것, 마음을 정리하고, 주변 정리 깔끔하게 하고, 죽음을 준비하고 이 세상 삶을 잘 정리할 수 있는 시간이 주어지는 것, 모든 일을 정리하고 맞이하는 죽음을 등 자신의 마지막 삶을 정리하고 맞이하는 죽음을 좋은 죽음이라 여기고 있다.

(6) 원하는 삶을 누리다 가는 죽음

삶의 최선을 다하고 맞이하는, 삶을 즐기고 맞이하는, 베푸는 삶을 살고 가는, 신앙 속에서 죽음에 대한 두려움 없이 맞이하는, 또한 자손이 잘 되는 것을 보고 가는 죽음을 좋은 죽음이라 여긴다.

4) 임종의 단계와 임종과정에서의 두려움

(1) 퀴블러 로스의 임종 5단계(E. Kübler Ross, 1969)

① 부정(denial)

임종에 가까운 환자가 자신의 병이 치유될 수 없는 것임을 알게 될 때 나타나는 현상으로 부정은 예기치 않았던 충격적 소식을 들은 후 완충의 역할을 하며 이런 현상은 정상적인 것을 부정함으로써 압도당할 수 있는 사태를 극복할 수 있는 힘을 기르고 시간을 볼 수 있는 역할을 한다.

② 분노(anger)

주위 사람들에게 분노를 직접적으로 표현하므로 가족이나 직원이 감당하기가 아주 어렵다. 이때 주위 사람이 분노를 표현하게 한다면 편안해하고 이유 없이 주위 사람을 괴롭히지는 않을 것이다. 환자를 위해 충분한 시간을 할애해 준다.

③ 타협(bargaining)

이 단계는 아주 짧으며 이 불가피한 사실을 어떻게든 연기하려는 시도를 한다. 타협은 대개 절대자와 하며 생명을 연장해 주면 자기 몸을 기증하겠다고 언약을 하기도 한다. 환자의 행동은 미성숙하고 어린아이 같다고 생각하게 되고 정상적이며 다음 단계의 준비과정이라는 것을 기억한다. 이 때 환자는 표면상 조용해 보이나 속마음은 초조하고 바쁘다.

④ 우울(depression)

회복의 가망이 없는 환자가 자기 병을 더 이상 부인하지 못할 때 극도의 상실감으로 심한 우울증에 빠진다. 이런 환자가 슬픔에 젖도록 놓아 두며 감정을 표현할 기회를 준다. 대화를 원하지 않는 경우도 있으며 옆에 사람이 있어 주기만 해도 도움이 된다.

⑤ 수용(acceptance)

환자가 자기 '운명을 두고 분노하거나 우울해하지 않는 다음 단계로 들어 간다. 그는 이전에 자기 심중을 거쳐 간 감정들을 털어놓을 여유가 생기면 산 사람과 건강한 사람에 대한 질투와 분노를 이야기할 것이다. 어떤 기대를 가지고 다가오는 미래를 바라볼 것이다. 환자의 관심 세계는 좁아지고 혼자 있고 싶어하고 이야기를 나누고 싶어할 수도 있다. 언어를 통한 대화보다 무언의 대화를 나눌 수 있다. 버림받지 않았다라는 확신에서 위로를 받게 되며 자신이 소중한 존재임을 인식하게 된다.

(2) 보울비(Bowlby, 1961)의 임종 3가지 측면

첫째 측면은 '반항'으로, 둘째 측면은 '혼란', 셋째 측면은 '재정립'으로 새로운 사람과의 관계를 다시 형성하기 시작한다.

(3) 파티슨(Pattison, 1977)의 임종 3단계

① 급성위기단계

가족과 임종노인 모두가 극심한 불안감으로 부정, 분노, 우울들과 같은 정서적 반응을 보인다.

② 만성적 삶과 죽음의 단계

임종노인에게 삶과 죽음에 관하여 안정적인 태도와 불안감이 공존하며 사망으로 점점 나아가면서 심리적·신체적 한계에 부딪치게 된다. 따라서 점점 삶보다는 죽음으로 초점이 이동하게 된다.

③ 종말단계

사망 지점에 이르는 단계로 대부분의 임종노인이 심한 심리적 갈등과 혼돈, 위축의 상황을 지나 수용의 자세를 보인다.

이상의 죽음의 단계를 지나면서 죽음에 직면하게 된 사람들은 다음과 같은 두려움을 갖게 된다고 한다(Pattison, 1977: 97~107).

① 미지의 죽음에 대한 두려움

죽음 이후의 미지의 세계와 자기 존재의 사라짐에 대한 두려움을 갖는다. 다른 모든 일은 경험했거나 타인들에게 경험담을 들어서 알지만 세상 어느 누구도 죽음을 경험했거나 죽음의 세계를 확인할 수 있는 과학적 근거가 없기 때문이다. 그러나 종교적 믿음을 가지고 있는 경우 사후세계에 대한 확신과 비전을 가질 수 있으므로 미지의 것에 대한 두려움이 덜어 질 수 있다.

② 외로움에 대한 두려움

죽음으로 인해 사랑하는 사람들과 헤어져 혼자 남게 될 외로움에 대해 심한 두려움을 가지며 가족, 친지들의 외면으로 인한 이러한 두려움이 더욱더 증폭될 수 있다.

③ 가족들을 잃는다는 두려움

자신이 아끼는 모든 사람들을 잃는다는 슬픔과 두려움, 상실감 등이 교차한다. 이때 친지 및 가까운 사람들의 문병 인사, 함께 있어 주는 것 등이 상당히 도움이 된다.

④ 신체적 상실에 대한 두려움

자신의 신체 일부가 변형되거나, 상실되거나 기능이 떨어지게 되면 인간은 상실감에 빠지게 되며 암과 같은 장기 내부질환 등의 경우 더욱 큰 두려움과 공포감을 느끼게 된다.

⑤ 자기 통제력 상실에 대한 두려움

치매, 뇌손상, 정신기능 이상에 의한 자기통제력 상실은 신체기능 상실보다 더 큰 두려움을 주며 투병 중 정상적인 정신 상태에서는 그 두려움이 더욱 상승하여 수치감을 갖게 되기도 한다. 특히 대·소변 조절기능이 상실될 경우 수치감과 두려움은 더욱 증가하여 죽음이 앞당겨지기를 바라기도 한다.

⑥ 정체성 상실에 대한 두려움

죽음이 가까워오면서 가족이나 주변사람들과의 접촉이 드물어지면 자신의 존재성에 대해 의심을 갖고 자기정체성이 말살되기에 이르기도 하며, 이에 대하여 심한 두려움을 갖는다. 이러한 두려움으로 유산이나 장기 등을 기증하려는 시도를 하기도 한다.

⑦ 통증에 대한 두려움

통증과 함께 동반되는 것은 자신이 고통을 참지 못하는 데서 오는 공포와 두려움으로, 이 때는 진통제로 신체적 고통을 덜어 주거나 통증이 자신의 의지력과는 관계없다는 점을 인지시켜 줄 필요가 있다.

⑧ 퇴행에 대한 두려움

자신이 점점 나약해져 어린아이 같이 남에게 의존하고 보잘것 없는 자신을 보여주는 데 대해 두려움을 갖게 되는데, 이때 종교적 믿음과 철학이 있으면 이러한 두려움을 극복하는데 상당히 도움이 된다.

죽음에 대해 모든 사람들이 이러한 단계나 두려움을 명확하게 거쳐 가는 것은 아니며, 이러한 과정을 거쳐야만 편안하게 죽음을 받아들이게 된다는 증거는 없다. 사람에 따라서 그 단계들 사이를 왔다 갔다 할 수도 있고 단계들이 다른 순서로 거치게 될 수도 있다. 임종이란 하나의 사건이 아니라 일련의 과정이기 때문이다. 임종에 관한 단계이론은 임종과 사별을 겪는 사람들을 이해하는 데 매우 중요한 통찰을 제공하는 동시에 단계들과 상관없이 이러한 과정에서 이를 극복하여 평안한 죽음에 이르도록 노력하는 개인의 삶의 태도가 더욱 중요하다.

2. 노인과 호스피스

호스피스 정의는 임종 단계에 있는 환자가 남은 생애를 끝까지 평화롭고 안정된 삶을 살며 인간의 품위를 유지하여 평화롭게 자신의 죽음을 맞을 수 있도록 돕는 것이다.

호스피스의 기본 가치인 인간의 존엄성을 직면한 어떤 사람도 그 사람이 어떤 형편에 처해 있더라도 인간다운 생활과 삶을 살 권리가 있고, 이러한 삶의 유지를 위해 기회의 균등이 이루어져야 한다는 점에서 비록 노인이라 해서 기회의 폭이 제한된다든지, 남아 있는 생이 고통이라면 당연히 이러한 노인들을 지원할 방법을 모색해야 한다.

1) 호스피스의 개념과 정의

1978년 조직된 국제 호스피스기구(National Hospice Organization)에 의하면 "호스피스는 임종환자와 그의 가족에게 육체적 · 심리적 · 사회적 · 영적인 간호를 제공하는 지지적이고 고식적인 봉사(전산초 · 최영희, 1994)"이며, "호스피스란 지속적인 진행성 질병의 최종단계에 처한 사람들의 고통을 경감시켜 정서적 · 사회적인 도움을 줌으로써 임종자들로 하여금 선종(善終)하도록 해 주는 봉사로 주로 말기 암 환자나 임종을 앞둔 노인들을 대상으로 하는 것(김범수, 1992)"이라고 정의하고 있다. Webster사전에는 "여행자를 위한 숙소 또는 병자나 가난한 사람들을 위한 집(inn)", Terry Miller는 "인간이 죽음에 앞서 멈추어 휴식하는 장소로 모든 이와 작별하기 전에 자신의 삶을 가다듬고 완결하는 장소", Douglas Mekell은 "특별한 장소가 아니라 돌봄의 개념(김혜자, 1998)"이라고 정의하고 있다.

호스피스 어원은 라틴어의 호스피티움(hospitium)에서 유래했으며 이 말에는 손님을 정성스럽게 대접한다는 의미가 있다. 영어의 hospitality 혹은 병원을 의미하는 hospital 등의 어원도 있다(이해영 · 안향림, 2000). 다른 유래로는 호스피스는 라틴어의 hospes란 어원으로 출발하며, 주인(host)과 나그네인 손님(guest), 즉 인간이 서로 돌보아 준다는 의미가 있다. 그리스에서는 여행자에게 편히 쉬고 갈 수 있도록 의식주를 제공해 주고 필요한 돌봄을 베푸는 풍습이 있었고, 특히 병든 이를 쉬게 해 주었다.

호스피스 목적은 치료 불가능한 질병의 마지막 단계에 있는 사람들이 가능한 충만하고 평안하게 살도록 치료와 지지를 제공(NHO, 1979)하는 것이다.

2) 유래

호스피스 활동은 중세기에 예루살렘으로 성지순례를 가는 사람들이 하룻밤 편히 쉬어 갔던 숙박소에서 유래되었다. 아픈 사람이나 죽어가는(dying) 사람에게 숙식과 약을 제공해 주고 보살펴 준다는 의미를 담고 있으며, 죽어가는 환자를 하나의 인간으로 대우하고, 품위를 잃지 않고 평화스러운 마음으로 임종할 수 있도록 신체적 · 정신적 · 사회적 욕구를 충족시켜 주며, 아울러 가족들도 격려, 지원해 주는 것이 호스피스 활동이다.

현대 호스피스 운동의 선구자는 영국의 여의사 Cicely Saunders로 1950년대 후반 말기환자와 관련된 통증을 조절하기 위한 기술을 개선하였다. 이상적인 Hospice care를 시도하기 위해서 1967년에 St. Christopher`s Hospice를 설립하게 된다. 이는 오늘날 미국과 캐나다에서 체계화되고 전문화된 Hospice care를 시작하는 모델이 되었다. Cicely는 통증조절을 위한 Drug protocol을 창안하는 과정에서 동통의 약리에 관한 연구를 하면서 동통(pain)이란 단지 신체적인 측면뿐만 아니라 정서적 · 사회적 · 경제적 · 영적인 측면과 관련이 있음을 주장하면서 전인적인 이해와 치료가 필요하다고 강조하였다. 1969년 Kübler Ross의 'Death and Dying'에서 죽어 가는 환자들의 욕구가 충족되지 않고 있음을 밝히고, 이런 욕구들을 충족시킬 수 있는 방법들을 제시하며 Hospice care를 받아들이는데 많은 영향을 미쳤다. 1974년 미국에서는 처음으로 코네티컷 주에 Connecticut Hospice Inc가 설립되어 초기에는 Home care program을 진행, 1980년 약 40명의 환자를 위한 입원시설을 갖추어 현재 미국에는 3,000개 이상의 Hospice Program이 있고, 세계에는 거의 6,000여 개의 호스피스 · 완화의료기관이 있으며, 대부분 미국, 영국, 캐나다, 오스트레일리아, 뉴질랜드 등에 분포하고 있다. 아프리카, 남아메리카, 한국, 홍콩, 일본을 제외한 아시아, 태평양 지역에는 거의 없다(Doyle, 1998).

한국에서는 1963년 '마리아의 작은 자매회 수녀회' 수녀들에 의해 강릉의 갈보리의원에서 임종환자들을 위한 7개 침상으로부터 호스피스가 시작하고, 1979년 간호사들에게 호스피스 교육이 제공되었으며, 대학병원에서 호스피스 활동을 시작하는 계기가 되었다. 1987년 3월에는 성모병원과 강남성모병원에 호스피스과가 개설, 운영되었으며, 1987년 연세대학교 간호대학의 왕매련 교수는 미국 감리교 여선교회의 지원을 받아 호스피스 위원회를 구성하고 자료 개발을 하여 자원봉사자 교육을 시작, 그 후 1988년 3월 세브란스 암센터에서도 가정간호 호스피스 프로그램을 시작하여 편안한 임종을 할 수 있도록 지원하였으며, 강남성모병원에 10병상의 호스피스 병동이 신설되어 환자를 돌보게 되어 호스피스는 1980년대에 접어들면서 활발히 성장하고 꾸준히 확산되어, 현재는 전국적으로 호스피스완화병원 및 기관은 한국 호스피스완화의료학회에 등록되어진 회원기관은 112개이며 보건복지부에 등록되어 있는 완화의료기관 병원은 2012년 8월 현재 49개 병원, 782병상으로 꾸준한 발전을 하고 있다.

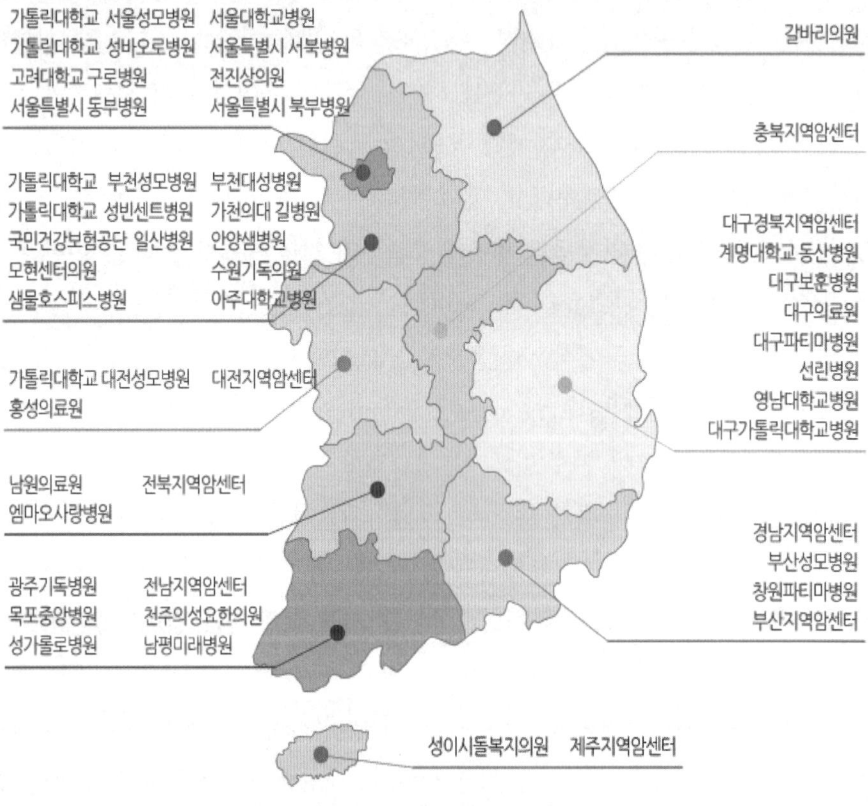

[그림 14-1] 호스피스 완화의료전문기관

참고)

한국의 호스피스 완화의료제도

□ 추진 배경

○ 암성통증으로 고통받는 말기암환자의 부적절한 의료이용 행태 만연

  * 보완대체요법 이용률 40.7%, 비진료 32.4%

○ 완화의료의 인식 개선에도 불구, 양질의 완화의료 서비스 제공 미약

  * 일반 국민의 완화의료 이용 의도 57.4%('04)→84.6% ('08), 완화의료 수혜율 9%('10)

[그림 14-2] 호스피스 완화심볼

□ 추진 현황

○ 암환자 완화의료전문기관 지정과 운영('08. 9~)

– "말기암환자 전문의료기관 지정기준 고시('08. 9. 11)" 제정 이후 인력 · 시설 · 장비 기준을 충족하는 경우 지정

  * 의사 : 1일 입원환자 20명당 1인, 간호사 : 1일 입원환자 2명당 1인, 사회복지사 상근 1인

– 완화의료전문기관 질 향상을 위해 사업평가 실시 및 사업비 지원

  * 평가 결과를 토대로 완화의료 사업비 차등 지원(국고 22억원, 기관당 평균 50백만 원)

□ 추진 계획

○ 완화의료 인지도 제고를 위한 대국민 홍보 강화

– 매년 '완화의료 캠페인 주간'을 통해 집중 홍보(매년 10월 두 번째 주)

  * 10월 9일 세계호스피스완화의료의 날을 기념하여 '10년에 처음 도입

  * 완화의료기관 뿐만 아니라 학회 · 민간단체 등이 전국적으로 다양한 행사 개최

○ 완화의료 서비스의 지역 접근성을 적극적으로 확대

– 지방의료원 등 지역사회 완화의료 병상 확충 유도(완화의료 병상충족률 29.5%)

  * 적정 완화의료 병상 : 2,500병상(인구 1백만 명당 50병상 기준(영국))

– 보완형 '완화의료팀' 및 가정형 호스피스제도 도입 방안 연구

  * 말기암환자 완화의료 지원사업 평가 및 중장기 계획 수립('12. 7~'13. 6, 국립암센터)

○ 완화의료 건강보험 수가 시범사업을 통한 적정 수가 개발(보험급여과)

– 1차 시범사업('09. 12~'11. 5) 완료, 2차 시범사업('11. 09~'12. 12) 중

  * '13년 이후 본 사업 도입 추진

※ 각국의 '완화의료(palliative care)'의 정의와 제도

◇ 세계보건기구(WHO, 2002)

- 완화의료란, 통증 및 증상 완화, 신체적, 심리 사회적, 영적 영역에 대한 포괄적인 평가와 치료를 통해 환자 및 가족의 삶의 질 향상을 목적으로 하는 의료

◇ 미국 호스피스 완화의료협회(NHPCO)

- 완화의료란, 말기환자나 가족에게 입원간호와 가정간호를 연속적으로 제공하는 프로그램으로 완치가 되지 않는 말기환자가 가능한 한 편안하게 살 수 있도록 하는 지지와 간호

◇ 일본(Hospice Palliative Care의 기준)

- 호스피스 완화케어란, 생명을 위협하는 질환에 직면하는 환자와 그 가족의 QOL(인생과 생활의 질)을 개선할 목적으로, 다양한 전문직과 자원봉사자가 한 팀으로서 제공하는 케어

◇ 대만(호스피스 완화의료 조례)

- 호스피스 완화의료란, 말기환자의 고통을 경감 및 해소하기 위하여 완화적 · 지지적 호스피스를 제공하거나 심폐소생술을 실시하지 않는 것

  ※ 대만의 완화의료제도는 이례적으로 존엄사 관계 사항이 포함되어 있음

◇ 한국(암관리법, 2010)

- "말기암환자 완화의료"란 통증과 증상의 완화 등을 포함한 신체적, 심리 사회적, 영적 영역에 대한 종합적인 평가와 치료를 통하여 말기암환자와 그 가족의 삶의 질을 향상시키는 것을 목적으로 하는 의료를 말한다.

표 14-2

각국의 완화의료제도 비교

구분	영국	미국	일본	대만	프랑스
도입시기	1879년	1968년	1981년	1990년	1874년
도입 배경	종교단체 활동으로 전파	60년대 죽음에 대한 관심 대두	80년대 노인인구 증가 및 암사망자 급증	기독교 단체를 중심으로 시작	천주교 수녀들의 활동으로 전파
본격 도입	1967년	1982년 (메디케어에서 인정)	1990년 (보험 항목 인정)	1995년 (교육비 지원 이후 급속한 발전)	1986년 (호스피스에 대한 최초 공문 발표)
주 대상	말기 만성질환자	말기환자	말기암환자 및 AIDS 환자	말기환자	진행 또는 말기 질환자
시설 현황	독립시설 : 3,000 병상	호스피스 프로그램 : 3,200여 개	병원호스피스 : 87개소	입원기관 20개 (259병상)	독립형 기관 : 60개, 600

구분	영국	미국	일본	대만	프랑스
	가정호스피스 : 384팀 병원호스피스 : 250개 데이케어 : 약 200개	(독립시설 40%, 병원 30%, 가정호스피스 23%, 기타 7%)	미승인시설 : 51개소		병상 가정호스피스와 연계 : 4000병상
주된 재원	후원금 NHS보조금	메디케어, 메디케이드 주 재정	건강보험	건강보험	사회의료보장 기구에서 전액부담
진료비	본인무료	일당정액제	일당정액제	일당정액제	본인무료
공통 사항	사업유형	병원 내 호스피스 병동, 독립형 호스피스, 가정방문 호스피스			
	인력	의사, 간호사, 사회복지사, 심리학자, 자문영양사, 자문약사, 성직자, 물리치료사, 자원봉사자 등			

출처 : 보건복지부 호스피스완화의료 홍보 보도자료 중(2012. 10. 8).

3) 호스피스의 형태

호스피스 활동은 장소에 구애됨이 없이, 즉 대상자가 그 순간에 어느 곳에 있느냐에 관계없이 지속적으로 돌봐 주어야 한다. 과거에는 임종을 맞이하기 위해 집으로 가는 경우가 많았으나 오늘날에는 의학기술의 발달과 병원 시설의 증가 및 맞벌이, 핵가족화로 인한 생활상의 변화로 병원에서 죽음을 맞이하는 경우가 증가하고 있다. 의료기관 이용 4명 중 1명은 노인이고, 특히 노인 입원환자가 늘어 의료기관에서 임종을 맞는 사례가 급증하고 있는 것으로 나타났다.

(1) 병동형 호스피스

병원 부속형 호스피스라고도 하며 병원 내의 일부병동 안에서 호스피스 활동을 하는 것으로 전문의사 및 간호사가 돌보고 있다.

(2) 분산형 호스피스

병원 내 분산되어져 있는 호스피스 형태를 의미한다. 이러한 형태의 호스피스는 환자들이 주로 내과 병동이나 암 병동에 입원하게 되면 병상이 남아 있는 경우 빈 병상을 활용한다는 측면에서 편리한 점도 있다. 그러나 다른 환자들과 함께 지내면서 다른 환자가 회복되어 퇴원하는 것을 봄으로써 호스피스 환자에게 심리적 불안을 더욱 가중시킬 수 있다.

(3) 독립형 호스피스

별도의 독립된 건물을 가지고 호스피스만을 운영하는 체계이다.

(4) 가정 호스피스

일정 기간 동안 병원에 내원 치료를 하면서 가정에서 가정간호를 필요로 하는 대상자와 이미 치료를 포기했거나 경제적인 형편으로 인하여 가정에서 생활하는 경우에 실시되는 체계이다.

4) 노인임종 호스피스의 실제

(1) 가정 호스피스

죽음을 앞둔 환자는 가족의 정성어린 돌봄과 친숙한 환경인 가정에서 편안히 죽음을 맞이하기를 희망한다. 그러므로 간호제공자는 가정에서 말기환자의 증상 및 통증관리를 적절히 이루어 의미 있는 삶이 되도록 도와주어야 하며 환자를 돌보는 가족을 지지해야 함은 물론 가족과 함께 환자의 죽음을 위해 노력하여야 한다.

① 가족을 위한 지지

가족의 적절한 지지 없이 임종환자를 돌보게 되면 신체적으로 기진맥진하게 되고 정서적으로 산란하여 쉽게 소진될 수 있다. 가족이 적절한 지지나 지식, 기술 없이 장기간 고생했다면 확실한 지침을 통한 지지가 효과적이다. 큰 변화는 피하면서 질서의 재확립을 위해서 가족에게 즉각적으로 요구되는 기술들을 직접 가르쳐 주는 방법으로 가족과 함께 환자를 돌보도록 한다. 직접적으로 개입하기보다는 환자나 보호자의 자기결정 · 자기관리를 조장하는 접근법을 고려한다. 환자와 가족이 기존의 지지망을 규명하고 행동하는 것을 도울 수 있으며 가족에게 친척, 친구, 교회인, 호스피스 자원봉사자, 고용된 간호 제공자들을 확장된 자원으로 이용하도록 격려한다. 환자와 가족으로 하여금 그들은 일시적으로 극심한 스트레스 상황에 있는 것이며, 자신들은 유능한 사람들이라는 신념을 갖도록 해서 환자와 가족이 스스로 격려하고 이겨낼 수 있다는 믿음과 신념을 조장한다.

가족은 환자 곁을 떠나는 것에 대해 죄의식을 느낄 수 있다. 그러나 잠시 환자 곁을 떠나 쉬는 것이 환자나 가족 모두에게 도움이 된다는 것을 강조해야 하며, 환자를 돌보는 가족원은 밤에 깨어 있어야 하고 낮에 거의 쉬지 못하므로 지치고 우울해지며 자신감이 저하된다.

② 장례계획

환자들은 임종 때까지 정신이 맑을 수도 있고 수주 전부터 혼수상태일 수 있다. 가능하면 장례계획에 대해 구체적인 계획을 수립하게 돕는다. 가족들이 미리 장례절차를 관장하는 곳을 알아보게 하며 임종을 선언하게 될 의사의 선정에 대한 논의도 하고 환자와 가족의 종교도 고려하도록 돕는다. 가족은 임종 전에 장례를 계획하는 것이 잔인하다고 느낄 수 있지만 오히려 임종 직후 가족의 상실감을 감소시킬 수 있다.

③ 죽음에 임박한 증상

- 활력상태의 변화 — 체온, 맥박, 호흡, 혈압의 변화는 임종이 임박했음을 나타내는 기본적인 증상이다. 맥박횟수가 증가하고 불규칙해지는데 이것은 심장 박출 능력의 장애가 오기 때문이며, 호흡은 혈액이 감소되기 때문에 약해지고 체온은 대사작용이 저하되므로 떨어진다.
- 음식과 수분섭취량 감소 — 환자가 식사나 음료를 섭취하는 양이 적어지게

된다. 왜냐하면 환자가 자연히 먹거나 마시는데 에너지를 쓰지 않으려는 경향이 나타나기 때문이다. 임종의 과정에서 영양이 요구되지는 않는다.

- 소변량 감소—소변량은 감소되고 농축된다. 순환기능 부전은 심기능 부전으로 전환되어 소변량이 적어지게 된다.
- 불규칙적인 호흡의 변화—수면시 숨쉬는 것이 불규칙적이 되어 어떤 때에는 10~30초간씩 호흡을 멈추는 때도 있다*. 이러한 상태는 아주 흔하게 나타나며 혈액순환이 잘 안 되고 몸에 노폐물이 쌓이기 때문에 일어난다. 이러한 증상은 폐순환 상태의 부족으로 폐에 수액이 차 있는 것이 원인이 되기도 한다.
- 그르렁거림—구강의 분비물이 많아져서 목 뒤에 모이게 되고 인두와 기관지 내에 분비물이 축적되어 가래를 뱉어 낼 수 없으므로 목과 가슴 속에서 그르렁그르렁거리는 소리를 내게 된다. 이러한 증상은 신체가 수분을 흡수할 수 없게 되고 가래침을 정상적으로 배출할 수 없기 때문에 일어난다.
- 느린 순환작용—심장의 박출량이 감소하고 혈액량도 적어지며 신체의 사지는 차가워지기 시작한다. 그러므로 팔이나 다리를 만져 보면 체온이 낮은 것을 알 수 있게 된다.
- 사라져 가는 의식—정상적인 의식 수준은 산소와 이산화탄소의 균형과 신경계의 상호작용으로써 결정되는데, 임종단계에서는 심장, 폐, 간, 신장, 신경계가 균형을 유지할 수 없으므로 의식수준이 떨어진다.
- 기억력 상실—시간, 장소, 가까운 가족을 알아보지 못한다. 원인은 신진대사의 변화로 혈액 내의 불균형과 화학물질이 뇌에 영향을 미치기 때문이다.
- 극도의 불안—침대를 흔들고 뒤틀고 어쩔 줄 몰라 하는 것은 독성화학물질, 부적절한 뇌의 관류, 저산소증 때문에 극도로 고통과 흥분상태가 되어 나타나는 증상이다. 불안과 공포를 느끼는 경우에는 누군가가 같이 있어 주는 것이 가장 최상이다.
- 청각과 시력 감퇴—임종의 마지막 순간에는 염불이나 성가를 불러 주거나

---

* 체인스톡 호흡(cheyne-stokes respiration) : 호흡리듬이 불규칙하며 무호흡과 과도호흡이 교대로 일어나는 것이 특징이며 임종 시 볼 수 있다.

여러 사람들이 둘러싸고 조용한 기도의 분위기를 조성하는 것이 좋다. 이때 주위의 모든 가족들은 임종하는 환자가 비록 다른 감각적 자극을 더 이상 인식할 수 없는 때에도 목소리만을 들을 수 있다는 것을 알아야 한다. 따라서 방에서의 대화는 환자가 깨어 있다는 듯이 이루어져야 한다. 가족들은 서로 환자가 반응을 못하는 경우라 하더라도, 환자를 만져 보고 손도 잡아 보고 말을 걸기도 하고 격려해야 한다. 이러한 지속적인 교류는 가족들에게 도움이 될 뿐만 아니라 임종을 맞고 있는 환자에게도 위로를 줄 수 있다. 이와 같은 행동은 모두에게 있어 인생의 마지막 순간을 아름답게 장식하는 좋은 모습이다.

④ 임종과정에서 사회복지사의 태도와 역할

임종과정에서 사회복지사는 임종과정을 겪고 있는 노인과 그 가족들에게 어떻게 하는 것이 좋은가? 노인은 평안한 죽음을 맞이할 수 있도록 도우며, 가족들에게 임종과정과 사별과정에서 오는 어려움과 슬픔을 극복하여 정상적인 역할과 기능을 할 수 있도록 원조를 제공하는 것이 사회복지사의 역할이다(김길태, 2002).

임종과정에 개입하는 사회복지사는 실천 태도면에서 다음과 같은 태도를 견지해야 한다(Smith, 1982: 210~213).

- 신뢰 — 비탄을 피하지 말고 클라이언트의 고통을 완화시켜 준다.
- 의지 — 회피하거나 클라이언트에 대해 심판적이거나 압도하는 태도를 취하지 않는다.
- 확신 — 놀라거나 당황하거나 불확실한 태도를 보이지 말아야 한다.
- 관심 — 허용적이고 관심을 쏟으며, 작은 요구에도 민감하게 응해야 한다.
- 이해력 — 당사자가 개인의 상황이나 체험의 의미를 파악하도록 노력해야 한다.

⑤ 사별관리

임종 후 가족의 바람은 다양해 임종을 확인하기 위해 사체와 함께 있기를 원할 수 있으며 사체를 목욕시켜 주고자 하는 가족도 있다. 어떤 가족은 시신을 집으로 옮기고 싶어한다. 종교의식에 대한 가족의 요구도 파악하여 도와준다. 환자의 유품은 가족이 시간을 가지고 정리하게 내버려 둔다. 그 동안 사용했던 약제나 물품은 가족의 요구에 따라 신속히 처리한다. 호스피스팀은 환자와 가족이 어떤 선택을 하든지 그 안에 그들을 지지하고 도우며 죄의식을 느끼지 않도록 배려한다(노유자 외, 1998).

독일에서는 노인이 시설에서 임종하는 경우 3일간 새로운 노인을 입소하지 않고 그 방 앞에 촛불을 켜두어 꽃으로 장식해 두고, 방명록을 만들어 어느 때고 그 시설을 찾아 부모님을 애도하는 글을 남기고 추억할 수 있도록 해 두어 아쉬운 마음을 덜어 주고 있다. 다음은 Davidson(1985) 사별과정의 4가지 측면이다.

표 14-3

Davidson(1985) 사별과정의 4가지 측면

단계	느 낌	신체증상	지 지
1. 쇼크와 무감각 (약 2주)	- 외부자극 거부 - 기절할 것 같은 느낌 - 강한 분노와 돌연한 공포 - 여러 가지 역할장애 - 판단의 어려움	- 입이 마른다. - 목이탄다. - 숨쉬기가 어려워 진다. - 울음 · 한숨	- 외부자극 피함 - 일상적인 일 피하도록 - 자기 집에 있도록 - 식사 잘 하도록
2. 그리워 하고 절망하는 상태(2주~4개월)	- 안절부절, 분노, 죄의식 - 고인의 목소리, 체취, 모습 등 그의 현존을 알게 됨 - 자신이 마치 미치는 것 같은 느낌 - 고인의 꿈, 강한 외로움	- 무기력 - 피로감 - 긴장과 신경증상 유발 가능 - 과대행동	- 식사 잘 하도록 - 편안하게 쉬도록
3. 혼돈, 혼란한 상태 (4~8개월)	- 현실과 자기역할에 대해 혼란스러움 - 우울 - 죄책감 - 스스로의 자문자답	- 식사장애 - 정신집중 어려움 - 불면증, 신경증호소 - 감기와 같은 증상호소	- 이 시기가 가장지지 필요 * 자연스럽게 지나가도록 도와주고 너무 기간이 길면 전문가의 지도를 받도록

단계	느 낌	신체증상	지 지
4. 해결과 재조정	- 해방감 - 예전과 같은 판단력과 문제해결 능력 회복 - 고인에 대한 기억이 실제화	- 예전 상태로의 복귀 - 정상적인 수면, 식사	- 대개 1년 정도 추후관리를 하고, 가능하면 18개월 정도 하는 것이 좋다.

⑥ 사회복지사 자신의 스트레스 대처하기

아동과 달리 노인을 돌보는 현장에서 가장 어려운 점이 어르신과 이별이다. 노인복지관이나 방문요양 같은 경우에는 일정 기간 이별하는 연습을 할 수가 있지만, 요양시설이나 병원에서 임종을 맞이하시는 분들을 만나게 되는 경우 사별가족만큼은 아니지만 사회복지사도 죽음과 관련된 불안을 갖게 되거나 원조과정에서 신체적, 심리적인 스트레스를 많이 받게 된다. 우울감, 좌절감, 죄책감을 경험하기도 하는데, 이를 극복하기 위해서 스스로 스트레스를 관리하고 경감시키는 적극적인 관리가 필요하다. 요양시설에서는 임종 노인을 담당한 직원에게 일정 편안한 공간을 제공하고 휴식을 취할 수 있게 하는 것이 직원의 소진도 줄이고 다른 노인을 돌봄에 죄의식을 덜어 낼 수 있게 하는 등 시설에서의 배려도 필요하다.

(2) 시설에서의 호스피스

2008. 7. 1부터 노인장기요양보험제도가 시행됨에 따라 「노인복지법」 개정(2007. 8. 3 공포)으로 2008. 4. 4부터 노인주거복지시설에는 "노인공동생활가정"이, 노인의료복지시설에는 "노인요양공동생활가정"이 각각 신설됨에 따라 2011. 12월 말 현재 70,618개소의 노인복지시설이 운영되고 있으며, 시설을 이용할 수 있는 입소정원은 158,839명으로 나타났다(노인보호전문기관 25개소 제외, 노인복지법 시행규칙의 개정(2011. 12. 8 시행)으로 노인전문병원(2010. 12월 정원 12,207명), 노인휴양소는 현황에서 제외함).

노인장기요양보험제도의 시행으로 재가노인복지시설 중 방문요양서비스가 2008년 1,111개소에서 2009년 1,228개소로 증가하였다가, 2010년 단기보호시설 전환으로 인하여 다시 1,118개소로 감소하였으며, 2011년은 1,180개소로 증가하고, 노인의료복지시설은 2008년 1,754개소에서 2010년 3,775개소, 2011년은 4,079개소로 2008년 대비 2,325개소가 증가하였으며(노인전문병원 제외) 양로시설이나 경로당 등 노인주거복지시설이나 노인여가복지시설은 2008년 대비 증가폭이 크지 않았다.

2008년도 노인장기요양보험의 시행 이후 재가서비스 단기보호의 시설 전환 등으로 인하여 2010년도는 노인의료복지시설의 수가 큰 폭으로 증가하였으며, 2011년도는 특히 노인요양공동생활가정의 수가 큰 폭으로 증가하였다.

- 노인요양시설 — 2008년 1,332곳 → 2010년 2,429곳 → 2011년 2,489곳으로 2008년 대비 86.7% 증가
- 노인요양공동생활가정 — 2008년 422곳 → 2010년 1,346곳 → 2011년 1,590곳으로 2008년 대비 276.8% 증가

그리고 재가노인복지시설 중 단기보호는 2008년 217 곳에서 2010년 67곳으로 150곳이 감소(사유 : 단기보호의 시설전환)하였으며, 2011년 95곳으로 2010년 대비 41.8% 증가하였다.

시간이 흐를수록 노인요양시설과 노인요양병원을 이용하는 노인의 수가 늘어날 것이며, 가족문화의 변화로 집에서 보다는 시설이나 병원에서 임종을 맞이할 노인의 수가 더 늘어날 것이다. 하지만 호스피스 완화의료기관이나 시설을 제외한 일반 노인시설에서는 호스피스 활동이 미비함을 지적하며 향후 노인의 삶의 질 향상을 위해 생존에서 뿐만 아니라 임종 시에도 품격있는 죽음을 맞이할 수 있도록 더욱더 노력할 필요가 있을 것이다.

현재 요양시설에는 사망 및 장례절차 규정을 운영하고 있으나 시설 노인이 임종 시 보호자에게 통보하고 보호자 의사에 따라 장례절차를 결정하며, 보호자가 없고 국민기초생활보호 대상자인 경우에는 국민기초생활보장법에서 제시한 비용을 부담하고, 추가비용에 대해서는 가족이 부담함을 원칙으로 하며, 다만 보호자가 있더라도 경제적 능력이 없는 경우 시설이 부담할 수 있다는 내용만 규정에 제시하고 있다.

임종이 다가온 입소자에게 대해서는 그가 원하는 것을 되도록 해 줄 수 있어야 하고 평상시와 달리 드시고 싶어하는 것이 있으면 지체 없이 제공해 주는 것이

필요하겠다. 요양보호사와 직원은 임종 증후가 나타나면 가족에게 즉시 연락을 취하고 가족이 오기 전까지는 곁에서 함께 있어 주는 것이 필요하다.

> "선생님, 포도주 한 잔을 꼭 마시고 싶소……"
> 직원들은 어르신이 그 동안 식사도 물도 못드셨는데 싶어 얼른 와인을 준비하여 드렸더니 화이트 와인도, 레드 와인도 이 맛이 아니라고 짜증을 부리신다. 연세 85세, 평생을 섬에서만 지내신 분이 좋아하는 와인은 무엇일까? 직원들과 상의해 보니 '포도에 설탕을 넣고 알코올을 부어 담근' 한국형 포도주였다. 부랴부랴 주변을 통해 구해온 한국형 포도주 한 잔을 받아 드시고는 "아~ 이 맛이요. 우리 집 할멈이 내게 매년 담궈 준 " 이 말씀 남기시고 그 분은 일주일 만에 임종하셨다.
>
> OOOO요양시설 직원의 수기 중

3. 죽음준비교육

죽음을 이야기하는 것은 삶을 이야기하는 것이며, 죽음준비는 곧 삶에 대한 적극적인 의지표현이다. 노년기 삶과 죽음에 대한 고민은 노년기 발달과업의 느낌을 갖도록 돕는 것이다.

죽음의 문제는 육체적 연명만의 문제가 아니다. 죽음은 인간의 삶과 표리일체를 이루기 때문에 어떤 사람이 자신의 삶을 끝맺는 방식은 곧바로 그가 삶을 어떻게 살았는가 하는 문제와 직결된다. 죽어 가는 사람이 마지막 단계를 어떻게 인간답게 보낼 수 있는지, 자기 자신은 죽음을 어떻게 맞이할 것인지 보다 폭넓게 접근해야 한다. 죽음준비교육은 삶의 교육이다. 죽음준비교육은 죽을 각오를 하라는 것이 아니라 죽음준비를 통해서 삶을 보다 의미 있게 변모시키기 위한 것이다. 일상의 삶 속에서 자신이 죽음을 어떻게 맞이할 것인지, 하루하루의 생활 속에서 자신의 죽음을 준비하면서 자기가 사는 방식을 수시로 되돌아보아야 한다(Deeken, 1996;

오진탁, 2002).

죽음준비교육이 노인들에게 필요한 이유는 노인들은 인간발달 과업상 다른 어떤 연령층보다도 죽음과 가까운 연령층이기 때문이다. 그리고 노년기는 은퇴나 여러 가지 역할의 종결로 인해서 얻게 된 많은 여가 시간들이 오히려 삶의 의미까지도 잃어버리게 할 수도 있기 때문이다. 그런 노인들에게 삶은 여전히 의미 깊은 것이라는 사실을 재인식하고 삶의 하루하루를 어떻게 살아가면 좋을 것인가에 대한 깊은 사색을 하는 것이 필요하다.

죽음에 수용적인 사람들은 죽음 공포여부와 상관없이 삶의 의미를 찾고자 추구하며 또한, 의미 있는 삶을 사는데 시간과 에너지를 투자하며 만족스럽게 만족스런 삶을 사는 사람이라 생각할 수 있다.

자신의 삶의 끝을 인정하고 이해하며, 적극적이고 생산적으로 죽음을 준비하는 작업이 곧 삶을 성숙시키는 과정인 것이다(Corr, 2003; 임찬란 · 이기숙, 2006에서 재인용). 이러한 과정에 의해 막연하기만 했던 죽음에 대한 불안감이 해소되는 것인데, 실제로 과거평가와 생활만족, 미래전망 등이 죽음에 대한 태도에 영향을 주고 있었다(장미란, 1981).

또한 '죽음'을 통해 '삶'의 의미를 부여해 가는 과정에서 노인은 자발적 · 적극적으로 자신의 삶에 대한 해석을 하게 되는데, 이는 사회복지에서 바라보는 능동적인 인간관에 의한 것이며, 사회복지실천 현장에서 지향하는 자아통합을 달성하는 주요한 요소가 된다. 노인을 위한 죽음준비교육은 삶의 질을 높이는 중요한 과정으로 여겨지며 이를 실천하기 위해서는 종교단체나 노인복지관 등 노인사회교육 프로그램에 적극적인 도입이 필요하겠다.

다음에 제시한 '노인죽음준비교육 프로그램'은 현장 실무자와 학생들에게 이해를 보다 높이기 위해 제시한 것이나, 노인이 속한 지역적 · 문화적 특성을 고려하여 프로그램을 진행하는 것이 바람직하다.

1) 프로그램 접근방법

죽음교육 프로그램은 친구와 가족들이 사랑하는 사람의 죽음에 대해서 준비하는 것을 돕는다. 죽음교육 프로그램에서는 자녀이건 성인이든, 사람들이 죽음에 대처하는 것을 돕는 가장 좋은 방법은 솔직하고 개방된 교환을 하는 것이다.

죽음교육 프로그램이 효과적이 되려면, 죽음이 일어나는데 대한 지식을 개인적으로 내면화시키는 기회를 개인에게 제공해 주어야 한다. 친구나 사랑하는 이의 죽음을 개인적으로 경험하는 사람들로 하여금 이러한 일에 대해서 각별하게 배우게 된다. 그러나 죽음을 직접으로 경험하는 것은 경험적 혹은 사람중심의 죽음교육 프로그램에 참여하는 것을 필요로 하는 것은 아니다. 이러한 프로그램은 참가자들이 죽음과 마주치는데 대한 이해를 돕기 위해서, 그들의 경험, 감정, 생각을 이야기하기와 같은 방법으로서 서로 나누어 가지도록 한다. 참가자들은 죽음에 관한 경험이 자신의 인생의 의미, 죽음의 인간에 대한 의미, 그리고 살아가면서 다른 사람의 인생을 어떻게 존중해야 하는가를 검토하게 함으로써 개인들이 죽음과 직면하도록 도와준다.

다른 죽음교육 프로그램은 사람들이 하나의 과목으로서 등록하고 죽음이라는 주제를 공부한다는 의미에서 매우 교훈적이고 훈련 중심적이다. 정규적인 강의와 토론, 멀티미디어를 이용한 발표, 그리고 병원, 요양시설, 장의사, 묘지, 호스피스 등으로 견학하는 것 등이다.

2) 노년기 죽음준비 프로그램 내용

일반적으로 교훈중심의 프로그램(didactic program)과 경험중심의 프로그램(experiential program)으로 나뉘어진다. 교훈중심 프로그램은 죽음과 관련된 쟁점에 대하여 인지적 자각과 이해를 증진시키는데 초점을 둔(Durlak and Riesenberg, 1991) 반면 경험중심의 프로그램은 교훈중심 프로그램의 내용과 겹치는 부분이 있지만, 좀 더 참여자들의 활동, 참여를 강조하면서 죽음과 관련된 개인적인 감정이나 관심을 토론하고 검토하는데 초점을 맞춘다(Durlak and Riesenberg, 1999; 이기숙, 2001, 재인용).

죽음준비교육 프로그램에서 다루어질 내용은 다음과 같다.

- 노년기 삶과 현대가족 기능 이해하기—노년기에 대한 포괄적인 이해, 노화관련 이론, 현대사회 가족의 역할과 기능
- 죽음의 현실 — 노화와 질병, 죽음의 개념과 정의, 죽음 이해하기
- 죽음의 알기 — 죽음의 형태와 과정, 신체적 죽음이란?
- 죽음 받아들이기—죽음에 대한 태도 및 그에 관련된 요인, 죽음에 대한 노인들의 태도와 이에 영향 미치는 요인은?
- 연명치료 중단의 시기 — 생명의 연장과 포기, 안락사, 생명의지
- 죽음준비—유서쓰기, 유산정리, 장기기증, 호스피스 병원 · 요양시설 알아보기
- 죽음 맞이하기—장례의식 및 절차, 전통적인 죽음의 해석, 타인의 죽음관련 동영상 시청 후 토론
- 남아 있는 것에 대한 정리 — 슬픔과 애도 배우자 사별 시 극복하는 방법, 위로 편지, 홀로 남은자의 적응

죽음준비교육을 도식화하면 [그림 14-3]과 같다. 교육을 통해 자신의 삶에 대해 알아차리고 삶을 아쉬움 없이 생을 보내기 위해서는 자원봉사활동이나 문화활동을 적극적으로 하여 생을 의미 있게 보내야 하는데 사회복지사의 적극적인 활동을 통해 노인은 동년배와의 교류를 통해 해결함을 알 수 있다.

사회복지는 인간에 대한 욕구를 해결하여 보다 나은 삶이 되도록 하기 때문에 임종 직전에 있는 사람들에게 죽음을 준비하고 남아 있는 삶이 가치가 있도록 여러 방면으로 도움을 제공할 수 있는 것이다.

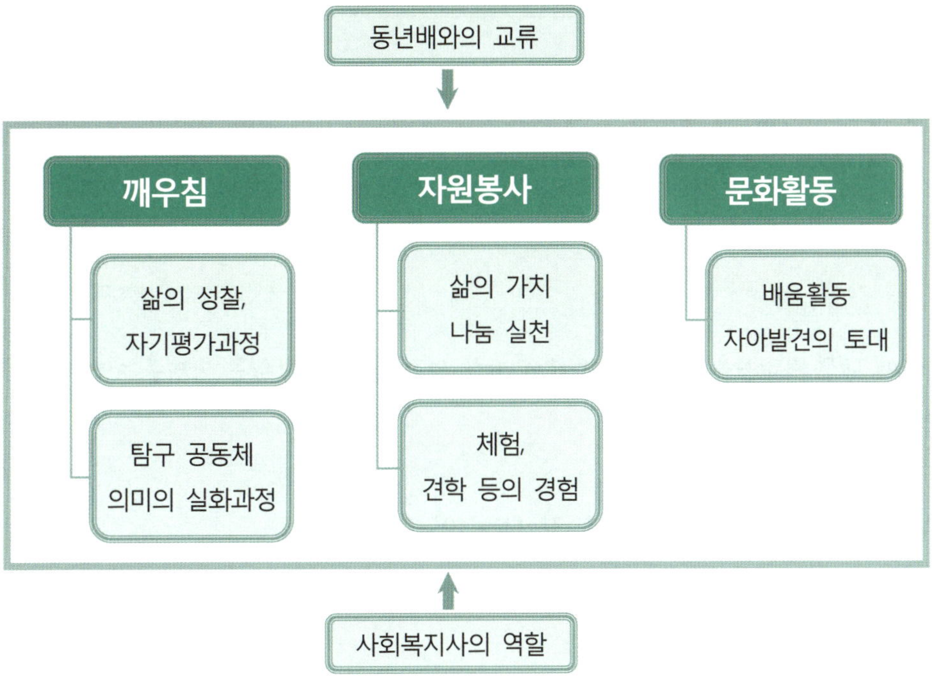

[그림 14-3] 죽음준비교육 도식

생각해 볼 문제

1. 죽음에 대한 두려움을 극복하기 위해서 가장 먼저 실천할 수 있는 방법은 어떤 것이 있을까요?

2. 노년기 죽음준비교육 프로그램을 작성하여 봅시다.

참고 문헌

강연희 옮김(2002). 노인들의 사회 그 불안한 미래. 에코리브르.

강서노인종합복지관(2008). “복지관 프로그램 활성화를 위한 실태 및 욕구조사 연구보고서”.

강순익(1995). ‘제3섹터(the third sector)에 대하여’. 자치정보.

강용규(2006). 케어개론. 서울: 창지사.

강임옥 · 박종연 · 이용감 · 서수라 · 김경하 · 최숙자(2005). 치매환자의 사회경제적 비용분석 - 의료이용 치매환자를 대상으로 국민건강보험공단 연구보고서, 2005-12.

강현욱 · 박경민(2012). 도시와 농촌노인의 우울에 미치는 영향요인 비교. 한국노년학 제32권 1호, p. 131.

건강보험공단(2011). 2002~2009년 노인성 질환자 진료 추이 분석 결과.

건강보험공단(2016). 2015년 건강보험 주요 통계.

경기도가족여성연구원.

고바야시 토시코, 후쿠나가 토모코 저, 황재영 역(2011). 치매노인의 심리증상과 케어. 서울: 노인연구정보센터.

고수현 · 김상태 · 윤선오 · 이종일(2003). 노인복지론. 파주: 양서원.

고용노동부(2013). 정책마당. 고용노동용어.

공무원연금공단. http://www.geps.or.kr, 「공무원연금통계」.

국가정보 포털(2011). 치매환자의 가족을 위한 정보. http://health.mw.go.kr

국민건강보험공단 노인장기요양보험제도. 서식자료실 별지 16호 서식(www.longterm car. or.kr).

국민건강보험공단(2011). 최근 5년간 우울증 질환자 1.7배 증가. 국민건강보험공단 보도자료(3월 14일 조간), 국민건강보험공단.

국민건강보험공단. 노인장기요양보험.

국민연금공단 http://www.nps.or.kr, 국민연금통계연보.
국정홍보처(2003). '2002년도 양성평등의식 조사연구'.
국토해양부(2011). 2010년 주택업무편람.
국회예산처(2012). 재정법령집.
권육상 외 공저(2002). 케어복지개론. 서울: 유풍출판사.
권육상(2002). 최신 노인복지론. 서울: 유풍출판사.
권중돈(1994). 치매노인의 부양실태와 대응전략. 한국보건사회연구원 정책보고서, 11-94-08.
권중돈(1995). 치매노인 가족을 위한 서비스 개발. 노인복지정책연구, 1(2), 151-186.
권중돈(1995). 한국치매가족연구: 부양부담사정도구 및 결정모형 개발. 서울: 홍익재.
권중돈(2004). 치매환자를 위한 프로그램의 실제. 서울: 현학사.
권중돈(2012). 노인복지론 4판, 서울: 학지사.
권중돈 · 김동배(2004). 인간행동과 사회환경. 서울: 학지사.
기획재정부. 2012. 09. 05 보도자료.
김기태 · 성명옥 · 박봉길 · 이경남 · 최희경 공저(2002). 노인복지실천론. 파주: 양서원.
김만수 외(2003). 실버산업의 이론과 실제. 파주: 양서원.
김범수 편(1992). 재가복지론. 서울: 홍익재.
김복혜(2008). 노인관련 교육이 청소년의 노인에 대한 태도에 미치는 영향 : 환일 고등학교 학생을 중심으로, 성결대학교 대학원.
김상균 외(2001). 사회복지개론. 서울: 나남출판.
김성순(1990). 고령화사회와 사회복지. 서울: 홍익재.
김수민(2004). 치매, 뇌졸중 노인부양가족의 부담에 관한 실증적 연구. 단국대학교 행정법무대학원 석사학위 논문.
김영모(2001). 현대사회문제론. 서울: 고헌출판부.
김영호 · 장우심(2005). 케어복지실천기술론. 서울: 창지사.
김영화 외(2001). 정치 경제학적 사회문제론. 서울: 대학출판사.
김윤정(2012). 노인이 인식하는 좋은 죽음. 한서대학교 박사학위 논문.
김인혁 · 구재관 · 김준환 · 양정빈 · 유영주 · 이효순 · 천덕희 · 하영갑(2012). 노인복지론. 서울: 창지사.
김정휘 역(1992). 노인심리학. 서울: 성원사.
김종서 외(1982). 평생교육의 체제와 사회교육의 실태. 한국정신문화연구원.
김중돈(2008). 노인복지론. 서울: 학지사.
김창환 외(2003). 인체의 생물과학. 서울: 형설출판사.
김태연 · 전길양(1996). 치매노인 가족의 부양경험에 관한 연구. 한국노년학, 15(1), 15-27.
김태현(1994). 노년학. 경기: 교문사.
김태현(1998). 노년학. 서울: 학문사.
김현숙(2008). 장기요양 케어자를 위한 케어기술. 서울: 학지사.
김혜숙(2009). 지역사회 거주 노인의 건강증진행위에 영향을 미치는 요인에 관한 연구. 숭실대학교 박사학위 논문.
김혜자 역(1998). 호스피스 자원봉사자 지침서. 파주: 수문사.
김후진(2008). 노인장기요양보험의 시행에 따른 재가노인복지서비스의 개선방안에 관한 연구. 호남대학교대학원 논문집. Vol. 6.
나용선(2010). 노인복지론. 경기: 공동체.
남원석(2012). 고령화시대의 주거복지정책. 도시와 빈곤 제98호 2012. 5/6, p. 84.
노동부(2005). 고령자인재은행과 문제점.
노영학 · 장정민(2009). "고령사회에 대응한 노인주거정책에 관한 소고". 대한부동산학회지, 제27권 제1호, 대한부동산학회, pp. 197-220.
노유자 외(1994). 호스피스와 죽음. 서울: 현문사.
노인돌봄종합서비스 발전방안(2011). 부산대학교 산학협력단. 보건복지부.
노인복지법 시행령(제19조 제1항).
노인복지법 제47조(비용의 보조).
노인장기요양보험 운영센터별 자료(2012. 12. 31 기준).
노인장기요양보험법(2013).
노인장기요양보험법(2015).
대구한의대학교 노인요양서비스전문인력(케어매니저) 양성 사업단(2005). 케어매니지먼트실무론. 서울: 정문각.
대전 고령자취업알선센터. 재취업직종.
대한노인회 취업지원센터 http://www.k60.co.kr
Daum 백과사전, 사회보험제도.
류종훈 외 공저(2003). 케어복지실천원론. 서울: 유풍출판사.
모선희 외(2006). 현대노인복지론 2판, 학지사.
모선희 외(2007). 현대노인복지론 2판. 서울: 학지사.
모선희 외(2009). 현대노인복지론 3판. 서울: 학지사.
문형식(2011). 실버타운 活性化를 위한 需要者 選好度에 關한 硏究, 조선대학교 산업대학원.
미국 MSNBC 인터넷 사이트. 7월 1일.
민성길 외(2009). 최신 정신의학, 서울: 일조각, p. 203-213.
민성길(2009). 최신정신의학. 서울: 일조각.
박경일 외(2009). 사회복지학강의. 경기: 양서원.
박대간 · 임춘식(2002). 우리나라 노권운동의 과제와 전망. 노인복지연구, 18, 7-20.
박수진 기자(2013. 01. 22). '자살 새로운 고통의 시작, 노인을 위한 한국은 없다'. 헤럴드경제 인터넷판.
박승민(2012). 노인우울증 관리 프로그램의 효과성 메타 분석. 한국노년학 제31권 3호, p. 553.
박신영 외(2008). "사회적 약자가 함께 하는 도시환경 조성". 도시정보 제320호, 주택도시연구원 · 대한국토도시계획학회, pp. 103-113.

박재간 외(1995: 317). 노인을 위한 주거 환경.

박재간(2002). 노인전용주거시설의 개발전략. 서울: 아시아미디어리서치.

박정은(1994). 초기여성노인의 사회참여 방안에 관한 연구. 여성연구 제11호.

박준기(2012). "노인일자리사업이 참여자의 생성감과 자아통합감에 미치는 영향에 관한 연구". 강남대학교 박사학위 논문.

박차상 외(2006). 한국노인복지론. 서울: 학지사.

배철영 · 김상우 · 강영곤(2003). 노화방지 호르몬 7가지 이야기. 서울: 집사재.

배철영 · 이영진(1996). 노인의학. 고려의학.

백승균 저(2004). 호스피스철학, 대구: 계명대학교출판부.

보건복지(2012), 주요사업 참고자료, p. 407, 420-421.

보건복지가족부 한국치매협회(2010). 치매예방관리사업 교육대회 자료집.

보건복지부 계명대학교 산학협력단(2009). 2008년도 노인실태조사(전국노인생활실태 및 복지욕구조사). 기초분석 보고서 = 보건복지가족부(2011). 노인실태조사.

보건복지부 보건사회연구원(2011). 노인실태조사.

보건복지부 중앙노인보호전문기관(2011). 2010 노인학대현황보고서.

보건복지부 Homepage(http://www.mw.go.kr/) (2013. 01)-정책-노인. 예) 행정안전부 희망근로사업, 노동부의 사회적 일자리사업 등 '국민건강보험 직장가입자(인력파견형사업 제외).

보건복지부(2004). 2003년도 노인보건복지사업안내. 1998 현재 전국 노인생활 실태 및 복지욕구조사.

보건복지부(2004). 공적노인장기요양보장제도실행위원회 7차 회의자료집.

보건복지부(2009). 치매노인 유병률 조사. 서울대학교병원.

보건복지부(2010). 2010 재가노인지원서비스 운영지침(안). 보건복지부.

보건복지부(2010). 노인일자리사업 종합안내.

보건복지부(2011). 3차 건강증진 종합계획.

보건복지부(2011). 노인복지시설 현황.

보건복지부(2011). '노인층 성생활 실태조사'.

보건복지부(2011). 전국노인생활실태조사.

보건복지부(2011). 제2차 저출산 · 고령사회 기본계획: 새로마지플랜 2015

보건복지부(2011). 제3차 국민건강증진종합계획(2011~2020).

보건복지부(2011a). 2011 노인일자리사업 종합안내.

보건복지부(2011b). 제2차 저출산 · 고령사회 기본계획: 새로마지플랜 2015.

보건복지부(2012). 보건복지통계연보.

보건복지부(2012). 2012 노인보건복지사업안내.

보건복지부(2013). 2013 노인보건복지사업안내.

보건복지부(2013. 01). 내부자료(정책, 노인).

보건복지부(2014), 노인복지시설 현황.

보건복지부(2015). 맞춤형 기초생활보장제도로 생애주기별 맞춤형 복지 큰 틀 마련, 보도자료(2015. 7. 19), p. 10.

보건복지부(2015). 노인보건복지사업안내.

보건복지부(2016. 01). http://www.mohw.go.kr/front_new/policy/index.jsp?PAR_MENU_ID =06&M ENU_ID=063902 & PAGE=1&topTitle=노인사회활동(노인일자리) 지원사업.

보건복지부 · 국민건강보험공단(2007). 장기요양인정 · 서비스지원 업무 세부메뉴얼.

보건복지부 · 국민건강보험공단(2015). 장기요양인정 · 서비스지원 업무 세부메뉴얼.

보건복지부, 한국보건사회연구원(2012). 2011 노인실태조사 결과 및 노인보건복지 발전방안.

보건사회연구원(2006). 노인수발보험제도 시범사업 평가연구(1차).

부담금관리 기본법 제2조(정의)[전문개정 2010. 3. 31].

부산광역시 홈페이지 참조. 2012. 01. 24 기준. http://www.busan.go.kr/04ocean/0407cityhall/02_01.jsp

사립학교교직원연금공단 http://www.ktpf.or.kr/, 「사학연금통계연보」 각 연도. 사회복지사업법.

서울 삼성병원사이트.

서울신문. 2012. 04. 01.

서울특별시 홈페이지 참조. 2013. 01. 24 기준.

석소현 · 김귀분(2008). 도시노인과 농촌노인의 삶의 질 영향요인 비교 연구. 정신간호학회지, 17(3), 311-321.

송미순 · 하양숙 · 유수정 · 박연환(2002). 노인간호학. 서울대학교출판부.

신경림 · 김정선(2004). "도시지역 여성노인의 건강관심도, 주관적 건강평가, 건강상태 및 건강증진 행위와의 관계 연구". 대한간호학회지 제34권 제5호, 869-880.

신성식 기자(2013. 01. 22). '노후 못 챙긴 산업화세대 노인들 … 국민연금 타도 60%가 20만원 미만'. 중앙일보.

안태윤(2011). '노인 성생활 실태와 정책지원 방안 연구'. 경기도가족여성연구.

양수 · 하양숙 · 이경순 · 이정섭 · 권혜진 · 이미형 외(2011). 정신건강간호학 제4판, 서울: 현문사.

양순미 · 임춘식(2006). 농촌 노인들의 자살생각에 미치는 우울의 효과. 노인복지연구, 32, 377-398.

양옥남 외(2007). 노인복지론. 경기: 공동체.

여성가족부(2007). '전국 가정폭력실태조사'.

여유진(2005). 한국보건사회연구원. 2003년 국민기초생활보장평가센터.

오갑환(1981). 사회의 구조와 변동. 서울: 박영사.

오진주(1998). "노인의 성생활 경험에 대한 서술적 연구". 한국보건간호학회지, 12(2).

오타 히토시 · 미요시 하루키(2005). 새로운 케어기술. 서울: 그린홈.

원석조(2002). 사회문제론. 파주: 양서원.

원영신 · 이명진 · 이금룡 · 전용관(2006). "노인건강운동이 노인의 생활양식 변화에 미치는 영향". 연세대학교 산학협력단 건강증진사업단.

원영희 · 김욱(2006). 노인일자리사업의 이해. 한국학술정보(주).

유경수 기자(2012. 05. 31). '공무원 · 군인 연금에 충당할 정부부채 342조원'. 연합뉴스.

유병선(2010. 01. 28). 경향신문 논설위원/〈보보노혁명〉 저자). "SK의 제4섹터 실험", Hope Vision, /http://kalee.tistory.com/57

유성호 외(2000). 노인복지론. 서울: 아시아미디어리서치.

유성호 · 강지현 · 홍미령(2003). 노년의 사랑과 성. 미래를 위하여.

유수현 · 천덕희 · 이효순 · 성준모 · 이종하(2009). 정신건강론. 파주: 양서원.

유종주(1994). 노인과 사회참여 그 현황과 전망. 한국노년학, 4(1).

유형준(2005). 성인병 알아야 이긴다. 서울: 홍신문화사.

유혜숙(2008). 노인요양 복지시설 호스피스 서비스의 활성화방안에 관한 연구. 삼육대학교 석사학위 논문.

윤 진(1996). 성인 · 노인심리학. 서울: 중앙적성출판사.

윤경아 · 김형수 · 모선희 · 유성호(2012). 노인복지론. 서울: 학지사.

윤선오(2000). 유럽 노인들의 정치적 공조 체제 형성과 정치 참여에 관한 고찰. 국제문화논문집 3. 경산대학교 국제문화연구소.

윤종철(2008). 치매환자 약물의 이해 및 정신행동증상. 서울특별시 치매센터 2008치매업무 실무자 교육, 44-46.

윤주현(2002). 한국의 주택. 통계청.

이경자(1995). 치매노인의 간호문제와 돌보는 가족원의 부담감에 관한 연구. 한국노년학, 15(2), 30-51.

이광재(2003). Social Work in Hospice Care.

이근홍(2001). 노인의 사회참여와 자원봉사. 노인복지연구 제4호.

이금룡(2002). 한국노인의 사회활동-노년기 여가활동과 자원봉사활동을 중심으로. 한국성인교육학.

이기숙(2001). 중년기 가족대상의 '죽음대비교육 프로그램 개발을 위한 예비적 고찰(1). 신라대학교 사회과학연구소. 사회과학연구, 5, 70-85.

이병욱(1997). 養老施設 環境的要素로서의 色彩計劃에 관한 硏究. 漢陽大學校 大學院 : 建築學科.

이상현(2010). 우리나라 재가노인복지서비스의 문제점과 개선방안에 관한 연구. 경원대학교 사회정책대학원.

이석원 · 임재영(2008). 노인일자리사업의 의료비 절감 효과에 관한 연구. 한국보건경제정책연구 제14권.

이소정 · 정경희 · 이윤경 · 유삼현(2007). 우리나라 노인의 사회참여 유형 분석 및 정책적 함의. 한국보건사회연구원.

이왕구 기자(2013. 01. 24). '노인빈곤율 45% … 증세든 국민연금 전용이든 정치적 결단 필요'. 한국일보.

이외희 외(2012). "1 · 2인 가구의 급증, 주택정책의 진단과 대응". 이슈 & 진단 제45호, 경기개발연구원.

이은희(2009). 최신노인복지론. 서울: 학지사.

이준우 외(2011). 노인일자리사업. 서울: 파란마음.

이태진 외(2003). 2002년 국민기초생활보장제도 평가 및 정책과제. 한국보건사회연구원.
이해영(2001). 케어복지론. 파주: 양서원.
이해영(2011). 노인복지론. 서울: 창지사.
이혜영 · 안향림(2000). 케어복지개론. 서울: 학문사.
이혜원(1999). 노인복지이론과 실제. 서울: 유풍출판사.
인구문제연구소(2010). 「인구통계자료집」, 일본 국립사회보장.
임왕택(2008). 老人住居福祉施設의 開發選好度에 關한 硏究, 조선대학교 산업대학원.
임재윤(2007). 고령화사회의 노인평생교육과 효(孝) 활성화 방안 연구, 聖山孝大學院大學校.
임찬란 · 이기숙(2006). 노인대상 죽음교육 프로그램. 한국가족관계학회지 11권 2호, 123-150.
임춘식 외(2007). 노인복지학 개론. 서울: 학현사.
장미란(1981). 노인의 죽음에 대한 태도. 이화여자대학교 석사학위 논문.
장인협 · 최성재(1998). 노인복지학. 서울대학교출판부.
장인협 · 최성재(2010). 노인복지학. 서울대학교출판부.
전산초 · 최영희(1994). 노인간호학. 파주: 수문사.
전용호(2012). 경기도 재가노인지원서비스의 제공과 기관 운영에 관한 탐색적인 연구 : 문제점과 개선방안을 중심으로. 남서울대학교 보건사회연구, 32(4), 151-181.
전은진(2003). 여성 노인의 여가 활용 실태에 관한 조사연구 : 분당지역 사회복지관 이용 노인을 중심으로, 단국대학교 행정법무대학원.
정경희 외(2011). 2011 노인생활실태와 정책과제(2011년도 노인실태조사 결과). 한국보건사회연구원.
정경희(2011). 노인생활실태조사, 보건사회연구원.
정경희(2012), 2011년도 노인실태조사, 보건복지부 · 보건사회연구원.
정복교(2006). 敬老堂의 利用實態와 活性化 方案에 관한 硏究 : 경주시 지역을 중심으로, 동국대학교.
조계화 · 송병숙(2012). 가족의 응집력과 주관적 행복감이 한국노인의 죽음불안에 미치는 영향요인. 대한간호학회지 제42호.
조남옥(1996). 치매환자가족의 경험과 간호요구에 관한 연구. 서울대학교 박사학위 논문.
조맹제 · 김기웅 · 김영희 · 김문두 · 김종조 · 김신겸 · 김정란(2008). 치매노인 유병률 조사. 보건복지부.
조선일보(2013. 1. 29).
조원탁 외(2007). 사회복지법제론. 파주: 양서원.
조유향(1995). 노인보건. 서울: 현문사.
조추용(2003). 노인의 여가활동과 사회참여에 관한 연구. 노인복지연구 제22호.
조추용 · 이채식 공저(2003). 케어복지실천기술론. 서울: 현학사.
종합케어센터 선빌리지(2006). 노인이 말하지 않는 것들. 서울: 시니어커뮤니케이션.
주거복지백서(2002).
주택 핸드북(2002 : 60-61).
중앙노인보호전문기관(2012). 2011 노인학대 현황보고서. 중앙노인보호전문기관.

중앙노인보호전문기관(2014). 2013 노인학대 현황보고서. 중앙노인보호전문기관.

청주연합뉴스(2012. 7. 31).

최기(2007). 광주광역시 노인복지정책에 관한 연구, 전남대학교 행정대학원.

최성재(1987 : 349-355). 노인복지학. 서울대학교출판부(한국노인복지론).

최성재(1992). 노인주택정책. 92 전문가 초청 노인복지 학술 세미나.

최성재 · 장인협(2005). 노인복지학. 서울대학교출판부.

최순남(2000). 현대노인복지론. 한신대학교출판부.

최외선 · 김갑숙(2007). 치매전문도우미 교육 프로그램. 서울: 창지사. p. 213-225.

최일섭 · 최성재 외(1995). 재구성 : 이혜원(1997).

최일섭 · 최성재(1995). 사회문제와 사회복지. 서울: 나남출판.

최혜경 · 권유경 역(2001). 성공적 노화. 서울: 신정출판사(Rowe and Kahn(1999). Successful Aging).

최희경(2009). 노인에 대한 사회적돌봄과 돌봄서비스의 질 보장. 아산재단 연구총서 제274집, 서울: 집문당.

충청남도 홈페이지 참조. 2012.01.24 기준. http://www.chungnam.net/content.do?mnu_cd=CNNMENU00939

크리스찬신문. 건강카페.

통계청(2008). 질환별 사망률 현황.

통계청(2009). 고령자통계.

통계청(2010). 이혼통계.

통계청(2010). 장래인구추계 결과.

통계청(2011). 사회조사.

통계청(2012). 고령자 통계.

통계청(2012). 고령자통계표.

통계청(2012). 2011 고령자 통계.

통계청(2012). 장래인구추계.

통계청(2015). 고령자통계.

통계청(2015). 세계와 한국의 인구현황 및 전망.

통계청(2015). 2015 고령자통계, 보도자료(2015. 09. 24.)

통계청(2015). 고령자 통계, 보도자료(2015. 09. 24.), pp. 37-38.

한국노인인력개발원(2008). 노인일자리사업 중장기 발전전략.

한국노인인력개발원(2011). 노인일자리사업 정보시스템 Database.

한국노인인력개발원(2012). 2011 노인일자리 통계동향.

한국노인인력개발원. 2008. 노인일자리사업 우수 사례집.

한국노인인력개발원. 2011, 2012, 2013, 2014 노인일자리사업 종합안내.

한국노인인력개발원. 2011, 2012, 2013. 2014 노인일자리 통계동향.

한국임상사회사업학회 엮음(2006 일부발췌).
한국임상사회사업학회(2006). 노인복지론. 파주: 양서원.
한국치매협회(2009). 장애노인과 치매환자를 위한 조호기술. 서울: 도서출판 원.
한국케어복지협회(2001). 케어기술론. 서울: 나눔의 집.
한동희 · 김정옥(1995). 노인학대의 원인에 대한 생태학적 연구. 성신여자대학교 대학원 박사학위 논문.
한승복 기자(2012. 06. 24). '혼자 사는 노인 크게 늘어…68%', KBS 뉴스 일요뉴스타임 언론보도.
함미경(2005). 노인의료복지시설 종사자들의 노인케어에 대한 지식 및 실천에 관한 조사연구-전북지역을 중심으로 -. 원광대학교 석사학위 논문.
허준수(2010). 노인복지연구. 서울: 신정.
현외성 외 공저(2001). 노인케어론. 파주: 양서원.
홍숙자(2000). 노년학 개론. 서울: 하우기획출판.
홍영수(2007). 의료사회사업론. 서울: 신정출판사.
홍정규 기자(2013. 01. 25). '박근혜 기초연금 공약 연금개혁으로 확장될까'. 한국일보.
홍현방(2005). 생산활동 수준이 성공적인 노화에 미치는 영향. 노인복지연구. Vol. 29. pp. 203-235.
황인옥 · 정흥희(2011). 재가노인복지 서비스의 운영실태 분석과 개선방안. 가야대학교 논문집, Vol. 19 No.-.
황진수 외(2011). 노인복지론. 경기: 공동체.

Adrienne Jackson(2004). The Gerontological Society of America.
Albert, S. M.(1991). Cognitive of Caregivers Taskls: Multidimentional Scaling of the Caregiver Task Domain. The Gerontologist, 31, 729-731.
Aronson, M. Lein, G., & Lipkwitz, R.(1984). A community-based family/patient group program for Alzheimer's disease. The Gerontologist, 24, 317-331.
Atchley, R. C.(2000). Social Forces and Aging: An Introduction to Social Gerontology(9th ed.). Belmont, CA: Wordsworth.
Brenner, B.(2002). "Engaging in a public health program with populations. That are the traditional targets of social work intervention". In A. C. Jackson, & S. P. Segal(Eds.). Social work health and mental health: practice, research, and program, 359-375. New York: Haworth Press.
Bretschneider, G., and McCoy, N. L.(1998). "Sexual interest and behavior in healthy 80 to 102-years-olds", Archives of Sexual Behavior, 17.
Burr, J. A., Carro, F. G., & Moorhead, J.(2002). Productive Aging and Civic Participation. Journal of Aging Studies, 16, 87-105.
Daum 백과사전, 사회보험제도.
Davidson, Glen W.(1985). The Hospice-Development and Administration, New York: London : Hemisphere/Pub. Co.

Deeken, Alfons(1996). 죽음을 어떻게 맞이할 것인가. 오진탁 역. 궁리, 2002. 23.

Enright, R. B.(1991). Time spent caregiving and help received by spoises and adult children of brain-imparied adults. The Gerontologist, 31, 375-383.

Feil, N.(2006). The Validation Breakthgrough Baltimore, Health Professions. Press Inc.

Fengler, G.(1979). Wives of elderly disabled men : The hidden patients. The Gerontologist, 18, 175-463.

Hooyman & Kiyak(1999). Social Gerontology: A multidisciplinary perspective. Allyn and Bacom.

Kondo, N., Kazama, M., Suzuki, K. & Yamagata, Z.(2008). Impact of mental health on daily living activities of Japanese elderly. Preventive Medicine, 46(5).

Larson EB, Kukull WA, et al.(1992). Cognitive impairment: dementia and Alzheimer's disease. Annual Review of Public Health, 13, 431-499.

Leitner, M. J., & Leitner, S. F.(1985). Leisure in later life. Binghamton, NY: The Haworth Press.

Montgomery RJV, Gonyea JC, Hooymn NR(1985). Caregiving and experience of subjective and objective burden. Family Relations, 34(1), 19-26.

NEWSIS. 2008. 7. 28.

O'shea E., Reily, S.(2000). The economic cost and social cost of dementia in Ireland. International Journal of Geriatric Psychiatry, 15, 208-218.

R. Clyde White, Administration of Public Welfare (New York: American Book Company, 1960). pp. 4-6.

Rowe, John W. and Kahn, Robert L.(1998). Successful Aging. In Ken Dychtwald(ed.). Healthy aging: Challenges and solutions, An Aspen Publication.

Scharlach, A. E., Sobel, E. L., & Roberts, R. E. L.(1991). Employment and caregiver strain: An integrative model. The Gerontologist, 31(6), 778-787.

Schiavi, R. C., Mandell, J., and Schreiner-Engel, P.(1994). “Sexual satisfaction in healthy agingmen”, Journal of Sex & Martal Therapy, 20(1).

Stolle, D. & Rochon, T.(1998). Are all associations alike?: member diversity, a associational type and creation of social capital. American Behavioral Scientist, 42(1).

Strawbridge, W. J., & Wallhagen, M. I.(1991). Impact of family conflict on adult child caregivers. The Gerontologist, 31(6), 770-777.

Zarit, et al.(1980). Relatives of the impaired elderly: correlates of feeling of burden. Gelontologist, 20(6), 649-655.

http://namesearch-app.seoul.go.kr/main/org/org_chart_bon.jsp?dept_cd=12310000

http://www.busan.go.kr/04ocean/0407cityhall/02_01.jsp

http://www.noinboho.org
http://www.nso.go.kr/report/data
http://www.chungnam.net/content.do?mnu_cd=CNNMENU00939
http://www.senionvelfarejob.or.kr
http://www.nhis.or.kr/portal/site/main/MENU_WBDDG0202/

저자 소개

✍ 최순옥

숙명여자대학교 문학박사(아동/청소년복지)
(현) 장안대학 사회복지학과 교수
(현) 아산시 장기요양등급판정위원회 위원
(전) 순천향대학교 사회복지학과 겸임교수
(전) 아산시 노인종합복지관 부관장

✍ 김혜숙

숭실대학교 사회복지학 박사(노인복지)
(현) 경복대학교 의료복지과 교수
(전) 순천향대학교 의료복지전공 겸임교수
(전) 서울특별시 치매센터 사무국장
(전) 신정종합사회복지관 복지과장

✍ 박준기

강남대학교 사회복지학 박사(노인복지)
(현) 시립용산노인종합복지관 관장
(현) 상명대학교 복지상담대학원 겸임교수
(현) 서울시 용산구 장기요양등급판정위원회 위원
(전) 시립노원노인종합복지관 연구개발 부장

✍ 신미경

전남대학교 일반대학원 박사과정 수료
(전) 여수시장기요양등급판정위원회 위원
(현) 진달래마을요양 원장
(현) 청암대학교 사회복지과 겸임교수
(전) 여수시노인복지관 관장

✍ 김기창

단국대학교 보건복지학 박사과정
(현) 좋은아카데미평생교육원 원장
(현) 사단법인 한우리 이사
(현) 원광디지털대학교 실습지도교수
(전) 아산시노인종합복지관 복지3팀장

노인복지의 이해 -개정판-

초판발행 2014년 1월 30일
개정2쇄 2018년 2월 20일

2018. 2.

저 자 최순옥 · 김혜숙 · 박준기 · 신미경 · 김기창
발행인 김현태
발행처 태영출판사

주 소 (08301) 서울 구로구 구로동 104-10 동남오피스텔 201호
전 화 02 · 839-3757, 839-3752
팩 스 02 · 837-3754
등 록 2005년 5월 30일 제12-421호
http://www.taeyeongbook.co.kr
E-mail tys2005@hanmail.net
ISBN 978-89-6302-198-0 93330
정 가 20,000원

* 잘못 만들어진 책은 교환해 드립니다.

NAVER 태영출판사